21 世 纪 新 闻 实 训 系 列 教 材

新闻采访与写作
（第三版）

欧阳霞 著

清华大学出版社
北京

本书扉页为防伪页，封面贴有清华大学出版社防伪标签，无标签者不得销售。
版权所有，侵权必究。举报：010-62782989，beiqinquan@tup.tsinghua.edu.cn。

图书在版编目(CIP)数据

新闻采访与写作/欧阳霞著. —3版. —北京：清华大学出版社，2019（2024.2重印）
（21世纪新闻实训系列教材）
ISBN 978-7-302-52336-9

Ⅰ. ①新⋯　Ⅱ. ①欧⋯　Ⅲ. ①新闻采访－高等学校－教材　②新闻写作－高等学校－教材　Ⅳ. ①G212

中国版本图书馆 CIP 数据核字（2019）第 029080 号

责任编辑：纪海虹
封面设计：傅瑞学
责任校对：王荣静
责任印制：丛怀宇

出版发行：清华大学出版社
网　　址：https://www.tup.com.cn，https://www.wqxuetang.com
地　　址：北京清华大学学研大厦A座　　邮　编：100084
社 总 机：010-83470000　　邮　购：010-62786544
投稿与读者服务：010-62776969，c-service@tup.tsinghua.edu.cn
质量反馈：010-62772015，zhiliang@tup.tsinghua.edu.cn

印 装 者：三河市科茂嘉荣印务有限公司
经　　销：全国新华书店
开　　本：185mm×235mm　　印　张：23　　字　数：460千字
版　　次：2009年10月第1版　2019年6月第3版　　印　次：2024年2月第8次印刷
定　　价：58.00元

产品编号：072983-02

岁末的这一天，书写到了最后一行，离这本书的第一版写作恰好10年。10年前，我从媒体走进高校还没有多久，角色的转变尚未完成，却意外得到清华大学出版社的信任，而彼时我正在写另一本书，分身无术，学养浅薄，幸得年轻同事们的帮助，勉强完成，诚惶诚恐。交书稿的时候，我没有想到这本书还会继续写10年以及更久。

《新闻采访与写作》第一版自2009年出版后，很快重印了8次，这个始料未及的成绩给予我内心的不安多于欣喜。这本书在结构上存在的缺陷以及内容的不完善显而易见，让我自觉愧对读者的信任。加之在短短的几年里，中国新闻媒体的生态环境发生了重大变革，全媒体时代的到来迫使传媒业的结构正在发生改变，不同介质的媒体走向融合，新闻的载体更加多元化，这必然对新闻工作者提出全新的要求。这一切促使我重新撰写《新闻采访与写作》，以求平息内心的不安，以求报答读者的厚爱。

4年前，第二版的写作是艰难的重新探索的过程，几乎放弃了第一版的全部内容，篇幅由十二章扩展为十六章，字数也由39.8万字扩展到50.6万字。第二版更具有了个人的特点，字里行间承载了我对新闻的热爱和理解，承载了我不可动摇的新闻理想，希望读者通过本书看到的不仅仅是新闻采写理论和技能层面的知识，而且也对渗透其中的新闻专业主义追求有所懂得。2014年第二版出版后，迄今已重印了12次。同时，由于本书在全国书店和全国高校图书馆的广泛存在，也让我不得不敬佩清华大学出版社的发行能力。

我不经常查看邮件，当偶然打开邮箱时，总能看到读者来信，有赞扬也有批评，有鼓励也有建议，那些温暖的语言，那些思想的锋芒，那些探索的精神，让我欣慰也让我内心紧迫。虽然我没有及时回复读者的来信，但是，我会做。于是，今年我开始了第三版的写作。

这次写作的不同在于，除了爱和责任的催促，我的写作不再有任何诸如评职称、业绩之类的功利因素。这让我的书写更加自由、从容，更加像我自己。

本次修改主要表现在以下几个方面：

1. 对书中有关内容进行了全新媒体生态下的重新论述。增加了媒体实践发展的全新元素，如融媒体报道策划、数据支撑下新闻价值的判断、算法推送造成的"信息茧房"问题、机器写作对新闻写作的挑战、作为假新闻的翻转新闻等。

2. 在结构上增加了三章,删除了三章。增加了"新闻策划,让新闻更成熟""标题,新闻的眼睛""深度报道,让新闻走向深刻"三章,删去了原来的"通讯和特稿""网络新闻"及"调查性报道"三章。"通讯和特稿"在"新闻体裁"一章中重新论述,"调查性报道"在"深度报道"一章中重新论述,而以"网络新闻"为代表的新媒体新闻写作体现在全书的各章中,不再单独成章。

3. 重写了"新闻的定义"一章。在包括互联网、大数据和云计算、VR虚拟现实技术在内的新技术力量开始渗入媒体的各个层面的时代,公民新闻、移动新闻、数据新闻、在线新闻、新闻2.0等名词层出不穷,新闻注定要不断被重新定义。

4. 进一步强调新闻专业主义的重要性。在新闻的客观性、独立性、权威性受到冲击的自媒体时代,清晰而坚定的新闻专业主义精神尤为重要。

在写作的过程中,每完成一章,我就发给我的研究生张栋,他不仅认真地帮我校对,还会不断地鼓励我。"老师,加油。""老师,最近写得好快。"感谢这个可爱的孩子,有缘成为师生,是我的荣幸。

感谢本书的责任编辑纪海虹老师,这已经是我和她合作的第4本书了。10年前,面对我这个初来乍到的作者,不知她的内心是否有过忐忑,然而,她却从未催逼书稿,总是平静地鼓励和等待,让我这个生性散漫、不够勤奋、到处游走的人不得不集中精力写好这本书,一写就是10年。

感谢所有支持和帮助过我的人们。特别感谢在写作"深度报道"一章时,王克勤老师、叶铁桥老师的帮助,他们作为勇敢的调查记者,是重大事件的见证者,也是历史真相的记录者。调查记者是个了不起的群体,值得我们尊重,值得历史记忆。

本书参考和引用了诸多专业文献和媒体报道,在此一并致谢。

书写完的那一天,学生提醒我晚上要看难得一遇的流星雨。那夜,我在凛冽的寒风中仰望天空,虽然没有看到流星划过,但那天的夜很美,漫天的星星闪耀着钻石般的光芒,明净而安详。

欧阳霞
2017年12月29日于青岛

第一章 记者,时事的观察记录者 ········· 001

第一节 记者的职业素养 ········· 002
一、新闻品格——坚持正义,追求真理 ········· 002
二、新闻敏感——记者最宝贵的专业素养 ········· 008
三、新闻专业主义——记者的自觉追求 ········· 014

第二节 记者的综合素养 ········· 018
一、知识储备——让记者挖掘新闻的深度 ········· 019
二、心理素质——让非智力因素得以激发 ········· 020
三、全媒体素养——让记者跟随时代步伐 ········· 020

练习 ········· 027

第二章 新闻,注定要不断重新定义 ········· 028

第一节 新闻没有完美的定义 ········· 028
一、什么是新闻 ········· 028
二、新闻的定义 ········· 031

第二节 新闻的深层本质和功能 ········· 032
一、人是新闻力量的源泉 ········· 032
二、新闻实现人与人的沟通 ········· 037
三、新闻是社会批判的工具 ········· 039

练习 ········· 041

第三章 新闻策划,让新闻更成熟 ········· 042

第一节 什么是新闻策划 ········· 042
一、新闻策划的概念 ········· 042
二、新闻策划的意义 ········· 044
三、新闻策划不是策划新闻 ········· 045

第二节 新闻策划的原则 ········· 048
一、真实性原则 ········· 049
二、创新性原则 ········· 050
三、应变性原则 ········· 052

第三节 新闻策划的类型 ········· 053
一、阶段性新闻策划 ········· 054
二、专题性新闻策划 ········· 054

三、即时性报道策划 ··· 055
　　四、融媒体报道策划 ··· 056
练习 ··· 062

第四章　新闻价值，衡量事实的标准 ······························ 063
第一节　构成新闻价值的要素 ·· 064
　　一、时新性 ·· 064
　　二、重要性 ·· 066
　　三、显著性 ·· 067
　　四、接近性 ·· 068
　　五、趣味性（人情味） ·· 069
第二节　新闻价值取向 ··· 072
练习 ··· 077

第五章　新闻线索，采访的出发点 ··································· 078
第一节　寻找新闻线索 ··· 078
　　一、什么是新闻线索 ··· 078
　　二、新闻线索从何而来 ··· 081
第二节　如何发现新闻线索 ·· 087
　　一、在闲谈中捕捉 ··· 087
　　二、在联想中发现 ··· 088
　　三、在对比中探寻 ··· 089
　　四、在细节中抓住 ··· 090
练习 ··· 091

第六章　采访对象，找到并去接近 ··································· 092
第一节　找到采访对象 ··· 092
　　一、寻找采访对象的途径 ··· 093
　　二、征得采访对象的同意 ··· 094
第二节　赢得采访机会 ··· 095
　　一、"抢"，必然的追求 ·· 095
　　二、等待，不得不有的付出 ··· 098
　　三、应变，创造机会的智慧 ··· 100
　　四、信任，赢得采访的桥梁 ··· 101

五、坚持，绝不轻言放弃 …………………………………………… 103
　　六、场所，因人因事而异 …………………………………………… 104
　练习 …………………………………………………………………………… 105

第七章　采访准备，预先的工作 …………………………………………… 107
　第一节　熟悉采访对象 …………………………………………………… 107
　　一、为什么要熟悉采访对象 ………………………………………… 107
　　二、怎样熟悉采访对象 ……………………………………………… 110
　第二节　准备问题、装备和提纲 ………………………………………… 113
　　一、准备采访问题 …………………………………………………… 113
　　二、准备采访装备 …………………………………………………… 116
　　三、准备采访提纲 …………………………………………………… 118
　练习 …………………………………………………………………………… 121

第八章　采访提问，记者的天职 …………………………………………… 122
　第一节　提问方式 ………………………………………………………… 122
　　一、陈述提问 ………………………………………………………… 122
　　二、直接提问 ………………………………………………………… 126
　　三、追问 ……………………………………………………………… 132
　第二节　提问类型 ………………………………………………………… 137
　　一、开放式提问 ……………………………………………………… 137
　　二、闭合式提问（封闭式提问） ……………………………………… 138
　　三、开放和封闭相对而言 …………………………………………… 139
　　四、两类提问的运用 ………………………………………………… 139
　第三节　提问技巧 ………………………………………………………… 142
　　一、开启提问，因人而异 …………………………………………… 142
　　二、正面激问，逼迫回答 …………………………………………… 144
　　三、揣摩对方，心理较量 …………………………………………… 145
　第四节　提问禁忌 ………………………………………………………… 146
　　一、忌提主观诱导性问题 …………………………………………… 146
　　二、忌提审问式的问题 ……………………………………………… 147
　　三、忌提伤害性的问题 ……………………………………………… 147
　　四、忌提无法回答的问题 …………………………………………… 148
　　五、忌提信口开河的问题 …………………………………………… 148

第五节　非言语因素采访 ………………………………………………… 150
　　　一、通过视觉的非言语采访 …………………………………………… 151
　　　二、通过物体的非言语采访 …………………………………………… 151
　　　三、通过体态的非言语采访 …………………………………………… 152
　　　四、通过副言语的非言语采访 ………………………………………… 152
　　练习 …………………………………………………………………………… 153

第九章　原则和要求，新闻写作的基础 ………………………………… 157

　　第一节　新闻写作的基本原则 …………………………………………… 157
　　　一、什么是用事实说话 ………………………………………………… 157
　　　二、为什么要用事实说话 ……………………………………………… 164
　　　三、如何用事实说话 …………………………………………………… 165
　　第二节　新闻写作的要求 ………………………………………………… 168
　　　一、真实是新闻的首要特性和必备品格 ……………………………… 168
　　　二、准确是新闻写作至高无上的法则 ………………………………… 175
　　　三、精练是新闻的特性所决定的 ……………………………………… 178
　　　四、生动是引人入胜的保证 …………………………………………… 182
　　练习 …………………………………………………………………………… 185

第十章　语言，新闻的载体 …………………………………………………… 186

　　第一节　新闻语言的内涵 ………………………………………………… 186
　　　一、什么是新闻语言 …………………………………………………… 186
　　　二、新闻语言是综合功能语言 ………………………………………… 187
　　第二节　新闻语言的特点 ………………………………………………… 187
　　　一、准确是新闻语言的第一特点 ……………………………………… 188
　　　二、白描是至高的语言境界 …………………………………………… 189
　　　三、简洁是新闻语言的美学品质 ……………………………………… 191
　　　四、通俗是获得良好传播效果的必然途径 …………………………… 193
　　第三节　新闻语言的禁忌 ………………………………………………… 195
　　　一、忌含糊笼统 ………………………………………………………… 195
　　　二、忌数字堆砌 ………………………………………………………… 198
　　　三、忌用生僻字词 ……………………………………………………… 199
　　　四、忌公文语言 ………………………………………………………… 200
　　　五、忌网络语言 ………………………………………………………… 200

练习 ··· 201

第十一章　体裁，新闻的表现样式 ·· 204

　第一节　消息 ··· 204
　　一、什么是消息 ·· 204
　　二、消息的分类 ·· 206
　第二节　通讯 ··· 211
　　一、什么是通讯 ·· 211
　　二、通讯的作用 ·· 213
　　三、通讯的种类 ·· 213
　　四、通讯和消息的区别 ·· 214
　第三节　新闻特写 ·· 218
　　一、什么是新闻特写 ··· 218
　　二、新闻特写的特点 ··· 218
　第四节　华尔街日报体 ··· 220
　　一、什么是华尔街日报体 ·· 220
　　二、华尔街日报体的特点 ·· 223
　　三、华尔街日报体采写技巧 ··· 226
　　练习 ··· 230

第十二章　结构，新闻写作的框架 ·· 233

　第一节　消息的外在结构 ··· 233
　　一、标题 ·· 233
　　二、消息头 ·· 234
　　三、导语 ·· 234
　　四、主体 ·· 234
　　五、结尾 ·· 235
　第二节　消息的内在结构 ··· 236
　　一、倒金字塔结构 ·· 236
　　二、时间顺序结构 ·· 240
　　三、并列式结构 ·· 244
　　练习 ··· 247

第十三章　标题，新闻的眼睛 …… 248

第一节　新闻标题的作用 …… 250
一、吸引受众 …… 251
二、评价新闻 …… 251

第二节　新闻标题的特点 …… 253
一、新闻标题要揭示新闻事实 …… 253
二、新闻标题要符合新闻事实 …… 256

第三节　新闻标题的结构 …… 260
一、标题的外在组成结构 …… 261
二、标题的内在组成结构 …… 274

第四节　新闻标题的制作 …… 278
一、制作不同种类的标题 …… 278
二、优化新闻标题 …… 279
三、网络新闻标题制作的特点 …… 282

练习 …… 284

第十四章　导语，新闻写作的核心 …… 286

第一节　导语的定义及作用 …… 286
一、什么是导语 …… 286
二、导语的作用 …… 288

第二节　导语的类型 …… 290
一、直接导语 …… 291
二、延缓性导语 …… 292
三、两类导语对比 …… 293

第三节　导语的写作 …… 294
一、动词，使导语更确切 …… 294
二、描写，使导语有神采 …… 295
三、提问，使导语更具启发性 …… 296
四、对比，使导语价值更突出 …… 297
五、引语，使导语真实可信 …… 298
六、典故，使导语趣味盎然 …… 299

练习 …… 305

第十五章　主体、背景和结尾,新闻的展开 ········· 307

第一节　消息的主体 ········· 307
一、主体的作用 ········· 307
二、主体的写作要求 ········· 311

第二节　新闻背景 ········· 315
一、新闻背景的类型与作用 ········· 315
二、背景的写作要求 ········· 319

第三节　消息的结尾 ········· 324
一、结尾是与受众告别的地方 ········· 324
二、结尾的写作形式 ········· 325

练习 ········· 328

第十六章　深度报道,让新闻走向深刻 ········· 330

第一节　什么是深度报道 ········· 330
一、深度报道的产生和发展 ········· 330
二、深度报道的概念 ········· 335

第二节　深度报道的写作 ········· 337
一、深度报道的类型 ········· 337
二、深度报道的写作特点 ········· 339

第三节　新媒体的深度报道 ········· 342
一、深度报道本身的新特点 ········· 342
二、深度报道传播方式的新特点 ········· 343

练习 ········· 353

参考文献 ········· 354

是谁在采访新闻？是谁在写作新闻？是记者。这是一个怎样的群体？这是一个怎样的职业？在媒介融合的时代里，在机器开始写作新闻的现实下，在"一切皆媒""人人是记者"的景象中，我们似乎愈发难以回答这个问题。在中国新闻传播语境下，对记者职业与时俱进的要求却是随时代的发展愈发明确。党的二十大报告指出，加强全媒体传播体系建设，坚持以人民为中心，及时回应群众关切，做好信息服务，维护人民群众的根本利益，参与社会治理，构建新时代中国特色新闻话语。在时代的洪流中，记者将担当怎样的社会角色和职责？

第一章 记者，时事的观察记录者

记者是谁？要想成为新闻记者，首先就要回答这个问题。记者是公共信息的传播者、重大事件的记录者、社会真相的报道者、历史时刻的见证者、社会问题的揭露者、时代进步的观察者、公众利益的守望者。无论时代如何变迁、科技如何发展，记者是一个专业性要求越来越高的职业，这个职业所担当的社会角色和职责是恒久不变的。

美国曾经的一项职业自豪感调查显示，不到75%的美国国会议员、81%的政府高级官员、92%的总统任命官员和92%的记者在向别人谈论自己的职业时，都有一种自豪感。美国早期的小说家霍桑曾说，他不愿意当律师，因为那要靠别人的悲哀生存；他不愿意当医生，因为那要靠别人的病痛生存；他也不愿意当牧师，因为那要靠倾听别人的罪恶生存。对于霍桑来说，剩下的唯一职业就是写作。他说："如果你要向社会各个阶层传播你的文章，如果你要做社会发展的推动者，如果你要想抑制一个滥用职权的政府，新闻记者是这一切的开始。"[1]

这项调查虽然已是往事，霍桑的理想也未必都能实现。新闻记者也不会像一些其他职业那样有简单平稳的工作节奏和相对安全的环境，记者所要面对的艰难和危险从未消减。然而，记者职业却闪耀着经久不息的诱人光芒，召唤着一代又一代心怀理想的人们坚定地走上了新闻的路途。

记者是伴随报纸的产生才出现的一种职业，但早在中国3000多年前的商周之际就出现了"采诗""采风"的采访活动。到春秋战国时代，朝廷里又出现了史官，这些史官侍奉在皇帝左右，班固《汉书·艺文志》中有"左史记言，右史记

---

[1] 李希光：《转型中的新闻学》，68页，广州，南方日报出版社，2005。

事"之说,说明那时候已经有了采访传播活动和记者的雏形,但并没有史料证明春秋战国时代报纸已经产生。据中国新闻史记载,中国最早的报纸是在唐玄宗开元年间出现的"邸报",是进奏院的进奏官传发至地方的原始状态的报纸,记载皇帝活动、诏旨、官吏任免等。可以说,当时办"邸报"的人就是记者,只不过那时不叫"记者",老百姓称他们是"探听消息的人"。唐、宋、元、明、清历朝都办有"邸报",都有探听消息的人,但记者还远远没有作为一种职业而产生。

记者作为一种专门的社会化的职业,是在近代资本主义报刊形成之后,19世纪末期和20世纪初正式诞生的。

在中国,"记者"的称谓引自西方。是谁将"记者"称谓引进中国的呢?一种说法认为,是梁启超在他主办的《清议报》上最早使用"记者"称谓;另一种说法是,黄远生在上海《时报》的"北京通信"中首次使用了"记者"作为自称的代名词。无论怎样,之后"记者"就成了从事报纸职业的普遍称呼。

《新闻学词典》对记者的定义是:"泛指新闻从业人员,即编辑、记者、主笔、主编、发行人的总称",也指"专跑外勤的新闻记者,即新闻事业机构中从事采访报道的专业人员"。[①]

可见,新闻记者这一专有名词,实际上包括广义和狭义两种理解。广义的新闻记者,泛指新闻领域所有的从业人员,包括采写人员、编辑人员、评论员、广播电视主持人、资料人员、翻译人员、通联人员,以及总编辑、主编、主笔、社长、台长等新闻生产各个环节的工作人员。狭义的新闻记者,是指在媒体机构直接从事新闻采访和写作的专职人员。他们的主要工作职能就是通过语言、文字、摄影、摄像等手段从事采访、调查、写作新闻,然后将报道在报纸、电台、电视台、新闻网站等媒体平台播发。

新闻记者是撰写有关时事问题的人,也就是时事的记录者。

媒体有强大的传播功能,它的影响力缘自对新闻事实的深刻关注和记录,以及为受众提供信息、知识、意义资源及认知和理解支持。传媒的这一功能由谁来实现?当然是新闻从业者。那么,媒体对记者提出了哪些关键性的要求呢?

第一节 记者的职业素养

一、新闻品格——坚持正义,追求真理

中国现代史上的报业巨子史量才说:"国有国格,报有报格,人有人格。三格不存,人将非人,报将非报,国将不国。""国有国格,报有报格,人有人格"是史量才掷地有声的誓言。他执掌《申报》22年,在此期间他始终贯穿对报纸独立品格的追求,并以他的办报思

[①] 余家宏:《新闻学词典》,88页,杭州,浙江人民出版社,1988。

想和报业实践丰富、提升了中国新闻史。《申报》的宗旨明确宣告"无党无偏、言论自由、为民喉舌"。《申报》鞭挞社会、针砭时弊,严重触犯了最高当局。《申报》宣扬民主,批评政府,惹怒了蒋介石,据说蒋介石曾找史量才谈话。蒋介石说:"把我搞火了,我手下有100万兵!"史量才冷冷地回答:"我手下也有100万读者!"在中国报业史上也许没有比这段对话更惊心动魄的了,对话的双方一个是不可一世的枭雄,一个是报业巨子,这是枪杆子和笔杆子的一次对话,笔杆子拒绝了枪杆子的威胁。1934年11月13日下午,沪杭道上——浙江海宁翁家埠,史量才遭国民党军统特务有预谋的暗杀,终年54岁。史量才先生以鲜血染红了《申报》,用他的生命捍卫了报格和人格。①

图1-1 《申报》:"国有国格,报有报格,人有人格。"
(资料来源:百度图片)

(一)记者应当是知识分子

新闻记者从社会群体分类上属于知识分子群体,知识分子的概念具有双重性。所谓双重,就是指职业和职业之外。知识分子首先是一种职业,职业意义上的知识分子有一个前提性的条件是"以知识为业(包括文化)",即指以教授知识、传播知识、研究知识、生产知识乃至创造知识作为自己的谋生手段。从这个层面讲,记者是知识的传播者,具有知识分子的职业特点。当然仅仅在职业范畴不足以言说知识分子,知识分子之所以为知识分子,更重要的是指职业以外。也就是说,知识分子在职业这一必要条件外,还须对社会事务有所担当,显然,知识分子要在社会中出任"公共角色"。萨义德在其著作《知识分子论》中认为:除了专业或职业,知识分子是具有能力"向(to)"公众以及"为(for)"公众来代表、具现、表明信息、观点、态度、哲学或意见的个人。② 知识分子要面向公众,具有批

---

① 傅国涌:《笔底波澜》,185页,桂林,广西师范大学出版社,2006。
② [美]爱德华·W.萨义德:《知识分子论》,单德兴译,16~17页,北京,生活·读书·新知三联书店,2002。

判精神,关注公共利益的问题。新闻记者是与公众接触最广泛、为公共领域服务最为直接的群体,他们的职责正是深切关怀公众利益,为坚守公共良知、社会正义而作为。新闻记者的使命就是社会担当,所以在这个层面上,记者与知识分子是同一的。

在中国,早在清末民初,近代报人利用手中的报纸实现"言论报国"的追求,以思想、学说、文章济世救国、劝民教民。百余年来,中国报刊维系着国运民生,进行启蒙、革命与追求国家现代化,表现了中国士大夫传统及现代知识分子精神。近代以来,中国记者的社会角色也始终与历史变迁、国家命运联系在一起,他们通过媒体启蒙民众,引导舆论,推动社会进步。然而,记者的职业特征和社会角色认知随着时代的变迁发生了巨大的变化。在很长一段历史时期,在"以阶级斗争为纲"的思维中,传媒的职能被定义为单一的政治宣传,记者对自身的社会角色没有选择的空间,唯有被政治所裹挟,成为宣传工作者,丧失了作为一种社会职业的独立性。到了自媒体时代,媒体人群体也并非都是表现公共关怀和公共良知的知识分子,带有商业运作性质的商人越来越多地加入其中。

可见,记者就职业的内在本质应该归属于知识分子群体,而记者并不必然就是知识分子,因为知识分子不是一种天然的存在的群体,而是时代和个人的自我选择。事实上在公共领域发表观点、启蒙民众、引导舆论、推动社会进步是记者职业赋予所有新闻人的使命乃至宿命,所以每一个新闻人都应该将成为知识分子作为必然的选择。普利策说:"倘若一个国家是一条航行在大海上的船,新闻记者就是船头的瞭望者。他要在一望无际的海面上观察一切,审视海上的不测风云和浅滩暗礁,及时发出警报。"作为社会的瞭望者和公共利益的守望者,新闻记者承担着重要的社会责任。因此,新闻记者在履行自己职责的时候本应具有比社会其他职业更高的使命感、崇高感和责任心。

(二)记者要有境界、情怀和智慧

有传播学者认为,记者拥有的受众比世界上任何传教士、教师和政治演讲家都要多。传媒的社会形象实际上是新闻人的人格化体现。因此,优秀新闻人的第一特质是境界,是作为新闻工作者的专业主义追求。

新闻传播学者喻国明认为,新闻工作者的职业荣誉在于深刻地关注和记录社会上正在发生和形成的历史,正是基于这种关注和记录,新闻工作者的职业成果才能有效地融入影响社会发展进程的力量与潮流中去。显然,一篇真正意义上的好新闻永远是和时代发展的现实问题联系在一起的。事实上,一个优秀的新闻人的真正价值就在于真实地记录这种"挑战—应战"的社会状态,揭示这一时代发展进程中的制约因素和问题,深刻地反映人类应对挑战的智慧及其成果。其实这也是一切试图成为主流传媒的新闻媒体所应追求的境界。①

所以,我们可以这样说,成就一篇好新闻,绝不仅仅需要漂亮的文字、敏锐的嗅觉和

---

① 喻国明:《新闻人才的专业主义"标准像"》,载《新闻实践》,2003(3)。

技巧的处理,最重要的是需要"一种俯仰天地的境界,一种悲天悯人的情怀,一种大彻大悟的智慧"。当这种境界、情怀和智慧面对社会发展进程的现实问题时,一篇好新闻也就应运而生了。①

(三)记者要理性、要有建设性

理性、建设性是办报的理念,也是记者应该具有的基本风格。

《纽约时报》发行人阿道夫·西蒙·奥克斯的办报方针是:要用一种简明动人的方式提供所有的新闻,用文明社会中慎重有礼的语言来提供所有的新闻;要不偏不倚、无私无畏地提供新闻;无论涉及什么政党、派别或权益,只要事实准确无误,都应该发表。

《纽约时报》崛起的时代正是美国报刊史上面向大众的便士报迅速发展的时代。1883年普利策买下《世界报》后,在与之后鲁道夫·赫斯特的《纽约新闻报》竞争中采用了一些煽情手法报道新闻,两家报纸使用夸张的版面、失实的报道、耸人听闻的标题,集中报道与性和暴力有关的犯罪活动,将美国新闻业推向黄色新闻时期。更为严重的是由于赫斯特鼓吹战争,《世界报》也不甘示弱,将1898年美舰"缅因号"在哈瓦那爆炸事件归罪于西班牙,期间两家报纸极力煽动、挑动美国民众的情绪和义愤,迫使美国政府对西班牙宣战,从而爆发了美西战争。

也就是在这个时期,1896年8月18日,38岁的犹太人阿道夫·西蒙·奥克斯以7.5万美元从《纽约时报》总编辑查尔斯·R.米勒手中买下了《纽约时报》半数以上的股份,成为《纽约时报》的新掌舵人(见图1-2)。他既不在煽情主义上与赫斯特和普利策一争高下,也不以报纸内容的通俗化去迎合读者而赢得市场。他坚决反对新闻庸俗化,他抨击黄色新闻记者,并且以"本报不会污染早餐桌布"的口号为《纽约时报》树立形象,将"刊登一切适合刊登的新闻"(All the News That's Fit to Print)作为编辑方针放在头版报眼位置,以宣告《纽约时报》包容天下一切新闻的意图。正是在这一方针的指导下,《纽约时报》对国际国内大事,特别是包括纽约在内的美国国内重要新闻覆盖无余。奥克斯要将《纽约时报》建成一个远离"煽情主义"和黄色新闻的社会上各种见解相互交流的论坛,成为一个不偏不倚、无私无畏的媒介平台。在黄色新闻潮来势凶猛、报业竞争异常残酷的20世纪末,奥克斯坚定地坚持操守,追求真理,成为孤独而动人的形象。

奥克斯的努力获得了成功,《纽约时报》逐渐成了世界知名的、权威的严肃大报。《纽约时报》被誉为"权力机构的圣经"和"档案记录报",它报道了1912年英国豪华客轮"泰坦尼克"号遇难事件;第一次世界大战,它全文刊载了《凡尔赛条约》;1945年它详尽报道美国在日本广岛投掷原子弹……在普利策新闻奖的历次获奖中,《纽约时报》遥遥领先,

---

① 喻国明:《新闻人才的专业主义"标准像"》,载《新闻实践》,2003(3)。

直到现在仍然是全美最有影响力、发行量最大的报纸之一。① 今天，在美国纽约第43街时报总部有一块铜牌，上面写着："阿道夫·奥克斯设立了精确和负责的准绳，使《纽约时报》成为世界上最伟大的报纸之一。"

图1-2　阿道夫·西蒙·奥克斯 Adolph Simon Ochs(1858年3月12日—1935年4月8日)
美国报纸发行人，他从1896年后拥有《纽约时报》，并使该报成为世界最杰出的报纸之一

（资料来源：百度图片）

"理性、建设性"，正是有责任感的新闻人应当有的基本风格。理性观察、建设性的出发点，意味着不冲动、不破坏、不媚俗、不虚伪、不偏激、不炒作、不盲从、不骄傲，以务实、开放、求证的心态冷静观察社会走势，以建设性的视角来报道"一切值得报道的新闻"。一个优秀的传媒人背负有正确传播社会价值观的责任，因此，他必须选择立场，不能因为有可能得罪谁而试图去左右逢源。②

今天，"理性、建设性"这五个字就印在《经济观察报》的报头上方（见图1-3）。可见，在中国"理性、建设性"也正在成为年轻传媒业者的思想方法和行动准则。

图1-3　《经济观察报》的报头
（图片来源：网络截图）

---

① 曾嘉：《论新闻编辑在文化传播中的把关作用》，中国新闻研究中心，2003-07-28。
② 喻国明：《新闻人才的专业主义"标准像"》，载《新闻实践》，2003(3)。

优秀的新闻记者对主流社会的病症有足够深切的洞悉,他的职能是面向大众表达自己感受到的情境并务求避免偏见。唯其充分地警惕自己和他人的偏见,他才有关于重要性的感受能力。① 记者的价值就在于忠实地记录事实真相并使之成为关怀制度安排的咨文,使这种事实真相的忠实记录有助于制度安排的合理,以新闻的力量推进人类社会的进步与文明。

链接

总有一种力量它让我们泪流满面

(1999年1月1日《南方周末》新年贺词)

这是新年的第一天,这是我们与你见面的第777次。祝愿阳光打在你的脸上。

阳光打在你的脸上,温暖留在我们的心里。这是冬天里平常的一天。北方的树叶已经落尽,南方的树叶还留在枝上,人们在大街上懒洋洋地走着,或者急匆匆地跑着,每个人都怀着自己的希望,每个人都握紧自己的心事。

没有什么可以轻易把人打动,除了正义的号角。当你面对蒙冤无助的弱者,当你面对专横跋扈的恶人,当你面对足以影响人们一生的社会不公,你就明白正义需要多少代价,正义需要多少勇气。

没有什么可以轻易把人打动,除了内心的爱。没有什么可以轻易把人打动,除了前进的脚步……这是新年的第一天,就像平常一样,我们与你再次见面,为逝去的一年而感怀,为新来的一年作准备。祝愿阳光打在你的脸上。

阳光打在你的脸上,温暖留在我们的心里。有一种力量,正从你的指尖悄悄袭来,有一种关怀,正从你的眼中轻轻放出。在这个时刻,我们无言以对,唯有祝福:让无力者有力,让悲观者前行,让往前走的继续走,让幸福的人儿更幸福;而我们,则不停地为你加油。

我们不停地为你加油,因为你的希望就是我们的希望,因为你的苦难就是我们的苦难。我们看着你举起锄头,我们看着你舞动镰刀,我们看着你挥汗如雨,我们看着你谷满粮仓;我们看着你流离失所,我们看着你痛哭流涕,我们看着你中流击水,我们看着你重建家园;我们看着你无奈下岗,我们看着你咬紧牙关,我们看着你风雨度过,我们看着你笑逐颜开……我们看着你,我们不停地为你加油,因为我们就是你们的一部分。

总有一种力量它让我们泪流满面,总有一种力量它让我们抖擞精神,总有

---

① 汪丁丁:《何谓"新闻敏感性"》,载《新世纪》,2011(44)。

一种力量它驱使我们不断寻求"正义、爱心、良知"。这种力量来自于你,来自于你们中间的每一个人。

所以,在这样的时候,在这新年的第一天,我们向你、向你身边的每一个人,说一声,"新年好"!祝愿阳光打在你的脸上。

因为有你,才有我们。

阳光打在你的脸上,温暖留在我们的心里。为什么我们总是眼含泪珠,因为我们爱得深沉;为什么我们总是精神抖擞,因为我们爱得深沉;为什么我们总在不断寻求,因为我们爱得深沉。爱这个国家,还有她的人民,他们善良,他们正直,他们懂得互相关怀。

二、新闻敏感——记者最宝贵的专业素养

法国著名雕塑家罗丹曾说过:"美,是到处都有的。对于我们的眼睛,不是缺少美,而是缺少发现。"新闻,就是一种对有价值的事实的发现和发掘,没有发现就没有新闻,而这种发现需要一种重要的能力,那就是新闻敏感。新闻敏感是一种足以将优秀记者超拔出普通记者行列的能力。

第二次世界大战刚结束,一个记者团到饱受战争伤害的日本和德国采访,呈现在记者们眼前的是同样的一片废墟焦土。大多数记者据此采写了战后悲凉景象的报道,但其中有两个记者写出了不一般的新闻。一位记者在日本看见几个孩子蜷缩在废墟的石桌边晨读,他立刻拍下了这个珍贵的镜头,并相信从这些孩子的读书声中可以预见充满希望的日本的未来;另一位美国随军记者去柏林贫民窟采访,发现一间在残壁断垣上用旧油毡、破帆布搭建的棚屋旁,盛开着一盆鲜花,于是写了题为《废墟上的鲜花》的消息,让人们相信从这盆废墟上的鲜花可见日耳曼民族坚忍的性格和顽强的精神,这个国家一定能很快抹去战争带来的创伤与耻辱,像花一样再度绽放……这两篇报道引起国际报界的轰动。正如记者预见的那样,日本和德国经济很快复兴,跻身强国之列。为什么面对同样的景象,只有这两位记者采写了不同的新闻呢?有一个原因是肯定的,那就是他们具有更强的新闻敏感。

(一)新闻敏感是一种职业敏感

"新闻敏感"一词最早出现于西方新闻界,也称为"新闻鼻"。在中国,较早使用此说法的是邵飘萍、徐宝璜等人。

什么是新闻敏感?《新闻学大辞典》对它的解释是:新闻敏感是新闻工作者迅速、准确地判断有价值的新闻事实的能力,又称为"新闻嗅觉""新闻鼻",是新闻工作者的一种职业敏感。

一个具有高度新闻敏感的记者,能够在看似没有新闻的地方发现新闻。《人民日报》

前总编辑范敬宜在当记者时,有一次与另一位记者下乡采访,晚上他们住在公社办公室,一夜没有接到一个告状、报案的电话,清晨也没有一位来堵门要粮要钱的社员。范敬宜问同伴:"这一夜你发现新闻了吗?"同伴说:"什么事也没发生,当然没有新闻。"范敬宜说:"什么事也没发生就是新闻,与过去的情况不同就是新闻。"于是写出了《两家子公社干部睡上安稳觉 夜无电话声早无堵门人》的消息。所以,记者只有对社会演化过程的整体性质有足够深切的感悟,才可能在特定事件发生时立刻知道新闻的到来。记者若缺乏新闻敏感度,很可能就会漏掉重大新闻。西方新闻史上有一个经典的例子:有个明星演员到某城市演出,《纽约时报》的年轻记者迪姆士·泰勒受报社指派,晚上到剧院采访这位大明星。谁知演出突然取消,泰勒便心安理得地回家睡觉了。清晨,泰勒被电话铃声惊醒,是编辑打来的。编辑气冲冲地告诉他,其他报纸的头版头条新闻是这位演员自杀。编辑说:"像这样一个名演员首场演出被取消,本身就是新闻。它的背后可能有更大的新闻。记住:以后你的'鼻子'(指'嗅觉')不要再感冒堵塞了。"

(二)新闻敏感需要培养

对于新闻从业者来说,新闻敏感至关重要,它是记者的基本素质之一,它直接关系到新闻报道的成败与优劣。

新闻敏感是记者宝贵的素质,是记者的新闻生命。但新闻敏感看不见摸不着,它是内在思维活动的结果,因此有观点认为,新闻敏感是一种天生的鉴别力。从心理学的角度讲,新闻敏感是对事物的一种"直觉"。但这种"直觉"只有与丰富的知识以及从实践中积累的经验相遇,才能擦出新闻敏感的"火花"。明末清初思想家陆桴亭(名世仪,号桴亭)说,敏感犹如石头里的火,不断敲击,火才出现。而普利策也认为,一个人的"新闻鼻"可以在摇篮里诞生,但是他的新闻直觉却不可能是天生的。跟许多伟大的素质一样,新闻敏感需要通过教育、培训和实践来获得。

所以,新闻敏感并不能全然靠天赋,还需要记者后天的"教育、培训和实践"。

1. 新闻敏感来自于细致观察、积累经验

新闻敏感的培养不是一蹴而就的,需要记者在细致烦琐的工作当中点点滴滴地去积累、磨炼。记者的积累越丰富,思维的运转以及对外界事物的反应也就越灵敏,发现新闻的能力就越强,而积累贫乏的记者,外界的信息再强烈、再珍贵,其思维的空间也是狭隘的,不容易产生联想,更难以产生创新思维。

凤凰卫视记者吴小莉,采访提问机智、犀利。在1998年"两会"的总理记者招待会上,朱镕基点名让吴小莉提问,早有准备的吴小莉提了三个问题。第一个问题是中央政府对香港地区经济的看法和政策。朱镕基回答中央政府支持香港地区经济的稳定,使当天香港地区股市上升300多点。第二个问题是外界对朱镕基铁面宰相、经济沙皇的评价,对此他本人有何看法。结果,当朱镕基听到经济沙皇这个评价时,立刻有感而言,说他不喜欢外界说他是中国的戈尔巴乔夫,经济沙皇。第三个问题是朱镕基推动改革的心路历程。对这个问题,让朱镕基说出了那段著名的话语:"不管前面是地雷阵,还是万丈深渊,我都会勇往直前,义无反顾,鞠躬尽瘁,死而后已。"吴小莉在《"两会"的故事》中回忆道:"因为就我对记者招待会前半段的观察,他对媒体的提问听得很仔细,遇到特别有感想的部分,媒体不强调他也有感而发,所以我就提出两个问题,再以铁面宰相、经济沙皇为引子,问他心路历程。"

1998年,时任国家主席的江泽民到马来西亚出席APEC会议。事先吴小莉了解到江泽民此次出访不准备接受记者采访。可是作为记者,吴小莉是不会放弃采访的,她一直在想办法接近江泽民。会议最后一天,江泽民步出会场,吴小莉实在难以突破重重人群挤到江泽民面前。情急之下,她掏出一张10元面值的人民币在远处高高举起,大声提问:"江主席,我手上这张10元人民币明年还能值10元吗?"江泽民听到了,并大声回答:"Of Course(当然),人民币绝不会贬值。"接着简述了有关人民币不贬值的问题。这条消息发到香港地区后,香港的股市回升创下新高。

吴小莉"灵机一动""情急之下"所想出的采访办法是偶发的吗?2001年吴小莉在浙江大学和学生们交流时,有学生问她为什么如此敏锐。她说:"我觉得每一个事件的采访历程都是一个累积的过程,累积的过程不过是比别人付出几倍的时间多学点儿,认认真真做好每一天的工作。1998年的时候,我工作10年了,所以采访中迸发出的'火花'不是一下子发生的事情。……我一直相信,生命是能量的不断积累,每一个看似平淡的过程,都是你积累能量的机会,因为你永远不知道生命的列车什么时候会拐弯,但只要你的能量储备足了,当机会来了,你就能从容抓住机会,收获生活里最美的果实。"①这段朴实无华的话语却说出了一个优秀记者的新闻敏感来自于细致观察、积累经验的道理。

2. 新闻敏感来自于政治敏感和社会责任感

政治敏感是一个记者政治水平和业务能力的集中表现与综合体现,也是新闻敏感的核心要素。政治敏感度高的人未必新闻敏感性强,但新闻敏感性强的人,一定要有相应的政治敏感。记者的政治敏感表现在他们需要从表达、代表或影响国家价值的行动者的活动当中挖掘出新闻。

获得第九届中国新闻奖二等奖的消息《克林顿公开重申对台湾"三不"原则》,是记者对新闻事实的及时发现和成功传播的范例,说明记者具有很强的新闻敏感性。这篇消息虽然只有375个字,但短小精悍,突出报道了克林顿在1998年6月底至7月初访华期间,第一次公开明确地阐述美国对中国台湾问题的"三不"政策,即:美国不支持台湾独立;不支持"一中一台""两个中国";不支持台湾加入任何必须由主权国家才能参加的国际组织。这也是"三不"原则第一次出自美国总统之口,它集中体现了涉及中美关系中最敏

---

① 王化云:《一叶落而知天下秋》,载《新闻爱好者》,2004(2)。

感、最重要的核心问题以及在国际舆论所关注的这个焦点问题上美国的最新承诺。然而,这条主题重大、影响巨大的重要稿件的采写,是新华社记者邹春义、周解蓉从克林顿在上海图书馆与市民座谈时即席发表的大量言论中捕捉到的。虽然这场不起眼的活动事先没有列入发稿计划,但记者听到克林顿说出此话,就立即一面向总社报告,一面根据笔记很快整理成稿,请在场的外交部负责人转有关领导核实、审定,并在第一时间拿到了审定稿,又快速发至总社,使新华社得以及时以中、英等6种文字抢先发出。稿件播发之后,引起台湾当局、美国朝野、国际社会和海内外媒体的广泛关注,全球大多主流报纸几乎都在显著位置刊登了这条消息。①

记者的政治敏感源于强烈的社会责任感和对时局政策的准确把握。社会责任感虽然其本身并不能直接捕捉新闻,但是对记者捕捉新闻却起着关键的作用。记者具有了高度的社会责任感,也就具备了勤于思考、善于发现的精神支持和动力源泉。记者只有对国家强弱、人民贫富怀着忧患意识,才会随时关注时下党的方针、政策、路线,才会对公众所关心的一切事物保持高度的敏感,才能敏锐地发现新闻事实,才能迅速记录下历史的瞬间。

3. 新闻敏感来自于深入生活,奔赴现场

2017年,美国著名作家、记者,新新闻主义代表人物盖伊·特立斯(Gay Talese)在接受腾讯文化采访时说:"在我还是一个年轻记者的时候,《纽约时报》一个年长的记者就对我说:'我要教你的是,不要用该死的电话。去见人,看着他们的眼睛,要到场。'所以从年轻时起,我做新闻的观念就是'要到场':出现在别人面前,和他们进行眼神交流。"

新闻工作是实践性很强的劳动,所以在新闻业界将采访发现新闻称为"跑新闻",只有"跑",只有深入生活、奔赴现场,才会触发新闻敏感,才能发现新闻。一个优秀的、敏锐的记者,一定是"深入生活、奔赴现场"的记者(见图1-4)。

图1-4 我是记者,我在现场
(资料来源:百度图片)

---

① 王化云:《一叶落而知天下秋》,载《新闻爱好者》,2004(2)。

奥莉阿娜·法拉奇是20世纪最为著名的新闻工作者、战地记者和小说家之一,享有极高的国际声誉。法拉奇的著名,不仅是因为她的新闻报道写得风格独特,也不仅是因为她有办法采访到各国高层领导人,更是因为她具有为实现采访而不计代价的精神。

这个身材纤小、相貌美丽、灰蓝色的大眼睛充满忧郁的女子却有着勇士般的采访作风(见图1-5)。1967年,她作为《欧洲人》的记者,为获得越战的真实情况,主动要求去越南,开始了长达8年的战地采访生涯。身处血腥的战火之中,她身着迷彩服,头戴钢盔的照片令她看起来就像个孩子一样矮小、脆弱。然而,她数次履险,既采访越共领导又采访普通士兵,有时炮火就在身旁,但她却发出大量战地报道。

看看她的采访笔记吧——

她曾在早年的一篇描写佛罗伦萨野鸽的文章里,这样描写实施了"灭鸽政策"之后的野鸽:

>……它们像退伍军人一样警觉清醒,像靠救济金度日的市民一样贫困潦倒,像一家之父一样忧心忡忡。它们很清楚自己肩上担负着悲惨和不公正的命运。

她在采访记中这样描写沙特阿拉伯石油部部长亚马尼的眼睛:

>那双眼睛能欺骗你、爱抚你和刺痛你,因为他向你投过来的那道目光,常常突然由温柔变得冷酷,而冷酷中仍含着温柔。那双眼睛能洞察一切。

图1-5 奥莉阿娜·法拉奇
(资料来源:百度图片)

在观察野鸽时,她让它们成为了有血有肉的人,从而透射出人类的残忍;在解读控制着大量石油、可以影响西方经济的亚马尼时,她详尽地"读"了他的眼睛,敏锐而细腻地描绘出了亚马尼的复杂和不一致;在记录越战中关于屠杀的感受时,她穿过时空,触及到了人类的共同主题。① 这些独特的视觉触角,来自现场,来自记者的眼睛和心灵,也来自深厚的文学底蕴、人文精神。如果不到现场,她怎能抓到新闻、抓到细节。

在2003年"非典"时期,有人问中央电视台记者柴静:为什么一定要进SARS病房?一定要去现场?柴静说:"我到新疆喀什地震现场,当我看到一个老人光着脚,在零下12度的黑夜里赶路,到救灾的卡车前领出一双北京大街上常见的比他的脚大一号的黄色皮鞋,套在脚上,颤巍巍地走时,我知道这就是赈灾。两个喀什的小女孩带着我到她们住的地方,房子全都垮了,她们就睡在地上,当我把手伸进她们的被窝里,感觉到里面的冰冷、潮湿时,我知道了什么是安顿灾民。我现在仍然清晰地记得,人民医院急诊科主任周继红带着我们去人民医院天井,她蹲下身子把门锁打开,那一刻我突然明白什么叫现场,什么叫新闻。以前我也采访专家,采访学者,当然那也是新闻。但是,当人民医院天井的灯光大亮,我看到天井里所有的椅套上写着星期四,黑板上写着4月7日最后被转走的20多个患者的名字,面对当时慌乱撤离留下的场景时,我强烈地被震动,想要知道那时到底发生了什么。……"②

1992年,中央人民广播电台记者胡家麒在云南边陲瑞丽市采访改革开放后小城的变化。在采访了很多人和事之后,他却总是不满意,觉得这些事例不能深刻反映小城的变化,表现方式也与其他媒体雷同。于是,胡家麒到街上"闲逛"。在买西瓜时,他听到的是河南话;在理发摊上,他听到的却是上海腔;在卖工艺品的小店里,他见到的又是印度人、巴基斯坦人……无意中一个灵感跳了出来:南腔北调,这不正是往日封闭的小城在今天改革开放形势下的写照吗?于是,他用录音机记录下了这丰富多彩的音响,用7种声调组成了现场报道《南腔北调瑞丽边贸街》。这个报道获得当年中国广播奖现场报道一等奖。③

如果没有足够的知识经验积累,没有深入、深入、再深入的采访作风,即使再有价值的新闻出现在身边,记者也只会视而不见、充耳不闻。只有深入生活、奔赴现场,面对新事物、新问题,记者才能够迅速激发新闻敏感,捕捉最有价值的事实信息。中国著名调查记者王克勤在2016年11月8日记者节那一天,在自己的微信朋友圈为青年记者写了一段寄语:"随着移动互联的高度发达,许多青年以为在办公室里、在咖啡厅里可以坐拥海量信息,照样可完成惊世之作。我决不认同。你能保证哪条信息是准确的?在假话成为生活方式的社会里,即便在现场依然假象重重,况乎,你没到现场,岂知何为真实?真正的记者绝不是简单的信息搬运工、消息快递员,而是苦苦的核实者与求证人。所谓新闻

---

① 邵薇:《"以我的方式写作"——法拉奇"个性新闻"考察》,载《现代传播》,2002(2)。
② 董小慈等:《中国女记者记录重大历史瞬间》,载《文摘报》,2003-11-11。
③ 王化云:《一叶落而知天下秋》,载《新闻爱好者》,2004(2)。

工作是查证与核实的工作,因此我认为,好记者是苦出来的,好新闻是跑出来的。"(摘自王克勤微信朋友圈)

三、新闻专业性——记者的自觉追求

最初,新闻业并不是以特定知识系统为基础的从业领域,新闻从业者也不能被称为"专业人士"。专业人士是指受过必需的专业知识和技能的系统训练,有专业实践资格认可的特定行业的人。报纸诞生之初,一些印刷报纸的工人、学徒等到处打探消息,然后刊登在报纸上,他们没有经过专业训练,也不具有专业信念、价值观、行为标准和从业实践的规范。随着时代的发展,当媒体开始承担越来越多的社会责任,新闻业才开始步入专业化行业。

记者作为一种职业,必须具有相应的特点以便将其同社会上的其他专业区分开来。新闻工作者必须遵循真实、全面、客观、公正的原则,这是新闻的基本原则,也是新闻专业性的核心内涵。

新闻专业性除了专门知识、技能、操作过程和评判标准外,还包括一套定义媒介社会功能的信念,一系列规范新闻工作的职业伦理以及一种服务公众的自觉态度[①]。

(一)客观性

关于新闻客观性的论述最早出现在1702年的英国,英国的第一家日报《每日新闻》(*The Daily Courant*)的创办者马利特(E. Mallet)曾说:"报纸的义务在于将事实叙述出来,结论应由读者来做。"美国学者丹尼斯(E. E. Dennis)和梅里尔(J. C. Merrill)谈到美国的新闻报道时认为:"如果说美国的新闻实践中有一条最重要的信条的话,那就是客观性的原则。"[②]

西方新闻界提倡"客观报道",还在新闻分类上提出纯新闻、硬新闻等概念,以强调用事实说话的原则,认为客观性与倾向性二者不能兼容。同时,客观性反映在新闻写作中也已经形成了一整套相对公认的规范化标准。[③] 例如:用叙述性和白描性语言写作消息;使用直接引语引述当事人的话语,等等。

尽管客观性被表述为美国新闻专业性的核心,在特定的历史条件下形成并得到阐

[①] 潘忠党、陆晔:《走向公共:新闻专业性再出发》,载《国际新闻界》,2017(10)。
[②] (美)丹尼斯、梅里尔:《媒介论争——19个重大问题的正反方辩论》,王纬译,100页,北京,北京广播学院出版社,2004。
[③] 欧阳霞:《新闻的客观性及价值附着》,载《辽宁师范大学学报》,2012(6)。

述,但作为认识论准则,"客观性"却为学界和业界所共享。① 它成为新闻业的共同标准,是当今占据主流地位的新闻信条,是记者必须遵守的常识。之所以要求新闻工作者接受客观性观念"是为了敦促他们建立一整套检验信息的方法——将所有证据公布于众——以保证个人的及文化的偏见不会损害其报道的准确性。"②

(二)独立性

在西方社会将新闻传播媒体在社会中的地位比喻为"第四权力",即新闻传播媒体总体上构成了与立法、行政、司法并立的一种社会力量,并对这三种政治权力起制衡作用。"第四权力"这个比喻体现的思想建立在18世纪法国启蒙学者孟德斯鸠提出的三权分立的基础上,美国政治家托马斯·杰斐逊关于新闻媒体与政府关系的论述,为后来出现这一比喻奠定了认识前提。作为"第四权力"的前提是媒体的独立,因为只有独立行使报道权才能有效地进行舆论监督。

具体到中国新闻业的语境,这种独立性诉求便成为一种根本性的变革冲动。从中国本土现代新闻业产生之初,新闻的专业性就一直内在于政治性。从最初的民族自强,到后来的革命建国,再到党性原则和国家建设,社会目标和政治属性一直被置于新闻专业属性之前,新闻传播只是伟大现代化工程的一个构成部分,并不具备行业独立的合法性和必要性。③

对于个体的记者来讲,在进行新闻报道时需要独立的精神和思维方式,要求独立于利益集团、独立于情感偏向、独立于报道对象,忠于事实,忠于公众。如此,记者才可能不带有个人偏见,客观公正地呈现事实。

(三)真实性

媒体和记者是公众知情权的代言人,记者对于各种信息的获取与传播,是在代行公众的知情权。因此,记者必须负责任地获取真实、准确的信息,对信息进行准确而可靠的叙述,并通过传播平台迅速传递给受众。真实性"是语境、解释、辩论和所有公共传播的基础。如果这一前提就出现错误,会导致其他所有信息都存在缺陷"。④ 普通人的消息传播,限于人际传播,其传播对社会的影响是非常有限的;而作为媒体从业者的记者,他的

---

① 潘忠党、陆晔:《走向公共:新闻专业性再出发》,载《国际新闻界》,2017(10)。
② (美)科瓦齐、(美)罗森斯蒂尔:《新闻的十大基本原则:新闻从业者须知和公众的期待》(中译本第二版),刘海龙译,98页,北京,北京大学出版社,2014。
③ 王维佳:《追问"新闻专业性迷思"——一个历史与权力的分析》,载《新闻记者》,2014(2)。
④ (美)科瓦齐、(美)罗森斯蒂尔:《新闻的十大基本原则:新闻从业者须知和公众的期待》(中译本第二版),刘海龙译,51页,北京,北京大学出版社,2014。

每一篇文章乃至每一个观点,随着媒体平台的传播,可能会影响几十万、数百万的受众,所以出自媒体的一个虚假的信息、一个荒谬的观念,其造成的社会负面影响非常之大,甚至会给整个社会带来致命的伤害。

客观事实是新闻报道的第一要素,坚持新闻的真实性,是对新闻工作者和新闻媒体最基本也是最重要的底线要求。在新闻生产和传播更加多元化的新媒体时代,在新闻更加易得的同时,也为流言、谎言的传播提供了便利,因此,在新媒体时代追求新闻的真实性甚至比以往任何时代更加必要。

(四)超越性

在新闻传播过程中,记者处于信息接受的最前列,他不仅是作为个人、更重要的是作为公众的代表,最先接受新闻信息,代表社会、代表公众寻找、采写新闻。在整个传播过程中,记者一方面作为一个有个性特征的特定受传者个体,拥有自己的人格信仰、社会观念、知识结构、兴趣好恶,带着固有的经验,按照自己的意愿、需要来接受信息;另一方面,由于职业的要求,他必须充当一个职业化了的角色,即必须代表公众,进行新闻的传播。所以,职业化记者追求的目标应该是超越自我,弱化自我的存在性,应该表现出自己的专业素养和责任意识,而不是在新闻中表达自己的观点和情绪,不是在新闻传播过程中建立自己的形象。也只有超越自我,淡化自我的存在,才能保证新闻所强调的客观性、中立性和真实性。

我们常常看到,一些记者在新闻传播过程中凸显自己,超越新闻事实本身,出现超越自己职责和身份的言行。例如:《深圳晚报》在2013年四川雅安地震的报道中,记者成为了新闻的主角(见图1-6)。其实哪怕记者确实参与了救援,记者也不应该跳到新闻传播的平台之上,成为新闻的主角,记者本应站在新闻事实的背后。谁应该是报道中的主角?灾民的状况、呼声、需要解决的问题……才是记者应该关注、记录、传播的。

在采访报道中,记者的态度、言语、行为方式等超越自己的身份和职责,以"当事人"和"干涉者"的身份,直接介入新闻事件的发展过程,充当了不该充当的角色。这也是一种价值观上的倒错,是记者角色的"越位"。对于用事实说话、以客观性为原则的新闻报道来说,记者一旦从旁观者成为"戏中人",新闻报道就难免掺杂个人情绪因素,其结果很难做到客观公正,也就很难维护新闻真实性的底线。

在记者角色"越位"现象中,最典型的是记者角色越位引发媒体功能越位现象,即所谓"媒体审判"(也称"媒介审判")。"媒体审判"一词出自美国,指新闻报道形成某种舆论压力,妨害和影响司法独立与公正的行为。1965年,美国法院推翻了一起指控诈骗案的判决,其理由是,在庭审过程中所作的电视录像,对被告作了含有偏见的报道,损害了他在诉讼中应当享有的权利。此后,人们将这种新闻媒体凌驾于司法之上,干预和影响司

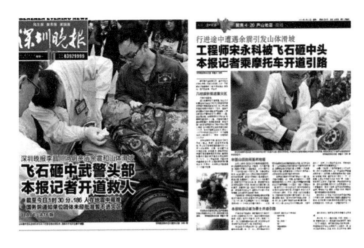

图 1-6 《深圳晚报》
（资料来源：深圳新闻网）

法的现象称为"媒体审判"。① "媒体审判"其实质是新闻媒体的一种职能越位现象。新闻传播学者魏永征将"媒体审判"界定为："新闻媒体超越司法程序抢先对案件作出判断，对涉案人员作出定性、定罪、定刑以及胜诉或者败诉等结论。""媒体审判"的危害主要体现在它能形成巨大的舆论压力，迫使法院按舆论代表的所谓"民意"办案，从而影响司法判断和司法公正。

"媒体审判"一方面表现为媒体的报道推动了情绪化的民意，从而影响司法的正常审判。另一方面表现为民众申诉的正常渠道不畅，不得不将媒体作为救命稻草，虽说"媒体审判"中的"审判"不具备行政和司法效力，更不具强制性，但往往会成为解决问题的一种有效途径，记者也在"为民请命"的舆论监督过程中，角色错位为"包青天"，其中亦有无奈。所以，法制的健全、司法的公正及社会各职能的正常运转也成为媒体回归本位的可能。

社会角色并不只是人的社会身份的标志，更重要的是，它意味着人的各种社会规定性，是人的社会规定性的根据。人具有怎样的社会角色就会有怎样的社会规定性，社会角色不同，社会规定性也不同。作为一种社会职业的新闻记者，在其产生和发展的历史进程中，逐渐形成了具有专门业务和特定职责的不同于其他职业的鲜明特征。因此，在社会生活中发挥着重大作用的媒体及记者时刻要对其自身进行冷静客观的审视与反思，准确界定并调整角色定位，在进行新闻报道时要淡化"自我"的存在，不掺杂自己对新闻

---

① 高蓓：《"媒体审判"的法学困境》，载《南京政治学院学报》，2008(6)。

的预期认知,而是反复核查事实,多方征求意见,多层次的深入思考,才能够比较准确地把握事实的本质。

总之,新闻专业性要求记者牢记自己的职业身份,在采访报道中严格执行职业操守,客观公正地报道新闻,用事实说话。建立新闻专业的信念、伦理和规范,已成为媒体变革过程中新闻实践的重要内容。

然而,在新闻业的专业性、权威性正在被自媒体、社交媒体稀释和消解的当下,新闻专业性面临着新的挑战。新信息技术全方位重构新闻,发布新闻的已不仅仅是受过新闻专业训练的新闻工作者,更多未曾接受专业训练的大众凭着自己的兴趣、爱好以及个人的理解采集、制作、发布新闻。非职业机构和个人涉足新闻行业,挑战的不仅是传统的新闻生产程式和惯例,其非专业性使得发布新闻者往往将个人感情色彩和价值判断置于新闻报道之中,形成对新闻事件不客观、不公正的报道或传播。这就势必造成对新闻专业性核心理念的冲击,致使新闻的客观性、独立性、权威性被败坏和消解。

好在自媒体并非传统意义上的媒体,自媒体大多并不做新闻,在今日头条、一点资讯、UC头条等聚合类新闻客户端上,也只是10%左右是新闻,其他皆为娱乐和资讯,自媒体人也并不将自己视为记者。

我们相信,自媒体的出现,新技术的发展,并不能使新闻专业性衰落,反而会使新闻专业性的概念更加明确,会使职业记者的面貌更加清晰,会使传统媒体的信息权威性更加突出。

第二节　记者的综合素养

是不是只要具备了新闻敏感、新闻责任感和专业主义精神,就一定能成为好记者?当然是不够的。

2016年4月18日,第100届普利策新闻奖将分量最重的公共服务奖颁发给了美联社4位女记者埃丝特·图山(Esther Htusan)、玛吉·梅森(Margie Mason)、罗宾·麦克道尔(Robin McDowell)和玛莎·门多萨(Martha Mendoza)对东南亚"血汗海鲜"的报道《你吃的每条鱼都可能沾着另一个人的血和泪》。

4位记者不顾个人安危,历时一年对东南亚"血汗海鲜"进行深度报道,通过大量真实的照片、视频和资料,翔实地将东南亚奴役劳工的现象公之于众,揭开了泰国海洋水产品捕捞行业里广泛存在了几十年的罪恶行径,解救了2 000多名被囚禁、被虐待了几年乃至几十年的非法移民,让美国和欧洲各国政府开始考虑立法。

2014年,美联社的4名记者得知,有一些泰国渔业公司在缅甸、柬埔寨、老挝等贫穷的邻国,采用连蒙带骗乃至绑架的手段将当地的壮劳力带到船上,强迫他们出海打渔。在经过烦琐的情报搜集之后,记者们终于找到了一个线索:一个叫班吉纳(Benjina)的印尼渔村。于是记者们动身来到了这个孤悬在大洋之中的岛屿,就在这个遗世孤立的小岛上,她们解密了这条罪恶的跨国生鲜供应链。她们通过卫星全程追踪了班吉纳血汗海鲜的运输过程,全程跟着这批沾染着血迹的鱼完成了一次环球之旅,直到最后到达沃尔玛、Sysco等这些著名的大型超市。报道同时质疑美国法律的漏洞和美国政府的失职,促使奥巴马政府宣布建立可追溯程序,使海鲜从捕捞到进入美国市场的全部过程都能够被追踪。美国和欧洲各国政府也开始考虑进行相关立法。正如普利策奖评委会所说,这一调查报道"将肇事者绳之以法,鼓励了改革",推动了社会进步。

这组整整用一年时间,冒着生命危险采写的报道《你吃的每条鱼都可能沾着另一个人的血和泪》之所以能获奖,主要原因当然是其重大的选题。除此之外,记者对相关历史、社会、行业及法律、法规、政策的深刻了解,以及在整个调查过程中记者良好的专业素养、知识储备和心理素质都是成就这篇报道的重要因素,而这一切便是这一职业对新闻记者综合素质的要求。另外,进入网络时代,媒介技术的发展也对记者提出了新的要求。

一、知识储备——让记者挖掘新闻的深度

2010年任职于《中国经济时报》的调查记者王克勤的《山西疫苗乱象调查》引发了社会极大反响,且不说在报道过程中记者遇到的重重困难和付出的巨大努力,就为了做好这个专业性很强的调查报道,王克勤不仅广泛请教相关专家,还专门购买了《变态反应学》《病毒学》等专业书籍研读,以期真正了解事情真相与原理。

媒体是信息载体,处于当今的信息时代,新闻涉及方方面面、各行各业的信息,这就对新闻工作者的知识结构提出了更高的要求。经济学、法学、政治学、社会学、心理学等都是记者的知识结构中所必不可少的,记者知识面越广,就能够越快速地将报道引向重点。尤其是进入21世纪以来,是否具有复合型的知识结构决定着记者能否有效地、有深度地发现和表达有价值的新闻。如果记者采写的新闻仅仅表现了事件发生的过程,那么,机器新闻写作完全可以更有效、更智能地替代这样的工作。记者唯有充足的知识准备,才能用不同视角和学识阐释不断演化和变迁的社会现实,才能挖掘新闻背后更深刻的内涵,才能体现记者不能被智能技术所替代的价值。

二、心理素质——让非智力因素得以激发

新闻传播过程,也是新闻从业者不断地调控自我心态的过程。新闻采访是动态过程,时空也常常会充满变数,有时候因地理的(如战场、地震区、灾害源)、时间的(如酷暑严寒、深更半夜)或条件的(如有时不得不采用暗访等方式)等原因,使得采访活动有很大的危险性,这就需要记者有良好的自我调控能力和应变能力,比如面对压力时要顺其自然,适当降低自我价值感,会有助于缓解紧张情绪。

新闻实践是一个认识和情感相互影响的过程,两者相互渗透,相伴而行,贯穿在"传"与"受"的全过程中。情感体验作为非智力因素又构成了认知活动的动力系统。积极的情感体验直接、间接地转化为人的动机和意志,激发、强化认知活动,从而提高个体的工作效率。在新闻的实践中,许多记者的智力因素不会存在特别大的差异,然而,往往只是少数优秀的记者采写了多数的好新闻,原因何在?记者之间的差异大多表现在非智力因素上。能理智控制不良情绪情感的记者具有比其他人更强的工作能力。许多新闻工作者的成功都证明,成就最大的人和最小的人之间,最明显的差异不在于智力水平,而在于是否有自信心、进取心、是否有对新闻事业的激情及百折不挠的意志和性格品质。记者如果以消极、偏执的情感从事新闻传播活动,往往会使其放弃对客观事实的追求,对新闻的认知蔽于一隅。

记者内心的热情往往能使其在新闻实践活动中焕发出惊人的力量、毅力,从而对新闻事实全身心地投入,全身心地关注。这种关注不仅表现在记者的显意识、有意注意状态,还默化于潜意识、无意注意状态,这种状态下的记者就如同一架运转良好的雷达,随时可以灵敏、准确地接收来自关注目标的信息。

三、全媒体素养——让记者跟随时代步伐

媒体融合时代,媒体的传统边界正在消失,不同媒介形态之间的融合产生质变后形成新的传播形态。在这种新的传播形态中,新闻工作者的新闻报道思维和理念都要发生变化,新闻报道需要进行创新与变革。由于社交媒体的兴起,信息传播由大众传播进入大众自传播,传者与受众之间的界限、专业与业余之间的界限变得模糊,信息传播进入所谓大规模业余时代,人们生活中接触的日常的、动态的、碎片化的信息,业余力量即可完成,那么,专业化新闻机构和新闻工作者今后的努力方向在哪里?媒介形态有机融合的全媒体报道为高层次专业新闻报道提供了哪些契机?这一系列问题,既是媒介融合环境下新闻报道实践的重大现实问题,更是新闻学迫切需要回答的重要理论命题。

面对新兴媒体的兴起和对传统媒体的市场威胁,传统媒体纷纷开创与新兴媒体融合

的新模式,以求在竞争中生存和发展。媒体融合作为传媒业发展的新趋势,表现为传统媒体与新兴媒体走向融合、不同介质的媒体走向融合,一个新闻集团以运作某种媒介形态如报纸或电视为主的同时,可以兼有其他类型传媒。如广电集团同时可以拥有报纸、出版社、网站;报业集团可以同时拥有出版社、网站,并参与制作电视节目。

全媒体(或称融媒体)在传播业发达的国家并不是新概念,维亚康姆、新闻集团、时代华纳无一不是集各类媒体业务于一身的传播集团。时代华纳、维亚康姆公司、维旺迪集团、默多克新闻集团、贝塔斯曼等,都在进行不同层面,甚至是最高层面(所有权)的"融合"。特别是美国"媒体综合集团",它们在佛罗里达州坦帕市建立的"坦帕新闻中心",更是将"媒体融合"做到极致。报纸、广电、网络三种媒体形态的采编人员互相配合、协调,合作采访新闻,甚至同一名记者(这类记者被称为"背包记者")可同时采写报纸新闻、电视新闻以及电子版的即时新闻,同样的资讯通过不同的形式,被包装成适合不同媒体表达的产品。①

《纽约时报》在 2012 年 12 月推出了震撼人心的全媒体长篇报道《雪崩》。《雪崩》是《纽约时报》记者大卫·布兰奇(David Branch)采写的专题报道《雪崩:特纳尔溪事故》(*Snow Fall:The Avalanche at Tunnel Creek*)的简称,它完美融合了新闻报道与多媒体交互技术,生动描述了发生在华盛顿州喀斯喀特山脉一次惊心动魄的大灾难,全面记叙了滑雪者的罹难过程,讲解雪崩的科学原理。《雪崩》通过交互式图片、采访视频以及知名滑雪者的传记等多元化的方式呈现,打开专题地址,读者可以看到宏大的滑雪圣地的 3D 版地图、知名滑雪者的第一手图片、幻灯片式的滑雪运动历史,还有知名滑雪者的视频访谈等(见图 1-7)。

图 1-7 《纽约时报》全媒体报道——《雪崩》
(图片来源:http://t.cn/zHP1eva)

---

① 黄志祥:《探索中国化"媒体融合"新路径》,载《中国记者》,2009(11)。

《纽约时报》的全媒体专题报道《雪崩》赚足了眼球,通过创新式的多媒体报道方式大获成功,发表之后的 6 天之内就收获了 290 万次访问和 350 万次页面浏览,为沉闷已久的传统新闻媒体圈带来新鲜空气,而采写这一专题的记者大卫·布兰奇也因出色的报道获得了 2013 年的普利策特稿写作奖(Feature Writing)。《雪崩》项目成功之后,至少在报道自然灾害(以及人员伤亡)时,《纽约时报》更多地借助新媒体技术。比如,在报道 2013 年 6 月发生的亚利桑那州大火灾及与火灾勇敢搏斗而不幸丧生的 19 名消防员时,该报在数字平台上大量使用图片、互动式地图、音频、视频,弥补报纸的缺陷。

2016 年 2 月 29 日,新华社客户端 3.0 版在各大应用市场全新上线,其目的是打造一种新的新闻样式——"现场新闻",它是新华社推进媒体融合发展的重要举措。"现场新闻"依靠新华社遍布全球的采编网络,秉承移动互联网"云+端"的传播结构,集互联网、大数据、4G 传输、云计算等先进技术于一体,在线生产"活"的新闻。"现场新闻"能够提供更全面的视角,围绕同一新闻事件,多路记者在同一时间从不同视角对同一现场展开直播报道,综合运用视频直播、文字直播、图片直播、音频直播等多种形式还原现场,并在同一页面集成展示,使多媒体报道变为全媒体融合报道,多层次、多角度揭示新闻的内涵。前方记者即拍即传,后方编辑边审边发,端内沟通,线上指挥,网状采集,协同作战。

全媒体时代的悄然来临,对新闻工作者提出了全新的要求。左图(见图 1-8)是 2013 年"两会"期间,在微博上出现的一张媒体记者的照片:这位女记者头戴 Hero 摄像机,颈上挎着相机,手中拿着手机,"全副武装"地进行采访。她头上的摄像机应是拍视频的,手机用于发现场微博兼录音笔,大镜头便于抢远景又抢个人特写,配专访用。一人身兼文字、摄像、新媒体三个记者的职能。

到了 2017 年"两会"期间,一名女记者身负多种报道装备的照片刷遍微信、微博(见图 1-9)。

这套设备是第一次应用于"两会"报道的光明网"钢铁侠"多信道直播云台,是光明网在媒介融合的大趋势下全新打造的集新闻信息采集、发布于一体的全媒体报道单兵设备,其最大特点是仅需一名记者即可实现普通视频、全景、VR 的同步直播与录制,并通过设备后

图 1-8 "全副武装"的记者
(资料来源:中新网)

图 1-9 女记者架着光明网的"钢铁侠"多信道直播器进行直播。该设备可同时为 15 家平台提供现场直播信号,并可同步实现裸眼 VR 直播。

(资料来源:光明网)

台的云控制台、云存储及流媒体服务系统,一键同步实现电脑、微信及手机 APP 等跨平台视频内容的分发与适配(见图 1-10)。

"全媒体记者"这样的身份描述越来越频繁地出现在媒体上,并渐渐取代了"本报记者""本台记者"等传统称呼。

"全媒体记者"是从国外传媒界流传而来的一个新概念,目前还没有明确的定义。国内传媒界较为通行的定义认为,全媒体记者,集采、写、摄、录、编、网络技能运用及现代设备操作等多种能力于一身,文字、图片、视频、音频全面报道,传播渠道涵盖报刊、电视、广播、网络、手机等多种媒体。①

毫无疑问,进入 21 世纪,记者在具备传统的新闻采写能力、专业素养、职业操守等素质要求的基础上,还必须具备适应竞争与发展需要、更具时代特色的全媒体素质。

(一)掌握各类别媒体的知识和技能

要成为全媒体记者,必须打破媒体界限,了解不同媒介形式之间的沟通配合以及融

---

① 王晓明:《全媒体记者,准备好了吗?》,载《视听界》,2012(5)。

光明网

4小时前 来自 搜狗高速浏览器

光明日报融媒体两会VR直播是怎么出来的？靠的就是这三头六臂的融媒体神器"钢铁侠"哦~ 光明网记者带着"钢铁侠"多信道直播云台，带你#直击2017全国两会# @刺猬公社

@来去之间:没想到可能最先装备外骨骼的行业居然是记者……

图 1-10 "钢铁侠"集新闻信息采集、发布于一体

（资料来源：网络截图）

合的相关知识和技能。比如，作为文字记者，在完成文字稿件的基础上，要加强摄影技术的训练，以使报道生动、深入、图文并茂，而且对于电视、广播、网络方面的知识也要了解掌握。随着科学技术的发展和新闻竞争的日趋激烈，全媒体记者尤其需要掌握现代化采访和发稿手段，不断更新有关的知识和技能，应学会使用电脑、多功能电话、多功能照相机、摄像机等设备采集编制文字、图片、音频、视频，以完成适合不同介质媒体传播的新闻。能否深刻了解各类别媒体的传播特点与理念知识，熟练掌握媒体新技术并将其有效地运用到新闻采访写作中，成为衡量新时期记者水平的重要标准。

（二）培养采访写作不同类别媒介稿子的能力

媒介融合时代的新闻报道是文字、图片、视频、音效多种表现形式的综合体现，与之相应的新闻记者则要成为能同时为报纸写文字稿、为电视拍摄节目、为网站提供图片的"全能记者"。澳大利亚迪肯大学新闻学院副教授史蒂芬·奎恩博士认为，"全能记者"分三个层次：第一个层次是能够用手机对突发事件进行报道；第二个层次是一个记者能够在一天内既为网站写稿，又能提供视频和博客新闻，还能为报纸写稿；第三个层次是既能为报纸写深度报道，又能为电台电视台做纪录片。"最理想状态就是，传媒集团能拥有所有这三个层次的记者。"①

---

① 程忠良、梅玉明：《全媒体时代新闻职业的变化》，载《青年记者》，2010(18)。

第一章　记者,时事的观察记录者

　　新闻学者蔡雯曾经介绍过美国媒介综合集团（Media General Inc.）一名女电视记者全媒体工作一天的情况。以她采访的一起案件报道为例,她一天的工作日程是：早晨6点给网站写一篇专栏文章,介绍案件的情况,然后到法院去采访当天的最新进展情况,上午10点通过电话给电视台发去最新报道；下午2点半到3点编制一个晚间电视节目传回去,然后再回到法院采访下午的进展情况,通常到晚上7点才结束采访；最后,还要给第二天出版的报纸写一篇新闻稿。①

　　《丹佛邮报》因其对"极光影院枪击事件"的报道,获得2013年度普利策突发性新闻报道奖。报道采用了从社交媒体到摄影和印刷的多重报道手段,完整记录了枪击案导致12人死亡,58人受伤的前期过程。"报道可以使用任何新闻报道工具（journalistic tool）,包括文字、视频、数据库、多媒体、互动展示以及以上这些方式的结合使用。"普利策奖在2010年就对其评选规则进行修改,2013年的评选结果更是体现了这一点。

　　2017年"普利策新闻奖——公共服务奖"由ProPublica网站和《纽约每日新闻》共同获得。它们联合报道了"纽约市警察滥用职权,强力驱逐弱势群体"这一现象,揭露在纽约仍然有很多少数族裔受到不公正待遇等严重社会问题。Propublica作为美国一家独立的非盈利新闻编辑网站,曾经和多家媒体合作进行调查性报道,获得多项世界级新闻界大奖。这是ProPublica网站第4次获得普利策新闻奖。2010年,ProPublica凭借和《纽约时报杂志》共同报道的《生死抉择》,获得了"普利策新闻奖——调查报道奖",成为普利策新闻奖历史上首家获奖的独立网络新闻媒体；2011年,ProPublica利用数据工具,向读者揭示了华尔街金融逻辑对国家经济带来的巨大损害,因此获得了"普利策新闻奖——国内报道奖"；2016年ProPublica凭借一组揭露了由于执法人员在强奸案调查中失职引发了严重后果的新闻报道,获得了"普利策新闻奖——解释报道奖"。

　　在当下的中国传统媒体,特别是一些实力雄厚的报业集团,同一个新闻题材,记者至少要写多篇不同的稿子。如《南方日报》一名记者日常的新闻采写流程是：出去采访的时候,随时更新微博,即时发布最新的消息；回来以后,马上撰写一篇涵盖各项基本新闻事实的稿件,发送到南方报业网等网站上；然后,才开始自己原有的职责——撰写刊登在明天报纸上的稿件。同一新闻题材至少要有多篇不同类型的稿件,这仅仅是文字记者的基本任务。如果再加上摄影记者必须要拍摄和剪辑的图片、视频新闻,在同一新闻事件的报道体裁和传播媒介上已经涵盖了几乎所有的媒体。这是全媒体趋势下记者不得不做出的调整与改变。②

　　全媒体记者的核心能力应是对新闻事件的多媒体整合传播策划能力,包括"内容策

---

① 蔡雯：《从"超级记者"到"超级团队"——西方媒体"融合新闻"的实践和理论》,载《中国记者》,2007(1)。
② 叶明华：《传统媒体记者的全媒体生存》,载《青年记者》,2011(16)。

划"及"介质分发"两个层面,而不是指仅仅掌握所有媒体的采编技能,却不具备媒体整合传播的能力。"多媒体整合传播策划"是融媒体记者的核心技能,这首先表现在融媒体记者是一种理念,即对新闻内容的价值判断及介质选择;其次,表现在它是一种技能,即如何来组织报道,比如,是否发动 UGC(用户贡献内容),采取何种方式来呈现新闻报道,采用何种渠道来分发新闻报道。融媒体记者应该是一个"新闻事件报道的组织者"与"多媒体整合传播策划者",能够发现新闻线索,联系被采访对象,联系相关专家以及掌握分发渠道,并将内容传播扩大。①

既要文章写得好,又要照片拍得好,还要音视频做得好,更重要的是,还要能够根据不同媒介的要求来采制合适的稿件,难度之大可想而知。按照一般的标准,一名全媒体记者一天起码要完成 3~4 篇稿件,其中有文字,有视频,这是平常记者工作量的 3~4 倍。这样的工作强度,往往会使得记者因为追求"全"而降低"能",长此以往不仅让记者在工作中疲于奔命,也会使媒体产生偏向的全媒体理念与实际操作的误导。因此,今天的全媒体记者依然面临诸多难题,需要探寻解决之道。

媒体正在经历一场全产业链的变革,一个全新的"众媒时代"正在来临,媒体变得无处不在,一切皆"媒"。传感器新闻、机器写作、VR 等富媒体技术、大数据新闻、个性化定制新闻将给新闻报道带来质变,同时也倒逼媒体人升级。

 链接

记者的个人信条

- 信仰并忠于一种其基石为节制权力的政治文化。
- 在生活和工作中讲究适度。
- 对手头的工作抱以一种坚韧、科学的态度。
- 以开放的心态寻找并努力去理解不同的观点,包括那些与记者的观点相冲突的观点。
- 对自己的能力和才华负责。如果听凭它们荒废,或因懒惰、缺乏严肃目的等原因而未能发展这些才能,那就是自弃丽质,并贻害社会,而社会的进步依赖于通过生机勃勃的探索求得的新思想。对荷马而言,善就是功能的实现;对亚里士多德而言,善就是挖掘出自己的潜能;对康德而言,培养人的才能是一种责任,而恪守"责任"则构成道德生活。如果一个记者的报道和写作能力同他的潜能不相称,那么他就是不道德的。

---

① 栾轶玫:《融媒体记者:理念与平台之战》,载《视听界》,2012(5)。

- 理解并宽容大多数重要问题中存在的模棱两可,尽管存在这些不确定性和疑点,也有能力采取行动,并愿意为这些行动负责。
- 乐于承认错误。
- 能忍受孤独和批评——独立的代价。
- 不愿依据截稿时间的节奏塑造英雄和恶棍。
- 了解包括新闻学在内的知识领域中的探路者。
- 投身工作。
- 具有历史感。奥登说:"让我们记住,过去的伟大艺术家虽然不能改变历史的进程,然而正是通过他们的工作,我们才能与逝者交流;而没有与逝者的交流,人的生活就不可能丰富。"
- 抵制赞扬,态度谦虚。
- 责任在肩。约翰·杜威说:"如果一个人有一种见解,那么他不仅希望将它表达出来,而且他也应当表达出来。无论是出于他的良知还是公益,他都应该这么做。表达意见这种不可或缺的功能是一种责任,一种对社群和社群以外事实的责任,让我们向真理说话。"
- 避免产生取悦他人的欲望。
- 谨防将文字本身当作目的。①

练习

一、何为新闻专业主义?新闻专业主义对于记者来说意义是什么?

二、机器新闻写作能否替代记者新闻写作?为什么?

三、以5人一组观察所在学校的食堂或图书馆,寻找其中触动你们的细节并记录下来,5位同学比较一下谁发现了更多、更好的细节?思考分析别人发现的自己为什么没有发现?

四、新闻教育在全媒体时代应该有怎样的改革和创新?试着给所在的新闻院系提出办学建议。

---

① [美]梅尔文·门彻:《新闻报道与写作》,展江主译,743页,北京,华夏出版社,2003。

达纳于1869—1897年主管《纽约太阳报》,他说,新闻是"社会上大多数人感兴趣,而且在此以前从未对它注意过的那些事情。"1882年达纳属下的采访主任约翰·B.博加特对一个青年记者说:"狗咬人,不是新闻;人咬狗,才是新闻。"这也成了新闻史上关于新闻概念流传广泛的一句话。

20世纪30年代初期《纽约先驱论坛报》的采编主任斯坦利·瓦利克尔说,新闻是建立在三个"W"的基础上:"妇女(Women)、金钱(Wampum)和坏事(Wrongdoing)"。

当然,这些表述并非新闻的科学定义,它只是反映了新闻的某些价值要素。那么,到底新闻是什么?当记者准备开始采访写作之前,首先要研究这个基本概念。

第二章 新闻,注定要不断重新定义

随着传播渠道的多元,新闻如同空气一样弥漫在人们的生活中,须臾不能离开。看起来,对于新闻,谁都不陌生。然而,要给新闻下个定义仍然困难,特别是在新媒体兴起的今天,传统新闻的定义不断被扩展,甚至被颠覆。

对于受众而言,新闻是获得周围世界变动的信息;对于政治家而言,新闻是一种话语;对于媒体而言,新闻是等待检验的产品……新闻可能是对不同人有不同兴趣的信息。

第一节 新闻没有完美的定义

一、什么是新闻

什么是新闻?历来众说纷纭。新闻定义的争议,伴随着新闻学的研究,已经走过了一个多世纪的岁月。

1927年，美国新闻界征集新闻的定义，名列榜首的是长达约190多字的"华拉定义"："新闻是一种商品，由报纸分配，供给识字者消遣，每天把新鲜的东西送到市场上，但是具有腐败性；新闻从智力方面、情绪方面、兴趣方面，用文字将世界、国家、省、州及都市所发生的事件表现出来。这些事件，不论是社会的、经济的、政治的、科学的或个人的，都须有引起多数人注意的重要性才行。其制造的慎重、品质的优良以及目的纯正与否，均能反映制造者的名誉可以信任与否。若以虚伪代表真实，或者捏造消息，都是欺骗公众的信任，对于人的身心健康不啻是一种威胁。"从这段漫长的叙述可见，想要描述清楚新闻是什么，何其困难。

在新闻发展的历史上，新闻学者、新闻从业者从来没有停止为新闻定义的企图。

美国哥伦比亚大学教授梅尔文·门彻提出："新闻是关于突破事物正常轨道或出乎意料的事件的情况。"

日本新闻研究所所长小泉秀雄在《新闻学原理》一书中提出："新闻是根据自己的使命对具有现实性的事实的报道和批判。"

苏联《真理报》消息部主编哥捷夫说："新闻是有共同兴趣的、有典型意义的事实。"

德国柏林大学新闻学教授比法特在他的《新闻学》第一卷中对新闻定义是："新闻就是把最新的事实现象在最短的时间距离内连续地介绍给最广泛的公众。"

美国堪萨斯州《阿契生市环球报》主编爱德华·贺说："凡是能让女人喊一声'啊呀，我的天哪'的东西，就是新闻。"

英国《牛津字典》的解释是：新闻是"新鲜报道"。

在中国，"新闻"一词最早出现在《新唐书》。《新唐书》记载：初唐神龙年间（公元705年前后），有一个叫孙处玄的文人曾说："恨天下无书以广新闻。"孙处玄这句议论竟被载入《新唐书》，说明尽管唐代还未完全具备传播新闻的条件，但人们已意识到需要报道新闻的传播工具。"新闻"一词在这里是指"最近消息"。

虽然新闻研究在中国起步较晚，但对新闻的定义却从未停息过。

1872年4月创刊的《申报》提出："新闻则书今日之事。"

徐宝璜在其1919年12月出版的中国第一部理论新闻学著作《新闻学》中指出："新闻者，乃多阅读者所注意之最近事实也。"[①]

邵飘萍在其1924年出版的《新闻学总论》中说："新闻者，最近时间内所发生认识一切关系于社会人生的兴趣、实益之事物现象也。"[②]

戈公振在其1927年出版的《中国报学史》中认为："新闻者，读者所欲知之事物也。""新闻者，有人类之兴趣，与人类之生活上及幸福上能发生影响之一切事件及观念等相关

[①] 徐宝璜：《新闻学》，北京，北京大学出版社，1919。
[②] 袁军、哈艳秋：《中国新闻事业史教程》，18页，北京，中国广播电视出版社，2001。

之原质的事实也。"①

李大钊在1922年《北大记者同志会上的演说词》中提出:"新闻是新的、活的、社会状况的写真。"②

1943年陆定一提出了一个影响深远的新闻定义:"新闻的定义,就是新近发生事实的报道。"这一定义因其尊重"事实"的唯物主义属性及符合马克思主义新闻观,而长期被中国新闻界奉为圭臬。③

胡乔木1946年在《人人都要学会写新闻》中提出:"新闻是一种新的、重要的事实。"④

文革期间流传着这样的新闻定义:"我们讲新闻是宣传马列主义、毛泽东思想的,体现革命群众的首创精神与集体智慧的,歌颂社会主义新生事物的客观问题的准确及时的报道。"⑤

1981年8月中宣部在京召开全国18个大城市的报纸工作座谈会,其会议纪要对新闻定义作了新的诠释:"新闻反映新发生的、重要的、有意义的、能引起广泛兴趣的事实,具有迅速、明了、简短的特点,是一种最有效的宣传形式。"

《现代汉语词典》释"新闻"为:①报社,通讯社,广播电台,电视台等报道的消息。②指社会上最近发生的事情。

《辞海》对新闻的解释是:报社、通讯社、广播电台、电视台等新闻机构对当前政治事件或社会事件所作的报道。要求迅速、及时、真实,言简意明,以事实说话。形式有消息、通讯、特写、记者通信、调查报告、新闻图片、电视新闻等。

上述种种新闻定义,有的强调新鲜感,有的强调教育性,有的强调趣味性,有的则强调的是猎奇和刺激。在这些定义中,我们无法找出完全令人满意的对新闻的简短描述。尽管国内外学界、业界在不断定义新闻,却尚没有一个完整的为人们普遍接受的定义。为什么呢?事实上并不存在,也不可能存在一种关于新闻的完美的定义。因为新闻随着时代的发展、科学技术的发展在不断地发生变化,并转换它的生产方式和传播平台。所以,记者要想懂得"新闻是什么",只有从实践中学习,只有去发现和表达新闻,才能探索其真谛。

---

① 袁军、哈艳秋:《中国新闻事业史教程》,18页,北京,中国广播电视出版社,2001。
② 蔡铭泽:《新闻学概论新编》,35页,广州,暨南大学出版社,2004。
③ 王君超:《谁动了"新闻"的定义》,载《中国报业》,2014(4)。
④ 蔡铭泽:《新闻学概论新编》,35页,广州,暨南大学出版社,2004。
⑤ 袁军、哈艳秋:《中国新闻事业史教程》,18页,北京,中国广播电视出版社,2001。

二、新闻的定义

中国新闻学界比较认同的是陆定一的新闻定义,即新闻"是新近发生的事实的报道"。但这个定义在当下的局限性显而易见。

(一)新闻包括正在发生的事实

由于传播技术的发展,新闻报道速度越来越快,正在发生的事件尚未出现结局就已经被报道。对一个事件连续追踪报道,甚至进行现场直播,让报道和事件的发生、发展同时进行,而不仅仅局限于"新近发生"。2016年2月29日,新华社客户端3.0上线,其最核心的一个概念是全新媒体思维运作下的"现场新闻"。新华社客户端推出的"现场新闻",运用最新的移动网络技术,在新闻现场实时抓取尽可能多的现场新闻要素,通过各种报道样式将新闻现场实时地全方位、全息化呈现给受众。2016年7月10日,湖南省华容县新华垸发生重大险情,新华社各路记者通过发布现场视频进行多线直播,直播从当天15:38分开始,通过视频、文字和图片配合的方式,对事件进行实时直播,从人员伤亡情况的汇报、渗漏险情的追踪、华容县防汛办下达的紧急转移指令、武警部队组织救助的现场,再到后续的溃口情况调查,以及重点受灾地区如华容实验小学的现场细节都进行了全息的直播和跟踪报道。新华社的"现场新闻"从物理形式来讲,现场记者可以不受时间、地点的限制,利用手持视频直播设备——云台,进行全天候24小时直播,实现零时差的发送。①

(二)新闻包括新近发现的事实

新闻报道的对象未必都是新近发生的事件,有些早已发生的事,由于种种原因在当时不为人们所知,虽已时过境迁,但如果是最新发现的,仍然具有很高的报道价值。

例如,在2016年美国总统大选中,美国共和党候选人特朗普成为美国各大媒体头版人物。10月7日《华盛顿邮报》公布出多段特朗普2005年参加一档娱乐节目的录制,期间与节目主持人私下谈论自己与一名已婚女性关系的音频。在谈话中,特朗普称,自己曾追求一名已婚女性,并试图同对方发生关系。另外,特朗普还在谈话中说:"一旦成为大人物,女人就会让你对她们做任何事。"随后,美国主流媒体狂轰滥炸般抖出越来越多展现特朗普低级趣味的视频及录音材料。这些报道对特朗普的竞选产生了严重的负面影响,不少共和党人出来谴责特朗普,即使他已经出面道歉,也难止共和党内对他的批评。这些11年前的往事算是"旧闻"了,但由于是刚刚发现的,仍给人以新鲜感。所以新闻报道不仅仅是"新近发生"的事实,也少不了"新近发现"的事实。

---

① 周继坚、牛天:《新华社"现场直播"重新定义新闻生产模式》,载《中国传媒科技》,2016(10)。

所以，我们可以在陆定一关于新闻的定义基础上将新闻定义补充为：新闻是对新近已经发生和正在发生，或者早已发生却是新近发现的有价值的事实的及时报道。

这个定义将新近发生区分为"已经发生"和"正在发生"两种情况。前者是已经结束了的事件，后者是正在发展变动尚未出现结局的事件。另外，并不是所有的事件都值得报道，所以这个定义强调新闻报道的事件必须是有价值的。当然，这个定义也点明：事实本身并不天然就是新闻，有价值的事件必须通过"报道"才能成为新闻。这个定义看起来好像已经较为完整，但无论怎样补充和完善新闻的定义，仅仅凭着定义，我们很难真正认识和理解新闻，因为新闻定义终究"缺乏对人的积极的态度""冷冰冰地盯着物态世界"。[①] 要认识新闻、懂得新闻，就必须通过新闻的概念抵达它的本质。

第二节　新闻的深层本质和功能

1957年钱谷融先生根据高尔基的观点提出"文学是人学"的著名论断。他强调文学是写人的，是写给人看的，是以影响人的思想感情为目的的，因此要真正懂得文学、研究文学，必须首先做一个心地坦荡、人品磊落的人，因为只有一个真诚的人才能感受和欣赏真正的美。那么，新闻是不是"人学"呢？当然是，因为新闻不仅是人写的，是写给人看的，而且是以表现人的行动为主的。新闻是人的精神需要的产物，它不应该缺乏对人的关怀。

一、人是新闻力量的源泉

新闻的力量和冲击力在于对人的关注。只有表现"人"的新闻，才是有生命、有温度的新闻。优秀的记者在报道重大新闻时，总是从某个个人的视角出发，以小见大贴近读者，从而顺其自然地引出对重大新闻的报道。在报道中，无论新闻是长篇特稿、通讯、专栏、会议新闻，还是领导人会见的消息，都至少需要一张有血有肉的人的面孔。[②]

但我们的某些新闻媒体越是在报道重大新闻，越是没有人的出现，没有故事的冲突。请看这两篇新闻报道。

闽中南发生大暴雨　晋江出现超警戒水位洪水

新华网福州8月14日电　受低涡切变影响，福建省中南部部分地区发生大暴雨，晋江上游发生超警戒水位的洪水。

---

① 王春泉：《现代新闻写作》，3~4页，西安，西安出版社，1999。
② 李希光：《新闻的力量来自哪里？——以"两会"报道的创新为例》，载《新闻记者》，2002(7)。

据福建省防汛办统计,从 13 日 8 时到 14 日 5 时,福建全省最大降雨量在 1~24 毫米的有 36 个县市区,25~49 毫米的有 21 个县市区,50~99 毫米的有 18 个县市区,超过 100 毫米的有永定 101 毫米、南靖 116 毫米、永春 122 毫米、平和 143 毫米、安溪 194 毫米等 6 个县。

受强降雨影响,晋江西溪上游安溪县湖头 13 日 22 时 5 分出现超警戒水位 0.59 米的洪水,晋江东溪上游永春县 13 日 21 时 45 分出现超警戒水位 0.4 米的洪水,大樟溪上游德化县凤洋 13 日 22 时 40 分出现超警戒水位 0.22 米的洪水。大暴雨引发安溪县局部地区山体滑坡,导致少量民房倒塌。

据省气象台 14 日早晨预报,未来两天福建省中南部地区有较明显降水,南部地区有暴雨,局部乡镇有大暴雨。

(资料来源:新华社 2007-08-14 11:01:40)

阳山旱情严重　全县倾力抗灾

本报阳山讯　连日来,阳山全力开展抗旱保苗和抢收抢插抢种工作。据统计,截至本月 8 日止,该县已筹集抗旱资金共 200 多万元,迅速购买了一批设备投入抗旱,加上维修好的原有设备,每天投入抗旱的机械达 394 台,出动干部群众 5.3 万人。

从 7 月 8 日起阳山范围内持续高温燥热无雨,全县受旱灾的农作物面积共 17 万亩,果树 3 225 亩,其他经济作物 3 885 亩,多座水库和山塘均已干涸,经济作物损失达 6 746 万元。面对遍及全县的干旱灾情,阳山县委书记李玉楷、县长温湛滨先后部署抗旱工作并批示调拨抗旱专用资金,分别深入有关乡镇抗旱现场指导抗旱工作,要求各乡镇带领广大干部群众充分抓住有利时机抗旱保苗抢收抢插,同时已规划把因旱无法插秧的 2 万亩农田改种其他经济作物,一些行动快的乡镇如阳城、七拱、黎埠、青莲等镇的群众已陆续抓紧改种经济作物,争取做到上造损失下造补、大旱之年不减收。

(原载 2007 年 8 月 12 日《羊城晚报》)

这两条新闻没有丝毫的冲击力,问题出在哪里?"没有一张有血有肉的人的面孔"。当灾难不幸降临的时候,媒体上出现的却是一些毫无生命意义的冷冰冰的数字,以及在新闻报道中依次罗列的一大堆当地大小官员的名字。天灾人祸带给人们的本来是一出"悲剧",但一些报道硬将它演化成一曲"颂歌"。没有人的新闻是抽象的、冰冷的、缺乏善意的。类似这种写法的新闻在我们的传播媒介中可谓俯拾皆是。

同样反映自然界的灾害,我们再看一篇西方的新闻作品。

美国大兵比卡尼克和他的妻子成了住房短缺的牺牲品

33岁的美国大兵柯尼斯·比卡尼克和他的妻子、30岁的艾琳成了住房短缺的牺牲品。

他们一家住在凑合着搭起来的房子里。昨天大雨倾盆,比卡尼克家旁边的一株40英尺高的树倒了。紧接着,被水泡松了的山坡塌了下来。泥土压在他们的房子上,结果两个孩子——12岁的艾利森和他3岁半的小妹妹朱迪安,被活埋在12英尺厚的废墟下面。

他们的邻居查利·福特夫妇听到轰然一声响,赶快从家里跑了出来,只见比卡尼克像发了疯似地用手扒又湿又重的泥土。后来发现,在土堆的重压之下,孩子们的卧室塌陷到地下室里去了。

比卡尼克在干嚎:"孩子啊,孩子啊,快出来吧!"福特费了好大气力才把另一房间的门挖开,进去后,他发现比卡尼克夫人木然地站在那里,瞧着孩子房间塌陷下去的大洞发呆。

她目瞪口呆,絮絮叨叨地说:"孩子们能支持多久?多久?多久?有人来救他们吗?"

消防队和铁路抢救队闻讯赶到,他们动用推土机干了12个小时,才把废墟和泥土清除干净,找到了孩子们的尸体。

在被砸坏的床上,两个孩子并排睡在一起,男孩子用胳臂护着小妹妹。两个孩子的头上盖着床单,看来,他们在生命的最后一刻想用这床单挡住不断落下来的泥土。

(资料来源:黎信、曹文秀选编的《西方新闻作品选读》)

中西方记者在新闻写作中表现了极大的差异,就这种差异本身而言,我们屡见不鲜。当然,这种差异的形成,有诸如历史、文化、价值观、世界观等复杂的原因。《中西新闻比较论》一书在论及中西新闻思维对悲剧事件表达的两种结构时分析说:"我们注意到,面对悲剧,西方记者注重极其仔细地描摹事实,强调行动,轰轰烈烈的行动,这行动带着冲动的强度和力感,也带着感情浓烈的宣泄以及宣泄后的毁灭感。而中国文化氛围下的中国记者,则习惯于'哀而不伤',他们暴露人的生存困境,也有'上穷碧落下黄泉,两处茫茫皆不见'的强烈的询问和怀疑,但最终又去弥合这种询问和怀疑,习惯于以超然的、了悟一切的、历史的态度看待痛苦,信奉痛苦终将过去,一切不过是一个过程的信条。因而,总是以一种默察的态度,超然地凭高俯视情感与意识的挣扎。"[①]

在西方,记者在反映重大新闻时,往往以个人的视角切入,聚焦个人的生存环境

---

① 樊凡:《中西新闻比较论》,38页,武汉,武汉大学出版社,1994。

和生存状态,以具体的个例反映普遍的社会问题。以1979年设立的"普利策特稿写作奖"为例,在1979—1997年的19篇获奖作品中有15篇是通过个例来反映社会问题的。

在《美国大兵比卡尼克和他的妻子成了住房短缺的牺牲品》中,比卡尼克的干嚎——"孩子啊,孩子啊,快出来吧",成为外国新闻作品中动人心魄的一笔。这正是中国新闻作品所缺乏的。我们呼唤新闻中"人"的觉醒,只有在新闻作品中唤醒"人",新闻报道才能得到高度的、深层的发展。①

值得庆幸的是,中国新闻界毕竟开始了人的觉醒。在新闻作品中如何确定个人与社会的价值,许多新闻工作者有了新的思考。

2000年12月25日圣诞之夜,河南洛阳一家歌舞厅突发大火。《羊城晚报》在第二天A8版上以《圣诞舞会,数百人火海中生死不明》为题对这场火灾进行综合报道,其中对一位"从火灾现场逃生的王女士"的遭遇进行了这样的描述:她的先生奋力将她推上一个窗口,她从一个阳台上侥幸逃生。她满脸烟黑,手上流血,但不肯包扎,说等到天明也要等到先生出来。随后几天,该报接连推出《零星几人智寻出路逃出鬼门关》等重头稿件,对受害个体的经历、命运进行了追忆。《南方都市报》对火灾中的生命个体也表现了异乎寻常的关注:推出了《生还者追忆逃生经历》等重头稿件,在头版刊发了"生死相隔""我找到了妹妹"两张震撼人心的大幅照片。《广州日报》还在12月28日A3版上刊登了一张醒目的、令人心酸的凸显一名妇女痛失亲人后悲痛万分的照片。在洛阳火灾的报道中,新闻媒体对弱势群体生命个体的空前关注、深切同情,让人们看到了生命在灾难中的真实情状:无助、恐惧、呻吟、受创与毁灭。②

2008年5月12日14时28分四川汶川发生8.0级大地震,事发不到20分钟,新华社就发布了消息,此后,包括电视、网络、报纸、广播等在内的中国各类新闻媒体各尽所能,详尽客观地报道了地震破坏的程度,及时更新伤亡人数,涌现了一大批有血有肉的充满人文关怀的新闻报道。

我们看看《解放军报》综合新华社等媒体报道的一篇新闻。

大地震感人瞬间:叔叔我是不是最勇敢的

　　灾难面前,人的生命或许是脆弱的。但人的精神,一种永不屈服、永不放弃的精神,却是那么的充满力量。无论是救援队员,还是灾区群众,他们都在这种精神信念的支撑下,顽强地同天灾搏斗,演绎出了一个个感人的瞬间。这些含着泪的故事,直抵人性的真、善、美,让我们的心灵得到净化。

---

① 沈正赋:《灾难新闻报道中的人文主义关怀》,载《声屏世界》,2002(9)。
② 沈正赋:《灾难新闻报道中的人文主义关怀》,载《声屏世界》,2002(9)。

请记住这些感人的瞬间!

——编者

18 分钟的网络婚礼

一个在四川青川的抗震救灾一线,一个在辽宁沈阳,一对同穿消防绿的情侣 5 月 17 日在沈阳市新民市举行了一个特殊的婚礼:新郎并不在场。

震区刚刚抢通的网络提供了宝贵的 18 分钟,让这对新人跨越万水千山完成爱的约定。当天上午 9 点 02 分,网络连接上了,投影仪上出现了身穿抢险救援服的新郎!婚礼现场掌声雷动。

眼噙热泪的新娘,轻轻地吻了一下投影板上的新郎。婚礼大厅则久久回荡着动听的歌声:"我愿意为你,我愿意为你,我愿意为你被放逐天际。"9 时 20 分,网络中断。儿女情长只在这 18 分钟内,为了抢救更多的生命,新郎完婚后立即赶赴新的受灾村镇。

阿姨快出去吧,这里危险

德阳市东汽中学救援现场,抢救幸存女孩秦静文的工作进展得十分艰难。

救援人员张艳君小心地避过障碍物,探身进去给秦静文注射救护针剂。小姑娘非常配合地把胳膊伸向她,打完针后她用微弱的声音说:"谢谢阿姨,你快出去吧,这里危险。"张艳君的眼泪夺眶而出!

他张开双臂护住 4 个学生

"那 4 个娃儿真的都活了吗?昨天晚上就听说有个老师救了 4 个娃儿,我哪知道就是你……"张关蓉扑到丈夫的遗体上放声恸哭。张关蓉的丈夫叫谭千秋,四川省德阳市东汽中学老师。

地震发生的一刹那,正在给学生讲课的谭千秋像童话里的那个天使,张开双臂趴在课桌上,身下 4 个学生得救了,他却不幸遇难,献出了 51 岁的生命。

瓦砾下传来中国儿童都熟悉的歌

地震后将近两天,救援队在北川县一处幼儿园的废墟中,发现了一个被困的小女孩。孩子双脚被卡住,下半身沾满鲜血,生命危在旦夕。

就在此时,救援队突然听到小女孩的声音:"叔叔,我不怕,你们不要担心。"小女孩反倒安慰起救援队员。救援队因工具简陋,救援速度很慢,就在大家着急时,却听到孩子唱起歌来。获救后,小女孩说:"我唱歌就不会觉得痛。"

这个小女孩名叫思雨,她在瓦砾中哼唱着《两只老虎》这首童谣。当瓦砾下传来这首中国儿童都熟悉的旋律时,小思雨感动了整个中国。

"叔叔,我是不是最勇敢的"

15 日上午,救援人员在北川县曲山小学发现 7 名被埋学生。其中,12 岁的女孩李月由于左腿被楼板死死地压住,小腿部分已经变成黑色,而在她的后面还有几个孩子等待救援。

救援持续24小时后,专家确定月月的腿已经坏死,只能进行截肢手术救援。截肢手术开始前,救援人员用布条蒙上了月月的双眼。20分钟后,月月的腿被截肢,她被抬出了废墟。她身后的同学也先后被顺利救出。在被救援人员抬出废墟的最后一刻,坚强的月月问道:"叔叔,我是不是最勇敢的?"(本报综合新华社等媒体报道)

(原载2008年5月20日《解放军报》)

人,是任何新闻报道中最重要的因素,人的故事,特别是普通人的故事,往往最吸引受众。即使是重大事件,也只有通过个人化的故事和感受报道,才能产生最大的传播效果。

2018年是中国改革开放40周年,国内各媒体都进行了大规模的报道,无论是平面媒体、电子媒体、网络媒体大都设立了"纪念改革开放40年专题"。打开这些专题,你会发现空话、大话少了,更多的是一些真实的、个人化的、亲切的报道。事实上,像纪念改革开放40年,这种重大报道的冲击力往往不是来自对上层领导、纪念会议、纪念活动和专家学者的报道,而是来自普通民众个人对改革开放40年变化的感受,以及改革开放对普通百姓生活的影响和对命运的改变。

如桂林生活网推出的纪念改革开放40年专栏"寻找有故事的你",邀请市民参与,讲述与改革开放有关的故事,记录一个大时代投射于个体的独特印记,共同记录历史的鲜活细节。专栏包括:"您是桂林早期个体户吗?""寻找那些年参加高考的你""桂林市第一批股民,讲讲您的故事吧""还记得粮票吗?""关于房子的那些事""那些年你写过的情书""收录机、BB机、大哥大""港台流行音乐、跳舞、卡拉OK、录像厅""桂林最早的网友们""国企改制,您经历了吗?"等。专栏以个体生命的历程和生活的波折来诠释国家和民族改革开放40年的历史和命运,来记录一座城市前行的历史年轮。

二、新闻实现人与人的沟通

在现代的信息社会中,人与人之间潜在的心灵交换、比较和相互评价的愿望,更多地依赖新闻所传递的信息来实现。新闻学的创始人卡尔·布克尔说"新闻是心灵的沟通手段",而在新闻实践中随时都可以找到事例来证明卡尔·布克尔的观点。

汉思先生的忧和喜

68岁的澳大利亚游客汉思日前来中国旅游,在上海街头被一名鲁莽的"骑手"撞得右手、右脚鲜血直流,撞人者却扬长而去。此事被理发店的一位王女士发现,她找来翻译,弄清了事情的原委。理发店的员工当即给汉思买了消炎药,留下了他在上海的地址。

第二天,热心的王女士还开车陪他去就医,连续三天陪他打吊针。

汉思对自己在上海的境遇喜忧参半。他说:"上海人对游客很热情,你们都对我太好了,但是,为什么那个撞我的人连句道歉的话都没有呢?"王女士于是打电话给《新民晚报》,希望撞人者能够站出来,向汉思道个歉。

汉思是准备带着遗憾离开上海的。不料,8月25日《新民晚报》刊出《撞人者,站出来道个歉吧》的新闻后,事情发生了戏剧性的变化。第二天,很多读者来电表示:如果撞人者没有勇气站出来,他们愿意代表上海人,向汉思先生道歉,让他带着美好的印象回国。

……

让人高兴的是,撞人的"骑手"——外地来沪务工的王先生终于站了出来。他看了报道后,致电《新民晚报》,说自己心里非常内疚,希望借这个机会向汉思说声对不起,不让汉思把遗憾带回澳大利亚。道歉虽然迟了几天,但知过而改、公开道歉的勇气可嘉。汉思先生收下了迟到的"对不起",转忧为喜。他将刊登这些新闻的报纸留在身边,还说,希望有机会能请撞他的王先生一起吃顿饭。

……

(原载2006年9月14日《人民日报》)

这个报道生动地说明新闻是怎样实现了人与人之间的交互作用,怎样使得人与人之间在基于情感、评价、交流的互动过程中产生了各种社会行为。

媒介将传播者和受众联系在一起,受众接受新闻信息的同时又与新闻报道中的人和事发生关联,再以媒体为中介,通过受众的反馈、参与,最终实现传者与受者之间心灵交换、比较和相互评价等心理互动。无论是传播者通过信息传递引导舆论,还是受众接受或拒绝被引导,都是人们在精神上相互交流、相互比较、相互评价的形式。

随着传播技术的发展,新闻实现人与人之间的互动和沟通将变得更为直接和充分。2016年2月29日新华社推出的"现场新闻"全新新闻样式,运用最新移动网络技术,在新闻现场实时抓取尽可能多的现场要素,通过各种报道样式,将新闻现场实时全息化、全面化呈现给受众。在直播过程中,受众可以随时向记者在线发问,了解相关情况。新华社客户端率先在国内实现"虚拟现实"技术与客户端匹配,首创在无人机上加装VR摄像设备,生产出新颖的体验式、沉浸式报道产品,使受众感官全面介入新闻现场,从单纯地看新闻、听新闻,成为走进现场感受新闻,真正让受众"身临其境"。

可以说,人们通过接受新闻,获得了更为广阔的心灵生存空间。

三、新闻是社会批判的工具

记录记者白岩松 20 年央视成长经历的《一个人与这个时代》一书中,白岩松认为,优秀的新闻人须是知识分子,知识分子不是一个行业,而是一种与社会发生关系的方式。知识分子天生就应该是从"小我"中能有所跳离,去关注一个时代,忧心忡忡地看到很多问题,并希望它改变。在他看来,"好的记者是啄木鸟,而不是喜鹊,不是天天让人开心。"

而事实上,有正义感的媒体和新闻人都试图代表社会的公共利益和公共良心,同情社会弱者和底层民众。近代以来中国新闻记者的社会角色和政治意识也始终与国家的兴起、构建和转型的政治过程紧密联系在一起。他们通过新闻进行社会批判,启蒙民众、引导舆论,推动社会进步。新闻的社会批判性质,在当下是通过"舆论监督"这一词语间接表达出来的。所以,新闻舆论监督的本质在于它的批评性,正是这种批评性形成了新闻报道的锋芒,使得新闻富有战斗性。舆论监督一直以来都是推动社会进程的重要力量。

作为马克思主义新闻观基本原理和一般规律的基础部分之一,媒体是社会的耳目和社会的捍卫者,媒体是对当权者孜孜不倦的揭露者,这也恰恰体现了马克思主义新闻观中的媒介监督属性。除此之外,在马克思主义新闻观的党性原则中也蕴含媒介的监督职能,其中党报、党刊要成为党内批评的强大武器就是党性原则中的重要内容。①

舆论监督是媒体的功能,也是记者的使命。媒体代表公众对权力的监督与质疑,打破信息垄断,让阳光照到权力的背面,这种对公众的代表和对新闻伦理的实践就是对权力的最好制约。

纸媒时代,中国的舆论监督报道实践中有《南方都市报》的"孙志刚事件"报道,有《东方早报》的"三鹿奶粉事件"报道。电视领域中,央视《新闻调查》几乎期期都是精品。到了新媒体时代,《新京报》、财新网等媒体对"雷洋案"的追踪报道,澎湃新闻等媒体对"魏则西事件"和"毒疫苗事件"的揭露与跟踪,以及《南方周末》报道的"辱母杀人案",等等。"这些新闻报道都曾因对权势阶层的曝光、批评而引起舆论哗然,也因对社会阴暗面和社会不公、社会机制的漏洞的揭露而引发强烈的社会舆论风潮和讨论。而这些报道的共同点是对真相的执着,对客观真实的苛求,对公众利益的捍卫,这也恰恰契合了马克思主义新闻观对真实捍卫人民利益的要求。"②

新闻报道是舆论的重要源泉,也是舆论监督的有效力量。媒体需要更为多元的意见表达的环境,也就是说,在意见选择上,要破除单维度意见,给多维度意见以更多的生长

---

① 曾宪旭:《浅析马克思主义新闻观语境下的舆论监督报道》,见"南方传媒书院",2017 年 6 月 30 日。
② 曾宪旭:《浅析马克思主义新闻观语境下的舆论监督报道》,见"南方传媒书院",2017 年 6 月 30 日。

空间;在意见表述上,也要采取多样的表述方式,客观上形成意见呈现的多元化。否则,舆论的一元空间会造成受众逆反心理及对媒体的不信任和对新闻的质疑,如此,新闻传播就无法达到效果。1842年,马克思在《评普鲁士最近的书报检查令》中说:"你们赞美大自然悦人心目的千变万化和无穷无尽的丰富宝藏,你们并不要求玫瑰花和紫罗兰散发出同样的芳香,但你们为什么却要求世界上最丰富的东西——精神只能有一种存在形式呢?……没有色彩就是这种自由唯一许可的色彩。每一滴露水在太阳的照耀下都闪耀着无穷无尽的色彩。但是精神的太阳,无论它照耀着多少个体,无论它照耀着什么事物,却只准产生一种色彩,就是官方的色彩!精神的最主要的表现形式是欢乐、光明,但你们却要使阴暗成为精神唯一合法的表现形式,精神只准披着黑色的衣服,可是自然界却没有一枝黑色的花朵。精神的实质就是真理本身,但你们却想把什么东西变成精神的实质呢?卑微。歌德说过,只有叫花子才是卑微的,你们想把精神变成叫花子吗?"①《人民日报》在2016年年底曾刊文指出,舆情不是"敌情",相反,媒体是社会的预警器,它对热点事件、敏感问题的反映和关注,眼前或许会让一些地方政府一时难堪,但从长远来说,对维护人民群众利益、推动社会进步利莫大焉。

当然,新闻的社会批判并不意味着单纯地揭露社会阴暗面,这种揭露和质疑必须是站在时代的高度,以最广大人民的根本利益为重,真实、客观、公正、准确地对社会热点问题、敏感问题进行分析,并提出解决问题的方法和途径。批判质疑不仅仅是新闻评论的任务,事实上,所有的新闻都有参与社会批判的功能,但新闻参与社会批判的主要方式并不是议论,而是陈述事实,所谓事实胜于雄辩。进入21世纪以后,中央电视台著名的栏目《焦点访谈》有一个小变化,就是栏目口号的改变,由原来的"时事追踪报道、新闻背景分析、社会热点透视、大众话题评说"到简洁明了的一句话"用事实说话"。字数虽少,其内涵却更大、更深刻,这是一个媒体不断走向理性和成熟的标志。《焦点访谈》栏目以善于社会批评而成名,栏目口号的"微调"使我们对"批评"有了新认识,也回答了新时期媒体究竟如何行使好监督和批评的权力,那就是以事实为依托,以理性说话,不能为了曝光而曝光。②

近年来社会普遍承认的一点是现代传媒在某种程度上削弱了话语权。白岩松认为,媒体无论哪个时代都应做有价值的内容供应商。而他最担心的问题就是传统纸媒在生存压力下,不再作更有深度、有质感的报道,这样最核心的价值观有可能丧失,变为一个资讯供应商。

在互联网、物联网、大数据和云计算、VR虚拟现实技术在内的新技术力量开始渗入到媒体的各个层面的时代,技术将深层次改变新闻生产的逻辑和呈现方式,进而影响新

---

① 《马克思恩格斯全集》(第一卷),7页,北京,人民出版社,1956。
② 何岱峻:《也谈新闻批评的艺术》,载《中华新闻报》,2008-09-17。

闻内容及渠道分发。赫芬顿邮报网站联合创始人和主编 Arianna 表示,未来将使用一切能用的手段来报道最重大的新闻事件,通过技术和新闻报道相结合的方式将一次次的人类危机鲜活地呈现在受众面前。公民新闻、移动新闻、数据新闻、在线新闻、新闻 2.0 等名词层出不穷,新闻注定要不断被重新定义。

练习

一、搜集阅读相关资料,了解新华社"现场新闻"的生产模式,或某媒体新闻的最新生产和传播模式。

二、阅读相关文献,理解马克思主义新闻观中的媒介监督属性,并在课堂展开讨论。

"新闻策划"一词无论是在新闻理论层面的探讨，还是在新闻实践中的运用都已经十分普遍。就词义来看，"策划"一词的核心是"计谋""设计"，这与以"真实"为生命的新闻似乎水火不容，可是它们的确结合在了一起，并让新闻有了新的增长点，让新闻进一步成熟。那么，新闻报道策划到底是什么？它为什么有如此神奇的力量呢？

第三章 新闻策划，让新闻更成熟

议程设置理论认为，大众媒介往往不能决定人们对某一事件或意见的具体看法，但是可以通过提供信息和安排相关的议题有效地左右人们关注某些事实和意见。受众会因媒介提供议题而改变对事物重要性的认识，对媒介认为重要的事件首先采取行动。如果一个媒体经常设置议程，那么它就会成为公众讨论的倾向性场所，就能引导舆论，而这则意味着新闻媒体能够充分利用新闻资源提高市场竞争力。可以说，新闻报道策划就是在设置公众讨论的议程，从而突出媒介的价值和个性，增强媒介的影响力。

第一节 什么是新闻策划

一、新闻策划的概念

新闻策划的称谓也并不统一，有的称之为"报道谋划"，有的称之为"报道策划"，更普遍的称为"新闻策划"。一般认为，新闻策划有广义和狭义之分。广义的新闻策划是指新闻传媒的形象策划，它包括传媒发展战略策划、传媒营销策划、内部管理机制策划、广告策划以及媒体的风格和定位策划等；狭义的新闻策划也称为新闻报道策划，是指新闻报道主体在新闻报道真实性的基础上，对已占有的新闻线索、新闻资源按照新闻规律进行有创意地谋划和设计，并制定和实施相应的报道策略及计划，以求优化报道效果，使报道达到一定规模、层次、深度，并取得最好的传播效果。

虽然新闻策划是一个较新的概念，但新闻策划的行为早已在新闻业界存在。早在20世纪初，世界上一些有影响力的报纸就在用新闻策划的智慧对重大新闻事件的报道进行谋划。例如,1912年《纽约时报》关于"泰坦尼克"号沉没事件的新闻传播,便是新闻策划的经典案例。据《美国新闻史》记载,1912年4月15日凌晨,发自美联社的一份新闻简报传到《纽约时报》新闻编辑室,简报内容是:豪华客轮"泰坦尼克"号在从英国到美国的首航途中撞上了冰山。虽然"泰坦尼克"号邮轮曾被誉为"一艘不会沉没的轮船",但时任该报编辑主任的卡尔·V.范安达(Carr V. Van Anda)立即同《纽约时报》在哈利法克斯和蒙特利尔的记者以及该邮轮拥有者——白星航运公司的办事处取得联系,了解到自收到第一个求救信号起半小时后,就再也没有收到"泰坦尼克"号的无线电报。范安达由此确信,这艘"不沉之舟"已经沉没了。据了解,在"泰坦尼克"号上的2 200名乘客中有许多名人,《纽约时报》便根据乘客名单准备了一则相关报道,并为其头版准备了一幅"泰坦尼克"号客轮的照片(见图3-1)。在凌晨3点半以前,范安达已组织好这次报道。当天上午,《纽约时报》就以通栏标题报道了"泰坦尼克"号已经沉没的消息。在接下来的3天里,随着"卡帕西亚"号客轮搭载"泰坦尼克"号的幸存者驶向纽约,有关"泰坦尼克"号沉没的报道引起了全世界的关注(见图3-2)。《纽约时报》在策划和组织这一突发事件报道的过程中,是范安达天才的报道策划能力及受过良好训练的采编人员的努力成就了这一经典性的报道。

图3-1 《纽约时报》关于"泰坦尼克"号报道的头版,列出幸存乘客名单以及
史密斯船长和"泰坦尼克"号的照片
(资料来源:百度图片)

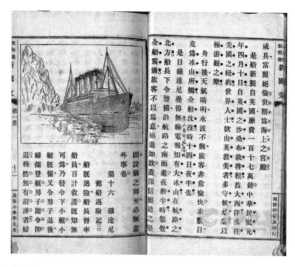

图 3-2　民国课本《新国文》关于"泰坦尼克"号沉没的课文,内容来自《纽约时报》的报道
（资料来源：《羊城晚报》）

二、新闻策划的意义

新闻策划是报道主体作用于被报道客体的主观能动性的思维活动,有明确的目标和行动方案,所以新闻策划的意义在于使媒体报道变被动为主动,使新闻价值得以更充分地挖掘,实现新闻价值的最大化,从而在媒体竞争中制胜。

新闻策划的意义还在于能够极大地拓展和有效地利用新闻资源。在海量信息中经过整理、分析、判断,选取符合新闻传播规律的事实进行报道,突出重点、热点、不同点,可以有效避免新闻同质化,从而实现新闻价值最大化。通过对新闻素材进行整理组合,突出创新性,在新闻角度、版面设置、频道分配上进行创新,突出媒体的差异化、个性化,从而获得传播优势。

新闻策划不仅增强了报道的计划性、增强了服务功能,而且拉近了编读的距离,提高了媒体的声誉,更使采编人员的综合素质得到锻炼提高,这也是新闻策划的意义所在。在策划、组织实施的过程中,新闻采编人员的经历、思路、方法及风格不尽相同,但在新闻策划过程中,记者与编辑必须围绕事实进行思考,将自身的认知能力、知识见解与事实的价值相结合,这无疑可以增进交流,启迪思维,取长补短,提高整体新闻策划水平。另外,新闻策划的系列报道往往需要跨部门、跨行业采写才能完成,这就需要采编人员要较全面地了解有关政策以及市场行情、资源状况、方法措施等,如此,使采编人员在潜移默化中充分发挥主观能动性,使采编人员的综合素质得到锻炼提高。

三、新闻策划不是策划新闻

新闻策划是一种创造性的新闻生产工作，是对报道什么和怎么报道的思考与设想，它的基础是真实。真实是新闻的生命，也是新闻策划的底线。

新闻策划是人们的主观意识活动，但这种主观活动不是凭空的臆造，不是脱离实际的空想，它是"在新闻报道真实性的基础上，对已占有的新闻线索、新闻资源按照新闻规律进行有创意的谋划和设计"。

策划新闻是对新闻事实本身进行策划，是媒体为达到某种宣传效果或者是社会效果而人为地组织某些活动，或者诱发和控制某些事件，然后在媒体上进行报道，其实质就是制造假新闻。

为了更直观地明确新闻策划和策划新闻的区别，我们以新闻史上两个经典案例来说明。

 案例1

新 闻 策 划

"水门事件"报道已成为美国新闻事业史上的一个里程碑。美国《华盛顿邮报》的记者鲍勃·伍德沃德（Bob Woodward）和卡尔·伯恩斯坦（Carl Bernstein）冒着生命危险，4个月内采访1 000多人，前后报道长达2年，最终揭开了"水门事件"内幕，矛头直指白宫和尼克松本人。"水门事件"的成功报道让《华盛顿邮报》获得了1973年普利策公共服务奖。

1972年6月17日，《华盛顿邮报》的编辑Barry Sussman接到其上司的电话，告知5个窃贼闯入美国华盛顿水门饭店的民主党总部，企图把窃听器安装在电话上，他们在逃走时被捕。

当天下午，《华盛顿邮报》立刻成立了"水门事件"报道小组，包括记者鲍勃·伍德沃德（30岁）和卡尔·伯恩斯坦（29岁）；编辑Barry Sussman（38岁）和其上司Harry Rosenfeld（43岁）。

到当天下午晚些时候，《华盛顿邮报》报道小组已经推断尼克松总统和他的长期政治"走狗"Murray Chotiner是幕后人。但大家都认为这是无稽之谈。6月19日，《华盛顿邮报》的警察新闻记者Eugene Bachinski得到允许，查看了从5名嫌疑人手中没收的笔记本和文件，发现了"W. H"和"W. House"的标记，而且它们都与一名叫霍华德·亨特（Howard Hunt）的人有关。伍德沃德打电话到白宫，得知他在Colson的办公室。Colson是尼克松总统的特别顾问，白宫的重要人物，亨特为Colson服务。伍德沃德询问了他那位在白宫工作的特殊朋友

(即"深喉"),确认了美国联邦调查局(FBI)将亨特列为"水门事件"的主要嫌疑犯。次日《华盛顿邮报》报道了这一事实,新闻标题是《白宫顾问涉嫌窃听丑闻》(*White House Consultant Linked to Bugging Suspects*)。伍德沃德和伯恩斯坦在匿称"深喉"的白宫某一不愿透露姓名的内情提供人的神秘协助下,穷追不舍,陆续在《华盛顿邮报》上追踪报道有关"水门事件"的内幕情况。到10月份,《华盛顿邮报》对"水门事件"的调查取得重大突破。10月10日,该报又一次指名道姓地报道说:"'水门事件'是在白宫官员和争取总统连任委员会指挥下进行的……一次大规模的政治侦探和破坏活动的一部分。"白宫和争取总统连任委员会恼羞成怒,立即指责这篇报道是"最荒谬的新闻报道",是"一堆毫无意义的谎话",是"集荒谬之大成",拼命煽动公众对舆论界的不信任。但随着新闻传媒报道力度的不断强化,整个事件的真相终于无法掩盖了。1973年1月8日,美国哥伦比亚特区地方法院审理"水门盗窃案",这意味着《华盛顿邮报》对"水门事件"的长期跟踪报道画上了句号。

1974年8月8日,尼克松辞职。1974年8月9日,《华盛顿邮报》用将近两寸半特大字号的通栏标题,报道了美国历史上第一次总统辞职的消息(见图3-3)。

图3-3 《华盛顿邮报》报道尼克松辞职
(资料来源:《新闻晚报》)

在白宫的努力掩盖下,"水门事件"几近沉入历史的深处,不为人知。在"水门事件"漫长的报道过程中,《华盛顿邮报》在新闻报道真实性的基础上,对已占有的新闻线索、新闻资源按照新闻规律进行有创意的谋划和设计,对报道什么和怎么报道进行思考与设想。可以说,如果没有以《华盛顿邮报》为主的媒体的穷追不舍、精心策划、层层追查,也许根本不会有"水门事件"的曝光。

案例 2

策 划 新 闻 ①

20世纪西方新闻界最大的一起策划新闻案是"希特勒日记"案。这是一起先有新闻从业人一手策划和"导演",后有人为金钱所诱故意迎合制造的弥天假新闻。

1983年4月25日,原西德最大的新闻画刊《明星周刊》在汉堡举行盛大记者招待会。总编辑皮得·克赫向在场的西方各国记者发布了一条震惊全世界的特大新闻——《明星周刊》记者花了3年时间,走遍了西德、东德、瑞士、奥地利、西班牙等国,终于找到了战争头目希特勒的60本日记。《明星周刊》总编宣称这是"二战结束以来新闻界迎来的最大的独家新闻"。在场的记者各个兴奋不已,神色惊异,兴趣高昂。当克赫总编把其中两本日记展露在记者们面前时,目击者、拍照者拥挤不堪,唯恐抓拍不到看不仔细这首次亮相的新闻实物。采访的记者们看到:眼前的日记本,黑色,皮革封面,封皮上印有帝国之鹰图案和纳粹标志,日记本边角磨损。翻开数页,一行行德文展现在眼前,凡见过希特勒手笔的人,吁嘘不止,一看就知道是希特勒亲笔,而且每篇日记都有希特勒亲笔签名。现场所有人面对这一重大新闻都心服口服了,加上记者招待会上请来的几名史学家相继认可,于是对这一新闻界伟大的发现而发出的赞叹声此起彼伏。记者招待会还没有宣布结束,各国记者们便纷纷涌出抢发自己的新闻报道,没有一家媒体甘心自己的报道落人之后,因为这样的特大新闻真是难得一遇。

接着《明星周刊》早已期待的财源滚滚而来。西德电视台以77万马克的价钱买下了为《明星周刊》拍"重大发现"的新闻拍片权;意大利《全景周刊》出巨资与《明星周刊》签订合同——两家媒体可同时刊登来自《明星周刊》的有关希特勒日记的新闻报道;法国《竞赛画报》也买下了《明星周刊》所有预期报道的同时刊登权;英国《泰晤士报》以40万美元买下了在英国独家发表这一新闻的权利。没有买到与《明星周刊》同时发表权的各国媒体,就采取尽快转载的办法。短短几天之内,世界各地报刊上发表的有关希特勒日记的新闻达到数万条。整个世界都让一家媒体带动起来了。据说,美国人为了得到一份《明星周刊》,宁愿多掏5美元,这家刊物每期增印40多万份,仍然供不应求。

可是谁也没料到,仅仅过了11天,新闻界上空突然响起晴天霹雳。西德内

---

① 胡志平:《新闻写作创新智慧》,99～100页,北京,新华出版社,2003。

政部部长举行记者招待会，郑重宣布："所谓希特勒日记纯系子虚乌有！"接下来便是《明星周刊》总编辑克赫及其副手宣布辞职，有关记者成为诈骗嫌疑人，锒铛入狱。

这场闹剧始于该刊从一部、二战、野史书籍中获得的线索，以及追逐金钱利益的进一步策划。一本名叫《墓穴》的书谈到盟军逼近柏林，希特勒自杀的前几天，有一架载有希特勒私人文件的飞机仓皇出逃，结果坠毁在德累斯顿附近。后来，有人从飞机的残骸中取走一只完好的金属箱。《明星周刊》记者海德曼就是凭着这部野史产生了职业敏感，并立即按照书中所写的箱子失踪的情节开始追踪调查希特勒私人文件的下落。不知为什么，如此荒唐的职业冲动，一年后，居然得到了包括总编辑在内的所有负责人的赞赏，而且给予了海德曼去往欧洲各国的时间和财力的大力支持。又不知为什么，就在周刊总编们关心和支持海德曼无稽行动之后，这位记者果然在意大利遇到了一位名叫普里萨克的希特勒笔迹辨认专家，按照"专家"的指点，果然又找到了保存希特勒私人文件——60本日记的人。西方观察家指出："在这毫无根据的调查采访的背后，会出现这么多海德曼所希望的巧合，显然是有人背后导演和策划的结果。"

在这场闹剧中，导演者只需要十分隐秘地通过某种途径，向某个人施放一个金钱诱饵，就必然有人在乌有中生出一个"有"来，而真正的导演者你是很难捉住他的尾巴的。原来，那个"保存"希特勒日记的人是一个很不起眼的古董贩子，希特勒日记就是他为金钱所诱创造的杰作。他在听到从舆论界放出的隐隐密密的风声之后，便蓄意模仿希特勒笔法写出了60本日记。

总而言之，新闻策划是对新闻报道的方式方法进行策划，而非对新闻事实的策划，它是对已经发生或即将发生的新闻事件一种主观能动的反映，是对事实的新闻价值的判断，对新闻产生的社会反应作出某种预测，对事实的变化走向作出分析，对报道产生的舆论作用作出某种企望，并据此作出报道上的一系列安排。而策划新闻是对新闻事实本身进行策划，其实就是制造假新闻。

第二节　新闻策划的原则

新闻策划只有遵循了一定的原则，才能真正发掘新闻内在的价值，才能发挥新闻策划应有的作用，让新闻传播获得报道者所期望的效果。那么，新闻策划要遵循哪些原则呢？

一、真实性原则

真实性是新闻写作需要遵循的首要原则,也是新闻策划应当遵循的首要原则。

新闻策划要依据新闻传播的宗旨和原则,对报道形式、报道资源、报道过程等加以选择和谋划,要以客观存在为依据,要以真实、全面、公正地表现客观事实为准则。新闻策划不是目的而是手段,其目的是使新闻报道以更好的方式、方法传播致效。

报道策划要受新闻客观、真实、公正这些基本准则的制约,不可对新闻事实有任何形式的扭曲。

然而,随着媒体市场竞争日趋激烈,一些媒体置新闻规律于不顾,摆布报道对象,导演事实。

例如,2008年2月,一网友质疑CCTV影响2006年年度十大图片《青藏铁路为野生动物开辟生命通道》存在造假嫌疑(见图3-4、图3-5)。其后,作者《大庆晚报》摄影记者刘为强承认了照片经过PS处理的事实。他说图片中的羚羊是真的,桥也是真的,但是瞬间不是那么好赶,所以对图片进行了合成。事发后,央视影响2006CCTV图片新闻年度评选组委会、评委会宣布取消《青藏铁路为野生动物开辟生命通道》铜奖资格,收回颁发给作者的证书及奖杯,并向社会公众致歉。之后,刘为强被《大庆晚报》解聘,《大庆晚报》为此发表了公开道歉声明。

图3-4 青藏铁路为野生动物开辟生命通道

近几年来,新闻照片造假现象屡见不鲜。2003年,《洛杉矶时报》记者造假英军士兵和伊拉克平民的照片,被证实为后期合成制作;"非典"时期,获得"荷赛"奖项的一幅记录新婚伴侣走在街头的照片,被证实是假照片;2004年,美联社发出的陕西洪水漫过膝盖的图片,是经过合成的假照片;2005年首届华赛自然及环保新闻金奖作品《广场鸽接种禽流

图 3-5　网友指出的照片三大疑点

（资料来源：《北京晚报》）

感疫苗》里的广场鸽也有作假成分。

假新闻脱离了报道客体的制约，不顾新闻传播规律，有意制造新闻的轰动效应，这种违背传播规律的所谓"策划"背离了报道策划的宗旨，是对新闻的亵渎。媒体具有放大功能，这种策划的新闻经媒体传播，会迅速成为公众信息和舆论的焦点，其行为是对受众的欺骗，也是对社会的不负责。

还有一种违背真实性原则的所谓"新闻策划"，实质上就是商业策划。新闻策划与商业策划有本质的区别，新闻策划的目的是为了提高新闻价值，获得最佳的传播效果，而商业策划的目的是为了最大限度地占领市场，增加利润。但我们在现实中会看到这样的现象，一些媒体和采编人员经不起物质利益的诱惑，在商家、企业挂牌开张，推销商品之际，为其出谋划策，通过新闻报道帮助企业达到宣传的目的。例如，一家手表厂推出一款抗震手表，想通过媒体宣传，通常情况下，这个企业就这款手表在媒体上发布广告即可。可是，有一个记者听说此事，便主动给手表厂出主意说："在媒体打广告，价格实在太贵，不如你们把抗震手表放在马路上，然后让一辆汽车碾过它，表没有碎，我拍照作报道，这多有新闻价值。不用花钱，宣传效果会更好。"手表厂自然喜出望外。结果这位记者的策划顺利实施，他自然也得到了企业给的"红包"。

新闻策划和商业策划是不同领域中有着本质区别的策划，如果人为地将两者的界线模糊，商业策划的原则就必然否定新闻策划的原则，从而制造出假新闻。维护新闻的真实性，坚守新闻策划的真实性原则，是每一个有责任的新闻媒体和一切正直的新闻人所应该具有的基本品格。

二、创新性原则

新闻策划的生机和魅力在于立异，在于出新。报道策划最宝贵的品格是拒绝平凡，追求创意，这是报道策划的精髓和灵魂，综观成功的报道策划，无一不是充满个性和创意。

在媒体融合的当今,新闻策划的创新不仅仅表现在报道内容创新,也表现在传播渠道创新。

报道内容策划创新,意味着涉足别人未曾涉及的领域,报道别人未曾报道的内容,选取别人未曾选取的角度,提炼别人未曾提炼的主题。在通常情况下,创新更多地体现为对前人、对别人和对自己已有成绩的超越。这种超越可能是全面的,也可能是某一方面的。但是,只要有了某一方面的超越,它往往会带来整体性的突破。

如2017年5月"一带一路"国际合作高峰论坛召开前后,为了让重大主题报道更加贴近受众,《新京报》在新闻表达方式上进行创新。新京报微信公众号从科普的角度做了《"一带一路"极简史》系列策划文章,通过一篇篇生动有趣的报道,自然穿插一些动图和表情包,拉近了大众与"一带一路"这样一个看似高端的名词之间的距离。推送的相关稿件包括《"一带一路"诞生极简史》《明朝时,"快递"就能限时达?》《"一带一路"交通极简史》《在印度,为什么这个场合中国手机更受欢迎?》《"一带一路"通讯极简史》《丝绸"破坏"了罗马人的婚姻?》《"一带一路"名城极简史》《西域人用什么神器改变了汉族人的吃相?》《"一带一路"美食极简史》等,通过可视化、动图、视频、图文等全元素再现主题性时间轴,并且角度独特,可看性较强。① 而新华社则以沙画的形式制作"一带一路"新闻,推出沙画视频《诗词里的"一带一路"》,借沙画创作将"一带一路"与诗歌联系起来,从文化角度向受众阐述"一带一路",在轻松又具有美感的沙画视频中了解关于"一带一路"的新闻。

在传播渠道创新方面,技术成为媒体融合的驱动力,H5、视频 VR、AR 技术的运用在新闻报道策划中已是不可或缺的要素和竞争力。

例如,四川省第十一次党代会于2017年5月27日在成都闭幕,四川日报报业集团在党代会闭幕后推出了《学报告掌上手册》策划。6月5日起,《四川日报》开始在纸媒端推出深度解读党代会精神的系列署名文章,而在移动端即川报观察客户端和川报观察微信,同步推出了"1+1+1"的《学报告掌上手册》。手册围绕每期"深度解读"重磅文章,推出1篇权威解读(即转发纸媒端解读稿件)+1个极简图解+1分钟动画《党代会小课堂》,带读者秒懂党代会权威解读,掌握党代会中心思想。极简图解和动画视频,都是专门为移动端推出的产品,同时与纸媒端的解读一一呼应,增强了解读稿件的可读性和易读性,提升了传播效果。②

报道策划应当不拘一格,大胆探索,尽可能在报道的内容、角度、形式、传播平台以及标题、配置和编排设计等方面求新立异。

---

① 董立林、王晓婕:《主流媒体重大主题报道融媒体产品趋势分析》,载《传媒评论》,2017(6)。
② 董立林、王晓婕:《主流媒体重大主题报道融媒体产品趋势分析》,载《传媒评论》,2017(6)。

三、应变性原则

策划是对未来要发生的事情作当前的决策。但现实是变动的,实际情况可能与事先的策划存在距离,包括社会环境、报道主体、报道对象和受众都存在着某种变化的可能性或某种不确定性。所以,策划也应该保持动态,新闻策划要追随记者采写的全过程,不断调整采访思路和采访要点,及时修正原有的方案,这样才能适应多变的现实。只有思路开放,灵活处理策划与实际的差距,将策划与实际创造性地结合起来,才能避免新闻报道的失误。

因此,报道策划方案在报道的内容、范围、时间、方法、形式,以及人、财、物的配置等方面需要有一定的弹性,留有余地。

无论是突发事件,还是早有安排的重大活动,事态的发生、发展过程都充满了难以预知的变数,可能会出现多种结局,因此,报道策划尤其是重大报道策划就要有多种设想和准备,以便及时跟踪事态的最新变化。

2008年9月27日16时41分至17时,航天员翟志刚进行了中国首次太空漫步,并在太空中展示五星红旗。28日下午,"神七"返回舱成功在内蒙古四子王旗着陆,3位航天员自主出舱。"神舟七号"载人航天飞行任务获得圆满成功。在"神七"专题报道过程中,《人民日报》尽管事先已对报道策划的调整变化有充分的思想准备,但"神七"报道的变化之快、之大、之多,还是超出了他们的预料。面对层出不穷的"意想不到",他们没有恪守提前精心策划的方案,而是顺势而变。

按照以往的惯例,"神七"报道特刊都是在发射的第二天才推出的,《人民日报》"揭秘航天员"的《神七特刊》也是计划在26日见报。谁知兄弟媒体提前"揭秘",将《人民日报》的计划完全打乱。当年"神五""神六"报道,媒体都只发了一个非常短的消息,更不准电视直播,而"神七"却完全不同:中央电视台不仅对24日下午的航天员记者见面会进行了全程直播,还在当晚推出了"航天员专访"特别节目;新华社也出人意料地连续播发了1万多字的详细报道,提前把航天员的"庐山真面"公之于众。面对强势媒体的突然亮剑,如果《人民日报》还按部就班,势必落人之后。怎么办?"绝不能让精心准备的热饭成了冷馊馊"。24日晚9时许,《人民日报》临时决定:将"揭秘航天员"的两块特刊提前一天推出。经社领导批准后,紧急召集特刊编辑到办公室,把白天拼出的特刊初样进一步修改、美化,提前一天见报。25日,这两块"早产"的特刊获得一致好评,所刊稿件被许多网站在重要位置转载,为《人民日报》的"神七"报道赢得了开门红。① (见图3-6)

---

① 杜飞进、赵永新:《创新·策划·应变·积累——〈人民日报〉"神七"报道的若干启示》,载《新闻战线》,2008(11)。

第三章 新闻策划，让新闻更成熟

图3-6 《人民日报》"神七特刊"

(资料来源：人民网)

应变性原则既是新闻策划过程中情况发生变化后采取的应急措施，同时也是新闻策划内在的品质。既然新闻策划的对象是不断变化的事件，策划者要善于审时度势，尽可能对各种可能出现的情况进行分析，使方案具有灵活性、应变性，随时对报道作出修正和调整。

总之，灵活应变的策划原则要求新闻工作者能动地适应新情况、新变化，以变应变，或迎难而上，或另找新路，或寻求支援，或等待时机，或顺水推舟，或推倒重来……抓住机遇、急中生智、快速反应。

第三节 新闻策划的类型

策划包括宏观策划、中观策划、微观策划三个层次。

宏观策划是指媒体整体的策划，是媒体为长远的可持续发展而利用整体资源对自身受众定位、发展方案等的宏观谋划。宏观策划往往是媒体在创立或改版时进行，媒体宏观策划一旦实施，在相当长时间里不会有大的改动，并升华成为媒体发展的理念。

中观策划是指一个时期、一个部门、一个专版的策划，是媒体在宏观理念框架下的细化工作。比如，部门调整、栏目设立、版面改革、主持人选择、广告控制等。

微观策划是指对一个报道的策划。微观策划是新闻策划最基本最常规的策划,是每一个记者、责任编辑都应具备的能力。微观策划包括分析新闻线索、选择报道角度、安排报道采写、确定编排思路等。微观策划是宏观策划和中观策划的依托,成功的微观策划能够充分实现宏观策划和中观策划的意图。

新闻策划从理论层面分为宏观策划、中观策划、微观策划。而在编辑工作实践中,新闻策划因主体、对象和功能等因素的不同又可以分为阶段性报道策划、专题性报道策划和即时性报道策划。

一、阶段性新闻策划

阶段性新闻策划是对一个阶段内将要发生的重要事件和活动进行报道上的总体部署和安排。阶段性策划要阐明指导思想和总体思路,确定报道要点和重要选题,并形成书面方案,以便采编人员遵循。阶段性报道时间跨度少则一季度,多则一年度。如2008年,通常媒体都会对"两会"、北京奥运会、改革开放30周年等这些重大事件和活动进行报道上的总体部署和安排。各地方媒体还要根据当地情况进行阶段性报道策划,例如,青岛的媒体除了要做好重大事件的报道部署,还要对5月份的旅游黄金周、8月份的青岛国际啤酒节等进行报道上的安排。

阶段性报道时间跨度大,涉及范围广,几乎牵涉媒体内部的各个部门,所以要求策划者要有超前意识和宏观视野,要有总揽全局、审时度势的能力。阶段性新闻策划通常由新闻媒体领导人统领,各部门负责人共同参与,集思广益,通力合作。

阶段性新闻策划宜粗不宜细,从而给记者、编辑留有发展和丰富策划方案的余地。

二、专题性新闻策划

专题性新闻策划是围绕某一主题或事件所作的系统报道安排。专题性新闻策划在媒体使用频率最高,往往也最能体现新闻媒体的报道特色和水准,充分体现编辑的策划组织能力。

选题是专题性新闻策划的首要任务。选题要有普遍意义,要准确把握社会生活的热点和受众关注的焦点。独家、独到是选题应该追求的目标。

专题性新闻策划要对报道时机、报道形式、报道方法等有具体的设想和方案。

如2012年12月17日,《南都周刊》(2012年第49期)震撼性地用整整40个页码制作的专题性报道——《起底王立军》。专题报道分别从打黑、治警、文宣、专业技术、成名史以及语言艺术7个维度揭示了警界传奇人物王立军的个性风格、审美趣味、价值取向和他所奉行的哲学语言。专题以《王立军是怎么炼成的?》《东窗事发》《治警》《打黑真相》

《学者王立军》《化妆师王立军》《从铁岭到锦州》7篇报道从"尼尔·伍德案"前后的变局开始,追溯王立军从铁岭到锦州、再到重庆这28年的从警历史,深度剖析王立军及重庆模式。早在2009年,《南都周刊》就开始了对于这个专题的策划,特派记者遍访重庆、铁岭、锦州、合肥等地,历时近一年。

这个专题报道的策划原则是:(1)任何采访都需要有文件、案卷和照片资料印证;(2)和尚未审结的案件作一定程度的切割;(3)涉及媒体同行尽量不点名,以减少不必要的树敌;(4)舍弃可能导致消息泄露和报道夭折的高风险采访;(5)切割掉部分高风险的敏感细节;(6)舍弃可能引发伦理问题的敏感照片和文件资料。①

专业的策划能力和高素质的采编团队使《起底王立军》专题成为经典之作,也成为中国新闻出版史上具有深远意义的标志性的报道。

三、即时性报道策划

即时性报道策划是指对突发新闻的临场报道策划。突发性新闻往往具有较高的新闻价值,是媒体不可放过的新闻类型,但由于这类新闻是在无法预计的情况下突然发生,所以决定了对这类新闻的报道不可能事先进行策划。这就需要临场加以策划,以使报道达到一定规模、层次、深度,并取得最佳的传播效果。

即时性报道策划要求在极短的时间里完成策划,让报道顺利并有效地传播至受众。所以,这类策划需要策划者有相当的功力,是对记者、编辑综合素质的一种考验。

2006年9月28日,新华社有这样一条消息稿:格鲁吉亚以"从事间谍活动"为由,扣留了4名俄罗斯驻格军人。这一突发新闻,让《宁波晚报》意识到有文章可做。苏联解体后,俄罗斯继承了位于格鲁吉亚境内的4座军事基地,其中2座已经撤除,根据两国达成的协议,俄军2008年将全部撤走,俄军驻外高加索集群司令部也将关闭,两国常因驻军问题发生摩擦。另外,格鲁吉亚经常指责俄罗斯暗中支持要求独立的南奥塞梯,俄罗斯则指责格鲁吉亚向藏匿在其境内的车臣非法武装分子提供庇护,两国关系日趋紧张。有鉴于此,《宁波晚报》的编辑认为,此事非常有可能成为导火索,引发俄格两国间一场重大外交风波。于是,在当天的国际新闻版面上将这一事件作了突出处理,并对俄格两国近年来的冲突与摩擦,近年来的关系走向作了介绍与分析。果然,第二天,各大媒体有关俄格两国"间谍风波"升级的报道铺天盖地,俄罗斯对此反应强烈,要求格鲁吉亚立即放人并召回驻格大使,而格鲁吉亚包围俄军司令部继续抓人,两国剑拔弩张,甚至到了"战争的边缘"。②

---

① 石扉客:《起底王立军》台前幕后,来源:http://shifeike.baijia.baidu.com/article/2301。
② 袁明淙:《论都市报对突发性国际新闻的报道策划》,载《新闻战线》,2008(8)。

《宁波晚报》就新华社的一条消息,通过即时策划让报道达到一定规模、层次、深度。这一策划,事前没有准备的可能,如果《宁波晚报》的编辑没有足够的新闻敏感和对相关新闻背景知识的谙熟,那么,很有可能仅仅转发新华社的消息而已,从而错过报道的第一时机,难以获得良好的传播效果。

在新闻实践中,一些新闻虽非突发事件,但编辑在审稿时却发现了记者未发现的重要信息。对于这种还有挖掘拓展空间的稿子,也需要调整思路,及时策划,或记者补充采访,或编辑进行补充改写,充分挖掘新闻价值。

如2007年9月23日,青岛一位41岁的高龄产妇产下一个重达14斤的婴儿,《半岛都市报》编辑在编发这条消息时搜索发现,中国的巨婴纪录当时仅为12斤半,青岛的这名婴儿打破了这个纪录,编辑立即将这一信息告诉记者要求其改换角度补充采访并改写稿件,在版面上则链接了"中国巨婴纪录"和"各国巨婴一览"。经过即时策划,《岛城巨婴有望成为新的全国第一》这一重要新闻顺利见报,原来的消息经策划而得到了升华。[1]

今天新闻媒体的竞争在于让自己的报道在浩如烟海的新闻中脱颖而出,引人注目,这就使新闻策划显得尤为重要。因为策划具有前瞻性,它使媒体变被动为主动,变松散为有序,它使新闻价值充分显现,它不仅能够让新闻增值,而且让新闻与受众亲近。

四、融媒体报道策划

在融媒体时代,新闻呈现的多媒体化和传播平台的多元化,要求新闻报道策划要考虑新闻的呈现形态和发布终端的综合使用。面向多种媒介终端,信息要一次采集,多种发布。

媒体的融合使得媒体走向多种发布平台的时代。在新闻报道策划时,同一媒体的各个媒介端口不再单打独斗,各做各的策划。随着越来越多媒体开始着力打造自己的"中央厨房",统筹策划、多种生成、多元发布的融合报道已越来越常见。各家媒体以"中央厨房"式的全媒体报道整体布局,或以视频报道领衔,或采用可视化新闻图表。这样的报道,真正实现了从全媒体到融媒体的转变,多端口形成合力,使报道传播力有了质的飞跃。

例如,2017年对于党的十九大报道,各家媒体为了增强报道的吸引力、传播力,除了传统媒体平台、微博、微信、客户端、视频直播外,H5产品、可视化新闻、VR技术等"新面孔"也大量涌现,多端口、全媒体、全景式呈现报道,实现了一次采集,多种生成,多元传播的效果。

许多媒体创新思维理念和载体手段,立足擅长领域,实现了重大主题主线融媒体传播的新突破。《人民日报》、新华社更是充分发挥了融媒体优势,以"中央厨房"为统筹的

---

[1] 张辛:《编辑的应急策划与因稿定版》,载《青年记者》,2008(4)。

媒体报道成为主流。大会期间,《人民日报》充分运用"中央厨房"统筹协同优势,制作了一系列图解、微视频、H5产品,并加强向国际主流媒体定制推送原创作品,充分利用海外社交媒体平台,不断拓展国际传播,有效地放大了中国声音。新华社依托其"第一工作室",围绕习近平总书记重要活动、重要讲话等,先后采写一系列扛鼎之作。①

融媒体报道策划也注重利用技术,实现新闻报道和受众的互动,适应移动互联的传播方式。互动答题类型的H5在重大主题报道中也更为常见,如上海观察客户端在上海市党代会之际推出的H5《五年魔都这样变,你究竟适合在哪个区?》,就是以有趣的测试题将受众带入新闻,与新闻互动,感受上海的五年变化。

总之,人类任何有意识的活动都是有目的的,新闻策划也不例外。新闻策划是以求最佳传播效果为出发点和归宿。新闻策划的效果是多方面的,它既包括社会效果,也包括经济效果。成功的策划报道,无疑会让媒体更有作为,更有影响力。

延伸阅读

"两会"报道,腾讯亮出了哪些"剑"?

原创 2016-03-16 李蕾 刘柳 新闻与写作

每年的"两会"报道都是媒体敢于"亮剑"的时候,在报道中大家各出奇招、展示实力,不仅有新技术、新产品纷纷亮相,而且在内容策划上也独具匠心、贴近民生。

2016年"两会",腾讯新闻以"唯有改革·攻坚克难"为主题,推出多元化新闻产品,亮点频现,例如,"两会ing"互动直播,H5专题"习近平这三年""生死器约",自媒体联盟"众媒时代",等等。这些在内容、形式上精心策划的新闻产品,以创意化的报道形成差异化的特色吸引了不少受众的注意。

01 原创H5专题深度解析"两会"热点

在腾讯网"掌握两会"专区中,可以看到8个其原创的HTML5产品(HTML全称为Hyper Text Markup Language,中文直译为"超级文本标记语言",它是一种基于互联网的网页编程语言,从1994年由万维网发明至今,已逐渐成为网页编程的行业规范。HTML目前已历经了5次重大修改,直到2014年10月HTML5最终定稿,同时宣告了一个新传播时代的开始!曾经不可一世辉煌的IE+FLASH将逐渐成为过往的历史,未来将会是HTML5的未来!),其中既包括"习近平这三年""两会冷知识""政府工作报告精华解读"这样的时政类专题策划,也关注罕见病、家庭暴力、器官移植等社会热点。这些深度报道通过H5形式呈现出来,融合文字、设计、音频、动画,增加了丰富的动态视觉元素,非常适应碎片化阅读时代的表达形式。

---

① 郝天韵:《十九大新闻"动起来",多端口、全媒体、全景式呈现》,传媒评论公众号,2017-10-25。

家暴专题"看见淤青有多难"中讲述了10位家暴受害者的故事,并配以她们的照片、声音,让受众更加真实地感受到她们内心的痛苦,这也为其后面阐述《中华人民共和国反家庭暴力法》的内容提供了情感上的铺垫。

02　40路直播信号带你全景看"两会"

"两会"直播不是什么新鲜事,可拥有40路信号的"两会"直播相信大家都会觉得好奇。2016年"两会"期间,腾讯新闻与其他媒体机构的记者合作,在人民大会堂内外设立100多个手机直播点,再选择出40个最好的视频信号。不仅有发布会现场的实时报道,更有会场外的精彩花絮,让观众多角度、全方位地了解最真实的"两会"。

"通过后方导播的切换,呈现给观众最佳的、全景式、轻量动态直播。"腾讯新闻主编陈鹏介绍,"此外,我们提供了三台全景相机,由合作机构的记者帮我们拍摄全景照片和视频,为大家打造一个'全景两会'。"

除了实时直播外,腾讯新闻还推出了《两会ING——全媒派》互动直播,邀请李艾跨界主持,并由10位媒体界顶级"大咖"坐镇,热聊"两会"期间民生热点,解密媒体报道背后的神秘故事。

在直播中，网友可以投票选择自己关心的民生议题，也可以通过客户端进行实时评论。节目中融入大数据技术，出现实时大数据统计图，主持人也会在节目中不定时地选读网友的评论，让网友们也体验了一把"两会代表"的感觉。

03　自媒体联盟助阵"两会"报道

"长安街知事""学习小组""政事儿"……腾讯将26家知名时政自媒体联合起来，组成"两会"报道自媒体联盟，最新鲜的两会"爆料"都在这里。

一家之见未免单薄，腾讯很好地利用了自己内容发布平台的优势，聚众人之力，集众人之智，呈现最权威的"两会"热点解读，集结最具深度的"两会"观察报道。

04　短视频成网络新闻利器

腾讯新闻以动画短片形式制作的4则短视频已获得累计600万＋点击量，单条短视频最高点击为226.9万。

每条视频时长不超过两分钟，媒体将受众最关注的"两会"热点进行二度挖掘，提取深度内容的精华所在，动画形式兼具趣味性与知识性。短视频带给用户简洁明快的新闻体验，并可以在社交平台中灵活分享，带来点击量的可观增长。

专 家 解 读

詹新惠：中国传媒大学新闻学院副教授

腾讯新闻与专业记者合作的40路信号现场直播，是一次很有意义的尝试。形式从过去的文字直播到多场次、多信号的视频直播，符合当下用户更愿意接受视频内容的需求；直播的场景从大会堂的发布会到各个代表团和政协界别的讨论会，提供了给用户更多地了解"两会"的机会；直播的内容从会场讲话到会外的各种采访报道，更加全景展现了"两会"。这些做法都是值得肯定的，但似乎40路信号直播只能在手机端看到，其他终端都无法看，技术设计上是个遗憾吧。

王佳航：中国政法大学新闻传播学院副教授、网络与新媒体研究所所长

腾讯既是内容生产者，也是媒体内容发布平台。2016年腾讯的"两会"报道鲜明地体现出其角色特征，显示出其在"众媒时代"的内容生产与传播理念，呈现出两大亮点。

第一个亮点是合作。在硝烟四起的"两会"媒体大战中，腾讯与自媒体、传统媒体的合作呈多方共赢态势。相对于桌面互联网时期的"一网打尽"，移动社交时代内容生产者的品牌在媒体发布平台得以重塑。如腾讯桌面网络新闻专题与客户端"两会"专题均设立了自媒体版块，吴晓波频道等自媒体进驻并获内容推荐。再如，老牌报纸《新京报》在"两会"上以视频绽放异彩，派出近20名记

者全员配备手持云平台,其与腾讯新闻合作的现场实时直播"两会"节目,获得了高频次点击,《新京报》全媒体内容品牌因平台的传播力进一步凸显。

另一个亮点是独家策划。腾讯的两会报道除程序性报道外,一些策划独具匠心,可圈可点。"惊蛰论坛""最牛军改""卓见访谈""习近平这三年"等栏目纵论"两会",解读时事;"90后代表""流动中国"则观照了中国社会新生代及民生问题,非常耐读。

(资料来源:微信公众号 新闻与写作)

练习

一、自2001年起,《新闻记者》杂志开始在全国范围内公开评选"十大假新闻",评选的结果公布在次年1月的杂志上。阅读几期《新闻记者》,指出哪些假新闻的原因是"策划新闻"所致?

二、以小组为单位,选择一个当前的时事热点,制作专题性融媒体报道策划方案,在课堂上展示并讨论。

三、选择两家媒体关于"改革开放40周年报道"的策划作品,分析其优劣。

新闻是新近发生的事实,可是新近发生的事实并不都是新闻。为什么呢?很简单,如果这个事实没有新闻价值,不能满足新闻传播的需要,就不能成为新闻。事实必须通过价值标准的衡量,才能确定它能否通过传播环节成为新闻。所以,记者在采写新闻时,对事实要进行新闻价值判断。所谓新闻价值,"是选择和衡量新闻事实的客观标准,即事实本身所具有的足以构成新闻的特殊素质的总和。素质的级数越丰富、越高,价值就越大。"(余家庆主编《新闻学辞典》)

第四章 新闻价值,衡量事实的标准

新闻学界从未停止过对新闻价值的讨论,对新闻价值的研究也存在不同的框架和理论。1690 年,德国学者托亚斯·朴瑟(Tobias Peucer)在一篇论文中指出,选择新闻的主要标准是异常性和重要性,就此新闻价值获得了最早的回答。另一位德国学者卡斯帕·斯蒂勒(K. Stieler)在 1695 年还提出了新闻价值的新鲜性、接近性、显要性及消极性等。德国学者确立了新闻价值理论的最初形态,而新闻价值的概念及其理论的真正形成,是在 19 世纪 30 年代的美国。[1]到了 1903 年,美国学者休曼出版的新闻学专著《实用新闻学》才正式使用了"新闻价值"(news value)这一概念。他认为新闻价值具备三个要素,即当乎其时(时宜性)、有兴趣者(趣味性)、最新之新闻(及时性)。后经美国和日本的新闻学者研究,新闻价值理论越来越完善。尽管对于新闻价值的标准,学者们的观点有一些差异,但基本上认同了时新性、重要性、显著性、接近性、趣味性(人情味)等是判断新闻价值的五要素,"五要素说"即成为新闻价值的传统经典理论。然而传统的新闻价值理论一直以来都受到质疑和批判。例如,新闻学者刘建明认为,所谓新闻价值的五要素是新闻事实的特性而非新闻价值。而美国学者凯利·莱特尔在其著作《全能记者必备》中认为:"被编辑和记者们普遍认同的新

---

[1] 陈龙、陈霖:《新闻作品评析概论》,135 页,长沙,中南大学出版社,2005。

闻的特性和特征被称为'新闻价值'。"[1]学者胡翼青认为:"这种基于本体论和功能主义的探讨,严重阻碍了从认识论角度与时俱进地理解新闻价值。"[2]

随着新媒体时代的到来,新闻传播平台、新闻生产方式、受众心态都发生深刻的变化,使得传统的新闻价值理论受到了挑战,新闻价值的内涵也随之发生新的变化。本章将在论述传统新闻价值标准的基础上,探索新媒体时代新闻价值标准的变化。

第一节 构成新闻价值的要素

一、时新性

新闻是时间的"易碎品",新闻贵在"新",英文的"新闻"news 就是"新"——new 一词演变而来的。美国《纽约时报》前副总编辑罗伯特·赖斯特说:"最没有生命的事物莫过于几小时以前发生的新闻。"客观世界每时每刻都在发生变化,而新闻的价值往往与新闻的反应速度有直接的关系。正是基于这一要旨,作为新闻,它既要求所反映的事实是新鲜的,同时又要求其传播速度越快越好,因为只有快才能保"鲜",所谓"抢新闻"就是要缩短新闻事实发生与新闻报道之间的时间差,从而将信息迅速传达给受众。美国学者梅尔文·门彻说:"媒体是一种商业机构,以其将易碎品迅速传递给人们的能力为基础来出售时间和版面。市场奖励那些快速的信息传递者。虽然与电子媒体相比,报纸对速度不是那么强调,但是一份向读者提供老调重弹式的新闻的报纸是生存不下去的。当电视捕获了大部分听众时,一直在为自己的葬礼做准备的广播也恢复了全天候、全新闻的电台。"[3]新闻的魅力就在于它蓬勃的生机和新鲜感。

在新闻界,往往是快新闻淘汰慢新闻,而不是好新闻淘汰坏新闻。记者对某一问题认识较早,对某一事物的变动产生敏感较快,而且采写和发布又抢在别人前面,那么你的报道肯定在时效上就占了先机。新闻只有及时才会有效。所以,当记者或编辑判断一条新闻能否进入报道时,首先要问的一个问题是:"它是否及时?"一篇新闻之所以成为"新"闻,全在于认识、发现、采写和播发过程中的时效把握。

在新闻实践中,新鲜性是自在的,而时效性则是记者编辑自为的。媒体总希望新闻的报道距离事件发生越近越好,但有些时候,新闻距离事件的发生时间虽然不算近,但通过记者、编辑对新闻报道角度进行选择和调整,同样也可以产生新鲜的传播效果。

---

[1] [美]凯利·莱特尔等:《全能记者必备》(第七版),宋铁军译,32页,北京,中国人民大学出版社,2005。
[2] 胡翼青、李子超:《重塑新闻价值:基于技术哲学的思考》,载《青年记者》,2017(2)。
[3] [美]梅尔文·门彻:《新闻报道与写作》,展江主译,79页,北京,华夏出版社,2003。

时新性包括两层含义,即时间新、内容新。

时间新,即事实应当是新近发生的。新闻报道,就是要以最快的速度把最新的事实告诉受众。美国新闻学者希伯特说:"我们常说,没有比昨天的报纸更老的东西了。报纸的新闻只有一天的寿命。过了一天,新闻就要加上新的消息加以改写。"在新闻写作中,如果所报道的事实时过境迁,则要从新闻事件发展中努力挖掘全新的新闻依据。当然,不是随时报道都可以有新的新闻依据,要选择适当的时机。

如:《文汇报》报道《收养法》的实施情况:

本报讯 出生才8个月的弃女婴唐易半,昨天有了金发碧眼的"洋父母"——来自美国费城的莫尔德夫妇。她是自1992年4月《收养法》颁布以来上海第100名被外国公民收养的小孩子(《文汇报》1995年11月14日)。

记者从外国人收养婴儿的角度,报道了《收养法》的实施情况,等到昨天"第100名"出现,就找到了新闻发布的新依据。

内容新,即事实应有新意。一件事情,如果令人耳目一新,或者是亘古未有的,人们往往愿意了解,就会有好的传播效果。所以,有些时间上稍陈旧的新闻事实,只要内容新,受众依然会有关注热情。

例如:

知情老农临终宝藏泄密:日军10吨黄金藏身太平洋岛国

半个多世纪前,入侵东南亚的日军疯狂洗劫了被侵略国家的财富,但在战败投降时,许多价值连城的财宝却下落不明,引得世界各地的无数冒险家频频出没于东南亚的深山密林中,甚至一些国家的政府也加入到了寻宝队伍中。

10月7日,澳大利亚和巴布亚新几内亚的主流媒体传出一条令人震惊的消息:太平洋岛国巴布亚新几内亚政府在该国偏僻的山区发现了当年日军隐藏在此地重达10吨的黄金,大批军警已经前往藏宝地。这对于深陷经济危机困境的巴布亚新几内亚政府来说如同一针强心剂,于是立即启动相关程序,调派军警赶赴现场,确保这笔巨额财产不落入私人手里。

新爱尔兰省政府官员透露,当地有知情老村民多年来一直严守日军藏宝的秘密。数周前,当他快死的时候就把这个消息透露给其他村民。没想到这一消息被传给了外人。结果很快引来很多人带着挖掘工具赶来,他们招了大量的当地村民当劳工,潜入深山寻宝。许多国防军的高级军官们也悄然组建公司,准备挖掘日军埋藏的黄金。在这种情况下,巴布亚新几内亚政府决定调动大批军警,目前他们已经驻扎在藏金洞四周,准备挖掘这个传说中藏宝上亿美元的山洞。

(资料来源:青岛新闻网 2003-10-08 16:14:06)

"日军10吨黄金藏身太平洋岛国"的事实在时间上已经过去半个多世纪,但这一事实却有新意,记者用"知情老农临终宝藏泄密"的事实来作为新闻的"新"依据,同样使旧闻具有了新闻的品格。

需要注意的是新闻的及时不能以牺牲新闻的真实为代价,不能为了抢新闻而违背新闻真实性的原则。当突发事件发生时,记者与编辑应该谨慎核实,在不能确定其真实性的情况下,宁可放慢传播。2003年3月20日,伊拉克战争打响,中央电视台播出的第一条新闻是:"伊拉克首都巴格达遭到空袭"。这条新闻比CNN慢了一分钟,央视海外中心新闻部国际组组长王跃华解释说:"这是我们为核对这一新闻是否真实付出的时间。"

随着网络媒体的崛起,日趋激烈的媒体竞争又赋予"新闻是易碎品"以新的内涵,重视新闻的时效性比以往显得更为必要且迫切。新媒体采用24小时不间断发稿的"实时新闻"模式,突破了时间和空间的限制,时效性开始向"实时性"发展。新媒体时代,受众对于延迟的新闻完全失去了等待的耐心,希望在新闻发生的同时即刻知情。因此,很多传统媒体不得不建立"两微一端",实时发布消息。传统媒体通过建立新媒体平台实现了新闻由"及时性"向"实时性"的发展。然而其危险性在于由于追求实时性,传统媒体不由自主地陷入社交媒体的误区——将碎片化、片段化、真假未定的新闻线索作为新闻推出,长此以往,传统媒体将逐渐丧失其发布信息的权威性。无论时代怎样发展,真实是新闻的生命,也是新闻的底线,不能让真实成为时效的牺牲品,一定要在确保真实的前提下来要求新闻的及时、快捷。

缺乏及时性的消息,是老化而失去生命的新闻。但新闻的时效性,对不同的新闻体裁而言,并不能一概而论。比如,相对来说,通讯、特写等体裁承受时间压力的能力较强。

二、重要性

"重要性"是指新闻事实具有震撼人心的,能在某种程度和范围内产生较大影响的特质。一个事实所具有的重要性,同它发生作用的范围是大是小,产生影响的程度是深是浅成正比。换言之,某一事实与越多的人有关系,这种关系就越深、越大,就越具备重要性。

重要性是新闻价值的核心要素。一切战争风云、政局变化、经济涨落、自然灾害等都是人们所关心的问题。比如,新华社记者报道的《世贸中心被炸毁,五角大楼被撞塌——美国连遭恐怖袭击》,以及《人民日报》记者所采写的新闻稿《惨剧真相扑朔迷离——聚焦山西繁峙金矿爆炸案》、肯尼亚大学遭袭147人遇难、欧洲正面临"二战"结束以来最严重的移民危机……都是关乎国际、国内民生的大事,触及社会问题的诸多方面,具有相当的震撼力,显然,这些报道是重要的,因而具有新闻价值。

可以说,重大事件发生的时候,就是产生优秀新闻作品的好时机。2001年的"9·11"

恐怖袭击事件和"阿富汗反恐战争"成为2002年度美国"普利策新闻奖"的绝对主题,在14个新闻奖项中,8个奖项的作品都是有关"9·11"恐怖袭击和"阿富汗反恐战争"的文字报道或照片。2004年度"中国新闻奖"获奖作品中有关2003年抗击"非典"的报道也占据了相当的比例,其中31篇一等奖作品中与"非典"有关的作品就有7篇。

有些事件虽然具有重要性,但往往由于出现频率过繁,使其新闻价值减弱,比如,领导人接近普通群众,这在民主社会里司空见惯,一般很难出新闻,但是如果变换一下报道角度就会产生不同的传播效果。2003年10月24日,在重庆云阳县考察三峡库区移民情况的温家宝总理在路过龙泉村时,临时决定要去看望村里的乡亲们。领导人到农家访贫问苦,这本是一件小事,但重庆电视台记者从小事情上做出了大文章。"总理为农民讨工钱"几乎成为爆炸性新闻被其他媒体竞相转载。

新闻,尤其是严肃新闻,必须时刻把握住公共政策的基础问题,而不是在因果关系的最肤浅层次上观察和报道。关于重要性的感受越是敏锐,就越要涉及广泛社会现象由此决定的因果链条或因果网络的深层结构。①

随着互联网的发展,技术在新闻生产中的应用,新闻价值也越来越被"算法推送"所代替。今日头条、一点资讯、天天快报等新媒体平台上,部分新闻价值判断甚至新闻写作都由机器和算法完成,机器通过复杂的运算去决定什么样的事情具有重大价值,今日头条的口号是"你关心的,才是头条"。

有感于这一现状,新闻学者张力奋对"新媒体主义"进行了"讨伐"。他说,在中国的当下,到处都在非常高调地谈论平台的价值、技术的价值、算法的价值以及技术决定论,这会直接导致本来已很单薄的作为公共信息品的新闻越来越窄化。张力奋认为,"新媒体主义"只是一个乌托邦,会误导我们对当下中国媒体的基本判断。②

三、显著性

显著性是指新闻人物或新闻事件具有引人注目的特质。人物或事件越具有引人注目的特质,新闻价值就越大。

西方新闻学家认为,百万富翁的子女结婚,当为多数人所爱读;名人的一举一动、一言一行,都有很好的传播效果。

著名人物的一举一动的确具有非同一般的价值。政界名流、影视明星的一举一动都有可能成为公众关注的焦点。名人的逸闻趣事、桃色事件乃至其他各种丑闻都会成为媒体追逐的新闻,这就是我们所说的名人效应。名人的一言一行之所以会成为新闻,是因

---

① 汪丁丁:《何谓"新闻敏感性"》,载《新世纪》,2011(44)。
② 窦锋昌:《新闻价值是"父爱",算法推送是"母爱"》,载《青年记者》,2017(2)上。

为他们的言行会导致某种结果。著名经济学家的言论就可能影响股市,国家领袖人物出席会议或发表讲话有可能是某种政治信号……所以,新闻界流传一句话:"姓名能生产新闻,显赫的姓名能生产重大新闻。"①

普通人不具备显著性,那么,能否成为新闻报道的对象?当然可以。如果普通人做了不普通的事,由于事件所具有的显著性,也就构成了新闻价值。

人物的显著性与事件的显著性是相辅相成的。美国新闻学者杰克·海敦说:"美国总统的手指割破了是新闻,你在滑雪时摔断了腿就不是新闻,不过,如果你从五层楼上掉下来只摔断了一条腿,那就是新闻了。汽车碰弯了保险杠不是新闻,但是,如果这种事故牵涉到本州的州长,那就是新闻了。"②

上述这段话,还可以用以下西方流行一时的新闻数学公式表示。

平常人+平常事＝0
一个妈妈生了一个孩子,这算不了新闻。
不平常人+平常事＝新闻
英国王子威廉得子,世界各国媒体争相报道。
平常人+不平常事＝新闻
东北海林市一妈妈生四胞龙凤胎,中央电视台都报道了。

这一数学公式简明扼要,很好地说明了人物显著性与事件显著性构成的价值观。③

四、接近性

这一新闻价值要素表现的是新闻与受众在地理上和心理上的关联程度。关联程度越紧密,受众对新闻越关注,新闻价值也就越大。新闻学家徐宝璜说:新闻价值与读者的距离成反比例。这个"读者距离",实际上包括了地理距离和心理距离。

对此,杰克·海敦也有很形象的解说:"如果在智利发生飞机失事中死了3个人,那就不是新闻。但是,如果你居住的地区发生了飞机失事,死了3个人的话,那就是新闻了。或者说,如果在智利的飞机失事中丧生的3个人中有1个是本市人的话,那也可能成为新闻。"④

徐宝璜在其著作《新闻学》中也有过类似的表述:"美国芝加哥城中有一著名富翁,今年病故,是最近事实。芝加哥的报纸均登载此事于新闻栏中,中国的报纸也可视为新闻

---

① [美]凯利·莱特尔等:《全能记者必备》(第七版),宋铁军译,36页,北京,中国人民大学出版社,2005。
② [美]杰克·海敦:《怎样当好记者》,伍任译,12页,北京,新华出版社,1980。
③ 《如何判断事实的新闻价值》,来源:中国新闻研究中心,2002-07-27。
④ [美]杰克·海敦:《怎样当好记者》,伍任译,11页,北京,新华出版社,1980。

吗？否。因为读者平时未闻其名，所以不会注意其生死之事报纸登之，殊无味也。但此富翁临终前之一遗嘱，将其所有财产全部捐赠，在中国设一大博物院，这样，中国报纸可视为新闻而登之。"

新闻事实在地理上接近或在心理上接近受众生活，就会具有报道价值。《青岛日报》报道青岛房价涨跌消息，会引起青岛市民的关注，因为这一新闻无论在地理距离还是心理距离上与青岛人是接近的。而对于远离青岛的西宁读者就未必对此感兴趣。但如果有西宁人想要移居青岛或有亲人在青岛或在青岛有房产，这一新闻与这些读者立刻就会发生心理上的接近，并引起他们的关注。

心理上的接近包括受众对情感、认知、信仰等方面的心理认同，受众偏向于自己心理相接近的新闻，并在社群互动中进一步强化自己的价值认同。

移动互联网特别是大数据技术的发展，以数据新闻、虚拟/增强现实新闻等为代表的新媒体新闻产品在延续心理接近性的同时，对地理接近性则多采取弱化态度。常江、杨奇光在《技术变革语境下新闻价值的嬗变》一文中举例说，由 Slate 网站制作的经典数据新闻《为叙利亚感到困惑？关于敌友关系的对阵图解》(*Confused about Syria？A Guide to the War's Friends，Enemies，and Frenemies*)采用类似于体育比赛对阵图的视觉形式描述了叙利亚战争中不同力量的博弈情况。较之传统的报道方式而言，类似关于远距离国际新闻的报道借力新媒体技术带领受众更为有效地跨越了地理阻隔，从而丰富了受众对于地理非接近性新闻事件的直观感知。正如有学者指出的，不论是在新闻生产实践中，还是在受众认知观念中，接近性都不再必然和物理意义上的距离有关。[1]

传播技术和数据算法为追踪读者偏好提供了可能，也重塑了信息生产与传播的选择机制。德国总理默克尔曾在一次演讲中说，谷歌、脸书等网络巨头正在创造扭曲的信息棱镜——这些公司通过独家算法，将信息筛选后呈现给受众，民众最终只能优先收到符合他们偏见的新闻。[2]

五、趣味性（人情味）

趣味性，是指能够引起人们感情共鸣，富有人情味和生活情趣的事实，会引人入胜。西方新闻界虽然对趣味性的含义有不同的理解，但是一般都把社会学所研究的内容，如犯罪、道德伦理、人口、人生、婚姻、家庭、人间真情、金钱和色情等作为趣味性的主要内容，因为这些内容具有浓郁的人情味，易于激起读者或欣喜、或愤慨、或悲哀、或惊讶等多种的情感，从而唤起强烈的共鸣。

---

[1] 常江、杨奇光：《技术变革语境下新闻价值的嬗变》，载《青年记者》，2017(2)上。
[2] 易艳刚：《"后真相时代"新闻价值的标准之变》，载《青年记者》，2017(2)上。

比如,《北京青年报》的消息《法警背起生病被告》、《南方都市报》新闻稿《河南打工妹网恋铸就奇缘,新郎居然是波兰准总统》等富有人情味的新闻往往以感人的故事感打动读者。西方记者更是善于捕捉新闻中有趣味性的细节,美联社记者在报道当年美国前总统里根遇刺事件时,写道:"……'亲爱的,我忘了躲闪了。'当里根在担架车上被推进手术室时对他的夫人说。"这样的报道给新闻增添了趣味,使原本很严肃的重大事件,看起来比较轻松而富有可读性。

法警背起生病被告

本报记者杨永辉、实习记者王雪莲、通讯员吴怡报道:

前天,西城法院正常开庭。法警11083号把一个行动不便的女被告背上了三楼的法庭。当旁听的市民见到法警背上来一个戴着手铐的被告时,大厅立刻安静下来。据目击者吴小姐介绍,她在1月29日去西城区法院办事时就看到过这一幕。当时女被告深埋着头,不时地发出啜泣声。背进三楼休息室时,法警的额头已渗出了汗水,女被告则流出了眼泪。

昨天,女被告告诉记者,今年6月她被确诊患有椎管狭窄症,两腿走路十分困难。被法警背起时,她问过法警的姓名,可法警没回答。

11083号法警叫贾文家,今年26岁,在西城法院已工作6年。昨天,记者采访了他。"我没觉得这个举动有啥大不了,她一个老太太,得了病走路很困难,虽然是被告人,但作为法警帮她这个忙是我的职责。"据他介绍,那天背着老太太从楼下上来时,正赶上大厅里有50多个等候旁听的市民,见他背着个戴手铐的,本来乱哄哄的大厅顿时安静下来。"那会儿,我听见背上的老太太哭了,我能感觉到她低下头,把脸靠在我肩膀上。"

目前,该妇女已被宣判犯有贪污罪,判处有期徒刑1年。宣判结束后,已成犯人的老太太仍由法警一步步地背下楼梯。

记者注意到,在此之前,中国司法界连续出现了一些意义深远的变化。诸如:罪犯在未受到法院判决前一律改称犯罪嫌疑人,抚顺推出了"零口供";有些地方刷有"坦白从宽,抗拒从严"字样的墙壁被画上了山水画等。这从一个侧面昭示了中国司法制度正在进行一场前所未有的变革。

为此,本报记者采访了最高人民检察院民事行政检察厅杨立新厅长。杨厅长认为,从犯罪到犯罪嫌疑人称谓的改变以及法警背着行动不便的被告人到庭,反映了中国司法体制改革的进程,更重要的是体现了对人的人格的尊重。

(原载2000年12月16日《北京青年报》)

《法警背起生病被告》是第十一届中国新闻奖一等奖的获奖作品,这条消息仅有700多字,却写得十分动人。据说在新闻奖的评选中,很多评委在阅评此稿时流下了眼泪。

记者不仅对新闻事实进行了具体的现场描述,还多侧面地进行解读;不仅让人看到了法警的形象和职业道德的进步,更从这件小事中折射和反映出司法制度的改革和创新的重大主题。

构成人情味的新闻价值因素有同情、悬念、名人、弱势群体,还有动物的智慧、勇敢、忠诚、舐犊之情等,也很容易引发受众的关注、同情和兴趣。

例如:

天津街头一只流浪狗护送刺猬过马路

昨日凌晨2时许,多位读者报料称,一只黑白花的流浪狗正保护着一只小刺猬过马路,场面十分感人。据目击者称,当时流浪狗正在马路边溜达,当发现前方一只小刺猬从便道边朝左拐,一点点向马路上挪动时,流浪狗马上跑过去。两个小家伙一左一右并排穿行马路,小刺猬走走停停,流浪狗同样走走停停。每当有车经过,流浪狗都会叫两声"示意"小刺猬停下。一些过路的司机看到此幕后,为了不打扰它们,纷纷将车速放慢。在流浪狗的精心"护送"下,10多分钟后,小刺猬安全通过了6米宽的马路。

2时40分许,两个小家伙终于靠近了便道,但小刺猬无法登上台阶,它们停了下来。大约1分钟后,流浪狗独自离开,只留下小刺猬在道边。2分钟后,流浪狗返回,引导着小刺猬向右侧几米外的一处斜坡走去,并最终于2时42分带领小刺猬爬上斜坡。流浪狗又护送着小刺猬前行了大约十几米后,独自离开。

(资料来源:《城市快报》2004年8月18日)

新技术在新闻生产中的应用,使得新闻价值的判断有了更多的数据支撑,呈现出更加细化、精准、微观的价值标准。新闻采编依然需要依靠传统新闻价值观的指导,而新闻分发则要依赖算法推送,两者不是互相排斥的关系,而是属于新闻生产的不同环节和不同阶段。

窦锋昌在《新闻价值是"父爱",算法推送是"母爱"》一文中认为,算法推送的优势显而易见,但是其问题也很突出。算法推送的弊端在于"信息茧房"或者说是"回音壁"问题,即你喜欢什么就给你推送什么,时间一久,你就被包围在自己所织就的一个"信息茧房"之中了。"你关注的,才是头条",你是你这个"茧房"的主人;"你的地盘你做主",你的"喜好"就是你的"新闻价值"。"回音壁"说的也是同一个道理,你喊一声,你听到的就是你自己的声音,别人的声音已经被屏蔽掉了。[①]

---

① 窦锋昌:《新闻价值是"父爱",算法推送是"母爱"》,载《青年记者》,2017(2)上。

第二节　新闻价值取向

新闻价值取向,是指实践主体在进行新闻的采访、制作、编辑等活动中遵循的以相应价值为衡量标准的判断和决策方向。也就是说,是对新闻价值因素(重要性、接近性、及时性、趣味性等)之间的侧重与取舍。处于不同国家和不同新闻传播体系中的新闻工作者,受到传统、历史、文化及新闻传播体系的性质、构成、变化过程的制约,其新闻价值取向是有差别的。

网上流传一则虚拟的新闻,内容是一位大娘在街头摔倒后,中国大陆、中国香港、中国台湾和美国的四家报纸分别对其进行报道,同一件事情,但呈现出的新闻报道却有明显差异。虽说每一篇虚拟新闻都有夸张之处,但亦形象地表现了媒体新闻价值取向的差异。

"大娘在街头摔倒"的几个版本如下——

《××日报》:

今日一大娘在街头摔倒

本报讯　今日一大娘出门买菜时,一不留神摔倒,随后被路人扶起,后有人拨打110,110民警马上赶到,将大娘就近送到医院,民警忙前忙后,并且为大娘垫付了医药费。经医生诊治,只是摔掉了一颗门牙,没有生命危险。民警没有留下姓名悄悄走了。

记者几经周折,终于找到了这两个做好事不留姓名的民警,两个小伙子羞涩地说:这是我们应该做的,任何一个民警见到都会这样做的。

记者在医院见到已经逐渐康复的大娘,大娘和家人激动地对记者说,真是要感谢110,感谢党和政府,感谢现在的好社会,感谢改革开放,要是在旧社会,这样摔一下,至少要摔掉三颗门牙。病房里的老人纷纷感慨,真是遇到好社会了,要是换旧社会,别说三颗门牙,恐怕连一颗也剩不下了。

××市老年人协会会长、××市门牙医院门牙科主任提醒全市的老年朋友,出门应该留神脚下,不要轻易摔倒,老年人腿脚不便,门牙松动,特别容易摔掉。××市政府社会主义精神文明办公室对记者说,这是在市委市政府正确领导下涌现出的好人好事,是学习"三个代表"的具体体现,说明我市的"三讲"工作做得好,做得扎实。

正在国外访问的市领导接受电话采访时指出,从这件事情看出,我市的精神文明建设取得了巨大的成就,也是改革开放的成就,是我们团结在党中央周围所取得的巨大成就。不过,在这一事件中,也说明了我们的工作还是有不足之处,有的领导对群众出行安全重视得不够。领导最后语重心长地指出,今后群众再摔倒的时候,绝不让一颗门牙摔掉!

香港《明报》:

<h3 style="text-align:center">今晨一老妪摔掉门牙</h3>

本报讯 今晨一老妪出行时,因路面不平扑倒,摔掉门牙。路人将其扶起,对老妪的不幸表示同情,并纷纷指责港府近年来整治道路不力,在税收的使用上和公共设施的改善上工作不力,导致市民摔倒事件发生。据记者了解,数月来,此处已有多名市民摔倒,严重的需要到医院医治。

对市民摔倒事件的发生,各界对此反映不一。虽然港府发言人和特首已向摔倒市民致谦,并由公共事业局立即开始公共设施改善的工作,但各界仍有微词。自今年年初以来,港府不仅在公共设施的投资上出现很多贻误,而且在教育以及公共卫生事业上都显得不够主动和积极,引起市民不满。虽然在港府的努力下,经济有了复苏迹象,但由于去年港内发生的巨贾被绑架事件上,港府及警方的行动不力,使得在市民中的形象大打折扣,令市民缺乏安全感。

台湾《××早报》:

<h3 style="text-align:center">老妪摔脱大牙　党棍再起争端</h3>

本报讯 今晨一陈姓老妪,出行不慎摔倒,送医院诊治时,发现门牙已不见,恐遗落在现场,针对近期多数老年人在同一处摔倒而致伤,公用局官员虽然已作出解释,但今日的摔伤事件又增加了市民的愤怒,纷纷指责公用局光吃饭不干事,挥霍纳税人的钱财,有挪用修缮资金的嫌疑。

市民要求公用局负责道路维修的官员引咎辞职,立即公开道路修缮资金的去向,并且迁怒于民进党,指责民进党纵容党徒不务正业,致使民众受到伤害,出行缺乏安全感。而民进党发言提示市民不要轻信谣言,认为是国民党的栽赃陷害,小题大做。而国民党代主席在午间的记者招待会上却公开指责民进党不仅工作不力,更是对民众严重缺乏同情心,并且公开说:"试试摔脱你老母的大牙,看你心疼不心疼。"矛头直指民进党主席。

民进党晚间立刻也召开记者招待会,向记者详细解释了老妪摔倒事件是件普通的出行伤害事件,认为,国民党不负责任的指责完全是丧失理智的行为,并再次提出去年国民党与台岛黑社会以及民进党政治黑金事件有染的嫌疑。民进党当晚也发表言论,强烈指责国民党和民进党大放厥词,发言人情绪激动,使用了"满嘴喷粪"这样的字眼。

台岛廉政公署明日将开始着手调查公用局道路修缮资金的使用问题,并责令公用局负责道路修缮的官员停职,接受调查,不久将给公众一个满意答复。

美国《纽约时报》:

六十老妪状告白宫

60岁的珍妮女士,在华盛顿的街道上摔倒,门牙当场摔掉。经医生诊治,绝无修复可能,一怒之下,珍妮在征求律师的意见后,准备状告美国政府保护公民不力。要求美国政府对她摔掉的门牙予以1.3亿美金的赔偿。

联邦法院已于昨天收到诉状,根据经验,这场官司至少需要耗费5~15年的时间。但珍妮女士表示非常有信心,并且委托加州大学物理学研究专家,仔细研究了门牙从撞击地面到从牙床脱落的全过程,得出结论,摔倒并撞掉门牙肯定和路面的不平有着必然的联系,而路面的建设和修理完全由美国政府负责。而美国的司法专家对珍妮在这场官司中的前景表示担忧,认为,导致珍妮摔倒并掉牙的原因有很多,而不光是路面的原因,并且拿出很多数据,证明一个60岁的女人摔倒在大街上的概率非常之高,美国有记载的每年摔倒并且导致门牙脱落的60岁的妇女共有13 441人,其中因为晕眩导致摔倒的占30.34%,受外力撞击而导致摔倒的占43.33%,其他各种原因占20.63%,完全能够证明是由路面不平导致摔倒并致门牙脱落的只有5.6%。这一数据显然对珍妮女士不利。

但珍妮获得了美国女权主义者的支持,全美牙医协会也表示对珍妮的支持和同情,美国的妇女组织表态,通过珍妮事件,可以达到促进美国政府更加关心美国人民,而且,支持珍妮向美国政府索取巨额赔偿。该妇女组织发言人在演讲中声称,牙的作用不光是用来吃饭和美观的,它在提高我们的生活质量中起到了巨大的作用,无法想象珍妮戴着假牙生活的境遇。该发言人还指出,如果莱温斯基小姐像珍尼女士一样少一颗门牙,或者戴着假牙,克林顿总统还会对她有兴趣吗,她还做得了白宫的实习生吗?

全美劳动和就业者协会也对珍妮事件发表了看法,举出少一颗门牙将严重影响珍妮未来的就业机会,全美医疗救助者协会认为牙治疗价格过高,要求美国政府在这方面加大财政拨款,减少军费开支。全美假牙协会发表看法,认为假牙确实只是权宜之计,不能取代真牙在生活中的地位和作用。

演讲结束后,共有300多名美国妇女举着提高妇女地位的牌子以及珍妮摔掉的那颗门牙在白宫前面游行。

昨天,白宫发言人在一次非正式的讲话中,提到珍妮女士事件,对珍妮女士的遭遇表示了极大的同情和遗憾,表示,美国《宪法》规定,美国政府必须为保护每一个美国公民的生命和财产而不懈努力,珍妮女士的门牙不光是珍妮生命的一部分,也是财产的一部分,肯定要受到巨大的尊重。

希拉里发表讲话,同情珍妮的遭遇,并且希望能够成立全美老年门牙保护基金会,但对妇女组织关于莱温斯基的言论表示了不同意见。

珍妮的诉讼引起了好莱坞的浓厚兴趣,21世纪福克斯公司计划投资5亿美金拍摄一部动画片,片名叫《珍妮门牙旅行记》。

差异在哪里?大陆媒体的报道淡化大娘摔倒所受到的伤害,突出送大娘去医院的人,宣传助人为乐的事迹——"今日一位大娘出门买菜时,一不留神摔倒,随后被路人扶起,后有人拨打110,110×××马上赶到,将大娘就近送到医院。×××忙前忙后,并且为大娘垫付了医药费。经医生诊治,只是掉了一颗门牙,没有生命危险。×××没有留下姓名悄悄走了",并且进一步和精神文明建设联系起来——"正在国外访问的市领导接受电话采访时指出,从这件事情看出,我市的精神文明建设取得了巨大的成就,也是改革开放的成就,是我们团结在党中央周围所取得的巨大成就"。

香港地区的媒体报道中指责港府办事不力,进而质问公共设施的投资情况——"今晨一位老妪出行时,因路面不平扑倒,摔掉门牙。路人将其扶起,对老妪的不幸表示同情。并纷纷指责港府近年来整治道路不力,在税收的使用上和公共设施的改善上工作不力,导致市民摔倒事件发生"。并采访各界人士,适时地对政府进行批评——"自今年年初以来,港府不仅在公共设施的投资上出现很多贻误,而且在教育以及公共卫生事业上,都显得不够主动和积极,引起市民不满"。

台湾地区的媒体报道也是以批评监督的角度进行报道——"针对近期多数老年人在同一处摔倒而致伤,公用局官员虽然已作出解释,但今日的摔伤事件又增加了市民的愤怒,纷纷指责公用局光吃饭不干事,挥霍钱财,有挪用修缮资金的嫌疑"。但与香港地区的媒体不同之处在于,即使是大娘摔倒这件小事,也能被党派斗争利用,成为两党相互诋毁的证据——"市民要求公用局负责道路维修的官员引咎辞职,立即公开道路修缮资金的去向,并且迁怒于民进党,指责民进党纵容党徒不务正业,致使民众受到伤害,出行缺乏安全感。而民进党发言提示市民不要轻信谣言,认为是国民党的栽赃陷害,小题大作"。

美国媒体在报道中则是大量引用具体数据佐证,用数据和事实说话。报道中体现出美国公民的自由意识以及个人权利意识——"一怒之下,珍妮(摔掉门牙的老妪)在征求律师的意见后,准备状告美国政府保护公民不力。要求美国政府对她摔掉的门牙予以1.3亿美金的赔偿"。

美国等西方国家的文化整体上崇尚以强调感性个体为特征的个体本位论,而中国等东方国家的文化整体上崇尚以强调理性整体为特征的社会本位论。中西方两种截然不同的文化,必然要影响到作为观念形态的新闻作品。所以在美国新闻中,往往把注意力置于单个的人,把个人的事件放在社会背景和制度下来分析,他们从个人出发,以个人作为报道的起点和终点,既剖析了问题的根源,又突出了人的个性。而中国新闻作品中却缺乏个体意识的觉醒。

中国香港和台湾地区的媒体由于社会历史原因,在新闻价值取向上与美国较为接近,但又各具特色。

"大娘在街头摔倒"虽是虚拟新闻,但它反映的价值取向差异在真实的新闻报道中也不难见到。2003年2月25日,北大、清华两校在中午午餐时间分别发生了食堂爆炸事件,此事当然极具新闻价值,但比较新华社和《纽约时报》对此事的报道,可以发现它们在什么是最重要的这一问题上差异明显。新华社的新闻标题是《清华、北大在爆炸发生后校园基本保持平静》;《纽约时报》的新闻标题是《北京二高校炸弹爆炸致伤9人》。**新华社的导语是**:25日几乎同时发生爆炸的中国最著名的两所高校——清华大学和北京大学,在事件发生后的几个小时内,迅速恢复正常秩序,校园基本保持平静态势。《**纽约时报**》**的导语**是:今天中午午餐时间,在中国两所著名高校的食堂,发生了自制炸弹爆炸事件,中国官员和学生说,至少9人受伤。可以看到,新华社的报道认为最重要的是爆炸发生后的"平静",后者认为最重要的是"爆炸,伤9"。而"爆炸致伤9人"这一信息在新华社新闻中的第4段才交代。这里面显然存在着新闻价值观的差异,并且与新闻工作者的意识形态立场相关。[①]

又如,2004年9月1日,俄罗斯北奥塞梯发生人质事件,9月5日俄政府军实施了解救措施。关于这件事的报道,美联社的标题是《俄军突袭学校:7人被杀》,突出了句子末尾的信息"7人被杀",而且和前面的"施事者"相连;新华社的新闻标题则是《俄军解救人质和消灭绑匪行动结束》,这里强调了句末信息"行动结束"。前者未指出行动的结果(成功或者失败,或者是否仍在进行),后者没有描述行动的代价,而且两者的不同之处正是对方强调的重点。前者的"7人被杀"是行动导致的后果,包含有一种"行动失败"暗示;后者的"行动结束"则相反,暗示人质危机已经过去,包含有"任务完成"意味。[②]

新闻价值取向的确从属于一定社会新闻传播体系,受到新闻传播体系的性质、构成、变化过程的制约。同时,社会政治、经济、文化的差异也为新闻价值取向的不同提供了宏观而深刻的内在依据。新闻价值取向反映了社会话语在经济、政治和意识形态的价值观。

新闻价值取向不同是无法避免的,全球媒体各有自己已形成的新闻价值取向标准。

作为中国媒体,由于长期以来过分强调新闻的宣传价值,只从指导性、工作性出发取舍新闻,造成了新闻功能的单一化。新闻的协调社会关系、传播信息、服务受众生活等多种功能一度被忽视。受众在接受新闻的时候,需要的是平等的对话和自由的交流。在全

[①] 陈龙、陈霖:《新闻作品评析概论》,64页,长沙,中南大学出版社,2005。
[②] 陈龙、陈霖:《新闻作品评析概论》,64页,长沙,中南大学出版社,2005。

球经济一体化的背景下、互联网飞速发展的时代,我们的媒体应该更为开放。

所幸的是在中国新闻改革的过程中,新闻的单向的指导性也开始逐渐转变为双向的沟通,既有指导,又有监督。中国新闻界开始了"人"的觉醒,在新闻中如何确定个人与社会的价值,许多新闻工作者有了新的思考。随着市场经济的发展,使得国内的媒体开始面对市场和日趋激烈的市场竞争,由此带来了媒体对新闻规律的关注和新闻向"受众本位"的回归。但一些媒体在新闻价值取向上却又出现了矫枉过正的偏差,表现为新闻对以迎合大众趣味为目标的接近性、趣味性的过度追求。由于媒介种类的迅速增加,信息节奏急剧加快,信息量骤然增长,独家新闻的获得越来越难,为了争夺受众的"注意力",一些媒体竞相在新奇性、时效性方面加大力度,导致了新闻价值取向上误区的出现。

在与新媒体的竞争中,传统媒体急于用新媒体的技术和新闻价值观重建形象,应对挑战。然而,许多传统媒体很不明智地在时效性、趣味性上与新媒体竞争,实则在放弃自己的所长,用自己的短处与他人长处一争高下,甚至在竞争中丧失传统媒体的专业性和权威性。

无论社会怎样变迁,技术怎样发展,新闻价值是重要的,但并不是第一位的。媒体在追求新闻价值的同时,还需要思考新闻报道所带来的社会效果。新闻媒体除了提供信息、娱乐之外,还有重要的舆论引导功能,所以,媒体必须要站在国家和公众的立场,对社会的进步和发展担当一定的责任。毋庸置疑,新闻事业与其他以盈利为目的的企业不同,媒体不仅需要考虑自身的经济价值,更需要考虑其社会价值,在新闻价值取向上实现社会效果的最大化。

总之,新时期的媒体要从实际出发,调整好新闻价值取向,在受众与传者意识间寻找到一个平衡点,只有这样,才能获得新闻的最佳传播效果。

练习

一、举例说明中西方新闻价值取向的差异并阐释原因。

"新闻采访"是新闻材料的采集和对采访对象访问的合称。在中国,对于采访的记载始于东晋史学家、文学家干宝(公元？—336年)的《搜神记序》,这本书是他编辑的神灵怪异的故事。《晋书·干宝传》中说:"宝撰搜神化,因作序曰,若使采访近世之事,苟有虚错,欲与先贤前儒分其讥谤。"①这里提到的"采访"已经接近于现今"采访"的含义。新闻采访是新闻工作者为了报道新闻而对新闻事实进行的调查研究活动的总称。

新闻采访是一种复杂的系统活动,是一个由许多环节构成的动态过程,其中每一个环节都相互支持又相互制约,每一个环节又都有其规范和要求。采访既是一种职业技能,也是一种职业艺术。只有掌握了新闻采访技艺,记者才可能更为顺利、更为出色地完成新闻报道。

采访活动是从寻找新闻线索开始的。

第五章　新闻线索,采访的出发点

新闻线索是新闻记者发掘题材的一种凭据,也是新闻记者进行采访活动的出发点。它是新闻报道的可能状态,是对新闻记者的召唤。这种召唤以它的多种可能性等待着记者,那就从这里出发吧。

第一节　寻找新闻线索

一、什么是新闻线索

(一)新闻线索的概念

"新闻线索"也称采访线索、报道线索,是指新近发生或发现的事实表现出的某些信号和迹象。新闻线索不是新闻事实的全部,是有待证实、扩展和深化的讯息,它只是新闻事实个别片段在人的头脑中的反映。记者通过新闻敏感捕捉到了事物中有新闻价值的片段,就形成了新闻线索。

---

① 王泽华:《中国古代新闻如何传播》,载《人民日报·海外版》,2005-05-26。

新闻线索一般比较简略,甚至只是一个片段,要素不全,但它昭示着新闻在哪里,为记者的采访提示了方向。记者需要从这些零散片段中追寻,从而追根寻源,发掘出完整的新闻事实。

发现新闻线索要求记者要有高度的新闻敏感与新闻价值观念,要求记者要有穷追不舍、寻根溯源的专业素养和精神。

(二)新闻线索有哪些特点

1. 事实简略,要素不全

新闻线索不等于新闻事实,相对于新闻事实,新闻线索是比较零碎的,信息是不完整的。它往往比较简略,新闻要素不全,如有人物,但确定不了时间、地点、原因等。新闻线索提供的信息也往往没有事物的全貌和全部过程,常常只是一个片段或概况,或有头无尾,或有尾无头。

"水门事件"报道是美国新闻事业史上的一个里程碑。1972年6月17日,《华盛顿邮报》的编辑巴瑞·苏斯曼(Barry Sussman)接到其上司的电话,告知一个新闻线索:5个窃贼闯入美国华盛顿水门饭店的民主党总部,企图把窃听器安装在电话上,在逃走时被捕。《华盛顿邮报》记者罗伯特·伍德沃德和卡尔·伯恩斯坦依据这条事实简略、要素不全的线索穷追不舍,寻根溯源,冒着生命危险,4个月内采访1 000多人,前后报道长达2年,最终揭开了"水门事件"内幕,矛头直指白宫和尼克松本人。"水门事件"的成功报道使《华盛顿邮报》获得了1973年"普利策公共服务奖"。

新闻线索这一特点启示我们,新闻线索虽然比较零碎,信息不完整,但不能轻易放弃,而是要进一步去寻找、去发现,从而了解完整的新闻事实。

2. 事实概括,不具体

新闻线索所提供的新闻事实信息一般较为概括,只是事实的大概,不具体,没有细节。

1965年,阿贝·罗森塔尔任《纽约时报》城市新闻编辑部主编。一天上午刚刚上班,他接到了一位朋友的来信。朋友告诉他,《纽约时报》两天前揭露了一个叫丹尼尔·伯罗斯的纽约市三K党头目、美国纳粹党党员。此人率领他的纳粹"军队"周游全美,到处鼓吹排犹仇犹,而他本人恰恰就是一个犹太人。他对自己是犹太人这一点讳莫如深,严加保密。这个新闻线索让罗森塔尔十分吃惊,他想知道,一个犹太人为何要掩盖自己的真实身份,加入纳粹党,疯狂从事反犹活动?这其中有什么秘密?是何背景?罗森塔尔决心依据这个新闻线索将这一切调查清楚,弄个水落石出。罗森塔尔指派记者麦坎德利什·菲利普斯去调查,菲利普斯开始设计采访路径——警方曾在纳粹分子的集会上逮捕过伯罗斯,从警察那里可以了解情况;伯罗斯读书和工作过的地方一定会有知情人;众议院非美活动委员会肯定也知道伯罗斯,因为他们把他列在"三K党著名人物"的名单上……菲利普斯把需要采访、核实的个人和单位制成表格,当天下午就与其他两位记者投入了工作。① 经历了艰难而危险的调查和当事人的较量,菲利普斯一点点揭开了事实的全部。1965年的最后一天,《纽约时报》在头版刊登了资料翔实、事实确凿的关于三K党头目丹尼尔·伯罗斯的深度调查报道,以致丹尼尔·伯罗斯无法面对真相而饮弹自尽。

新闻线索这一特点启示我们,仅凭一条新闻线索还是无法写出新闻报道的,必须通过深入采访才能得到新闻具体的内容和生动的细节。

3. 事实不确定,真假不明

即新闻线索真假未定、价值未定。新闻线索涉及较多的是表象,可能确有其事,也可能只是假象,或者是真假混杂,其可靠性有待记者进一步去核实。所以,对所得到的新闻线索,首先就是要认真核实其确有性、可靠性。如果对新闻线索不加核实和深入采访,就很容易制造假新闻。

案例:②

"从西安飞往武汉的客机在陕西商南县发生空难!"2006年4月28日上午10时30分,《楚天金报》热线电话骤然响起。

报料人段先生是一名商人,经常往返于西安与武汉间,当日10时18分,他在陕西商南县的朋友胡先生打电话称:一架飞往武汉的客机,早些时候在商南县青山乡坠毁。

记者马上与胡先生取得了联系。胡称,坠机之事也是听说的,具体情况不详,但事发地点的确发生了巨响并有物体坠落,当地还传闻有100多人遇难。

了解到此情况,编辑部立即派车直奔商南。但11时40分,连线民航的记者接到好消息:被疑失事的航班已到达武汉天河机场,飞机和乘客均安然无恙。

记者又与离商南最近的省内媒体十堰日报社和《十堰晚报》联系,十堰媒体迅速让在河南紫荆关的朋友骑摩托车赶到传闻坠机的事发点——商南县青山乡跃进村,发现事发地只有几块大小不一的金属碎片,并没有见到尸体及其他物品。

直到中午1时整,记者终于从陕西媒体及政府方面得到确切消息,坠物系头一天早上在太原卫星发射中心发射"遥感卫星一号"的运载火箭的推进器部件。

消息传到编辑部,大家都长长地舒了一口气。幸亏反复核实,避免了一则假新闻对社会秩序造成危害。

---

① 蔡晓滨:《美国报人》,75页,济南,山东画报出版社,2010。
② 陈力峰、王际凯:《亦喜亦忧的"新闻线人"》,载《青年记者》,2007(10)。

另外,新闻线索的不确定还表现为新闻线索的价值会出现多种变化。有的很有价值,有的有一定的价值,有的暂不显示新闻价值,有的线索与实际情况距离很大。

新闻线索的这一特点启示我们,对待新闻线索,既不能轻易放过,也不可轻易相信。

记者的采访活动是从寻找新闻线索开始,然后依据线索提示找到知情人采访,在采访中弄清全部新闻事实。从采访的全过程来看,记者寻找新闻线索是采访的第一步。

二、新闻线索从何而来

新闻线索从何而来?从大的方面说,一是来自政府机关发布的信息。政府是最权威的信息源,正因为如此,政府在第一时间发布的新闻信息,会成为可靠的新闻线索,来自这个渠道的线索具有较高的新闻价值和真实性。比如,在"5·12"汶川大地震的新闻报道中,国务院新闻办和各省级新闻办的新闻发布会成为世界各媒体的重要新闻线索来源。地震发生后的第二天下午16:00时,国务院新闻办就汶川地震灾害和抗震救灾进展情况举行首次新闻发布会,将地震灾情和政府行动在第一时间通报世界。抗震救灾中的医疗救援、灾区农产品供应、解放军和武警部队抗震救灾情况、抗震救灾的通信保障、设备工具保障情况和救灾供电情况、地震灾区群众生活安排情况、中央企业抗震救灾总体情况等,逐一通过国务院新闻办的新闻发布会向全社会公开。而以四川省人民政府新闻办公室为代表的各省市新闻发布机构,是发布灾区一线状态及救援进展的主要渠道。

又如,奥运会新闻中心的新闻发布会,不仅成为奥运会信息发布单位的权威发布平台,而且也成为境内外媒体获取北京奥运会信息的主要来源,更成为他们寻找新闻线索和报道题材的主要渠道。

二是来自公众提供的线索。这是一条获得新闻线索的广泛渠道。记者的活动面、时间、精力都有限,如果仅凭记者自己去发现新闻线索,必然会使不少有价值的新闻线索遗漏。为此,各媒体和记者都会加强同社会各方面的联系,培养通讯员,设立热线电话,使媒体的触角延伸到社会各个层面,这条渠道畅通了,新闻线索就会源源不断。随着社交媒体的崛起,公民新闻成为传统媒体强有力的竞争者。因此,一些传统媒体在数字化转型的同时,打通各大社交媒体,向每一位用户发出"来,和我们一起做新闻"的邀请。比如,2006年CNN率先推出公民新闻投稿平台——iReport,邀请世界各地的用户将身边发生的故事上传给CNN,并由新闻筛选人员对投稿进行核实,将其中有价值的事件作为CNN网络新闻的一部分进行推送。作为第一家与用户合作的媒体机构,CNN实现了传统媒体与公民新闻的结合。iReport一经推出,每月用户投稿量多达1.5万份。借助iReport,CNN将分布全球的用户发展成为自己潜在的新闻线人,同时用户也有机会参与到CNN新闻的采集、制作与传播之中,大量的用户投稿更为CNN建立起了一个"大数据"的资源空间。①

图 5-1 CNN 率先推出公民新闻投稿平台——iReport
（来源：微信平台"孤说"）

三是来自记者发现、寻找、挖掘。通过前两条渠道获得的新闻，是等来的新闻，如果记者只靠等别人送线索，工作就会很被动。寻找新闻线索，更多意义上是强调记者自己的发现，自己的寻找，自己的挖掘。

记者寻找新闻线索的渠道很多，在新闻实践中比较常用的有以下几种：

（一）利用新媒体平台寻找新闻线索

网络的普及使得信息源更为多元化，网络成为记者寻找新闻线索最便捷的渠道。特别是对刚入行的年轻记者，认识人不多，对报道领域不熟悉，苦于不知到哪里寻找新闻线索，但是，如果能够利用好互联网，还是能寻找到新闻线索的。

记者可以进微博、微信等网络平台等，看看最近大家都在关注什么？哪些文章点击率最高，跟帖评论最多？哪些内容是当前大家都在关心，并且还没有结论的？这些都可以看作是新闻线索，只要发现有值得去挖掘的信息，就可以进一步进行采访、追踪，查个水落石出。网上还有各地的新闻报道，也可以提示某些信息，尽管信息可能不准确、不全面，但可以作为新闻线索，引导记者深入调查。在突发事件中，传统媒体往往不能第一时间抵达现场，而常常是网民借助社交媒体，以碎片化的信息形式发布到各种新媒体平台上，速度快、内容多、传播广，无处不在的网民便成了第一时间的信息传播者。但只要记者依据网民传播的信息迅速作出反应，赶往现场采访，也不失为最便利的寻找新闻线索的方法。

---

① 李昭颖：《CNN,邀你一起做新闻》,来源：微信公众平台"孤说"。

案例

2007年1月24日上午,一篇《救命呀!病人需要输血!!》的帖子(见图5-2)出现在青岛新闻网青青岛社区的各大论坛上。一位青岛网友在网上寻找一种稀有血型,希望能够在青岛找到相同血型的热心市民,拯救他在天津病情危急的72岁的老姨夫。

图5-2 帖子截屏图

(资料来源:青岛新闻网)

青岛新闻网记者看到帖子后,立刻意识到其中一定有故事,于是根据帖子上留下的电话号码,联系到新闻知情人进行核实、采访。发帖人路先生介绍说,其姨夫名叫杨克智,是曾在青岛远洋船员学院工作过的一位老船长,也是青岛的第一位领航员,现在已经72岁高龄。由于身患绝症,日前和家人从青岛到天津就医,现在正在天津进行手术,但由于老人血型十分罕有,是A型血的RH阴型血,手术过程中已经将天津当地血库中存留的该血型用尽,接下来的手术过程中还需要这种救命血才能继续治疗。一家人在万般焦急中想到在家乡的青岛新闻网上发帖求助。

青岛新闻网记者据此采写了题为《社区发帖急需救命稀有血 网友热心联系直送天津》的新闻,报道发出不久,就有不少青岛热心网友帮助联系青岛市中心血站,救命血有望直送天津。

案例

2013年4月5日下午,新浪网民@南汀一水向《都市时报》官博发私信:"昆明市第一人民医院死了一个泰国小孩,据说他家是开养鸡场的。"@南汀一水在私信中说,他从去医院探望病人的朋友处听到了这个消息,想到时下备受关注的禽流感,觉得事态很严重,便给《都市时报》新浪官博发来私信。

该线索经记者核实采访后,4月6日时报头版头条刊发了《云南发现一例不明原因肺炎死亡病例》。因此线索及时、准确、重大,且独家提供,都市时报社决定给@南汀一水颁发1 000元线索奖励。

"当时听说是外国游客在昆患病死亡,家里还养过鸡,觉得还是挺严重的。"@南汀一水说,当时他不敢公开发微博,怕引起大家恐慌,于是第一时间通过微博私信@都市时报官博。@南汀一水说,以前也打电话给媒体提供过新闻线索,但用微博私信提供线索这是第一次。

互联网是强大的信息传播渠道,守住网络寻找线索,应该成为现代记者的重要选择。在网络上,我们也越来越多地看到一些媒体的官方微博、记者个人微博及微信平台发出的"征集新闻线索"的启事。摘录几条如下:

河南新闻广播:凡是向我们提供新闻线索的亲,都将有机会获得由@河南移动10086提供的50元移动充值卡一张。赶快给我们提供线索吧～～～分享您身边的所见、所闻、所想、所感～

《天府早报》:["微报料"平台开启]即日起,@天府早报 开启"微报料"平台,实现微信、微博和新闻热线无缝连接,将成都新鲜大小事一网打尽。各位亲,您可以将自己认为有价值的新闻线索发送给我们,不管是突发事件、生活烦心事,还是趣味生活现象,都可以通过微信、微博发送给我们。

微时代,每个人都是信息的集散中心,而当新闻事件发生时,拿起手机,人人都可以成为自媒体时代的新闻报料人。

(二)从其他新闻媒体中发现新闻线索

已经刊发的新闻中还有新闻线索吗?答案是肯定的。在新闻实践中,记者从同行的报道中寻找线索是很普遍的现象。比如,电子媒体记者从报纸信息中寻找线索,报纸媒体记者从广播、电视中寻找新闻线索,然后重新进行采访,挖掘出事实的新内容、新视点、新思想。所以,记者在读报纸、听电台、看电视时,不仅仅是在接收新闻信息,更是在敏锐地捕捉这一新闻信息报道的不全面和欠缺之处,细心揣摩新闻背景,预测新闻发展的方向。对于那些较肤浅、表面的报道,记者可以对其进行跟踪补充报道;同时,还可以变换角度,变换思路进行深入挖掘,重新报道。在别人的稿件里发现"新闻"也是一种惊喜,记者工作的乐趣有时就在于不断地发现与创新。

《南方周末》等媒体的社会调查,就时常从其他媒体报道过的新闻中寻找新闻线索,或挖掘更新、更深刻的内容,或通过自己记者的重新采访,发现不实报道,然后纠偏。同一个新闻,只要选择不同的采访对象,转变报道角度,增加新闻的背景材料,都能使旧闻成新闻。

(三)新闻线人提供新闻线索

这是最有效,也是最生动的新闻线索渠道。对记者而言,新闻线索、人际关系网很重要,所以记者从进入新闻行业的第一天起,就要有意识培养、构建自己的关系网。记者在社会上广泛地结交朋友,就好像将新闻的触角伸向社会的四面八方,这样,社会上一旦出现了新的动态,就能通过他人迅速传递给记者。所以,记者应当经常与一定数量的新闻线人保持联系,依靠他们的力量来弥补自身活动范围的不足,时刻与现实社会保持最短的距离,从而及时报道各行各业的重大新闻。

为了更快地获取新闻资源,越来越多的媒体重奖征集新闻线索,用物质利益来吸引社会人员提供新闻线索。于是也随之出现了一批以此为生的人,他们常常最先出现在新闻的第一现场,他们常常是事件的直接目击者,他们就是距离新闻最近的人——新闻线人。

新闻线人,或称新闻报料人,是指非新闻专业的从业人员有意识地去寻找、挖掘新闻线索以提供给新闻从业者,从而获取来自媒体相应报酬的群体。他们或者兼职,或者专职,每天为媒体报料。

以北京为例,为争夺新闻资源,京城几乎所有媒体都推出了"报料有奖"的活动。按照提供线索的价值高低,媒体给这些新闻线人的奖金一般每条在50~2 000元不等,而《法制晚报》打出的口号更加诱人:"奖金上不封顶"。甚至新华社也加入了抢占新闻资源的行列,四处网罗新闻线人。

2003年对于新闻线人的发展是极具意义的。2003年3月20日凌晨,当巴格达市民还都在睡梦中时,市区上空响起了警报,伊拉克人贾迈勒首先意识到这是战争开始的信号,于是迅速通过海事卫星电话给新华社中东总分社拨电话:"巴格达响起空袭警报。"总分社的工作人员立刻将这一快讯用英文特急稿的形式发出,报告了"伊拉克战争"爆发的消息。几分钟后,贾迈勒听到了大街上的爆炸声,他再次通过电话将这一消息传给总部。就在这短暂的一瞬间,新华社通过新华网连发两条特急稿,从而以提前10秒钟的优势领跑全世界所有媒体。2003年12月9日,这位让新华社在"伊拉克战争"报道中领先全球10秒的新闻线人,到新华社北京总部接受了新华社颁发的最高奖——社长总编辑奖。①新华社运用"新闻线人"模式让中国媒体首次实现了世界领先,京城各主要都市报的热线版新闻有80%来自线人报料。而2003年创刊的《新京报》,更是以万元奖金酬谢新闻线人。新闻线人开始以职业的形式获得社会的认可,新闻线人公司也开始出现。至此,中国的新闻线人制度也日趋成熟。

自2004年以来,社交媒体的快速发展,一些新闻线人开始直接参与新闻采访、写作,成为新闻的生产和发布者,社交媒体等新兴传播平台使得"人人都是记者"似乎成为一种现象。那么"人人都是记者"这种现象是否真正存在呢?新闻传播学者吴飞认为:综观微博、博客等新媒体平台,人人是记者这一"事实"并未真正存在。因为有研究表明,

---

① 潘天翠:《情系中国魂 网尽天下事》,载《网络传播》,2007(12)。

Facebook、Twitter、新浪微博、腾讯微博、凯迪论坛等空间中,真正提供原创新闻的,不过是注册ID的5%左右的人,且这些活跃的5%的公民记者,相当大比例是真正的专业媒体的记者,只不过他们宣称自己的活动是非职业行为而已……但需要指出的是,不少媒体人产生了一种幻象,误以为有了微博这样的新媒体,传统的专业报道就不再重要了。其实事实刚好相反,因为有了更多的新闻线索,有了更多的线人,而且这些报料人没有受过专业的新闻传播知识和素质的培训,也没有行业性组织对从业者的职业操守的约束,一些网民出于好奇之心传达一些未经证实的信息,还有些人则大概空有一身热血与激情,却不能提供精确和有深度的报道,甚至还有一些人利用新媒体平台故意发布虚假的信息,或随意侵犯他人之隐私,这都使得网络空间鱼龙混杂,信息可信度不高。

所以,即使新闻线人开始生产、传播新闻,但这并不意味着新闻线人在新媒体时代就可以华丽转身成为记者,因为新闻的专业门槛,在新媒体时代不但没有降低,反而更加提高,新闻线人因没有受过专业的新闻传播知识和素质的学习与训练,就很难准确地传播信息,其新闻的权威性也很难被受众所认同。

 链接

国际上著名的新闻线人

"水门事件"新闻线人"深喉"。 1972年6月17日,以美国共和党尼克松竞选班子的首席安全问题顾问詹姆斯·麦科德为首的5人闯入位于华盛顿水门大厦的民主党全国委员会办公室,在安装窃听器并偷拍有关文件时,当场被捕。当时《华盛顿邮报》记者鲍勃·伍德沃德和卡尔·伯恩斯坦在一位新闻线人"深喉"的透露下,一起撰写系列文章报道了这一事件,最终迫使尼克松政府任命独立检察官调查此案。出于职业操守的要求,《华盛顿邮报》为"深喉"保密33年。

"五角大楼文件"相关线人。 20世纪70年代,《纽约时报》记者靠线人获得一份美国国防部有关"越战"的高级机密文件,并公之于众。国防部向法院提起诉讼,要求《纽约时报》交出幕后泄密者。但法院最终裁决该报享有报道"五角大楼文件"的权利,也有权不把线人名字告诉政府。

伊拉克战争中的新闻线人。 伊拉克战争中,新华社运用线人伊拉克人贾迈勒,及时、准确地报道了伊拉克战况。2003年3月20日,当巴格达上空响起防空警报时,他于北京时间10点30分36秒发出消息《伊拉克首都巴格达响起警报》《伊拉克战争打响》等一句话新闻,先于美联社、路透社10余秒,使新华社成为第一个报道战争打响的通讯社。贾迈勒也因此获得新华社最高奖——社长总编辑奖。

"凯利事件"中的新闻线人。 2003年,BBC记者撰文称布莱尔首相曾授意情报部门杜撰假情报,愚弄公众把英国拖进伊拉克战争。BBC的报道使得英国政府陷入了一场空前的信任危机。布莱尔认为BBC的报道缺少消息来源。在强大的压力下,BBC为了保全自己的声誉向英国国防部透露了部分来源。最终导致武器核查专家凯利博士割腕自杀身亡。

第二节 如何发现新闻线索

怎么才能及时发现新闻线索呢?事实上,许多新闻线索就藏在人们的生活中,藏在某个人的讲话中,藏在与朋友的闲聊之中。只要我们对生活充满热情,对身边发生的事情都有浓厚的兴趣,不放过耳闻目睹的每一件新鲜事,就会找到新闻线索。

一、在闲谈中捕捉

通过与受众、亲戚朋友的接触,在同他们的交谈中获取新闻线索,这是记者获取新闻线索的一个充满活力的源泉。与读者、亲戚朋友的接触会为记者发现新闻线索开拓崭新的空间。据说,抗日战争期间,著名的战地记者陆诒去重庆找周恩来,谈及新闻线索缺少时,周恩来对他说:"当你在新闻线索实在贫乏之时,不妨到茶馆里去坐坐,听听群众在谈论什么,想些什么。"陆诒深受启发,立刻去访问几个擦皮鞋的儿童、嘉陵江渡口的船夫和公共汽车售票员,写了不少访问记和特写,很受读者欢迎。

案例:[①]

张海迪这个先进典型人物被发现源于记者闲谈中捕捉的信息。1981年11月27日,山东省"引黄济津"启闸典礼在东阿县举行,新华社山东分社派记者宋熙文参加,他在乘车路上听山东画报社摄影记者李霞说,莘县有一个为人称道的瘫痪姑娘张海迪(小名玲玲)勇敢地与疾病作斗争,能活下来还精神那么好,医生都说是奇迹。宋熙文参加完启闸典礼就奔了莘县。1981年12月28日新华社播发了报道张海迪的人物通讯《只要你能昂起头——记瘫痪姑娘玲玲》,次日《人民日报》头版头条改名为《瘫痪姑娘玲玲的心像一团火》。这是新闻媒体首次报道张海迪的事迹。

案例:

2003年媒体热炒的奇事——"北大学子落魄街头卖肉"事件,也是记者从闲

[①] 戚鸣:《实用新闻采访》,80页,北京,新华出版社,2004。

聊中很偶然发现的线索。一次,陆步轩的一位高中同学和西安一家电视媒体的记者吃饭,这位同学无意中说起陆步轩的遭遇。说者无心,听者有意,于是这家媒体依据线索找到陆步轩并对他进行了采访。节目播出后,陆步轩的"眼镜肉店"顾客盈门,生意奇好,清晨进的500斤肉,不到中午就全部卖光了。当地媒体的报道迅速引起了广泛关注,全国各地媒体记者纷至沓来。陆步轩一夜间成了新闻人物。陆步轩曾经高兴地说:"这两天手机几乎被打爆了,几分钟一个电话。已经有100多家省内外的单位想让我过去工作呢。"陕西的一个县级市和西安一个中学生作文编辑部更是派人"三顾茅庐",盛邀陆步轩到他们那儿工作。接连不断的好消息把陆步轩乐坏了。他感慨道:"瞎折腾了这么多年还是个卖肉的,没想到媒体的力量这么大。几篇报道就把我的命运给改变了。"

每一个记者应该养成无论在什么地方、什么时候都随时采访的习惯。有一句话说:我不在采访就在采访的路上。这就是记者的职业心态和职业作为。

二、在联想中发现

记者观察的视野要开阔,要善于从大的社会环境中观察、捕捉事实,把单个新闻事件与整个社会背景联系起来进行考察,根据自身对社会整体状况的认知,展开联想,触类旁通,由此及彼,由表及里,根据事物内在特征找到与其他相关事物联系的契合点,挖掘新闻背后隐藏的更有价值的信息。

案例:

1982年11月10日早晨,勃列日涅夫猝然逝世,但当时苏联官方未宣布。而路透社、美联社驻莫斯科记者却通过两点不为人注意之处,发现了其中的疑点。一是莫斯科电视台晚上预定播出的冰球赛被取消,被严肃的古典音乐所取代;二是苏联在给安哥拉的贺电中没有勃列日涅夫的名字。这两位记者根据种种迹象所作的判断和猜测,很快被证实了。

案例:

英国记者露丝·史密斯看到一条消息里讲,钢铁和羊毛股票要上涨了。本来这只是一条很平常的消息,可是从这条消息中,她却联想到"马上要打仗了"。因为生产武器要用钢铁,做军服要用羊毛,如果不是就要打仗,就不需要多生产武器,也不需要多生产军服,现在钢铁、羊毛都涨价了,这正是要爆发战争的前兆。于是,她就从准备打仗的方面,采访到了许多重要的新闻。

这种看似"踏破铁鞋无觅处,得来全不费工夫"的偶尔得之的现象,实际上就得益于记者的发现力。

三、在对比中探寻

发现新闻线索,一个常用的手段是把事实放在特定的环境中来观察,通过观察,许多相似的、相同的、相反的特点都会凸显出来,新闻是来自新与旧的对比之中。新生事物层出不穷,记者判断事物的新旧就得认真细致地比较,并及时准确地发现新闻线索。

案例:[①]

2002年7月11日,《河北日报》发表的《我省交通图五年七变》荣获第十三届中国新闻奖。该报记者石磊采访一位祖籍沧州从上海返乡的郑先生,郑先生离家前买的1996年版的河北省地图册这次返乡失去了作用,因为里面的河北交通图上,只标有京石和石太两条高速公路,而现在连沧州这个号称"交通死角"的地方都有两条高速公路穿过。于是,记者对照新旧两张地图报道了河北省交通的发展。

是温故知新让记者的报道获得了大奖,这就是比较出的新闻。

案例:

2000年6月,朝鲜和韩国领导人在平壤举行战后首次会晤,这是举世瞩目的新闻。但在会晤前,有关安排,包括朝方将由谁到机场迎接来访的韩国总统金大中,都没有透露。金大中抵达当日,新华社记者到机场采访。这位记者从机场正在播出的欢迎仪式的注意事项中,敏锐地意识到金正日将亲自到机场迎接金大中。因为按照过去的做法,只有金正日亲临机场迎接来访者,才会安排群众欢迎的场面。记者马上找到朝方官员证实,然后打电话给新华社驻平壤分社值班的记者,让他通知总社做好准备(朝鲜没有移动通信设备)。同时,他的一个同伴记者则守在机场的公用电话间。当金正日出现在机场时,这位记者隔着停机坪和候机室的玻璃向等在电话间门口的记者做手势。后者迅速打电话回分社。几分钟后,金正日亲自到机场迎接金大中的快讯就发了出去。新华社记者离开电话间时,才见到朝中社的记者急匆匆地赶来。

这一次,新华社又抢发了这条有重要新闻价值的独家新闻。发稿速度之快,令其他

---

① 戚鸣:《实用新闻采访》,83页,北京,新华出版社,2004。

新闻同行羡慕。这也是记者在比较中抓到的新闻线索。

四、在细节中抓住

事实上，蕴涵信息量最大、新闻价值最高的事实可能是最细小的、不起眼的次要事实。

案例：

1996年，维也纳举行一年一度新年音乐会，不少记者受到邀请。音乐会开始前，世界十大著名指挥家之一的马泽尔出人意料地用汉语向观众说了一句："新年好！"现场顿时爆发出雷鸣般的掌声。因为这不是一句普通的问候，其代表的意义重大，表现了中国国际地位的提高。《人民日报》记者迅速捕捉到这一富有趣味性和意义的细节性事实，发回了报道《维也纳传来的信息》，在国内外引起了很好的社会反响。

记者抓取的事实虽然不是主体性新闻事实，但丝毫不显琐碎，反而凸显出记者独特的观察视角和对有价值事实的敏锐感知。①

案例：

1986年9月2日，美国著名的电视新闻访谈节目《60分钟》主持人迈克·华莱士在中南海紫光阁采访邓小平，在采访过程中，录像带用完需要更换，华莱士请邓小平先休息一下。邓小平不慌不忙地从桌上的一包熊猫牌香烟中抽出了一根，很礼貌地对华莱士说："我抽烟可以吧？""可以。能给我一支吗？"华莱士一边说，一边欠身向邓小平伸出一只手。邓小平递给他一支，华莱士仔细看了看，把这支烟掰断，惊奇地发现过滤嘴的长度超过烟丝的长度，他的摄像师很机敏，把这个镜头也拍了下来。邓小平微笑着说："这是他们为了对付我让我少抽烟，特制的这种香烟。"由此，我们才知道中央领导人抽的香烟是特制的。

国内那么多报道都没有报过这个细节，这么好的细节却让华莱士发现了。

新闻细节或明示、或隐藏、或关联着新闻事实。在开掘新闻事实过程中，记者抓住了细节，就可以更好地发现新闻，认识事实。

没有发现就没有新闻，优秀的新闻作品大多始于记者的发现，记者的生命力其实就是发现力，发现力是一种奇妙的力量。从这个意义上说，新闻记者的第一技能不是写作

---

① 陈媛媛：《发现新闻背后的"隐性信息"》，载《新闻前哨》，2004(2)。

而是发现。

美国哥伦比亚大学教授梅尔文·门彻说:"记者必须学会用孩童般的眼睛观察世界,他把每件事都看作是新鲜的、各具特色的;同时,他必须用聪明长者的眼光洞察世界,能够区分出有意义的东西和无意义的东西。"①

练习

一、每 5 人一组,双休日去街上走一走,和人们聊聊,也可以通过微博、微信等看看有没有不寻常的迹象,把自己观察到的或听到的不寻常的事物记在笔记本上,看看其中有没有新闻线索?每一组的每一个同学都要通过各种方式至少捕捉到一条新闻线索,然后集中起来,小组选出一条最有价值的线索,进行线索价值分析或据此线索采写一篇新闻。

二、仔细阅读当地主流报纸近日新闻,试着从已经刊发过的新闻中找到一条新闻线索,并写出"旧闻翻新"的采写计划。

---

① [美]梅尔文·门彻:《新闻报道与写作》,展江主译,197 页,北京,华夏出版社,2003。

发现新闻线索后,记者便要寻着线索的指示进入采访。采访是记者与采访对象进行交流的活动,所以,记者首先要找到采访对象,接近他们,并且让采访对象同意接受采访,只有赢得采访机会,之后的采访活动才有可能进行。所以,善于寻找和接近采访对象,是记者采访的先决条件。

第六章　采访对象,找到并去接近

因为采访对象的情况各有不同,所以接近采访对象并非一件容易的事。有些人是媒体追逐的焦点人物,很难接近;有些人行踪不定,很难找到;有些人顾虑重重,躲避记者采访;有些人个性鲜明,拒绝接受采访……正因为采访对象有许多不确定性,所以记者在接近采访对象时,不仅要有应变能力,更要有不轻言放弃的职业精神。

一般情况下,记者采访新闻人物或新闻事件的知情人,不能贸然登门采访,如果不给采访对象准备的时间,既不礼貌也难以从采访对象那里获得充分的新闻素材。所以,通常记者要事先预约采访对象。预约方式可以通过电话预约、通过电子邮件预约或者通过微信、微博等社交平台留言预约。事先预约采访有利于采访对象有时间做准备,有时间思考问题,查阅相关资料,以便更准确地回答记者的问题。

但有些采访活动并不具备预约条件,比如:突发事件发生时,记者来不及预约采访;遇到不接受采访的人,记者很难预约采访;重大活动现场,记者无法预约采访……在这种情况下,记者更需要以采访智慧和职业精神赢得采访机会。

第一节　找到采访对象

争取采访机会一般分为两步:第一步是找到采访对象;第二步是征得对方同意接受采访。这看似简单的工作,在实际操作中,还是需要可行的技巧。

一、寻找采访对象的途径

随着互联网的发展,信息检索更加便捷,想要查找一个人的信息资料,网络是重要的途径。除了百度、谷歌和维基百科以外,你还可以利用人人网、微博等网络工具。

一些政府机构、国企以及大型私企官方网站,将其新闻发言人手机号、工作电话甚至QQ号公开,以便联系。很多名人都有自己的主页、微博、微信公众号等,可通过跟帖评论、发私信的方式联系到他们。新浪微博目前是"搜人"的好工具,通过庞大的公开的人际关系网络,你能够比较方便地找到联系人或与联系人有直接关联的关联方,通过关联方辗转联系采访对象也是可行办法。《南方日报》记者黄伟胜说:"我就试过好几次先用微博联系,然后再用报社的官方微博给他发一个采访邀请私信,这样就能打消他的顾虑了。"因此,在使用微博联系采访对象时需要注意的是尽量使用官方微博给对方发去邀请函,打消对方的疑虑。

如果需要采访某个领域的专家学者,也可以通过中国知网(www.cnki.net)进行查询。中国知网收录了各类专家学者发表的学术论文,记者可以通过中国知网查找到某个领域的论文,点击查看文章,在文章的末尾一般都有作者的职称及单位,通过其单位便可以联系采访对象。

通过查阅著作或学术刊物寻找专家学者也是可行的途径,如在国家图书馆及其官方网站里,可以搜索到各行各业专家学者所出版的书籍,通过书籍中所提供的作者资料及相关出版社的信息便可联系上采访对象。《中国证券报》记者官平回忆说:"有一次,我做一个城乡统筹改革选题。采访了都江堰、成都、重庆等地,需要一个这方面的专家,并做一个专访。最终把采访对象锁定为华中科技大学的贺雪峰教授。说来也巧,打电话去华中科技大学时,教授在外出差没能联系上。最后我是在他的一本书《地权的逻辑——中国农村土地制度向何处去》上,找到教授的E-mail。在给教授的邮件中,我说了自己对这本书的一些浅见,并表达了自己调查采访后的一些困惑,最终贺雪峰教授回复了邮件并接受了专访。"[①]

通过查阅著作和学术论文联系采访对象,还有利于记者了解采访对象的研究领域和学术观点,这一点很重要,对于具有严谨态度的学者来说,更容易接受对自己学术研究有所了解的记者采访。

为了在网上能够准确查找到对应的人,也要注意相应的查找技巧。比如:搜索的时候可以输入"名字+所在区区号""名字+职称""名字+相关事迹"等关键字,这样搜索出来的结果不容易产生偏差。除去各类搜索引擎之外,通过QQ、微信等都是结交和联系他

---

① 王卫明、曹金珊:《如何联系上特殊采访对象?》,来源:新浪博客 http://blog.sina.com.cn/s/blog_4de8c18c0102uwbs.html。

人的途径,所以要多加入一些专业QQ群、微信群。群组成员往往都是同一个领域的,有丰富的人际资源,当在群里寻求帮助时,一般都会很快就能得到群里其他人的回复,即使是群成员无人直接知道你所需的联系方式,也很可能会提供一些相应的资料方便你查找。

在更多的时候,是需要通过你所积累的人脉关系获取他人的联系方式。20世纪60年代,美国心理学家Stanley Milgram提出六度人脉理论,并加以验证。所谓"六度人脉",是指地球上所有的人都可以通过六层以内的熟人链和任何其他人联系起来。也就是说,你和任何一个陌生人之间所间隔的人不会超过六个,只要你愿意,最多通过六个人你就能够认识世界上的任何一个陌生人。因此,作为记者,要养成记录别人联系方式的习惯,建立自己的人脉关系库。

除此之外,在中国现行的行政机构下,各单位的宣传部门是媒体与采访对象联系的中介,也是寻找采访对象的有效途径,甚至有时是必须途径。

二、征得采访对象的同意

找到合适的采访对象只是赢得采访机会的第一步,采访对象同意接受采访才是最关键的。在这方面,除了要掌握一些技巧外,还要把握一个最关键的原则,就是要在尊重、理解采访对象的基础上与其进行沟通,努力与采访对象建立融洽的关系。2017年美国著名作家、记者、"新新闻主义"代表人物盖伊·特立斯(Gay Talese)在接受腾讯文化采访时,记者问他是否认为"对于书写对象的尊重,要比写出的一个有趣段落更重要"时,特立斯回答说:"当然。我必须尊重我的采访对象,不然我就不会去写。如果不是对采访对象怀有尊重,我不会花一个又一个小时费力去寻找那个准确的词、完美的句子和段落。写出好东西太难了。如果我只是想伤害别人,把人剁碎,我干嘛去写?我是不会这么做的。我想要的是实现一种工作的尊严。在60多年的职业生涯中,我采访了成百上千的人,但从来没有人说过我背叛了他们。在发表了一篇故事以后,我还是可以打电话给采访对象,问他们喜欢它吗。一年以后,或是十年以后,我再打电话给他们说,让我们再做一个新版的故事吧,他们会答应。"

那么,让采访对象接受采访的方法有哪些呢?在运用这些方法时,又应该注意哪些问题呢?

一般来说,在采访之前,记者要事先预约,告知对方采访目的、主要内容及所需的时间等。预约不仅表现了记者人际交往的礼貌,也给采访对象以提前准备的时间,从而提高回答问题的准确性。一般可以通过电话预约、电子邮件预约、短信预约、微博微信预约等方式。在互联网时代,通过社交平台,如短信或微信预约是比较便捷的一种预约途径。它一般适用于以下两种情况:一是与记者比较熟悉的采访对象;二是只有对方手机号、微信号却又不熟悉的采访对象。在第二种情况下,可以先用短信或微信的方式说明来意,征得对方同意后再打电话进一步联系,以免贸然打电话显得唐突。这样,既容易使被采访对象接受,又给予了采访对象足够的尊重。无论哪种方式,都要在短信或微信中交代清楚采访的目的和大致的内容、情况等。

第二节　赢得采访机会

一、"抢",必然的追求

重大历史事件、大型活动、大型会议等,有众多新闻媒体参加报道,新闻现场记者云集,想要接近采访对象,赢得采访机会谈何容易。在这样的场合,如果记者不抢问、抢拍是无法接近采访对象赢得采访机会的。

(一)抢问问题

重大新闻事件中的新闻人物是众多记者们追逐的焦点,他们不可能接受那么多记者的采访,记者要采访到他们,最好的方法或者说唯一的办法就是抢问问题,好的问题才可能引起采访对象的注意,记者也才有可能接近采访对象,赢得采访机会。

中央电视台记者王小丫从 2000 年就开始跑"两会",她总结了一套参加"两会"新闻发布会的窍门儿:"起床要早,抢个好位置;穿着尽量醒目,容易被发现;举手尽量高点儿,但不要在最高峰时举,会被齐刷刷手的丛林淹没掉。"可是,在跑"两会"的几年里,她也经历了从不成熟到成熟的历练。

在每年跑"两会"的过程中,记者们总会费尽心思,使出各种招数对具有信息权威来源的高官进行围追堵截以赢得采访机会。

2003 年 3 月在"两会"报道中,刚刚就任天津市市长的戴相龙成了"两会"新闻报道的焦点人物。3 月 5 日,戴相龙在京西宾馆会议楼开小组会,审议政府工作报告。会议议程刚结束,王小丫就快步走到刚刚站起来的戴相龙身边,随机提出问题:"您刚刚完成由人民银行行长向天津市市长的角色转换,请问您的感受是什么?您如何看待今年中国经济增长 7%?"这时其他媒体的记者们也都涌了过来。一直保持低调的戴相龙见到这个阵势,赶紧对王小丫说:"咱们再约个时间聊吧。"说着转身就要走,王小丫见状,一下挽住戴相龙的胳膊,堵在戴相龙的面前,戴相龙一边应付着,一边向外挪动脚步。眼看戴相龙就要迈出会议室大门,与王小丫同来的中央电视台记者张雪梅见状,立即上前提问:"请问您准备为天津人民做些什么?""发展经济,维护社会稳定……"戴相龙说罢,径直走进电梯,记者们急忙也涌到电梯里。走出电梯,张雪梅又问了一个问题:"请问您希望天津人民给您一个什么样的评价?"戴相龙突然停下脚步回答:"一个好市长!"①

2013年的"两会",备受关注的国务院机构改革和职能转变方案出台,新一轮国务院机构改革即将启动,届时,国务院组成部门将减少至25个,实行铁路政企分开,将铁道部拟定铁路发展规划和政策的行政职责划入交通运输部,不再保留铁道部。因此交通部部长立刻成为记者采访的热点人物,3月8日,人民大会堂北大厅,交通部部长杨传堂被记者们"围追堵截",拉到采访区进行采访(见图6-1)。

图6-1　交通部部长杨传堂被记者们"围追堵截"
(资料来源:新浪微博　陈剑摄)

在每年的"两会"记者会上,在现场的媒体记者都想尽办法希望赢得提问机会,如早早到现场抢占最容易被关注的位置,穿着引人注目的鲜艳服装……用各种办法争取提问的机会,一旦未赢得提问的机会,所有的记者都会惋惜,有些甚至泪洒现场。在2013年的"两会"记者会上,一名《工人日报》女记者在最后一次举手提问时,虽然高喊:"请给工人阶级一个提问的机会",但仍没有得到提问的机会,于是泪洒记者会(见图6-2)。女记者奋力争取提问机会的敬业举动,成为微博关注的热点。

下列这组照片是2013年"两会"期间,记者们抓拍到的各媒体同行"抢"新闻的各种状态(见图6-3)。

(二)抢拍照片

在重大新闻事件采访中,文字记者想要接近采访对象,需要抢问问题,摄影记者则要抢拍照片。

新华社高级记者顾正龙先后在埃及、叙利亚、伊拉克等阿拉伯国家任新华社首席记者近20年。海湾战争结束以来,萨达姆一直深居简出,很少在公众场合露面,在巴格达的外国人几乎没有可能见到他,甚至许多外国驻伊拉克的大使直至离任时,都没有机会见到萨达姆本人。

---

①　戚鸣:《实用新闻采访》,130页,北京,新华出版社,2004。

图 6-2 女记者因未得到提问机会而泪洒记者会
（资料来源：新浪微博 吉羽摄）

图 6-4 阅兵式上鸣枪的萨达姆
（资料来源：搜狐）

图 6-3 "两会"期间，各媒体记者"抢"新闻的各种状态。
（资料来源：《法制晚报》）

2000年12月31日，伊拉克要举行盛大阅兵式，萨达姆将亲自检阅部队。当天一大早顾正龙就带着数码相机等照相设备赶到阅兵广场，一直等到下午3点，高大的主席台上，突然爆发出欢呼声和掌声，顾正龙隔着广场上荷枪实弹的共和国卫队士兵向主席台望去，萨达姆身着便装，头戴黑色礼帽出现在了主席台上。趁这个难得的机会，顾正龙近距离抢拍了"阅兵式上鸣枪的萨达姆"等珍贵的照片（见图6-4）。这些照片弥足珍贵，其记录了萨达姆一生中最得意的时刻,被国内多家媒体采用。

2017年度"普利策突发新闻摄影奖"授予了《纽约时报》的自由摄影师丹尼尔·贝瑞胡拉克(Daniel Berehulak)拍摄的一组充满叙事性的新闻照片《菲律宾血腥禁毒行动》。在菲律宾总统杜特尔特残酷的反毒品行动中,丹尼尔·贝瑞胡拉克跟踪采访了35天,拍摄了57名凶案死者,记录了菲律宾政府的暴力禁毒行动。丹尼尔在血腥的现场听到新寡的妻子绝望的哭声,还有正在赶来的警车发出的刺耳的警笛声……丹尼尔说:"我来这里是为了记录菲律宾总统罗德里戈·杜特尔特(Rodrigo Duterte)6月30日就任之后发起的这场血腥的、混乱的打击毒品交易行动。自那时以来,单单死在警方手里的就有约2 000人。"这组抢拍的新闻照片记录了菲律宾政府镇压贩毒者及吸毒者时的暴力场景,展示了人性中冷酷无情的一面,揭露了这一行动蔑视人类生命的冷酷。

图6-5　37岁的Romeo Joel Torres Fontanilla陈尸雨中街头。他是自菲律宾总统杜特尔特开展禁毒运动以来的3 500名凶案死者之一(2016-10-11)

(资料来源:搜狐)

记者接近采访对象、赢得采访机会,没有成规可寻,但"抢"一定是记者必须追求的。

二、等待,不得不有的付出

赢得采访机会,需要"抢",但有时候也需要等待。比如说跟随领导人出访,保卫措施很严格,对记者采访也有严格的纪律要求,在这种情况下,不仅"抢"的难度很大,而且自行其是很容易出现危险,等待几乎成了这类采访的唯一办法。

香港地区记者的敬业是有目共睹的。每年北京的"两会",最早出现在大会堂东门的几乎都是香港记者。在代表进入大会堂之前,记者们追寻着每一个值得采访的目标人物。跟随国家领导人外访,只要是领导人进进出出的场合,不管早上有多早,晚上有多晚,总是会看到香港地区记者的身影。2003年,胡锦涛作为中国新一任的领导人,首次出访,出访的第一站是俄罗斯。记者闾丘露薇被派往采访。6月25日下午,她到达莫斯科,比胡锦涛一行早了24小时。下面的问题是,如何进入总统饭店。如果不能住在总统饭店的话,那就没有可能在酒店的大堂等候胡锦涛,赢得采访的机会就微乎其微了。但在俄罗斯严格的安保措施下,与国家领导人同住一个酒店是不可能的。住不进酒店怎么办?经过尝试,闾丘露薇发现,如果说到里面吃饭,门卫通常还是放人进去的。于是,闾丘露薇与摄影记者带着小型录像机进入酒店餐厅。但是,在酒店就餐不能无限期,他们被要求3点钟之前必须离开。闾丘露薇只好和摄影记者躲在洗手间里。在洗手间里通过电话与外面的同事联系。接到在机场等候的同事的电话,知道胡锦涛的专机抵达了莫斯科后,他们开始行动。根据以往的经验,车队需要20分钟到达酒店,于是,闾丘露薇与摄影记者提前5分钟出现在大堂的礼品店里,假装买东西。礼品店在二楼,当闾丘露薇看到提着行李的警卫人员一出现,立刻和摄影记者冲出礼品店,拿出放在背包里的数码摄像机和麦克风站在大堂一边,不过使馆人员的反应比闾丘露薇还快,马上提醒她,不要冲到主席面前采访。为了不妨碍以后的采访,尽管闾丘露薇的等待这么不容易,她还是答应了使馆人员的要求,只是站在一边。1分钟后,胡锦涛走进大厅。令闾丘露薇没有想到的是,胡锦涛竟然在经过她面前的时候,主动与她打招呼,闾丘露薇也向他表示欢迎:"主席您好,欢迎来到莫斯科。"等胡锦涛走过,闾丘露薇便不顾一切地冲上去,采访目标是陪同外访的国务委员唐家璇。之后,闾丘露薇的等待终于有了回报。29日下午,胡锦涛在下榻的酒店大堂专门会见了前往莫斯科采访的香港地区的记者,他不仅接受了闾丘露薇的采访,还关心地问:"你怎么样,你好吗?"胡锦涛的问候,让闾丘露薇很感动,她知道胡锦涛是在关心她和所有中国记者在巴格达时的安全。不久前,闾丘露薇在伊拉克采访美伊战争,胡锦涛亲自打电话给约旦使馆,要求他们一定要确保所有中国记者安全撤离巴格达。为了做到这一点,张维秋大使在伊拉克的边境等候了10个小时,坚持和最后一批记者一起离开。在莫斯科见到闾丘露薇,胡锦涛关切地说:"后来我知道你安全地回来,心里踏实了。我送你两句话:'事业追求,安全也要保证',好不好?"①

等待,主要是指记者要有足够的耐心和毅力与采访对象联系,但等待不意味着无所作为,记者要等时机,更要动脑筋有所行动。

在很多时候,记者能够争取到一个采访机会,哪怕一个问题的回答都是需要付出巨大的努力。一个有专业追求的记者,会有意识地在实践中不断磨炼采访智慧和应变的能力。

---

① 戚鸣:《实用新闻采访》,131~132页,北京,新华出版社,2004。

三、应变,创造机会的智慧

有许多重大的新闻现场,记者必须有特殊通行证才能进入,在这种情况下,得到采访机会,难度会更大。在特殊场合赢得采访机会没有任何规律可循,完全要靠记者的应变能力和采访智慧,同时更要靠记者的敬业精神。

有经验的记者是不会轻易放弃采访的,即便是条件不允许,也会想方设法创造机会,进入现场采访。

2007年10月24日,《青岛晚报》记者姜宝虎获得在西昌卫星发射基地现场报道"嫦娥一号"发射的资格。要知道,这次奔赴西昌采访报道"嫦娥一号"的记者逾千人,能够得到一个现场观看发射的机会,是每一个记者梦寐以求的事。但当姜宝虎确认这次发射不管是有证的中央级媒体记者还是买到票的观众,观看"嫦娥一号"现场的两个平台与发射现场都有一定的距离,于是他毫不犹豫地作出了放弃手中的正规观看证的决定。为了更近些,为了真正"零距离"观看"嫦娥一号"发射的全过程,姜宝虎不得不另辟蹊径。

"要想避开最严格的巡查,必须提前一天上山,而且还要连夜上山。"熟悉掌握基地发射前巡查规律的朋友提醒姜宝虎。10月23日晚10时,姜宝虎乘夜色赶到了发射基地一号大门口,朋友已经在那里等待姜宝虎。经过一番周折,他终于来到山上。

姜宝虎来到一个老乡家,老乡说自己对发射场附近的所有路都了如指掌,他会带姜宝虎去最近的地方看发射。姜宝虎最想去的是发射场和老乡村子之间的那个隧道口,姜宝虎前一天进发射场时已经考察过,那里是最好的看发射的位置。老乡就带着姜宝虎去探路,但他们走近隧道口才发现,那里已经有6个警卫一字排开在巡查了。"还有一个地方和隧道口在一条线上,但你得保证能趴在草丛里看"。老乡说的草丛是离隧道口只有100米远的地方,警卫们说话的声音清楚可闻。爬了整整一个小时的山路他们终于绕过了隧道口,安全抵达了目的地。这里是一个再好不过的地方了:趴在草丛里,对面千米之外的"嫦娥一号"发射塔看得清清楚楚。当发射架上的"嫦娥一号"保护架打开,运载"嫦娥一号"的火箭呈现在他们眼前的时候,姜宝虎甚至可以清楚地看到火箭上"月亮之上"的探月标识和"中国航天"的字样……

10月26日下午6时5分,从西昌卫星发射基地升空的"嫦娥一号"成功发射(见图6-6)。姜宝虎在离发射场内最近的一条安全警戒线上,以近乎"零距离"的方式目睹了"嫦娥一号"的顺利飞天。

1994年,南非进行首次多种族大选,曼德拉成为第一任黑人总统。大选结束后,包括CNN、CBS、美联社、路透社等来自世界各地数百家新闻媒体的记者们将曼德拉总统下榻的酒店围了个水泄不通。记者们等待了8个多小时后,曼德拉终于走出酒店,但他拒绝接受专访。这时,台湾地区"华视"的记者胡一虎果断冲过保镖手挽手组成的防护线,灵

图 6-6 "嫦娥一号"成功发射 姜宝虎摄
（资料、图片由姜宝虎本人提供）

机一动用非洲土语向总统大声喊道："保佑南非,曼德拉万岁!"一个东方人居然能说南非土语,这让曼德拉很好奇,于是他主动走过来与胡一虎握手。胡一虎一只手紧紧握住曼德拉不放,另一只手快速从衣袋里抓出微型麦克风,向曼德拉提问。

由此可见,能否在特殊场合赢得采访机会,是判断记者是否成熟的重要依据。

四、信任,赢得采访的桥梁

采访活动就是双方进行沟通与互动的过程。在这个过程中,记者只有掌握消息沟通的主动权,在整个采访活动中始终发挥主导作用,随时调整自身与采访对象的角色关系,寻找最佳谈话切入点,才能获得好的采访效果。

记者要面对不同的采访对象,采访对象的性格、个性各有不同,记者想要接近他们,还需要运用心理学知识赢得对方信任,使双方见面以后很快消除陌生感,营造自然随和的氛围,这样才能让对方打消顾虑畅所欲言。

如果遇到性格外向、热情的采访对象,记者就很容易接近他们,在访问中他们也会有问必答,乐意配合记者的工作。遇到这样的采访对象,记者就可以直接提问。但在很多时候,记者遇到的采访对象有可能性格内向,在访问中不配合采访,回答问题谨慎保守,情绪紧张,缺乏条理。在这种情况下,记者就不可直接提问,而是首先要想办法消除陌生感,营造良好的谈话环境。

在事实不利于采访对象或与己无关的采访中,采访对象会表现出态度不积极,甚至极力回避,拒绝采访。面对这样的采访对象,记者当然无权也不可能强制对方接受采访,而只有通过自己的行为和表现来影响、改变其态度。

原中央电视台记者柴静曾想采访华北第一例 SARS 患者,但对方不愿意接受采访。柴静便给他写了封信说:"我和你同岁,我希望 20 年后我的孩子可以看到我们这个时代发生了什么,你的孩子也会通过这些记录了解他的父亲曾经经历过什么。我们经历了这个特殊的时期,这是不可选择也无法避免的,但作为一个记者,我们应该让我们的后代知道真相。"柴静终于用真诚打动了采访对象。

拒绝采访的人往往有情感上的矛盾,他们常常明知接受采访对自己不利,但是社会舆论、道德良心的谴责等形成的自我压力又使他们常常处于矛盾的心理状态之中。记者要掌握他们的矛盾心理,万万不可急躁,要耐心说服,边等待边引导,通过巧妙地说服将有利于采访的情感调动起来,使采访对象放松心理防线。

记者可以向采访对象和盘托出采访目的、内容、问题、效果,让他们了解采访的目的,打消其犹豫不决的干扰因素。记者也可以视情况说些软中带硬的话,让采访对象明白不接受采访对他更不利。

例如,财新传媒记者张进在华北洪水报道中去某水务局宣传部采访,对方推诿说:"主要干部都上抗洪一线去了。"张进没有接话,而是在沙发上坐定说:"我刚从灾区回来。采访了两天,听村民说了很多问题,官员救援不力,侵吞救灾物资,等等。当然,我不是完全相信,所以来听听你们的声音。如果你们不要这个机会,我也没办法,只好在稿子里写一句:面对记者的疑问,全县党政部门无一人接受采访。"听罢记者的话,宣传部部长最终出面给水务局打电话,劝说水务局局长接受了采访。

采访过程是一个特殊的人和人之间交流沟通的过程,只要记者与采访对象之间建立起相互信任的关系,从对方角度替对方着想,获得采访对象的信任,沟通就会容易一些。

2000 年 3 月 5 日,江西省原副省长胡长清在将要被执行死刑的前 3 天,时任中央电视台《新闻调查》的记者王志到江西省看守所想对他进行采访。采访前,考虑到胡长清已被二审裁定判处死刑,此前已拒绝了《焦点访谈》记者的采访,法官、看守所所长与王志反复研究如何争取胡长清配合这次采访。王志和胡长清一见面,就握着他的手说:"我是中央电视台《新闻调查》的记者,我们还是老乡,我也是湖南人,想和你聊一聊。"胡长清一开始不接受采访,他说:"我都这样了,还说什么。"王志在给他端了一杯水后说:"我知道这时候即使你接受了我的采访,也不会对你有任何帮助。但是我想,在生命的最后时刻,你应该想留下些什么吧,至少你还留了一个你的声音在这个世界上,这样就能让大家看到一个真实的胡长清,而不像小报上所说的胡长清有十几个情人,或者贪污了几千万等,你自己说出的话可能更权威一些。"最终,王志说服了胡长清并进行了近 3 个小时的访谈。

在访谈中,胡长清回顾了自己走过的51年跌宕起伏的人生道路的每一步,总结了自己犯罪的原因和教训,谈起了对耄耋老母的思念,历数了自己在江西做的一些有益工作,时而感慨万分,时而追悔叹息,时而潸然泪下,时而掩面而泣。用他自己话说,"人之将死,其言也善"。

在这次采访中,王志首先用了"家乡人"这一心理接近点,然后抓住采访对象的矛盾心理,站在采访对象的角度劝服采访对象,告诉采访对象他不会强迫采访对象说什么,采访对象可以通过媒体让人们了解真实的胡长清。记者把采访动机向采访对象作了交待,减轻了采访对象的心理负担,而胡长清一直希望通过审诉减轻罪行,王志此时的采访某种程度上切合了他的侥幸心理,使一开始不愿意接受采访的胡长清在心理上有了一定的转变。

在专访胡长清之前,一位警察向王志建议,不要告诉胡长清自己是中央电视台的,这样也许采访会更顺利。王志并没有接纳这个建议,他说,如果对方认识他但他又说了谎,这样胡长清对他就不会有信任感。在见到胡长清时,王志非常真诚地说:"这时候我对你的关注,其实就是关怀和关爱,而且即使你接受了我的采访,也不会对你有任何帮助。但是我想在生命的最后时刻,你应该有想留下些什么的心理诉求。"

记者要以真诚的态度对待每一个采访对象,让采访对象知道记者是一个有职业操守的人,是值得信任的人,这一点尤为重要。

五、坚持,绝不轻言放弃

如果作了许多努力,仍然不能接近采访对象,记者仍不要放弃。如果是打电话预约面谈遭到拒绝,可以马上转为电话采访,提一些简单易答的问题。如果采访对象也拒绝在电话中回答简单问题,可以再要求给采访对象寄信或问卷,转为书面采访。遇到客气、谦虚的人,要一请再请;遇到不愿意抛头露面的人,就要说服说服再说服。

1997年中央电视台记者水均益随江泽民主席访美时产生了采访克林顿的念头,此后一年通过正常的官方渠道和私人途径多次与美方进行沟通,但采访工作还是没有什么进展。1998年时任美国总统的克林顿来华访问,水均益希望能对总统进行一次专访,但美方一直没有明确的答复。负责克林顿访华新闻事务的中国外交官都说"可能性也就是百分之零点几",但水均益没有放弃,在克林顿飞往上海后,他和同事对克林顿近期的行程情况进行了研究,决定前往上海等待时机。这样,一方面,可以明确表明中国媒体期待采访美国总统的态度;另一方面,也让白宫不能轻易忽视中央电视台的这一愿望。经过多方努力,美国终于安排了水均益对克林顿的访问。

在记者无法直接与采访对象进行沟通的情况下,记者首先要做的就是与负责安排采访事宜的工作人员保持频繁的联系,同时,记者绝不能被动等待,应随机行事,灵活应对,只有这样,才能获得难得的采访机会。

记者还要学会研究采访对象不愿意接受采访的真实心理,从中找出规律性。比如,一般专家学者对记者采访有偏见,往往将新闻报道等同于宣传,并不为学界认同,因此,学者面对媒体时,都会相对谨慎。另外,专家学者做事较为认真严谨,在没有把握的时候,他们不愿意随便发言。记者如果能够掌握专家学者拒绝记者采访的普遍心理,就能有效应对采访中遇到的困难。

总之,在采访受挫的情况下,还是要以积极的态度争取再争取,绝不轻言放弃,"坚持"是记者赢得采访机会的关键。

六、场所,因人因事而异

采访总要在一定的时间和空间中进行,而不同场所会给人以不同的心理感觉。如办公室,有公事公办、正规、庄重的感觉;家中,则是温馨自然,生活气息浓的感觉;公共场所,如酒吧,则有自由放松,谈话开放的感觉,等等。一个人在环境中的心理状态会直接影响谈话的效果,恰当的采访场所,往往会使采访对象情绪稳定,不会因为记者的采访介入而紧张拘束,从而很快地进入状态配合记者的采访。因此,在采访场所的选择上,最好选择那些采访对象熟悉的生活、工作场所或者在双方都认可的第三场合进行采访。美联社记者休·马利根说:"假如让你选择访问的场所,要设法做到在后台约见演员,在车站约见侦探,在会议厅约见法官,在室外竞选讲台上约见政治家,在栏圈约见斗牛骑士,这样,如果没有恰当的话、可供引用的话,你至少也可以从他所在的自然环境中找到主题。首要的是,要避免在旅馆的房间里约见被访问的人。"[1]这是因为旅馆是一个采访双方都不熟悉的场所,采访对象在一个陌生的休息空间里也会手足无措,双方都会感到不自在。

记者到了新闻人物或新闻事件的人物常态下的场所,不仅能使自己的采访顺利地进行,而且还能从中寻找出新闻报道的细节、氛围,补充有价值的新闻信息量,同时,也可增强报道的现场感。

美国新闻学者梅兹勒说:"要特别注意人物周围的环境,被采访者办公室有多大?书架上有什么书?从书架上取了什么书?摆在桌上的书哪一页被打开?有哪段被圈点了?桌子上摆了什么?是摆得井然有序呢,还是乱七八糟?废纸筐里有什么东西……"[2]这些细节,往往与人物的爱好、兴趣、文化素养、性格等紧密地联系在一起。记者在采访时,就应该像梅兹勒所言,有刑侦人员一样的细腻,善于从细节中发现线索,然后循线追踪,最终还原出事实真相。

---

[1] 林如鹏:《谈访问环境的选择》,载《新闻窗》,1999(1)。
[2] 邱沛篁:《新闻采访论》,177页,成都,四川大学出版社,2001。

1998年5月30日,杨澜采访跨越地球三极的女探险家李乐诗,地点选在香港清水湾的海边大礁石上。这样的场合,让受众一下子感受到李乐诗的生活状态:她与大自然的亲密无间,她喜好探险的性情,甚至从中感受到她周游世界的经历。选择在香港清水湾的海边礁石上自由畅谈,与选择在办公室或家中相比,给人的感觉更加自然亲切。当然,并不是说在办公室和家中采访李乐诗效果一定不好。但根据采访对象生活经历、身份、职业和兴趣爱好、性格秉性等选择采访场所,更可能获得最好的效果。

　　如果不注意选择采访场所,则有可能导致采访失败。曾经有一位记者采访一名在生产第一线作出突出贡献的工人,采访地点选在了工厂内最豪华的会客室。而工人由于环境的不适应极为紧张,心情难以平静,使得采访时断时续,效果很不好。

　　总之,记者的每一次采访都要因人而异,因时因地而异,一切以接近采访对象、完成报道为目的。

练习

一、想办法找到你喜欢或关注的老师、新闻当事人的电话号码,或电子邮箱地址等,并用各种方式说服他们接受你的采访。

二、通过微博、微信等找到一条新闻线索,并根据线索找到当事人或知情人,赢得采访机会来核实新闻线索。

二、阅读一些著名记者的采写手记,从中体会作为优秀记者的理想、智慧和艰辛。

"两会"期间,全国政协委员、经济学家吴敬琏先生经常接受媒体记者采访,一些记者的提问,让吴敬琏不知如何回答。

记者1:吴先生,您能不能用一句话概括一下……?

吴敬琏:对不起,我没有能力来回答这个问题。总是有人让我用一句话来概括一个什么问题,我真的没有办法用一句话来概括复杂的经济问题。如果经济问题能够简化到一句话,我们为什么要印那么多经济书呢?经济学的本科生需要上4年,研究生要上3年,博士就更长了。你有具体问题可以提出来,我们来探讨。

记者2:吴先生,你觉得房价会不会涨?

吴敬琏:这是一个我没有办法回答的问题,我相信决定房价的因素是多方面,但是我没有很多研究。

记者3:吴先生,关于您去年提出的……问题?

吴敬琏:对不起,这个问题不是去年提出来的,是我1993年就提出来的。你完全没有看过我的书,我又得重头给你讲一遍,这太困难了。

记者4:吴先生,你怎么看今年的资本市场?

吴敬琏:你指的资本市场是什么?

记者4:股市。

吴敬琏:那你理解的资本市场太狭窄了。

记者5:你怎么看农民工讨工资的问题?

吴敬琏:关于欠薪和农民讨工资的问题,这显然已经是一个热点问题了。但是我真的没有专门研究,不能深入回答你的问题。如果这个课题交给我,我会认真地去调查研究,看谁在欠薪,为什么欠薪,解决的办法是什么,找出原因来解决这个问题。

为什么场面如此尴尬?为什么吴敬琏总是听不懂记者的提问?吴敬琏与其说是在回答记者的问题,不如说是给记者们上了一堂课,他要告诉记者的是:想要做一个好记者,就要懂得学习,要懂得怎样提问,要懂得采访前做充分的准备……

第七章　采访准备，预先的工作

古语说："凡事预则立，不预则废。"(《礼记·中庸》)中国民间还流传着"失败于准备就是准备失败""兵马未动、粮草先行"等谚语。任何有明确目的的人类活动的成功，都离不开事先充分而有效的准备。采访也和做其他事情一样，预先要有所准备。采访前的准备工作做得越充分、越细致、越具体，达到采访目的的把握性就越大。

成功的采访基于充分的准备，准备工作做得好，记者的采访就会更有目的，搜集到的素材主题就更集中，采访对象也能更好地领会记者采访的意图。如此，在写新闻报道时，就会收到事半功倍的效果。如果不准备就采访，采访对象不能明了记者的采访目的，提供的材料就很难集中到新闻主题上，这会给记者之后的写作带来很大困难。搜集的材料集中不到一个点上，报道就很难选择角度，如果报道集中到一个角度上写，相关的材料又不足够。所以，记者每次采访的目的要十分明确，要清晰地知道为什么要进行这次采访，重点谈什么内容，这些内容写出来是给什么人看的，预计会引起怎样的传播效果……这样，就能减少采访的盲目性，提高采访的自觉性。

那么采访前应该做好哪些准备工作呢？

第一节　熟悉采访对象

美国学者布雷恩·S.布鲁克斯在《新闻报道与写作》中写道："采访——与他人交谈——更多的是一门艺术而不是科学。"[①]也就是说，采访活动始终贯穿着人与人的交流，人的多元性、丰富性甚至多变性，要求记者要学会与各种人打交道的艺术，而不能将采访当作科学去理论化研究。

一、为什么要熟悉采访对象

（一）有利于创造良好的谈话气氛

对于记者而言，即使你获得了采访的机会，也并非意味着你就能从这次采访中获得有用的信息。影响采访气氛的因素很多，可能是采访的环境、你的穿衣打扮、你的神态语气、你用于采访的话语的选择、你的第一个问题，甚至只是你一个不经意的动作。

---

① ［美］布雷恩·S.布鲁克斯等：《新闻报道与写作》，第7版，范红主译，58页，北京，新华出版社，2007。

1980年，意大利著名女记者奥琳埃娜·法拉奇对邓小平的采访是这样开始的——

　　法拉奇：明天是您的生日？
　　邓小平：我的生日？我的生日是明天吗？
　　法拉奇：不错，我是从您的传记中知道的。
　　邓小平：既然这样说，就算是吧！我从来不记得什么时候是我的生日。就算明天是我的生日，你也不应该祝贺呀。已经76岁，76岁是衰退的年龄啦。
　　法拉奇：我父亲也是76岁，如果我对他说那是一个衰退的年龄，他会给我一巴掌呢。
　　邓小平：他做得对，你不会这样对你父亲说的，是吗？

　　从这段采访对话，我们看到了什么呢？很清楚，法拉奇在访谈之前进行了大量的资料准备，事实上采访邓小平之前，她所翻阅的有关邓小平的材料足有5公斤重。法拉奇从有关材料中熟悉了邓小平的生平，也了解了他的思想观点。法拉奇不仅仅了解邓小平，还从材料中了解与邓小平有关系的人和事，如了解毛泽东、林彪、"四人帮"，了解中苏关系、中越关系。采访以这样的问话开头，就创造了一个轻松和亲切的气氛，为之后的采访做好了准备。法拉奇对邓小平的采访，有交锋、有质疑，甚至有咄咄逼人的追问，但由于有了之前营造的亲切的氛围，法拉奇提问的锋芒也就显得不那么尖锐了，受访者也愿意与她交谈，让她获得了想获得的素材。

　　之后法拉奇的问题还包括：

　　"但我有一句话，希望您听了不要生气，这不是我说的，西方有人说您是中国的赫鲁晓夫。您对此有何看法？"

　　"今天人们把很多错误都归咎于'四人帮'，这符合历史事实吗？听说，中国人说'四人帮'时，伸出的却是五个手指。"

　　"据说，毛主席经常抱怨您不太听他的话，不喜欢您，这是否是真的？"

　　"在中国有这么一个人，他在任何时候都没有被碰到过，这就是周恩来总理。这个情况如何解释？"对这个问题，邓小平回答："周恩来为大局忍辱负重，也说了一些违心的话，做了一些违心的事。"

　　居然可以跟最高领导人这样对话，在那个年代，让改革开放初期的中国民众非常震撼。

　　法拉奇以访问世界政坛风云人物而蜚声世界，被誉为政治采访专家。她先后采访了邓小平（见图7-1）、基辛格、阿拉法特、霍梅尼、卡扎菲、西哈努克等30多个国家、政府和政党的领导人。她说，采访前准备工作的紧张程度"简直就像学生准备大考一样"。每一次访问，都是对她的"智慧和政治敏感的挑战，是不可能重演的事件，是消耗灵魂的一次人类实践"①。

图 7-1　法拉奇采访邓小平
（资料来源：网络）

1994 年 5 月，中央电视台有一位记者，到上海采访历史学家、社会活动家周谷城先生。病榻上的老人表示只能回答记者一句话。这位记者问道："听说在五四运动的游行队伍里你曾经跑掉过一只皮鞋？"周谷城一听感到很吃惊，面对眼前这个如此了解自己的年轻人，他谈兴大发，于是谈话整整持续了一个下午。

相反，采访中最尴尬的局面莫过于因谈话氛围不融洽而引起的采访对象的不配合或者沉默。著名作家伯纳德·德·弗托来到康涅狄格州的哈特福德市，接受了一位记者的采访。这位记者问他："我可以采访您吗？"作家说："当然可以。"于是，这位记者提出第一个问题："对不起，我真的没有时间来做准备。请问您是干什么的？"作家听了，对这位记者说："如果你没有时间查一查《名人录》，或翻一翻你自己的藏书，把我的情况搞清楚，我也没有时间与你交谈。你很忙，那就请你去忙别的事情吧。"作家毫不客气地把这位记者打发走了。

（二）有利于得到采访对象的信任

在有准备的采访中，采访对象会迅速对记者产生信任感，记者就能够充分地调用已知的信息去接近和获取未知的信息。

如果采访前没有准备，记者的采访就会非常艰难，收获会很少，甚至一无所获。

1986 年"金鸡奖""百花奖"大会期间，中国著名电影导演谢晋结合他刚在美国举办影片回顾展的经历，对中外记者采访前的准备工作做了对比。谢晋说："美国的记者很注意资料工作，善于在接触采访对象之前从资料中掌握有关情况，事先准备好提出的问题。

---

① 周克冰：《中外经典采访个案解读》，25 页，北京，北京广播电视学院出版社，2003。

他们采访实践通常不超过半小时,提出的问题简明扼要,角度独特,采访效率甚高。而国内的不少记者不大善于利用资料,采访提问大同小异,缺乏自己独特的角度。因而,常常要对记者从头讲一遍自己的简历。其实,本人的籍贯、年龄、艺术经历,只要一翻材料就全都有了……"

记者采访前不做准备,如果遇到敏感的有个性的采访对象,对方很可能对不了解自己的记者不理不睬,甚至拒绝接受采访,记者便一无所获。英国著名影星费雯丽扮演影片《乱世佳人》中的郝思佳一角而一举成名,获得"奥斯卡金像奖"。1961年3月8日,她飞抵纽约庆祝《乱世佳人》复映。一个记者去采访她——

  记者问:"您在电影中扮演什么角色?"
  费雯丽反问道:"你看过这部影片吗?你看过那部小说《飘》吗?"
  记者回答:"都没有看过。"
  费雯丽说:"那就不必多谈了。"

费雯丽无意和一个如此无知的人交谈。当时在场的美联社记者目睹了这一窘状,写了一篇特写,于是这件事在新闻界传为笑柄。

对采访对象一无所知就去采访,是记者很不专业的表现,也是缺乏基本礼貌的表现,采访对象怎么会有兴趣配合采访呢?即使采访对象勉强配合了采访,记者的采访仅仅从了解情况开始,谈话停留在浅表层次,这样的采访不能在有限的时间里获得更多信息,更不可能让采访对象谈更多深入的问题。

二、怎样熟悉采访对象

记者对采访对象的认识不是从彼此见面那一刻开始的,而是从采访之前就开始了,这种认识来自采访前的准备,采访准备越充分,记者与被访者的距离就越接近,共同的语言就越多,被访者也更容易了解记者的意图。

(一)了解与采访对象相关的知识

在见面之前,记者熟悉采访对象主要是从一些文字资料等形式的间接介绍中开始的。一般来说,从资料中熟悉采访对象,记者应该从搜集采访对象的个人资料开始。

搜集个人资料从三个方面着手:一是采访对象的简介,包括性别、年龄、职业、职务、家庭情况、主要社会关系、基本的政治态度等;二是采访对象的专长、主要贡献或专著,曾产生过什么影响,在同行中的地位,别人有过什么评价或传说等;三是采访对象的特点,包括性格、爱好、目前的心理状态、是否健谈、对接受采访是否习惯、有何忌讳等。此外,还要了解采访对象与所采访的新闻主题有何利害关系,是否愿意回答问题,是否会隐瞒事

第七章 采访准备,预先的工作

实真相等。采访前尽可能多地了解相关情况,是获得采访成功的一项必不可少的准备工作。[①]

采访前不仅要熟悉采访对象,对于采访对象所从事的工作、专业知识及相关领域的知识也要有所掌握,特别是采访政治家、科学家等人物时,要了解其专业领域的相关知识,这的确不是一件容易的事。

报告文学家徐迟为了采访陈景润,为了弄清"哥德巴赫猜想"是怎么一回事,读了许多数学方面的书。他知道如果不了解数学方面的知识,就很难接触陈景润,也很难对数学领域的奥妙进行描写。这样的努力,最终让徐迟完成了著名的报告文学《哥德巴赫猜想》。《哥德巴赫猜想》叙述了数学家陈景润的传奇经历,多方面展示了他的个人遭遇,揭示了知识分子的不幸与民族命运的关系。在新时期报告文学中,《哥德巴赫猜想》最早展现了"文革"给知识分子带来的时代灾难和身心创伤,呼唤对人的价值、科学、知识的尊重。徐迟还创造性地将枯燥抽象的数学计算式以生动的文学语言表现出来,使读者迷醉于数学王国的高深时,也体会了科学家研究探索的艰辛。

美国报刊评论员利布林有一次去访问一位著名的赛马骑师,此人一向不愿同记者交谈。许多记者都认为,让这位骑师开口,比让哑巴说话还难。但是利布林却让这位骑师滔滔不绝地同他谈了一个小时。利布林是怎样让这位骑师开口说话的呢?见到骑师,利布林提的第一个问题是:"您赛马时左镫皮带比右镫皮带多放几个眼儿?"骑师一听这个问题很专业,就兴高采烈地从马镫谈起,讲述了自己的经历和驭马术。最后还对利布林说:"我看得出来,你同骑师们一定混得很熟。"

其实,利布林并不精通骑术,他只是在采访前做了充分的准备,请教了一些行家,知道赛马的骑手在跑马场策马飞奔时,为了克服在圆形跑道上产生的离心力,两个马镫的皮带不能一样长,必须使左镫皮带比右镫皮带长一些,以便使身体重心稍稍内侧。利布林第一个问题就从此处开始,使那位骑师既惊讶又高兴,谈话的兴趣也就被激发起来了。

由此可见,了解与采访对象相关的知识是为了融洽关系,使采访对象更愿意接受记者的采访,也便于和谐采访气氛。而且对采访对象越熟悉,记者提出的问题才能越深入、越细致、越切中要害。

相反,对相关知识没有起码的掌握,不仅很难把握采访机会,而且还有可能让采访陷入尴尬的境地。

有一次,美国苹果电脑公司到中国举办新产品技术交流会,在北京举行了一次记者招待会,邀请了首都各大媒体的记者出席。主持人在发布新闻之后,由记者自由提问。等了一阵子,没有一人举手提问。主持人再次邀请提问,还是没人响应。为什么记者提不出问题,理由很简单,就是记者在采访前没有做必要的准备,对美国苹果电脑公司在京

[①] 戚鸣:《实用新闻采访》,147 页,北京,新华出版社,2004。

举办的新产品交流会的背景和新产品缺乏认识。①

所以,记者在采访前,掌握采访对象的有关知识是必要的。

新闻事件的发生不是孤立的,有其发生的原因、背景、社会影响,这些也是受众关心的内容。所以,记者采访新闻事件前的准备工作还应该包括搜集与新闻事件、新闻人物有关的背景资料和其他材料。背景材料对于新闻报道来说,有重要意义。有些背景材料需要写进新闻报道中,以充实新闻内容,增强新闻的厚度。有些背景材料虽不直接写进新闻报道中,但往往是记者分析、判断事实必不可少的依据。有经验的记者都十分重视采访前对有关背景材料的搜集和掌握。

对于采访突发新闻事件的记者来说,由于没有时间进行临时准备,采访前的准备全靠平时积累。记者只有平常不断积累,在突发新闻事件来临时,才能形成联想,把看似不相干的事情联系起来,能迅速从事件的表面现象进入实质性的采访,使突发新闻事件的报道既迅速又有记者自己的独到见解。

中国老一辈新闻工作者吴晗说:"没有资料就写不出内容充实的文章来。"记者平时要多读书,广泛涉猎各个学科的知识,注意收集和追踪新知识、新信息,还要关注和追踪国内外大事,不断丰富自己的知识积累。只有掌握了丰富翔实的资料,采访才会更有效,报道才会有分量。

对于记者预先可以计划行程的采访,像外事互访、会议采访、节日报道、企业采访,在采访前就应该尽可能多地了解新闻事件的背景资料,以便到达新闻现场后能更快地进入采访活动。

比如,地方媒体对奥运会的报道,采访会受到一定限制,采访前的准备工作就要更为细致,一些素材来自于平常的积累和采访前的准备。作为地方媒体,受众一定更加关心本地运动员取得的成绩及相关的故事。所以,记者除了在前方赛场取得一手材料外,还可以在前方联系熟悉的教练进行采访,了解运动员平常训练中的一些情况,以及在比赛前后的一些故事,这些细节性内容极有可能派上大用场。早在奥运会前记者就要将参加奥运会的本地运动员名单列出来,了解一些运动员的生活细节,并且了解他们家住哪里,与家人取得联系,了解他们的家人是否进京观赛,这也是记者前往北京采访前所做的功课之一。如果到时他们在家中观赛,就可以派记者到他家中采访。对于大型活动的采访,媒体要前后方联动,共同作战,采访不仅包括关于运动员方方面面的采访,还包括对话题的策划。这样的新闻让奥运报道会更有人情味,更精彩。②

记者除了采访突发新闻事件或预知新闻事件要做准备,自己安排的采访也应该做采访前的相关准备。如果采访前不做任何准备,寄希望于临场发挥,自然得不到好的结果,

---

① 苏再丰:《采访前应做哪些准备工作》,广东广播在线网。
② 王芳:《准备在于细节》,载《中国记者》,2008(8)。

甚至会闹出笑话。

有一位记者到武汉钢铁厂走访,与陪同者有一段对话——

记者:武钢真是全国最大的钢铁基地呀。
陪同者:不是最大的。
记者:那是全国最老的钢厂?
陪同者:也不是最老的。
记者:嗯,对了,那就是最先进的。不管怎么说,总归有个"最"吧?
陪同者:是有个全国之最的地方,不过不是你说的"最"。
……

既然要去武钢走访,记者就应该在采访前对中国钢铁行业的情况进行起码的了解,这本是记者基本的自我要求,而且也并非困难的事情。

采访前,准备一些新闻事件的背景材料是必要的,它可以帮助记者透过现象看本质,扩展采访思路,只有这样,采访才会更加深入。

第二节 准备问题、装备和提纲

记者采访前熟悉采访对象,掌握大量资料,在采访中最终是以提问来体现,采访成功与否关键还在记者所提的问题。所以,采访前还要准备与采访主题相关的问题。

一、准备采访问题

(一)为什么要准备采访问题

是否准备问题,采访收获会不同。记者采访是一种受时间限制的谈话,一般来说,记者和采访对象有约在先,谈多长时间,很多时候是由采访对象决定,记者只能在采访对象答应的谈话时间里完成采访任务。在有限的时间里,记者事先有准备与没有准备收获是不一样的。有一位年轻的记者,想采访老舍先生,老舍先生非常忙,但还是同意并接受了他的采访。这位记者来到了老舍的家,老舍先生非常热情地接待了他。记者第一句话就问:"请问老舍先生,您的代表作是什么?"老舍先生没有回答,站起身来推说有点头疼,谢绝了他的采访。

这样的问题在名人字典里可以查到,完全没有必要问采访对象。如果记者事先准备一些有价值的问题,而不是从采访那一刻起开始了解采访对象的基本情况,问一些新闻基本元素性的问题,在有限的时间里采访的内容会更加深入。

在有些采访活动中,记者可能用来提问题的时间很短,如果事先没有做有目的的问题准备,采访就会不到位,写报道的素材也会不够用。

问题准备是否充分,采访效果会不同。美联社著名记者尤金·莱昂斯曾经有过两次让他后悔一生的采访经历。一次是莱昂斯采访斯大林,事先约定只能采访两分钟,但两分钟后斯大林并没有结束谈话的意思,对于记者,这是意外的机会,可是遗憾的是莱昂斯当场却提不出更多有准备的问题。莱昂斯事后说:"我在斯大林的办公室尽管待了近两个小时,但让我一辈子后悔的是,当时没有趁机提出富有意义的问题来。"另一次是莱昂斯采访伊朗前国王巴列维,约定只能谈5个采访提纲上的问题,几分钟就谈完了。而此时巴列维谈兴正浓,等待继续提问,但莱昂斯也没有准备更多的问题。事后,莱昂斯懊恼地说:"我当时就在国王的办公室发下庄严的誓愿,今后哪怕约定我只有几分钟的采访,我若不事先准备好供一两小时谈话的问题,便决不再来到世界伟人的面前。"

当然即使采访对象对时间没有太严格的限制,记者也不宜用时过长,一次人物专访超过两个小时,对一般人来说就很疲劳了,两个小时后的谈话近似于聊天,内容不会集中,记者在谈话中获取的信息量也会大大降低。一般人物专访,采访一小时左右为适宜。预约谈话时间更短的专访,记者采访前问题的准备更要细致。

美国著名新闻人迈克·华莱士说:"我以前会在黄色拍纸簿上写下50个问题,写下这些问题的过程也是你自我学习的过程,你正在自己作研究。到时候你可以把50个问题都抛诸脑后,但因为你事先作了这样的研究,足够提50个问题,你已经很熟悉这一主题了,因此接下来发生什么你都能应对得了。"如果你的问题显示出你是做了功课的,便很有可能让一个勉强的受访者敞开心怀交谈。

(二)怎样准备采访问题

采访前准备问题,目的是能在有限的时间里让采访对象提供更多的新闻素材。新闻素材是由采访对象提供的,所以记者在准备采访问题时,最好站在采访对象的角度,想一想采访对象是否有兴趣回答这个问题?会怎么回答?回答的内容是不是你需要的?这样的思考,有利于设计的问题恰到好处。

美国记者威廉·曼彻斯特回忆他首次采访肯尼迪总统前,查阅了肯尼迪总统特别助理和内阁顾问的名单,发现他们当中80%的人比总统年轻,因此,他在采访中问肯尼迪,是不是"年纪沙文主义者"?肯尼迪从来没有想到过这一点,美国总统是被记者问烦了的特殊人物,记者巧妙新颖的问题引发了他谈话的浓厚兴趣,肯尼迪饶有兴趣地与记者探讨了一番。曼彻斯特说:"我认为事前准备事关重大。对美国总统这样的人提出一个他早已回答过多次的问题,这是对他莫大的侮辱。他很可能随即对你下逐客令。因此,你的问话应该是他前所未闻的,应该显示出你对他的生涯了如指掌。这样,他就可能尊敬你,有兴

第七章 采访准备,预先的工作

趣跟你交换意见,举行会谈。"①原定这次采访曼彻斯特只能同肯尼迪总统谈 10 分钟,可由于总统对记者的问题感兴趣,实际采访持续了三个半小时。成功的采访让记者获得了宝贵的材料,威廉·曼彻斯特由这些资料撰写的《总统之死》一书成为美国畅销书。

威廉·曼彻斯特事后说:"当时,他(肯尼迪)从来没有想到过这一点,但他喜欢这个提法,玩味不已,从中得到一番乐趣。真正第一流的采访可以让一个能言善辩的采访对象如醉如痴,如果他入了迷,采访就会顺流直下,你将从他身上得到更多的东西。这都取决于你事前花了多少工夫。"

图 7-2 威廉·曼彻斯特与其《总统之死》
(资料来源:百度图片)

《光荣与梦想》:威廉·曼彻斯特的著作《光荣与梦想》一书被誉为传媒人的圣经,作者以恢宏的视野、独特的叙事结构、委婉的表达方式记述了 1932 年从罗斯福政府时期至 1972 年"水门事件"期间,美国政治、经济、文化和社会生活等方面发生的巨大变化,以及历届政府内部和两党之间的斗争、经济危机引起的社会动乱,包括美国一些小人物的画像。

所以记者设计采访问题一定要考虑问题是否能够引起采访对象的兴趣,这点越来越重要。

《知识分子论》一书的译者单德兴先生在 1997 年采访爱德华·W.萨义德,得到萨义

---

① 约翰·布雷迪、范东生、王志兴:《采访经验六题》,载《国际新闻界》,1983(3)。

德的肯定。在《知识分子论》附录一中记录了这次采访——

  单德兴：经常接受访谈的您对于访谈的性质与作用有何看法？

  萨义德：我经常发现访谈中有趣的便是我学习到以往从未思考过的事情。举例来说，在你的访谈所问的一些问题，像我所使用的字眼之间的关系或有关视觉的问题，刺激我去思考以往没有思考过的观念，促使我去发表意见并学习，对于这一点我很感激。我不喜欢的是和我个人生活有关的访谈，像是我对某某人的感受、我上什么学校、家人做些什么那一类逸闻、掌故式的事情。我想，写回忆录或自传的人会适当处理那些事情的。但是像你这样具有挑战性的、知性的访谈，对我而言是个学习的机会，让我厘清了自己的一些观念，并发展一些新观念。①

  显然，具有挑战性的，能够激发兴趣和思考的问题是具有世界影响力的文学与文化批评家萨义德所喜欢的。也因此，这位与世界、与他人总是保持距离的伟大思想家，接受并认真完成了来自中国的单德兴教授的采访。

《知识分子论》：爱德华·W.萨义德的经典著作《知识分子论》，论述了近现代知识分子价值观的冲突，探讨了当代知识分子的结构、境遇与使命等。萨义德以他的质疑、批判、犀利及勇气和睿智诠释了知识分子，让我们对知识分子和知识分子问题有了本质的认识，让我们无论身处怎样的境地，都会被他的光芒照亮。

  记者准备的问题越多，他的采访和报道就可能越全面，越细致，越接近真相。但是，这并不意味着准备的问题要面面俱到，很多提问还要根据采访的时间、采访对象的反应和采访进程的变化来决定。

二、准备采访装备

  现代记者出行前首先要考虑的是怎么传输信息以达到尽快发稿的目的，写稿、传稿设备是现代记者出行所必备的。随着科技的发展，采访装备的准备越来越重要，采访装备成为新闻竞争的要素。

  突发新闻事件发生时，文字记者可以轻装奔赴现场，但摄影记者、摄像记者无论情况多么紧迫也要带上必要的采访设备，如果没有携带照相机或摄像机，就像战士上战场忘了带枪一样不可思议。

  新闻工作的特点会使记者有更多的机会奔赴地震、战争等常人很难涉足的现场。

---

① ［美］爱德华·W.萨义德：《知识分子论》，单德兴译，118页，北京，生活·读书·新知三联书店，2002。

第七章 采访准备,预先的工作

在面对特殊事件和特殊地点的采访时,采访前的物质准备更需细致考虑,除了衣、食、住、行等必不可少的装备外,在采访设备上还要注意通讯畅通,记者不仅要保护自身性命,还要保证在无法预料的意外情况下将信息传递出去,必要时要携带先进的卫星通讯设备。比如,2003 年报道美伊战争的中央电视台拍摄组到巴格达采访,就携带了卫星发射系统,以确保电视图像清晰。

在 2008 年 5 月份进行的奥运圣火攀登珠穆朗玛峰的报道,就是一次在特殊地点进行的具有一定危险性的报道。登山队员一路保管火种,必须时时抓着保护绳,攀登六七十度的陡坡,随时都有可能失足。而如此惊险的画面,是由中央电视台 8 名高山摄影记者随行跟拍的。转播总指挥黄平刚说:"我们这一次的转播,应该说是实现了世界电视史上第一次,从世界最高峰把我们电视信号转播下来,也是创造了电视历史。"①而这种历史的创造,是与中国移动公司在峰顶提供了网络信号,联想公司提供了稳定的无线传输设备,尼康公司专门改造了专业摄影器材等充分、细致的物质准备分不开的。

在重大自然灾害的报道中,良好的物质准备不仅能够将第一线的消息报道给公众,更能为有效的救援提供及时有利的信息。2008 年四川汶川地震,由于交通阻隔、信息中断,第一条关于震中汶川地区的灾情情况就是两天后用军用卫星电话传递出来的。

比起文字记者,摄影记者完全依赖摄影器材进行采访,采访准备更加复杂、精细。摄影记者采访前不仅要检查拍摄的器材,还要尽可能多地了解新闻发生地的图片传输情况。熟悉掌握数码、电脑、海事卫星、互联网技术等,已经是当前摄影记者不可缺少的传图技能。

因为摄影记者采访依赖照相器材,机器设备有时会出现故障,摄影记者出行时更要时刻想到设备有可能出现意外,注意准备两套摄影器材,有备无患。

而有些时候,物质准备上的疏忽,甚至会造成采访机会的失去,美国《纽约先驱论坛报》已故记者罗伯特·伯德在采访爱因斯坦时就曾经遭遇过让他终生难忘的尴尬,他说:"为了获得采访机会,我费了吃奶的力气,一天夜晚,我发现自己走进了离第五大街不远的一幢旧式建筑,在灯光朦胧的图书馆与爱因斯坦谈论关于原子弹的事。他刚刚在《大西洋》杂志发表了一篇强烈反对使用原子弹的文章。让我经久不忘的与其说是他对于原子弹发表的见解,倒不如说是下面这件事:我那支不争气的铅笔几乎在会谈刚开始就断了。爱因斯坦有支自来水笔别在'V'型领口的毛线衫上,我请他借我一用。他的脸色变得十分难看,取出钢笔,慢慢拧掉笔帽,勉强地递给我。我开始用这支笔记录,但是,他向我道了个歉,又从我手里把钢笔拿走,拧上笔帽,重新别到'V'型毛线衫上,说他要给我找支铅笔。5 分钟后,爱因斯坦就拿着一支铅笔回来了。但此时记者却是在给一位被触怒的天才做笔记了。我的印象是他根本不喜欢记者,而由于我这次采访,以后采访他的记者的境遇想必更糟。"②

---

① 《台媒赞央视转播创造电视历史》,中国新闻网,2008-05-08。
② 欧阳霞主编:《新闻采访与写作》,78~79 页,北京,清华大学出版社,2009。

除了最关键的通讯设备外,在特殊事件和特大灾害的报道中,特殊的衣食住行方面的装备也是必不可少的,如登山服、压缩食品、防毒面具等。

图7-3 重大灾难现场记者必备装备

(资料来源:新浪微博)

当然随着科技的发展,采访设备也会越来越先进,越来越智能,功能越来越强大,记者的采访装备也会朝着更加简单便捷的方向发展。

三、准备采访提纲

采访前的准备情况有时需要用书面形式提纲挈领式地写出来,这便是采访提纲。采访提纲是采访前拟写的任务大纲,包括采访的目的、采访的问题、采访过程的操作、采访过程中可能发生的情况等。

采访提纲是记者逻辑思维的体现,采访提纲准备的优劣体现出记者的思考能力和具体操作水平的高低。一个好的采访提纲会使记者采访思路更清晰,更容易掌握采访的主

第七章 采访准备，预先的工作

动权。特别是对于一些采访经验不足的年轻记者，拟定采访提纲能够帮助记者坚定信心，提高采访的效率。但对于经验丰富的记者，采访提纲未必会以文本呈现，而是在头脑中构思完成即可。

当然，随着对记者工作程序的熟悉，越来越多的被采访者，特别是知名企业、名人都会要求记者在采访之前提交采访提纲。所以，很多时候采访提纲也会成为争取采访机会的必要。

采访提纲一般应该包括——

采访目的：采访的主题是什么？为什么采访？要达到的目的是什么？可能产生的传播效果会怎样？等等。

采访对象：要采访的中心人物是谁？还要采访哪些周边人物？采访顺序怎样安排？等等。

采访内容：就是准备的问题。这是采访提纲的核心内容。问题要尽可能充分，既要有具体性问题，也要有概括性问题。这也是被采访者最关注的，所以问题的设计要独特、准确、连贯、有创意、引人入胜，这样才有可能赢得采访机会，获得更深刻、更独特的新闻素材。

当然，采访提纲拟定后，采访时也是要从实际出发，按照新情况加以调整、补充、修改。

案例：

肯·梅次勒的著作《创造性的采访》一书中记述了《新闻论坛报》女记者贝蒂是怎样从采访资料中思考和完成采访提纲的过程。

那天，编辑指派贝蒂去写一篇反映一位退休教师的演讲的报道，这位名叫科拉丽莎·麦吉退休教师要在第二天晚上的演讲中讲述美国灯塔的历史。

在采访进行之前，贝蒂查阅了有关科拉丽莎·麦吉以姓名和主题为索引的报道。结果查到了两年内14篇关于她的报道，通过这些报道，她了解到科拉丽莎·麦吉曾经是高中的历史老师，现已退休，获得无数的教学奖，曾经去灯塔旅行过，还写过一本名叫《海上君主》(Lore of the Sea)的书，是一位颇受欢迎的演说家，经常在全国各地面对不同的人群作巡回演讲。去年3月，在堪萨斯，她在演讲中提到了"出没在全世界海岸的鬼魂"，受到听众的欢迎。她的演讲和出现在电视谈话节目中的形象还经常被制作成幻灯片和录影带，从而受到了更多的关注。

除此之外，贝蒂还在计算机中以"灯塔"为关键词进行了搜索，结果找到了3篇值得关注的文章，从中得知，在美国曾经有1 400多座为航海者导航的灯塔，现在这个数字已经缩减为750座，其中仍在工作的不足400座。

在获得这些采访的背景资料之后，要做的就是从这些资料中去探寻出采

的提纲了,贝蒂是这样做的:

已知:灯塔的数量正在削减。

未知:灯塔会不会最终消失?怎样来挽救它们,正在采取什么措施吗?即将取代它们的是什么——电子技术的新发明?

已知:麦吉谈到了出没在海上的鬼魂。

未知:鬼魂也经常光顾灯塔吗?

已知:她曾经去过灯塔。

未知:哪些灯塔受到她的青睐?在她去过的灯塔中,哪个最好?哪个最糟糕?哪个最荒凉?哪个目前的处境最危险?(设想回答:"雷点是我去过的最危险的灯塔",于是新的未知出现:它在哪?您为什么选择去那样一个地方?)

已知:她花了那么多时间和精力去研究海洋。

未知:为什么?

……

在做这些工作的同时,贝蒂一直把寻找引人注目的、令人着迷的事实作为采访的目标,同时将她认为可能会问到的问题用一个词记录下来,提醒自己按照计划提问。例如"减少"这个词汇提醒她就灯塔数量的缩减提问;"保护"这个词提醒她就对灯塔所作的努力提问;"鬼魂"这个词提醒她就鬼魂出没过的灯塔提问;"寂寞—发疯"这两个词引导她问一些有关灯塔看守人的问题。于是,贝蒂在她的笔记本上记下了8个要点:

细节(谁、做了什么、在哪儿,等等)

减少?

保护?

替代?

鬼魂?

最荒凉的/最危险的?

寂寞—发疯?

麦吉的开始?为什么?[①]

这是一个生动的准备采访提纲的案例,由此可见,采访提纲的拟定需要思考、分析和判断能力,并对可能发生的情况有多种预设和准备。

总之,进行采访前的准备就是为了增强对采访对象的认识和了解,在采访时缩短相互间认识上的距离,以最短的时间获得丰富、翔实、有价值的材料,使采访获得成功。约

---

① [美]肯·梅茨勒:《创造性的采访》,李丽颖译,27~29页,北京,中国人民大学出版社,2004。

第七章 采访准备,预先的工作

翰·布雷迪在《采访技巧》一书中说:"经验丰富的记者一致认为,每采访一分钟至少要准备十分钟",西方学者和记者称此为"十比一"原则。"准备"是支持所有采访的基本前提。

练习

一、选择一个当前的热点人物,并搜集其相关资料,确定采访主题,准备采访问题,拟写采访提纲,试着通过各种方法接近并采访这个人物。

二、了解当前采访写作设备的最新现状和科技水平,并分析科技的发展将会给新闻传播工作带来怎样的前景?

当我们历经寻找新闻线索、接近采访对象、赢得采访机会后,采访就由准备阶段进入到实施阶段。在实施阶段中,最为主要的一个任务是向采访对象提问。提问是记者采访的主要手段,是记者获取新闻素材的主要途径。杰克·海敦说:"新闻事业是一个跟人打交道的行业。大约有99%的新闻是部分或全部以访问——也就是向人提问——为基础写成的。"①

提问,看似简单,实则不然。正如周孝庵在《访问》一书中说:"访问不难,发问实难。""发问之如何,足以卜访问之成败。"也就是说记者提问技巧的高低,直接影响之后的采访方案、报道意图能否顺利实现。

第八章 采访提问,记者的天职

提问是记者采访中最主要的获取信息的方式,其目的是得到采访对象的回答。记者的提问,决定着能否得到真实准确的新闻事实,能否深刻挖掘新闻事实,能否建立记者与采访对象之间的桥梁,能否打动采访对象。

采访前记者会根据采访目的准备问题,这是从内容角度准备问题,那么在采访过程中这些问题怎样提出?这就要考虑提问的方式。

第一节 提问方式

采访对象的职业、年龄、性格等各不相同。所以,要让采访对象畅所欲言,回答问题,记者就不能用同一种提问方式应对万千变化的采访对象和采访情景。提问有不同的方式,采访时经常使用的提问方式主要有三种:陈述提问、直接提问、追问。

一、陈述提问

2013年3月17日上午,十二届全国人大一次会议闭幕。大会闭幕后,新

---

① [美]杰克·海敦:《怎样做好新闻记者》,伍任译,23页,北京,新华出版社,1980。

第八章 采访提问,记者的天职

任国务院总理李克强会见中外记者并回答记者提问。中央电视台记者提问:总理,您好。您多次提到说改革是中国最大的红利,我最近也注意到在一些主要的网站上,包括中央电视台联合多家网站推出的"我有问题问总理"的网页上,好多网友都在讨论这句话,也有足够的期待。但是我们知道,现在中国改革已经进入了深水区,社会上普遍说深水区的改革相当困难,可能会触及一些利益群体,甚至这些利益群体可能会形成对改革的阻力。在这种情况下怎么通过改革来释放红利?对下一步推进改革您有什么样的考虑?或者着力点主要在哪些方面?谢谢。

记者想要问的问题显然是:政府怎么通过改革来释放红利?对下一步推进改革您有什么样的考虑?或者着力点主要在哪些方面?那么,记者之前为什么要进行一大段的表述呢?即:"您多次提到说改革是中国最大的红利,我最近也注意到在一些主要的网站上,包括中央电视台联合多家网站推出的'我有问题问总理'的网页上,好多网友都在讨论这句话,也有足够的期待。但是我们知道,现在中国改革已经进入了深水区,社会上普遍说深水区的改革相当困难,可能会触及一些利益群体,甚至这些利益群体可能会形成对改革的阻力。"这段表达就是问题的引导话语,这个提问用的便是陈述提问的方式。

陈述提问是指记者先将已经掌握的材料进行表述,并以此为铺垫引导出问题的提问方式。

那么,陈述提问中"陈述"的内容及其目的是什么呢?以2018年"两会"总理记者会上记者的提问为例来说明。

2018年3月20日上午,十三届全国人大一次会议在人民大会堂举行记者会,国务院总理李克强在金色大厅会见中外记者并回答记者提问。

我们看看部分记者的提问——

中国日报社记者:总理您好,在今年"两会"期间,我们注意到有代表和委员提出关于"放、管、服"改革的意见,大家说要像过去抓GDP一样抓"放、管、服"改革,但同时也有人说,中国目前的制度性成本还是很高,办事还是比较难。那么请问总理,咱们的"放、管、服"改革要放多少?"放"了以后该怎么管?是否有一个明确的目标?谢谢。

中国日报社记者以陈述提问的方式提出的核心问题是:"放、管、服"改革问题,并以三个具体问题提问。记者用以陈述的内容是提问的原因,即:"在今年'两会'期间,我们注意到有代表和委员提出关于'放、管、服'改革的意见,大家说要像过去抓GDP一样抓'放、管、服'改革,但同时也有人说,中国目前的制度性成本还是很高,办事还是比较难。"中国日报社记者之所以用大段的引导式表述,是为了表明自己提这个问题的理由。

李克强的回答非常明确。

李克强:这是一个很重要的问题。上届政府伊始,我们抓住转变政府职能这个"牛鼻子"去推动简政放权、放管结合、优化服务的改革,就是要理顺政府和市场的关系,激发市场的活力和社会创造力。可以说,这方面已经取得了阶段性的成果,成为政府继续推进改革、解放和发展生产力的一个利器。

这次"两会"期间,我到代表团参加审议和讨论,不少代表委员都提出,在推进供给侧结构性改革的时候,政府要着力推进优化营商环境,提供办事便利,这可以说是市场主体和人民群众对改革比较迫切的愿望,他们提的有很多看似是小问题,实际上是连着大政策。我们要见端知本,改革就是要把突破点逼近离市场、群众最近的地方。把民之所望,做改革所向。

所谓"天下大事,必做于细"。在放宽市场准入方面,今年要在六个方面下硬功夫,你也可以把它形象地说成是六个"一":那就是企业开办时间再减少一半;项目审批时间再砍掉一半;政务服务一网办通;企业和群众办事力争只进一扇门;最多跑一次;凡是没有法律法规规定的证明一律取消。现在我们开办企业的时间经过几年的努力,可以说已经降了不少了,但是全国平均还有22天,而在一些发达国家,只需要不到一天的时间。我们项目施工许可的办理时间就更长了,所以必须减繁。这六个"一"都是减,再加上减税、减费,这是动政府"奶酪"的,是伤筋动骨的改革。

当然,要放得开,还必须管得住、管得好。我们要加强事中事后监管,就是要管住市场秩序,对那些假冒伪劣、坑蒙拐骗、欺行霸市,乃至于搞不正当垄断的就要把它驱逐出市场,甚至严加惩罚,因为它妨碍公平、阻碍创新,也有悖社会道德。市场活力和人文精神是相辅相成的。当然,我们加强监管,也要注意防止扰民。比如,这次机构改革,我们就把涉及市场监管的一些部门合并了,推进综合执法,避免多个"大盖帽"去管一个小商贩。

刚才第一位记者讲到"两会"的时候提到机构改革,这次国务院机构改革还包括了国税和地税的合并,这就令我想起了一件事。我参加一次座谈会,有专家跟我说他去调研时发现,在餐馆里边吃饭是由地税向餐馆收"营业税",而要打包带走就由国税来收增值税。他就问当地的有关方面,说我要是站在饭店门槛中间吃该由哪个部门来收税啊?当时对方给他的回答说"你这是抬杠"。但的确实施当中有这样的事情。我们这几年通过推进营改增、取消营业税,实现了税收以共享税为主,这样国税、地税合并就有了基础,这样可以避免多头收税、干扰企业的行为。所以"放"要放出活力,"管"要管出公平,"管"也是要触动利益的。

"利民之事,丝发必兴"。推进改革、做好政府工作,就是要为公、唯实、利民。我们要努力去为市场主体优化营商环境,为人民群众提供办事便利、敢于自我革命。只要是为了人民的利益,我们万难不辞、万险不避。谢谢。

彭博社记者:今年是中国改革开放40周年。在过去的40年中,中国取得了巨大的经济发展成就,成功使数亿人脱贫。现在中国进入新时代,显然在新时代,中国面临的问题将更加复杂。另外,我们认为中国改革开放的模式也会经历一些变化,这集中体现在这次"两会"期间政府机构改革方案通过以及进行修宪等。在中国进入新时代以后,特别

第八章 采访提问,记者的天职

是在吸引外资和促进外贸方面,奉行的改革开放模式会跟原来 40 年有什么不同?

彭博社记者提问的核心问题是"改革开放模式会跟原来 40 年有什么不同"的问题,记者用以陈述的内容是自己掌握的相关背景材料,即:"今年是中国改革开放 40 周年。在过去的 40 年中,中国取得了巨大的经济发展成就,成功使数亿人脱贫。现在中国进入新时代,显然在新时代,中国面临的问题将更加复杂。另外,我们认为中国改革开放的模式也会经历一些变化,这集中体现在这次'两会'期间政府机构改革方案通过以及进行修宪等。"其目的是使李克强有一个思考线索,限定对方回答问题的范围和角度,在"经济体制改革"前提下谈改革开放模式问题自然有的放矢。如果记者不作陈述直接提问,李克强就"改革开放模式"问题的回答会比较宽泛。

李克强回答也的确主要是从"经济体制改革"这个角度回答了记者提问。

李克强:中国 40 年来有目共睹的经济社会发展成就和开放是密不可分的。开放推动了改革,促进了发展。可以说中国人民从开放当中得到了甜头。去年年初,习近平主席在达沃斯经济论坛发表演讲时明确表示,中国将继续维护自由贸易,开放是中国的基本国策。如果说中国的开放有新变化的话,那就是门会越开越大,中国经济已经深度地融入了世界经济,关上门等于挡住了我们自己的路。

新的变化意味着进一步扩大开放,我们在开放方面还有较大的空间和潜力。比如,货物贸易,我们进口商品的税率水平在世界是处于中等水平,但是我们愿意以更开放的姿态继续进一步降低进口商品的总体税率水平。一些市场热销的消费品,包括药品,特别是群众、患者急需的抗癌药品,我们要较大幅度地降低进口税率,对抗癌药品力争降到零税率。对于服务贸易,我们现在可以说是逆差,进一步开放服务业会付出一些代价,但可以促进提高我们产业的竞争力。下一步重点要放宽服务业的准入,比如说在养老、医疗、教育、金融等领域,我们会加大放宽准入力度,在一些方面逐步放宽甚至取消股比的限制。我们还会全面放开制造业,在这方面不允许强制转让技术,我们将保护知识产权。

我们的外商投资负面清单制度会进一步进行调整缩减。今年及今后几年会逐步放宽准入。而且我们还要加快推进涉及外商投资的三个法律合并成一个基础性法律,以实现准入前国民待遇的承诺。这次全国人民代表大会已经批准了《宪法修正案》和政府机构改革方案,我们会遵循宪法,推进机构改革,这将更有利于坚持我们对外开放的基本国策。

因为媒体上对中国的开放有这样那样的议论,我在报纸上也都看到,所以我多说两句。我们的努力方向还是要使 13 亿人的市场成为中外企业、各类所有制企业都可以公平竞争的市场,给中国消费者以更多的选择,促使中国产品和服务升级,向高质量的方向发展。

当然,中国的开放是一个渐进的过程,有些当时看起来并不起眼的开放举措,几年后回过头来看,可能成效令人惊讶。比如说,5 年前我们简化了因私护照办理和出境的手续,结果出境人次从当年的 7 000 多万增加到去年的 1.3 亿多人次,而且其中多数都是去旅游和消费。所以看中国的开放,不仅要看细节、领域,更要看长远、全景。当然,开放是双向的,是相互的,就好像双人划船,光靠单人使力,这个船只能原地打转,只有两人同向用力才能继续前进。谢谢。

《人民日报》记者:总理您好,我们观察到您在政府工作报告中指出,要让更加公平、充分的就业始终成为高质量发展的亮点,但是在现实生活中,比如,大学生就业,还有转岗职工再就业、复转军人再就业等仍然困难不少,这也意味着未来 5 年中国的就业市场将面临诸多挑战。请问您准备如何解决这些困难?谢谢。

《人民日报》记者的陈述内容,就是一个提示对方回忆的陈述:"我们观察到您在政府工作报告中指出,要让更加公平、充分的就业始终成为高质量发展的亮点……"这个陈述可以帮助李克强回忆过去的事情。之后记者提出的问题是:未来 5 年中国的就业市场将面临诸多挑战。请问您准备如何解决这些困难?

综上分析,陈述提问中的"陈述"内容及其目的是:

1. 用以陈述的内容可以是记者提问的原因,其目的是为了让对方更清楚记者提问的理由。

2. 用以陈述的内容可以是新闻人物或事件的背景材料,其目的给采访对象设定思考线索,限定对方回答问题的范围和角度。

3. 用以陈述的内容可以是采访对象曾经说过的话,对某个问题的看法等,其目的是提示对方回忆,或让对方证实记者掌握的材料是否准确。

陈述提问的方式在新闻发布会的采访中被记者广泛采用,在人物访谈中也经常采用。

腾讯的创新访谈节目《十三邀》第二季,许知远对话姜文。

我们看看其中的访谈片段——

许知远:有一个朋友说你是行走中的荷尔蒙。你被定义成一个很性感的男人吗?

许知远运用陈述提问的方式,用以陈述的内容是别人对采访对象曾经说过的话和观点,其目的只是让对方说明记者掌握的材料的可信度。

姜文:多大的误解呀!这个误解(问题)也不在我身上,其实我还是那句话,人生就是建立在误读之上。因为你不是上帝,反而一直在误读。然后上帝看着你们这帮误读的人,从生到死,一波走了再来一波,他挺幸灾乐祸的。人类一思考,上帝就发现我们了,上帝已经乐半天了。

二、直接提问

直接提问在采访中用得最多。直接提问就是记者直截了当地从正面提出问题请采访对象作答的一种提问方式,是最省时、最简单的提问方式。记者与采访对象彼此已经相互熟悉和了解以后,再提问时就没有必要都引导,可以围绕采访主题直截了当地提问。

1986年9月2日晚,新华社播发了一条只有100多字的短消息:"中共中央顾问委员会主任邓小平今天上午在中南海接受了美国哥伦比亚广播公司(CBS)《60分钟》节目记者迈克·华莱士的电视采访(见图8-1)。邓小平回答了华莱士提出的有关中国经济改革、中国的统一、中美关系、中苏关系等方面的问题。"消息播发后,各国政治家、世界各大媒体记者都想方设法打探此次交谈的内容。

图8-1　邓小平1986年9月2日在北京中南海接受了美国哥伦比亚广播公司《60分钟》节目记者迈克·华莱士的采访。

(资料来源:新华社)

1986年的中国和中国领导人,对西方来讲仍然是一个神秘的存在,而邓小平是这个占全球人口1/5的国家的领导人。多年来,想要采访邓小平的外国新闻记者很多,而此前只有法拉奇采访过邓小平,CBS是第一家采访邓小平的外国电视媒体。据说,这也是邓小平唯一的一次一对一地接受电视记者的专访。

《人民日报》于9月8日和9月15日分两次刊登了邓小平与华莱士谈话的详细内容。1993年9月,《答美国记者迈克·华莱士问》被收入《邓小平文选》第三卷。

18年后,华莱士向中国记者披露了这次采访的细节。

我们看看邓小平接受迈克·华莱士电视采访时的谈话摘要——

迈克·华莱士(以下简称"迈"):邓主任,您对戈尔巴乔夫最近在海参崴的讲话有何看法?

邓小平(以下简称"邓"):戈尔巴乔夫在海参崴的讲话有点新东西,所以我们对他的新的带积极性的东西表示了谨慎的欢迎。但戈尔巴乔夫讲话也表明,他的步子迈得并不大。在戈尔巴乔夫发表讲话后不久,苏联外交部官员也讲了一篇话,调子同戈尔巴乔夫的不一样。这就说明,苏联对中国政策究竟怎么样,我们还要观察。

迈:您以前有没有见过戈尔巴乔夫?

邓:没有。

迈:您是否想见见他?因为他说过,他愿意同你们在任何时候、任何级别上谈任何问题。您愿意同他进行最高级会晤吗?

邓:如果戈尔巴乔夫在消除中苏间三大障碍,特别是在促使越南停止侵略柬埔寨和从柬埔寨撤军问题上走出扎扎实实的一步,我本人愿意跟他见面。

迈:越南人今天发表讲话,表示愿意和中国谈判,以便结束中越之间的困难局面。

邓:越南这种表示至少有100次了。我们也明确告诉他们,前提是越南从柬埔寨撤出全部军队。柬埔寨问题由柬埔寨四方商量解决。

……

迈:看来,中国同资本主义的美国的关系比同苏联共产党人的关系更好一些,这是为什么?

邓:中国观察国家关系问题不是看社会制度。中美关系是看中国和美国关系的具体情况来决定。中苏关系是看中国和苏联关系的具体情况来决定。

迈:邓主任,刚才我的节目制作人要我再问一下邓主任是否愿意会见戈尔巴乔夫。

邓:我刚才说了,如果苏联能够帮助越南从柬埔寨撤军,这就消除了中苏关系的主要障碍。我再说一次,越南入侵柬埔寨问题是中苏关系的主要障碍。越南在柬埔寨驻军也是中苏关系实际上处于热点的问题。只要这个问题消除了,我愿意跟戈尔巴乔夫见面。我可以告诉你,我现在年龄不小了,过了82了,我早已经完成了出国访问的历史任务。我是决心不出国的了。但如果消除了这个障碍,我愿意破例到苏联任何地方同戈尔巴乔夫见面。我相信这样的见面对改善中苏关系、实现中苏国家关系正常化很有意义。

迈:具体地说,哪一件事应该放在第一位做呢?

邓:三大障碍主要是越南侵柬,因为中苏实际上处于热点和对峙,不过方式是通过越南军队同中国对峙。

迈:是指越南在柬埔寨的军队吗?

邓:是的。

迈:里根总统和夫人对我的节目很有兴趣,差不多每个星期天都看这个节目,在我的采访节目播出时,他们一定会观看。不知您有什么话对里根总统说?

邓:在里根总统和夫人访问中国时,我们认识了。我们相互间的谈话是融洽的和坦率的。我愿意通过你们的电视台,转达我对里根总统和夫人的良好祝愿。我希望在里根总统执政期间,中美关系能有进一步的发展。

迈: 目前中美双方是否存在大的分歧问题?

邓: 有。如果说中苏关系有三大障碍,中美关系也有个障碍,就是台湾问题,就是中国的海峡两岸统一的问题。美国有一种议论说,对中国的统一问题,即台湾问题,美国采取"不介入"的态度。这个话不真实。因为美国历来是介入的。在50年代,麦克阿瑟、杜勒斯就把台湾看作是美国在亚洲和太平洋的"永不沉没的航空母舰",所以台湾问题一直是中美建交谈判中最重要的问题。

迈: 美国在处理美台关系时是否未能按照它承担的义务去做?

邓: 我认为美国应该在这个问题上采取更明智的态度。

迈: 什么态度?

邓: 很遗憾地说,在卡特执政的后期,美国国会通过了《与台湾关系法》,这就变成了中美关系的一个很大的障碍。刚才我说,希望里根总统执政期间,能够使中美关系得到进一步发展,其中就包括美国在中国统一问题上能有所作为。我相信,美国,特别是里根总统,在这个问题上是能有所作为的。

迈: 他们在这个问题上能有哪些作为呢?

邓: 可以鼓励、劝说台湾首先跟我们搞"三通":通商、通航、通邮。通过这种接触,能增进海峡两岸的相互了解,为双方进一步商谈统一问题创造条件。

迈: 台湾有什么必要同大陆统一?

邓: 这首先是个民族问题,民族的感情问题。凡是中华民族子孙,都希望中国能统一,分裂状况是违背民族意志的。其次,只要台湾不同大陆统一,台湾作为中国领土的地位是没有保障的,不知道哪一天又被别人拿去了。第三点理由是,我们采取"一国两制"的方式解决统一问题。大陆搞社会主义,台湾搞它的资本主义。这对台湾的社会制度和生活方式不会改变,台湾人民没有损失。至于比较台湾和大陆的发展程度,这个问题要客观地看。差距是暂时的。拿大陆来说,新中国成立37年来,有些失误,耽误了,但根据大陆的现行政策,发展速度不会慢,距离正在缩小。我相信大陆在若干年内至少不会低于台湾的发展速度。道理很简单,台湾资源很缺乏,大陆有丰富的资源。如果说台湾已发挥了自己的潜力,大陆的潜力还没有发挥,肯定会很快发挥出来的。而且就整体力量来说,现在大陆比台湾强得多。所以单就台湾国民平均收入比大陆现在高一些这一点来比较,是不全面的。

……

迈: 邓主任刚才谈到"文化大革命",在那时候您和您的家人遭遇如何?

邓: 那件事,看起来是坏事,但归根到底也是好事,促使人们思考,促使人们认识我们的弊端在哪里。毛主席经常讲坏事转化为好事。善于总结"文化大革命"的经验,提出一些改革措施,从政治上、经济上改变我们的面貌,这样坏事就变成了好事。为什么我们能在70年代末和80年代提出了现行的一系列政策,就是总结了"文化大革命"的经验和教训。

迈:到现在为止,还没有看到在中国的任何公众场合挂您的照片,这是为什么?

邓:我们不提倡这个。个人是集体的一分子。任何事情都不是一个人做得出来的。所以就我个人来说,我从来不赞成给我写传。我这个人,多年来做了不少好事,但也做了一些错事。"文化大革命"前,我们也有一些过失,比如"大跃进"这个事情,当然我不是主要的提倡者,但我没有反对过,说明我在这个错误中有份。如果要写传,应该写自己办的好事,也应该写自己办的不好的事,甚至是错事。

……

迈:毛泽东逝世已经10年,他对现在的一些事会怎么看?现在的领导人主张致富光荣,主张个人幸福,允许私人办企业,准备搞政治改革,人民有了言论自由,这一切同毛泽东的主张都不一样,毛泽东会怎么看?

邓:有些不一样,但有些原则还是一样的。现在毛泽东思想还是我们的指导思想。我们有一个《关于建国以来党的若干历史问题的决议》,解答了这些问题。

迈:但我还是不清楚,邓小平领导下的中国和毛泽东领导下的中国是不一样的。看来中国现在在进行一场新的革命,至少是试图进行一场新的革命。

邓:这个话是对的,我们也讲,现在我们搞的实质上是一场革命。从另一个意义来说,我们现在做的事都是一个试验。对我们来说,都是新事物,所以要摸索前进。既然是新事物,难免要犯错误。我们的办法是不断总结经验,有错误就赶快改,小错误不要变成大错误。

迈:最后一个问题。您是中国的第一号领导人物,您准备在主要领导人和主要顾问的位子上再留多长时间?

邓:我提倡废除终身制,而且提倡建立退休制度。你也知道,我同意大利记者法拉奇谈话时说,我干到1985年就行了,现在超过一年了。我正在考虑什么时候退休。就我个人来说,我是希望早退休。但这个问题比较困难,在党内和人民当中很难说服。我相信,在我有生之年退休,对现行政策能继续下去比较有利,也符合我个人向来的信念。但这件事还要做更多的说服工作。最终我是一个共产党员,要服从党的决定。我是一个中华人民共和国的公民,要服从人民的意愿。我还是希望能够说服人民。

迈：您当时告诉法拉奇准备1985年退休,您准备对华莱士作什么表示呢?

邓：坦率地告诉你,我正在说服人们,我明年在党的"十三大"时就退下来。但到今天为止,遇到的是一片反对声。

(摘自《邓小平文选》第三卷)

在这段对话中,我们看到华莱士用了一些陈述提问的方式,但更多的是直接提问。例如,"目前中美双方是否存在大的分歧问题?""美国在处理美台关系时是否未能按照它承担的义务去做?""台湾有什么必要同大陆统一?""到现在为止,还没有看到在中国的任何公众场合挂您的照片,这是为什么?"这几个直接问题,不仅提问尖锐,步步紧逼,而且潜台词意蕴深远,发人深省。直接提问的方式,最大限度地避免了官腔套话式的空洞回答,更容易从采访对象的回答中传达出真相,同时也能够更充分地展示被采访者的个性。

这次访谈中,邓小平的回答既充满智慧也充满魅力,表现了一个东方政治家的才干和智慧。华莱士在全球掀起了一股"邓小平热",在将近一周的时间里,邓小平成为世界所有重要媒体的舆论焦点。

直接提问方式一般适用于采访领导干部、社会名流以及其他性格开朗又比较健谈者,或者是与记者熟悉的人;同时也适用于限定时间的访问,如某个特定场合的现场访问、广播电视的演播室访问等等。

直接提问最大的好处就是问题明确,提问方式比较简单。这种提问方式因开诚布公、不拐弯抹角而使访问显得干脆利落,进展得迅速而顺利。只要双方关系和具体情况允许,直接提问可以说是一种最简单、直接、有效的提问方式了。①

链接

1986年年初,华莱士由好友辛迪·瑞汀博格引荐来到中国。辛迪原是美国海军陆战队的一名士兵,后来成为毛泽东、周恩来的好朋友。华莱士一行在南方领略了中国改革开放的新气象。当时,海外媒体和舆论讨论最多的是:邓小平的改革开放是不是一项真正的基本国策?

从南方一路畅游到北京,华莱士突发奇想,为什么不直接采访这场改革的发起人,从他的嘴里找到答案? 于是,《60分钟》栏目组向中国政府提交了一份申请。华莱士并没有抱太大希望。出乎意料的是,一个月后,北京方面正式答复说邓小平愿意接受采访。

后来,华莱士谈到对邓小平的印象时,说邓小平是一位伟人。他采访过很多其他国家的领导人,但邓小平和他们都不同。他的智慧、他面对挫折表现出

---

① 戚鸣:《实用新闻采访》,172~173页,北京,新华出版社,2004。

来的豁达态度、他的务实精神、他说话直截了当的风格,以及他人生中的几次大起大落,都令西方人着迷。

2000年,华莱士在北戴河见到了中国第三代领导人江泽民。在采访中,针对中国的民主状况、中美关系、李文和间谍案等诸多敏感问题,华莱士把他想问的,都毫无避讳地问到了。两人时而针锋相对,时而用幽默缓和气氛。在采访中,江泽民呼吁中美之间建立"建设性战略伙伴关系",并使用了气象学上的一个比喻来描述中美关系的起起落落:"当然,这里面也有风风雨雨,有时多云,有时甚至乌云密布,有时也会多云转晴。"

还是那个华莱士,还是典型的华莱士的强硬风格。江泽民对于这次采访和华莱士本人都给予了高度评价。

(资料来源:《迈克·华莱士在此》《南方人物周刊》2006年第23期)

三、追问

在采访中,会遇到各种各样的状况:有时候采访对象就某些重要事实谈得比较笼统;有时候采访对象对某些关键问题有所顾虑不肯回答,甚至转移话题……这时候,记者就要追问。追问是在提问的基础上循着访问对象的思路寻根问底的一种提问方式,其目的是最大限度地挖掘出事实和真相。

对于访问中主要的事实、关键的思想、典型的事例和细节,记者都要追问。

在访谈节目中,如果采访对象不善于说话或回答问题比较简略,不能展示故事和细节,节目就不能吸引观众。在这种情况下要用追问方式,以使对方讲出故事来。即使采访对象善于说话,为了让对方讲得更深刻、更有细节,也不能放弃追问。例如,2018年5月在姜文的电影《邪不压正》上映之际,访谈节目《十三邀》,做了一期《许知远对话姜文》。姜文是个很会讲故事的人,在这次访谈中,姜文讲了自己创作电影《邪不压正》的契机,讲了他眼里的北平风貌和民国历史。在他看来,历史充满着戏谑的成分,而艺术创作是最严肃的事情。他还提到理想的晚年生活,"我就主动撤了,找一个地儿,做我最想干的三件事……"即使面对如此会讲故事又充满魅力的采访对象,许知远仍然采用了很多的追问方式。

我们看看《许知远对话姜文》片断——

许知远:《邪不压正》这部电影是在什么样的情况下诞生的?

姜文:它是从张北海的小说《侠隐》改编的。大概在2007年,我把《侠隐》买了。现在2018年了,我花了10多年的时间去把它想明白。它不像《阳光灿烂的日子》离我的生活那么近,《侠隐》里有很多东西是立刻能闻到的,但这些东西又会有点远。同时,张北海写了很多有关吃、喝方面的事情,他没有那么多的故事。在一个电影里光有吃、喝肯定是不行的,但是我撂不下这个东西,就续了两次版权。在我不断地对未来和过去有新认识的时候,也对张北海的《侠隐》有了新的认识。通过10多年的时间,我认为现在我可以掌握这个东西。

许知远:你初读的时候,最强的印象是什么?现在过了10多年,还记得吗?

姜文:记得。因为这个故事是发生在我们家那边的事情,我就会好奇,我们家原来还有这样的事情发生吗?另外,我对里面吃喝玩乐的部分印象很深。它作为一个文字,作为一个小说而言是非常好的。但是如果要改编成一个电影,还需要加工。

许知远:为什么叫《邪不压正》呢?

姜文:其实我挺想叫《侠隐》的。但是很多人听了这个名字,以为我拍的是阿炳的故事,我说不是阿炳。他们就问,那为什么是瞎眼呢?我说是侠隐,不是瞎。这么解释起来就有点费劲,到最后,他们又要说我故弄玄虚了。我是希望观众在进入故事之前,别有这么多的预设,也别走到歧途里去,我不会拍一个武侠的故事。

许知远:每个创作者在无中生有的过程中,都有自己某种意义上的缺陷。那你在整个创作的过程中,有没有明显的短板?

姜文:这个问题我没有想过,也许是我做这个事情之前就已经把它排除了。可能在这10多年里,我已经把我的短板放出去了。让短板在创作的过程中干扰自己是没有意义的事情。比如,我可以明确告诉你:我对侠客没有兴趣,我也不懂,我更相信武器。

许知远:当"侠隐"去掉"侠",核心是什么呢?

姜文:核心是人,我觉得人最重要。侠不侠的事,反正是吹出来的。

许知远:在相继拍完"民国三部曲"《让子弹飞》《一步之遥》《邪不压正》,你对民国的感觉有发生过变化吗?民国对你来说到底是什么样的?

姜文:其实没有什么变化。我虽然比你大一轮,但你也是部队家的孩子,我们对历史会有一些最初的认识。比如,我觉得旧社会这个概念并没有错,新是新北京、新社会、新中国。改革开放之后,夏志清重写了中国小说史,张爱玲也出了名。但是你再回头看,其实他们也就那样,没有什么更特别的东西,也没有那么另类。我不觉得民国对我来说有更特别的东西。

许知远:1936年的北平是一个转折的时刻,那个时刻的北平对你来说魅力是什么?

姜文:它不像上海,人们着急想挣钱。人老惦记挣钱,脑子就出毛病了。北京这边它有两种"闲":一种是没钱我就闲,一种是钱够了就闲。所以其实明眼人一看,一定是很危险的,比其他地方还危险。后来发生了"卢沟桥事变",北平基本是一个间谍之城。

许知远:危险会给一个时空带来特别大的魅力?

姜文:是。有危险,有不确定,甚至还有北京的某种慵懒,就觉得多大事儿咱没见过。

许知远:你在创作的过程中,也经常带有一种戏谑的东西吗?

姜文:可以这么认为。

许知远:这种戏谑的欲望是怎么产生的?你觉得历史就是这么戏谑?

姜文:哥们儿,不是我戏谑。你觉得他们严肃吗?外国历史也不严肃,你看狄更斯写的英国史,他写英国诺曼底的贵族打来打去,最后找着仇人一下把头砍下来,说我终于找到你,报仇了,把鼻子都咬下来了。这严肃吗?我觉得很不严肃。

许知远:那你这边严肃的部分是什么?

姜文:严肃就是艺术创作。艺术创作是最严肃的,作家的创作,画家的创作。梵高很严肃,他看的天就是紫的,我告诉你我看到一个紫天,我看到一个星这么大,他很严肃地告诉你,你没觉得而已。现实挺不严肃的,现实严肃吗?

许知远:是,非常不严肃。

姜文:所以,我没有去讽刺和夸张的现实,我只是就那么拍了而已,那怎么办,我对生活没有任何恶意。

许知远:电影是个工业,那些观众的反馈会对你造成困扰吗!

姜文:我觉得没有。《让子弹飞》大伙儿都觉得好,其实是好多人的过分解读。我看着都吃惊,怎么成这样了?但是后来我发现,跟我完全没关系,这不是我说的。

许知远:有一个朋友说你是行走中的荷尔蒙。你被定义成一个很性感的男人呢!

姜文:多大的误解。

许知远:这个误解是什么呢?

姜文:我觉得这个人肯定没见过荷尔蒙,还行走中的荷尔蒙,真胡说八道。不过这个误解也不在我身上。我觉得人生就是建立在误读之上的,因为你不是上帝,反而一直在误读。然后上帝看着你们这帮误读的人,从生到死,一波走了再来一波,他挺幸灾乐祸的。人类一思考,上帝就发现我们了,上帝已经乐半天了。

许知远:那你想过另一种人生吗?

姜文:我到老了就主动撤了,找一个地儿,做我最想干的三件事:写小说,

第八章 采访提问,记者的天职

想怎么写就怎么写,只要我高兴;胡编乱造自己的自传,当然自传也可能跟我没关系了,假装叫它自传;然后作一首曲子,虽然我不识谱。我特想写一首曲子,因为脑子里老有音乐,有时候能唱出来,有时候唱不出来。这也是我跟作曲特别难合作的一点,我脑子里有一段曲,已经在那,就对不上,就特别搓火。剩下就是画点眼前能看见的东西。我老年就比较充实了。

许知远:你未来最想描绘什么东西?

姜文:我其实没想好。最简单就是把月亮给挪走,看看能发生什么。后来他们说别人已经有过了,那我就没有别的想法了。

许知远:<u>为什么要把月亮挪走?</u>

姜文:没有别的,就是假装科幻,给月亮安一个发动机,给开走了。他们说有了,我说那算了,那先不弄了。但是也可以弄,有了也可以拍第二个。因为别的幻想其实很难想出来,刚才不是说了吗,越是幻想越可笑,跟人想的根本不是一回事。10多年前都想不到今天,你再往远想怎么想?

许知远:你在表达自我的过程中,特别难以表达的部分是什么?

姜文:我有的时候,能听见自己说话的声音,我会很烦这个声音。我说怎么又说这个话?我会有一个警觉,别说了,但是我也不一定能说出更好的话来。因为更好的话,要不是你读一个别人的话,要不也不是你想说的话。我不觉得还有谁能那么聪明。

(资料来源:微信公众号"单读")

从这一采访片段可见,在许知远的一再追问下(上文中画线部分为追问),姜文表达了自己对电影、对人生、对自己和他人的理解、观点甚至哲理,充分和深刻地展现了其思想和个性,使访谈节目在张弛有度的节奏中,甚至在一定的矛盾冲突中产生了好的传播效果。

带着质疑不断地追问,揭开隐藏的事实真相,这是原中央电视台访谈节目《面对面》记者王志的突出特点。在节目中王志的追问常常一环扣一环,步步紧逼。

2003年,74岁的老军医姜素椿在抢救北京首例"非典"病人时不幸染上"非典"。为了探索治疗的有效方法,他在自己身上进行用"非典"康复者血清治疗"非典"的试验,并获得成功。时任中共中央总书记胡锦涛深为感动,向他表示感谢和问候。

我们看看,《面对面——姜素椿:生死试验》,王志对姜素椿的访谈片断——

王志:您把自己当作试验品吗?

姜素椿:做做试验。

王志:有风险吗?

姜素椿:有一定风险。

王志：成功的几率有多少？

姜素椿：百分之七八十。

王志：凭什么这么说？

姜素椿：一个，它是一个单一血清，不是混合血清。第二个，经过检查，这一点我很感动，因为把这个血清拿过来，五个医院都做检查，一致说这个血没有问题，才拿来试验。所以我不怎么害怕。

王志：但是再检查，也可能有漏检。

姜素椿：那是，甚至还有新病毒不知道。可是我不试一试，你还等人家去试吗？

王志：您害不害怕？

姜素椿：不害怕，做好了准备。这个风险应该冒，我不冒谁冒，我是传染科医生，万一出了事比病人好一点。

王志：如果成了就是一个很宝贵的经验？

姜素椿：当然是。

王志：如果不成怎么办？

姜素椿：不成，如果在我身上发现问题，我觉得也是值得的。也可以得到教训，为了这个传染病的事医生应该作点贡献。

王志：您当时是什么时候注射的？

姜素椿：15号。据我了解，香港和新加坡也做了一例，都在我后面。

王志：注射后您的反应呢？

姜素椿：很好，到目前为止没有发现什么问题。

王志：什么时候有好的作用呢？

姜素椿：马上就有好的作用，因为这个东西是特异性的，是带号的。

王志：您自己的症状呢？

姜素椿：我本来症状就不多，现在感觉更轻快了。

王志：有别的辅助治疗吗？

姜素椿：照样，一切不变。

王志：用什么方法治呢？

姜素椿：激素、维生素，都是会产生抵抗别的疾病入侵的药物。

王志：这个治疗手段能推广吗？

姜素椿：在少数的情况下可以用。

王志想了解的是什么力量让一位年逾古稀的老人，能够如此勇敢地面对这场生死试验。在这段对话中，王志紧紧地抓住"生死试验"这个事件进行深入采访，善于抓住对方语言中的矛盾点，紧追不舍。正是执着的追问，才很好地调动了采访者的情绪，让对方越说越多,观众也从中获取了更真实的信息。

追问是调查性报道的典型问话方式。追问时所用句子一般较短,甚至不完整,但追问是让采访对象围绕一个问题展开回答,所以采访对象和受众也不会因为记者追问时句子不完整而错会意思或造成理解障碍。

记者在调查采访中,不仅要会追问,更要会倾听。要让对方感到追问的合情合理,而且要调动起对方谈话的欲望。因此,记者从追问的态度到语气都要根据采访对象和采访话题的特点有所把握,追问的态度和语气不能过于生硬。

第二节 提问类型

记者的提问类型很繁杂,但按问题的性质划分,美国新闻学者梅尔文·门彻在他的著作《新闻报道与写作》中将所有的采访提问简单地分为两大类型:开放式提问和闭合式提问(或称封闭式提问)。

一、开放式提问

所谓开放式提问,就是问题提得比较概括、抽象、范围较大,对回答的内容限制不严格,给对方以自由发挥余地的提问类型。

比如说,一位歌星来青岛参加演出,你去采访他,你问:"请您谈谈对青岛的印象如何?"这就是开放式提问。关于青岛印象,对方可以简单地回答"好"或是"还可以"之类,也可能较为复杂地谈论青岛的城市建设、景色、海鲜,等等。完全没什么限制,对方可以很随意地回答。

提这样的问题也很容易,一般都是大而化之的问题,记者提问比较省力,可以不假思索,问题几乎可以应对任何采访对象。今天面对某歌星你可以这样问,明天面对某学者来你还可以这样问。

《经济日报》原总编辑艾丰在《新闻采访方法论》一书中,将开放式提问的特点归纳为:

(1)给对方以更多的"自由",容易谈出一些宏观性的看法,也可能引出有价值的话题。但问题焦点不集中,双方联系比较松散,对方不容易说出心里的话,采访也不容易深入。

(2)问题问得比较自然缓和,有利于创造融洽的谈话气氛。但问题一般化,对方容易泛泛而谈,难以挖得很深或者对方感到问题太大,不知从哪儿谈起。

(3)提这种方式问题较为省力,但是采访对象想要认真负责进行回答问题就比较困难(对于不认真的人,越是抽象的问题越是好回答,而对于认真的人则刚好相反)①。

这几个特点,实际上是三组矛盾的对立统一。提开放式问题固然省事,气氛也可能轻松,但对方的回答有时与你欲了解的内容完全是两回事,双方联结不到一起。例如,你问采访对象:"请您谈谈对青岛的印象如何?"本希望对方谈谈对青岛观众欣赏水平的印象,而对方却大谈青岛的小吃十分美味。在这种情况下,你的采访就比较困难了。

二、闭合式提问(封闭式提问)

所谓闭合式提问(或称封闭式提问),指问题提得比较具体、单纯,给采访对象的回答范围狭小、指向性强的提问类型。这类提问给对方的自由发挥余地较小,对方一般要作较为明确的回答,无法回避,记者也更容易从对方的回答中得到实质性材料。闭合式提问往往是你问什么对方就要答什么,所以谈话进展较快,战斗力比较强。

例如,还是你去采访某歌星,你的提问是:"您喜欢青岛这个城市和青岛的海鲜吗?"或"您是否有再次访问青岛的愿望?"这就是封闭式提问,对方的回答必须是明确的。

关于闭合式提问的特点,艾丰归纳为:

(1) 留给对方的选择余地较小,但是双方联结得比较紧密、具体;对方容易说出心里的话,也容易谈得深入。

(2) 问题具体、范围严格,可能因记者选择不当而丢掉更好的提问点,但若选择得当,极利于深入情况,获得对每个问题的明确回答。

(3) 记者提闭合式问题是要花费较多精力的(问题要提得具体而又不是鸡毛蒜皮,即所谓要小中见大,记者不花大力气熟悉情况,反复思考,精心选择是办不到的),但是采访对象在回答这些问题时较为方便(这里提"方便",而未说"容易",因为有些闭合式问题相当尖锐,并不容易回答。但具体、集中的问题总比抽象、分散的问题回答起来方便得多)。②

这几点,同样也是由三对矛盾组合。

对于记者而言闭合式提问比较费力,因为你必须事先掌握大量材料进行综合分析,才能将问题提炼出来。相比较而言,开放式提问比较随意,比较省事,但开放式提问往往不利于把握采访的方向,也不利于深入挖掘材料。

---

① 艾丰:《新闻采访方法论》,北京,人民日报出版社,2007。
② 艾丰:《新闻采访方法论》,北京,人民日报出版社,2007。

三、开放和封闭相对而言

开放式提问和封闭式提问不是绝对的,是相对而言的 ,"闭"是相对于"开"而言,"开"是相对于"闭"而言。因此,划分提问类型只能就一系列提问进行比较,相对地区分为"闭合"与"开放"。

比如,一位运动员获得世界冠军,记者常常会问:"请你谈谈此时此刻的感受。"这就是一个开放式提问,而且开放度已经很大。尽管开放度很大,问题还是有范围的,限定在运动员获得冠军那一刻的感受。

如果记者将"请你谈谈此时此刻的感受"换成"此时此刻你最想说什么?""此时此刻你最想对教练说什么?"开放度就会变小,对方的回答也会更具体。尽管这三个提问都是开放式提问,但相对而言,"此时此刻你最想对教练说什么?"就比"此时此刻你最想说什么?"封闭,而"此时此刻你最想说什么?"又比"请你谈谈此时此刻的感受"封闭。

四、两类提问的运用

(一)两类问题交替运用

梅尔文·门彻认为,记者在采访当中,通常总是以开放式问题作为采访中的第一个问题,这样,采访对象才能张口说话,在回答问题时不受拘束,可以轻松自如地漫谈。然后,再由开放式问题逐步过渡到闭合式问题,以取得具体、明确的新闻素材。

如果一开始就提闭合式问题,采访对象对记者和采访环境还不适应,所以很容易引发情绪紧张、警觉、慌乱,以致拒绝回答。但情况也因人而异,如果采访对象有丰富的媒体应对经验和准确的领悟能力,记者也可以从封闭问题单刀直入,直奔主题。

在新闻采访中,这两类提问记者都会采用。一般而言,开放式问题适于转入话题、搜索情况、调节谈话气氛、缓解记者压力等情况。闭合式问题适于层层追问、深入挖掘材料、证实事实、追问细节。开放式提问能使采访对象展开话题,闭合式提问能使采访对象回答集中。

(二)尽可能将问题化小

在一般情况下,采访中两种提问可以交替使用,从而使采访问题有浅有深,采访气氛有张有弛。但就整个采访过程来看,记者应以提闭合式问题为主。正如麦尔文·门彻所说:"那些仅仅只能问一些开放性问题的记者应该懂得这样做的后果。对于某些提供情况的人士来说,开放性问题意味着记者的准备不充分或无能。"①

所以,即使是大问题,提问时也要尽量拆开,拆成诸多小问题,用一个个简单的小提问同样能够让采访对象回答大问题。

比如,《焦点访谈》曾经做过一期题为《"形式"逼人》的节目,主题是批评形式主义。说的是为创建全国文明卫生城市,河南省荥阳市政府向农村推行改建厕所。本来是件好事,但落实时,市、镇、乡的做法却叫人啼笑皆非:一个基层领导大张旗鼓地要求村民建统一规格的厕所,限期完不成任务的干部还要就地免职。结果,村干部强制村民放下农活修厕所。这件事记者是通过采访一位小朋友,让观众了解情况的。

下面是记者的现场提问——

  记者:小朋友,为什么没上学?
  小朋友:放假。
  记者:放什么假?
  小朋友:挖茅子。
  记者:放几天?
  小朋友:三天。
  记者:三天挖不成怎么办?
  小朋友:不叫上学。
  记者:你家挖成了没有?
  小朋友:挖成了。
  记者:挖成了怎么还不叫上学?
  小朋友:没条子。
  记者:没有什么条子?
  小朋友:茅子条。②

在这个案例中,采访对象是一个小朋友,小孩子理解能力和领悟能力有限,如果记者提很大的开放性问题,比如:"你对形式主义怎么看?"小孩子就无法回答。记者面对孩子只能提简单具体的问题,让孩子能理解也能回答。在本案例中,记者全都用的是封闭式提问,采访对象回答得也很简单,有些提问看似与主题无关,但这正是记者的高明之处,这些提问往往是为下一步的问话做准备。记者将这样的问题一个个追问下去,观众将采访对象的回答连接起来,还是从中了解了事实真相。因此,好的封闭式提问看似随意,实际上包含着记者的智慧和采访技巧。

---

① 林如鹏:《新闻采访学》,346页,广州,暨南大学出版社,1998。
② 戚鸣:《实用新闻采访》,178页,北京,新华出版社,2004。

任何不受范围限制的开放式提问都不是好问题,都必须避免。记者要使提问越具体越好,这样采访对象更清楚你的问题,也更容易回答你的问题。

霍金2002年到杭州出席学术会议时,有记者提问:"您认为人类历史的下一个世纪最伟大的发明将是什么?"霍金回答:"如果我知道,我就已经把它做出来了。"像这样的提问,既不能让霍金愉快,更无法完成采访。

中央电视台主持人敬一丹在石家庄签名售书时,当地一记者采访她时问:"您如何看待中国目前的新闻舆论监督作用,您怎样处理生活和事业的关系?"敬一丹回答:"您的问题太大了,恐怕我回答不了。"所以,敬一丹说:"自从干了电视记者这一行,我就给自己定了一个戒律,不许问:'请问您有什么感想?'是这句话本身有错吗?不是,它没错,用起来很顺手,很保险,很通用,甚至能以一对十,以一对百,应付记者眼前发生的千种心情,万种事端。为什么不用呢?因为这句话太没有个性了,太容易养成记者的惰性了,太容易局限记者的想象空间了。为了在采访中体现出个性特色,就为了逼自己勤快一点儿,就为了拓展自己的想象空间,我在几年的记者生涯中从未问过采访对象'请问您有什么感想?'有了一个戒律的约束,记者的状态就变得积极了,思路也容易打开,语言也随之灵动了。堵住了水的一个出口,水就向四周漫散;不许问一句话,也许就逼出十句更精彩、更有针对性、更有个性色彩的问话。长时间在这样的戒律之下,慢慢地,记者就养成了一种职业习惯,勤于思索,善于提问,采访变成一种愉快的交流。给自己一个戒律,是逼自己学当一个好记者。实现真正的对话,是一个好记者应该达到的境界。"①

开放式的提问最具代表性的问题是:"感想如何?"西方新闻界痛斥这种万能问话,提出了"不要感想"的口号。说到底,这种大而化之的提问是最偷懒的做法,其结果往往是让被访者无所适从,只能泛泛而谈,言不由衷或者无从谈起。所以,职业记者要切忌用大而空的提问。

记者采访中更多使用哪种提问更好,要视情况而定。比如,写解释性新闻,记者就可多用封闭式提问,让采访对象回答简洁清楚。广播电视记者做电视消息,为了保证画面完整,方便后期编辑,也较多运用封闭式提问。如果是人物访谈、专题节目,为让采访对象充分表达、陈述故事,更适合用开放式提问。②

采访是记者提问,采访对象回答的过程,是一个动态过程,由于采访的环境、采访对象的情绪等多种因素影响,使得采访具有很大的随机性、灵活性,所以,记者需要根据不同情况,随时调整提问策略,把握提问时机,这样,才能收到好的谈话效果,保证采访取得成功。记者提问是一种技巧,也是一门艺术。

---

① 孙克文主编:《焦点外的时空》,198页,北京,生活·读书·新知三联书店,1997。
② 欧阳霞主编:《新闻采访与写作》,100页,北京,清华大学出版社,2009。

第三节 提问技巧

提问技巧是衡量记者采访水平高低的主要依据。提问目的不同,提问对象不同,提问的方式技巧也千差万别。

一、开启提问,因人而异

俗话说,好的开头是成功的一半,采访的"第一个问题"至关重要,它关系到采访能否顺利进行下去。怎样用"第一个问题"有效地开启谈话呢?没有固定的模式。采访对象千差万别,所以第一个问题怎么提,也要因人而异。记者需要根据采访对象的特点寻找恰当的切入点,调动被采访者的情绪。

(一)开门见山,单刀直入

记者直截了当地提出第一个问题,这种开门见山式的问法单刀直入,迫使对方作出防御性反应。在提问艺术上,记者奥琳埃塔·法拉奇堪称典范。在采访中,她以提问尖锐泼辣、深刻精到著称于新闻界。例如,法拉奇在采访伊朗宗教领袖霍梅尼时,第一句话便说:"我要告诉你,先生,你是伊朗的新沙皇。"这句话开门见山陈述了事实,使得霍梅尼立刻开口为自己辩解,而法拉奇在对方的辩解与表白中得到了有价值的材料。法拉奇在谈到这次采访的经验时说:"我的秘诀是开门见山,把气氛打开。例如,我去访问霍梅尼前早就知道他是个独裁者,于是我一见面就说:我要告诉你,先生,你是伊朗的新沙皇……"①

一般来说,这种提问开诚布公,干脆利落,无须拐弯抹角,所以进入话题快,采访效率高。这种提问技巧适用于四类采访对象:一是记者较为熟悉的采访对象,有话可以直说不必迂回;二是有丰富被访经验的人,如高层官员、企业家、娱乐和各类明星、文化名人等;三是工作忙、时间有限的人;四是对采访目的十分明确,且有充分准备的人。

(二)旁敲侧击,启发引导

在采访对象不愿接受采访或采访问题敏感的情况下,记者单刀直入的提问不仅难以奏效,而且很容易让采访一开始就陷入僵局。这时,就应该采用启发引导的方法,旁敲侧击,循循善诱,从侧面迂回,逐渐引入正题,促使对方回答。

---

① 周克冰:《中外经典采访个案解读》,24页,北京,北京广播电视学院出版社,2003。

第八章 采访提问,记者的天职

19世纪末的中国正经历"千年未有之变局",传统的帝制和士大夫政治正走向终结,军事、经济、文化和社会生活经历了蜕变。1896年8月28日下午2时,大清帝国直隶总督兼北洋大臣李鸿章一行乘"圣·路易斯号"邮轮抵达美国纽约港,"市民涌动如潮,港湾内百舰齐鸣"。《纽约时报》报道称,李鸿章"既是著名军事将领,又是政治家、金融家和外交家"。李鸿章到纽约不久就向记者们发出邀请,定于9月3日上午在华尔道夫饭店接受《纽约时报》采访。事后,记者报道说:"采访中,他神采飞扬,微笑着回答记者们的提问。回答问题时,他态度非常坦诚、谦虚,好像他只是世界上一个很普通的公民,而不是大清政府权势显赫的人物。"

以下是《纽约时报》记者采访李鸿章的片断——

记者:尊敬的阁下,您已经谈了我们很多事情,您能否告诉我们,什么是您认为我们做得不好的事呢?

李鸿章:我不想批评美国,我对美国政府给予我的接待毫无怨言,这些都是我所期望的。只是一件事让我吃惊或失望。那就是你们国家有形形色色的政党存在,而我只对其中一部分有所了解。其他政党会不会使国家出现混乱呢?你们的报纸能不能靠国家利益将各个政党联合起来呢?

记者:阁下,您在这个国家的所见所闻中什么使您最感兴趣呢?

李鸿章:我对我在美国见到的一切都很喜欢,所有事情都让我高兴。最使我感到惊讶的是20层或更高一些的摩天大楼,我在清国和欧洲都从没见过这种高楼。这些楼看起来建得很牢固,能抗任何狂风吧?但清国不能建这么高的楼房,因为台风会很快把它们吹倒,而且高层建筑如果没有你们这样好的电梯配套也很不方便。

记者:阁下,您赞成贵国的普通老百姓都接受教育吗?

李鸿章:我们的习惯是送所有男孩上学(翻译插话:"在清国,男孩,才是真正的孩子")。我们有很好的学校,但只有付得起学费的富家子弟才能入学,穷人家的孩子没有机会上学。但是,我们现在还没有你们这么多的学校和学堂,我们计划将来在国内建立更多的学校。

记者:阁下,您赞成妇女受教育吗?

李鸿章(停顿了一会儿):在我们清国,女孩在家中请女教师提供教育,所有有经济能力的家庭都会雇请家庭教师。我们现在还没有供女子就读的公立学校,也没有更高一级的教育机构。这是由于我们的风俗习惯与你们(包括欧洲和美国)的不同。也许我们应该学习你们的教育制度并将适合我们国情的那种引入国内,这确是我们所需要的。

记者:总督阁下,您期待对现存的《排华法案》进行任何修改吗?

李鸿章:我知道,你们又将举行选举了,新政府必然会在施政上有些变化。

因此,我不敢在修改法案前发表任何要求废除《格利法》的言论,我只期望美国新闻界能助清国移民一臂之力。我知道报纸在这个国家有很大的影响力,希望整个报界都能帮助清国侨民,呼吁废除《排华法案》,或至少对《格利法》进行较大的修改。

……

我相信美国报界能助华人一臂之力,以取消《排华法案》。

……①

记者向李鸿章提的第一个问题是:"尊敬的阁下,您已经谈了我们很多事情,您能否告诉我们,什么是您认为我们做得不好的事呢?"记者又问:"阁下,您在这个国家的所见所闻中什么使您最感兴趣呢?"接着,记者问了李鸿章是否赞成普通百姓和妇女受教育的问题。之后,才进入记者最关心的话题,也是最应该问一个出访外交官的问题:"您期待对现存的《排华法案》进行任何修改吗?"李鸿章期望美国新闻界能助中国移民一臂之力,呼吁废除《排华法案》,或至少对《格利法》进行较大修改,使移民享受应有的权利。

《纽约时报》记者为什么要绕这么大的圈子才到达正题呢?因为在那个年代,美国记者对中国和李鸿章本人了解有限。从对美国印象开始提问,不仅给记者喘息之机,知道对方感兴趣的是什么,同时也可以从李鸿章的回答过程中了解他的个性。

一般来说,这种提问进入话题较慢,但能够融洽采访气氛,有利于采访获得成功。这种采访技巧适用于记者不熟悉的采访对象、不愿意接受采访的采访对象、一时还不能集中注意力的采访对象、性格内向不善言谈的人以及话题敏感的采访。

这种提问方法也称"漂近法",即先提出若干过渡性问题,然后逐渐靠近敏感问题。因为有了这一过渡,访问对象会逐渐熟悉记者,解除原有的戒备心理,而记者又有意把敏感问题放到最后提,使对方不知不觉地回答出记者欲知的问题。

英国小说家罗伯特·史蒂文森说:你提出一个问题,就像投出一块石子。你静静地坐在山头听着回音,石子滚远了,再接着投下去。对于记者来说,第一个问题就如同探路的石子,如何投出这个石子,要因人而异。

二、正面激问,逼迫回答

对于不肯回答问题的采访对象,记者有时可以用激将法,提出刺激性问题引起采访对象重视,并且让对方无法回避,迫使对方回答。法拉奇就具有这种强悍的采访提问能力,对于不肯回答问题的采访对象她总是毫不留情,顽强而巧妙地发起一次又一次的进

---

① 郑曦原:《帝国的回忆——纽约时报晚清观察记》,300~342页,北京,生活·读书·新知三联书店,2001。

攻,如同拳击手将对手逼到拳台一角,让对方毫无退路,让对方来不及思考,情愿说出不情愿的话。《纽约客》的一篇人物剪影中写道:"法拉奇的采访风格是存心要人烦躁不安,她每一次采访都具有有计划的攻击性,经常提到欧洲存在主义,表现出一种不安分的、狡诈的智慧。"

1972年美国国务卿亨利·基辛格在政坛上的影响如日中天,他也是一个狡黠的政客。在采访基辛格的过程中,法拉奇说:"他的每一句话都是仔细推敲过的,绝不会漏出他不想说的话,而他的每句话又都能为他所用。"①然而,在法拉奇的一再激问下,基辛格还是说出了对越战、对自我的真实看法。基辛格被称作尼克松的思维保姆,尼克松十分依赖基辛格。法拉奇在采访中正面问基辛格,是什么让他的名声超过了尼克松总统?基辛格开始不肯回答。接着法拉奇直接亮出自己的观点:"我想归根到底是成功使您出名",结果老练的基辛格竟然虚荣心、自豪感瞬间膨胀,说:"我总是单枪匹马地行事。美国人特别喜欢这一点,美国人喜欢独来独往的骑士牧者,喜欢只身进入城市和乡村的骑士牧者,仅此而已……"②报道刊发后,这段将一切功劳归为己有,将尼克松置于旁观者地位的轻率言论不仅引发了舆论的批评,也严重影响了他与尼克松的关系。基辛格在回忆录中写道:"接受法拉奇的采访是我与新闻媒体最具灾难性的对话。"他这一生所做的最蠢的事,就是接受法拉奇的采访。

一般来说,这种提问适合于不肯回答问题的采访对象、狡猾难以对付的采访对象,还有过于谦虚不想谈、顾虑重重害怕谈或傲慢自大不屑谈的采访对象。这种提问技巧要求记者有丰富的社会知识和生活阅历以及较强的应变能力,同时运用激将法提问一定要注意问题的选择和时机的选择。

三、揣摩对方,心理较量

记者在采访中并非总是能够遇到坦诚的人,当记者面对的是一个不好对付的人时,必须要充分调动聪明才智应对,揣摩对方心理,巧妙运用各种提问技巧以达到采访目的。所以,有时候提问过程也是记者与采访对象之间心理较量的过程。

法拉奇在采访南越总理阮文绍时,她想获得阮文绍对外界评论他是"南越最腐败的人"的自我感受。当直接问阮文绍时,阮文绍矢口否认了这个说法,接着法拉奇将这个问题分解为两个有内在联系的小问题。她先问:"您出身十分贫穷,对吗?"阮文绍听后放松警惕,动情地描述了小时候他家庭的艰难处境。得到了上述问题的肯定答案后,法拉奇接着问:"今天,您富裕至极,在瑞士、伦敦、巴黎,以及澳大利亚有银行存款和住房,对

---

① [意]奥里亚娜·法拉奇:《风云人物采访记》,阿珊译,10页,北京,新华出版社,1983。
② [意]奥里亚娜·法拉奇:《风云人物采访记》,阿珊译,11页,北京,新华出版社,1983。

吗?"阮文绍虽然否认了,但为了澄清这些"传言",他不得不详细地道出他的"少许家产"。①到此,阮文绍是否真的如传言中的那么腐败便昭然若揭,记者的目的也就达到了。

在2001年8月17日中央电视台新闻调查栏目播出的《厦门特大走私案》节目中,记者长江在关于厦门"远华案"的报道中,采访厦门市原副市长蓝甫,面对这样一个贪官,记者想问他,为什么身为党的高级干部,竟会张嘴向走私犯要钱。记者考虑到这个问题如果直接问,蓝甫不可能回答,因此就把提问设计成欲擒故纵,一步两折:

  记者:你觉得赖昌星想从你这儿得到什么?
  蓝甫:保护。
  记者:那么你从他那儿想得到什么?
  蓝甫:钱。②

记者先从赖昌星问起,对方在心理上就会相对轻松,对接下来的问题自然会放松警觉,回答问题时就可能会不由自主地脱口而出。如果这两个问题的次序颠倒一下,效果自然不会好。

所以,记者有必要学习一些心理学知识,特别是社会心理学知识,要对新闻心理学理论有所掌握。

提问的技巧多种多样,这些技巧既相对独立又互相联系,它们可以单独使用,也可以交替或交叉使用。采访是个动态过程,存在很多变数,提问技巧要视实际情况灵活地加以运用。

第四节 提 问 禁 忌

记者以提问为职业,提问是达到采访目的的手段,也是进行人际交往的方式。所以,提问时要有所禁忌。

一、忌提主观诱导性问题

新闻是对客观事实的报道,记者在提问时也要用事实说话,避免主观色彩。有的记者出于个人喜好或对事物的主观认识,提问时往往带有明显的个人倾向性,甚至诱导采访对象按照自己设定的思路回答问题。

---

① 薛巍:《意大利著名女记者法拉奇:新闻是非凡可怕的特权》,载《三联生活周刊》,2006(36)。
② 陈龙、陈霖:《新闻作品评析概论》,44页,长沙,中南大学出版社,2005。

如：

"你是不是认为……"

"你当时是不是想到了……"

"我以为你们这样做是为了……"

这些带有记者主观色彩的提问，势必会对采访对象产生诱导。

在 2008 年北京奥运会期间，有一些电视记者的提问主观诱导性明显，引起了观众的质疑，甚至有网友将一些不恰当的问题结集成语录，进行批评。

例如：

有记者问田径运动员史冬鹏："你觉得和刘翔在同一个时代是不是很悲哀？"

有记者问谭宗亮："你奋斗了二十多年，参加了四届奥运会，而只获得了一枚铜牌，你觉得你有愧祖国吗？"

诱导和提示性问题，很容易让受访者言不由衷，从而掩盖事实真相。

二、忌提审问式的问题

记者在采访活动中，居高临下，提问如同提审。提问中随便建议对方，干预采访对象的决定。

朱启南在北京奥运会男子 10 米气步枪决赛中夺得银牌。

有记者问："为什么只得了一个银牌，为什么没发挥好，你是怎么想的？"

朱启南哭了……

陈艳青在北京奥运会女子举重 58 公斤级的比赛中在已经夺金牌的情况下还挑战了 136 公斤，最后成功打破了奥运会纪录。

记者问："你为什么不破世界纪录？"

陈艳青：……

这种提问是凌驾于被访者之上的不平等提问，这样的提问势必会破坏采访氛围，有可能致使采访对象产生情绪对立，从而让采访陷入僵局。

三、忌提伤害性的问题

记者提问要顾及对方感受，不要用提问刺伤对方。

在"5·12"大地震中女民警蒋敏失去了父母和女儿。记者问正在抢险救灾的蒋敏在地震中是否失去了亲人？怎么能在痛失亲人的情况下，还在拼命工作？最后竟然问："你在救助这些灾民的时候，看到老人和小孩，会不会想到自己的父母和女儿？"女民警悲伤地讲不出话。

有记者问两个小姐妹:"如果你爸爸妈妈已经不在了你怎么想?"

有一个被埋了 37 个小时的孩子获救后被送到医院,记者蜂拥而至,询问孩子被埋期间的情况,结果孩子只要一看到摄像机就会大喊:"让他们离开!"一位陪护志愿者说:"让一个孩子回忆自己父母被压的瞬间,太残忍了。"

这样的提问无异于撕裂本就疼痛的伤口,这样的提问不仅缺乏记者的基本职业素养,而且缺乏作为人的起码善良。记者要换位思考,如果你是被采访者,面对如此提问,你会有怎样的感受?无论何时、何地、何种情况,记者都要在提问中多一些人文关怀,尽量避免伤害被采访者。

四、忌提无法回答的问题

北京奥运会羽毛球比赛,张宁夺冠后,绕过了女单主教练唐学华,先跟总教练李永波拥抱,看到这个画面后,主持人在后方直播厅立刻问张宁父母:"看着女儿和李永波拥抱是什么感觉?"

这样的问题,你让对方怎么回答呢?

美国某电台的一位新入行的记者在一次"氢弹之父"爱德华·泰勒举行的记者招待会上,曾毫无常识地问对方:"泰勒先生,可否请您解释一下相对论与现代空间时代的关系?"氢弹专家瞪大了眼睛反问道:"我怎么能解释呢?爱因斯坦用了 13 年时间才确立了这个公式!"[①]

五、忌提信口开河的问题

拿到奥运冠军后,教练和队员沉浸在胜利的喜悦中。有记者采访教练——

  记者:拿了冠军,队员们高兴吗?
  教练:都挺高兴的。
  记者:那你高兴吗?
  教练:……

一个记者采访获得奥运举重冠军的运动员——

  记者:拿了金牌,你激动吗?
  运动员:激动。
  记者:为什么激动?

---

① [美]威廉·梅茨:《怎样写新闻》,苏金琥、阮宁、洪天国译,75 页,北京,新华出版社,1983。

运动员：……

刘春红在奥运会女子举重 69 公斤级比赛中拿了金牌后，有记者采访她——

记者：我看你上场前，披了一件黄色的战袍，是谁给你做的？

刘春红：哦，那是耐克赞助的……

这样的问题是毫无意义且无效的问题，这种信口开河的问题在让被采访者无言以对的同时，也损害了记者本人和所在媒体的形象。

 链接

中国心理学界发布地震救灾媒体报道倡议

人民网北京 2008 年 5 月 21 日电 2008 年 5 月 12 日下午 14 时 28 分，四川省汶川县发生 8.0 级地震，这场突如其来的自然灾害，给灾区群众造成了巨大的经济损失和身心创伤。5 月 16 日，胡锦涛总书记在视察北川灾区时作出重要指示，要为受灾民众做好心理辅导。

为对灾区人民及时进行心理危机干预，中国心理学会特成立中国心理学界危机及灾难心理救援项目组，开展各项心理援助工作。

今天，中国心理学界危机及灾难心理救援项目组联合人民网向采访和报道汶川大地震的各地媒体发出倡议。

中国心理学界危机及灾难心理救援项目组给媒体的建议。

对儿童的采访：

1. 不建议采访此次受灾的儿童、青少年，特别是伤残的儿童、青少年；
2. 如果要采访儿童，需监护人及本人同意；
3. 如果必要的话建议文字采访，即使同意电视采访，应用马赛克遮住面部；
4. 采访前应说明采访材料会用于什么地方，怎样用；
5. 对同一个儿童采访不宜太多，一次即可，不能重复采访（如果已经有媒体采访过了，其他媒体就不能再采访）；
6. 保护儿童的心灵，否则容易因重复创伤经历而没有得到心理干预而再次创伤。

对专家与幸存者的采访：

1. 与专家建立热诚友善的关系，事先一起讨论要采访的目的和目标；
2. 要让专家成为新闻的来源；
3. 请专家给报道者一些数据，让他们可以阅读或者引用；
4. 每次采访的焦点集中在一或两个主要的点上，反复重复；
5. 进行采访时要依据确实的数据或证据；

6. 对受害者的信息要保密;

7. 和组织的代表与联络人联系,统一安排信息发布;

8. 找灾后创伤救援和治疗的专家访问;

9. 保护幸存者,在采访过程中,要让他自己能够控制采访内容和时间;

10. 避免重复多次采访某个人,避免因重复创伤经历而造成被访问者对创伤的记忆更加清晰,这可能使被访问者更易出现心理问题。

在对被采访者提问时注意:

1. 提出正向问题:例如,你是怎么在废墟下坚持下来的?

2. 不提被采访者可能不愿意回答的问题;

3. 不要追问令被采访者痛苦的细节,例如,失去孩子的父母在地震瞬间逃生的具体情况。

提倡:有序、理性、科学地报道。

中国心理学界危机及灾难心理救援项目组(中国心理学会、北京大学心理学系、北京心理卫生协会)。

(资料来源:人民网,略有删减)

第五节 非言语因素采访

人与人的交往在很多时候是在不借助言语的情况下,通过触摸、目光、发音的细微差别或面部表情来表达的。人们在彼此了解时,不但注意对方言语词句,也注意话语的停顿和语调、服饰及仪表、目光的流盼和面部表情。人们通过对身体姿势、语调和表情等非言语线索的评价,判断出对方的态度。

社会心理学认为,非言语因素包括身体运动和姿势、面部表情与视觉行为、人际空间与领域行为、接触行为、服饰、环境、嗅觉、味觉及时间等。研究表明,"几乎一切非言语的声音和动作,都可以用作沟通的手段。"[1]

非言语信息采访有两层含义:一是指新闻记者通过言语之外的传播方式影响采访对象以获得新闻信息;二是指新闻记者通过对采访对象非言语行为及其环境的观察、分析而获得新闻信息。[2]

---

[1] 申荷永主编:《社会心理学:原理与应用》,73 页,广州,暨南大学出版社,1999。

[2] 宋昭勋:《非言语信息采访》,载《当代传播》,1999(3)。

第八章 采访提问,记者的天职

一、通过视觉的非言语采访

记者要善于运用视觉对采访对象进行观察,捕捉人物特点、典型场面,并给予形象的刻画和描绘。

比如,法拉奇在人物专访《英迪拉·甘地》中对甘地外表特征是这样描写的:"她通过她那深情的、抑扬的、悦耳的声音把自己和盘托出。她的相貌也是动人的。她有一双淡褐略带忧伤的美丽的眼睛,脸上挂着一丝奇妙的、高深莫测的、能引起人们好奇的微笑。她那卷曲的黑发左侧夹着一缕奇特的灰发,犹如一缕银色的光束闪闪发亮。就是这一点,她也不与任何人相像。她身材苗条又矮小。她只穿印度妇女穿的莎丽服,外面套西式小毛衣。她身上有许多西方的东西,虽然有时也遵循古训,但骤然间表现出来的却是现代思想。"①这段文字细腻地描写了英迪拉·甘地富有个性的容貌、身材、生态、嗓音、装束等的外貌特征,生动地勾勒出了英迪拉·甘地颇为清晰的形象。正是由于记者在采访中敏锐的观察力,才会描写得如此细腻而又深刻,使受众未闻其声,却如见其人。

1938年,《大公报》记者彭子冈在报道日本侵略者轰炸武昌后的街头惨状时写道:"沿街电线上挂着炸飞了的布片衣襟,没人去取下来,也许那上面还粘着血肉。小孩在拾碎玻璃,穷人冒着飞扬的灰尘在寻找瓦砾下的衣物箱笼,有时嗅到一阵血腥,挖出来一只腿、一只胳膊,或是辨不出眼睛鼻子的焦黑头颅……死者家属跑过来,刹那时竟认不出是自己的父母子女。"②这段描写,给读者呈现出一个个惨烈的场景,使新闻具有了清晰的可视性,让读者读后更深刻地了解了日本军国主义的残暴。这样的表述有赖于记者运用视觉进行观察,捕捉现场事实和细节,并给予形象的刻画和描绘。

二、通过物体的非言语采访

记者通常是和素不相识的人打交道的,要更好地完成采访任务,就要善于迅速缩短与被采访者之间的心理距离。采访时,记者可以利用一些相关的物体作为媒介去触动采访对象,为双方正式交谈营造亲切的气氛。

1937年4月,斯诺的前妻尼姆·韦尔斯到延安,想采访毛泽东。当毛泽东和朱德来看望她时,尼姆·韦尔斯笑着对毛泽东说:"我知道你的故事。因为我丈夫写了你的故事,是我给打字的。"接着韦尔斯又从一个笔记本里拿出一张照片,对毛泽东说:"我早就从这张照片上认识你了,这是斯诺给你拍的。我从西安跳窗子的时候,只带了两样东西:

---

① 王蕾:《外国优秀新闻作品评析》,107~108页,北京,中国广播电视出版社,2000。
② 闫倩:《让读者"看"到新闻事实》,载《新闻传播》,2006(1)。

一样是你的照片,一样是一盒口红。你知道,口红对美国妇女多么重要,几乎什么都可以贡献出去,而口红是不能丢的,所以你也就不会诧异了。"毛泽东接过照片,看了许久说:"真是不一样了。"话题由此开始,整个采访持续了四个小时。

这张照片将韦尔斯和毛泽东联系了起来,也使得采访得以顺利进行。

三、通过体态的非言语采访

人们高兴时手舞足蹈,悲痛时捶胸顿足,着急时抓耳挠腮,反抗时拳打脚踢,生气时指手画脚,得意时摇头晃脑,激动时欢呼雀跃,紧张时手足无措,拘束时正襟危坐……这些都说明了体态对于表情达意的重要性。采访中的体态语言是指被访者的面部表情或身体动作所传递出来的信息,也指记者的表情、动作给采访对象传递的信息。

美国记者朱尔斯·洛在谈到采访经验时说:告诉读者主教踢倒了废纸篓、砰的一声关上了门就够了,不必再费力地描述他的精神状态;把失去妻子的农夫用脏手给他的女儿编头发以及这个孩子夜间哭泣的情况告诉读者就行了,不必再对孩子母亲死后带来的痛苦和悲哀进行吃力的抽象描写了。

如果被访者拒绝采访,那么,对其非言语行为的具体陈述也是极为重要的采写内容。比如:"他不耐烦地推开记者,拒绝谈话。""他阴沉着脸,钻进汽车,冲上了高速公路。""有人看见他进了屋,记者按了门铃,却没人来开门。"这些具体的非言语行为的描述也许比被访人的言语更能说明问题。[1] 从采访对象非言语行为中,记者只要细心观察、认真分析,是不难采集到有价值的新闻线索的。

另外,在采访过程中,记者的每一个面部表情,如好奇、冷漠、反感或同情,都会对采访对象的情绪产生影响和引导。比如,不时点点头以示赞同,这样对方会觉得你与他有同感,便热心提供情况;当对方讲得不清楚时,不妨皱一皱眉头,面露疑惑之色,对方便会给你加以解释和说明。[2]

四、通过副言语的非言语采访

非言语并不是非声音,非言语沟通中包含了有声的现象,如辅助语言和类语言。有声的辅助语言和类语言(包括音调、音量、呻吟、叹息等)就是副言语。我们在判断一个人说话的情绪和意图时,固然要听他"说些什么",但更应该注意他"怎么说",即从他的声调高低、音量大小、抑扬顿挫及转折、停顿领会其"言外之意",而这些就叫作辅助语言。同

---

[1] 洪静仪:《新闻采访中非语言要素的运用》,载《传媒观察》,2006(2)。
[2] 洪静仪:《新闻采访中非语言要素的运用》,载《传媒观察》,2006(2)。

时,还有所谓的"类语言",类语言是指那些无固定意义的发声,如呻吟、叹息、叫喊、哭泣、咳嗽等。

俗话说,听话要听音。在人际关系中,说话声调本身具有的沟通作用。一个人的态度是友好还是敌意,是冷静还是激动,是诚恳还是虚假……都可以从他的声调、节奏、停顿等中表现出来。因此,采访中,特别是电话采访中,记者的语音语调应愉快自然、热忱亲切。

副言语中不含褒贬的功能性发声,如"嗯""嗬""嘿"之类在采访中起着两个重要作用:一是表明自己在认真听对方谈话;二是鼓励对方继续谈下去。有研究者发现:以"嗯嗯"应对的记者得到的回答,是不"嗯嗯"应对的记者所得到答复的两倍。所以,约翰·布雷迪在《采访技巧》一书中说:在采访对象谈话时不要打断他,"嗯嗯"就是了。①

练习

一、以最近的时事热点为主题,举办一次模拟记者招待会,新闻发言人、世界各大媒体记者及主持人均由学生模拟。记者招待会结束后,任课教师对每一个提问作分析点评。

二、每个同学针对校内的人物,设计一次采访提问并实际采访,从中总结经验与不足,写一篇体会。

三、2012年,国庆长假期间,中央电视台每天黄金时段都会播放一组在街头随机采访寻常百姓的镜头,问题都是:"你幸福吗?"人们的回答展现了五花八门的幸福观,由此也引发了网上热议。你从专业角度分析这个提问的优点和缺点。

四、2003年7月金庸先生办了一本杂志——《金庸茶馆》,有人对《金庸茶馆》提出质疑。为此,中央电视台《新闻夜话》的记者专访了金庸先生,希望得到金庸对自己的评价。请从提问方法、提问类型、提问技巧等方面对这段采访进行分析。

记者:您专程来杭州给《金庸茶馆》捧场祝贺,有的读者可能比较尖刻,说果然是金庸开的茶馆,这里面还真找不出来一篇批评他的文章。

金庸(以下简称金):其实我也没有详细看,其实批坪的意见还是有一点。我现在正在修改(自己的作品),我这个修改就是把15部小说从头至尾全部改过,这个修改的根据最初是台湾读者一句话、两句话的意见,读者说哪一部小说里边有一点地方不通,然后这次修改就根据这个记录,什么地方错了,我就动动脑筋,看能不能把它改正了。

---

① 宋昭勋:《非言语信息采访》,载《当代传播》,1999(3)。

记者：您赞成杂志里面多一点批评的声音吗？

金：有些批评的声音可以。

记者：您觉得大家应该看到一本什么样的刊物？

金：一本比较有趣的、正正经经讨论的，或作为学术性文学批评的杂志。

记者：这样的杂志会不会是自恋的杂志？

金：自恋不是用办杂志来自恋的，所谓自恋是不作声的，如果说金庸要自恋，应该把所有小说每天从头到晚自己看，自己说自己好就可以了。

记者：每个人都有自己的百年之后，请您原谅我问这个问题，就是在那个时候到来之前，我们大家，这些公众人物、这些读者能不能得到一个来自您自己的、来自您本身的非常客观的自我评价，就是我在人间百年到底怎么样？

金：我现在快80岁了，到100年不过才20年，至少还有20年，现在我看不到100岁的时候，怎么样评价自己？我现在只有希望我百年之后还能有人看金庸小说，不要让电脑什么把这个小说全部改掉了，我想只要世界上还有小说，大概中国人还会看金庸小说，我希望再过50年、60年还有人来看，我就觉得很满意了。

记者：现在来评论金庸还为时尚早？

金：是，如果两百年之后还有人来看金庸，还有人来讨论，我想有一两百年的价值。我最初写的《书剑恩仇录》到现在有50年了，写了50年也正在看，50年的价值大概还是有。

记者：您现在也不愿意对自己作一个评价？

金：是。

记者：您是写武侠小说的写作大师，还是一个研究中国通史的历史学者，同时还是参与各种经营活动的商人。这些角色您能够把它们处理得很好吗？

金：我从小到现在的这些经历，念书、办报纸、写小说、经营商品，到底处理得好不好？我可以答复，处理得不好。我现在觉得自己学问太差，如果照我自己的意思，最好小说也不写，从大学开始就专门研究历史，研究外国文学，那么到现在大概跟其他大学教授这个学问差不多了。但是我现在花很多时间去办报纸，很多时间去写小说，我在牛津大学、剑桥大学跟这些大学教授谈，我觉得差得远，在浙大我跟他们谈，我也觉得差得远，我自己很惭愧。我花这么多时间去做一些现在看来没有用的事情。写那些小说、办报纸赚一笔钱可以够我现在生活，我自己希望有很好的学问，这个处理得不好。

记者：您现在觉得您最缺的是学问？

金：欠缺学问。

记者：听上去觉得您很后悔？

金：后悔应该多点时间来做学问,不应该花很多时间去做一些对人家有益对自己没益的事情。写小说娱乐人家,自己没什么好处的,办报纸给人家看,自己没什么好处的,做学问,自己得益的。

记者：如果我把您的这个话传出去,告诉给别人,我说金庸大师说他自己很后悔,觉得自己学问差,他对人生的整个过程,觉得有很多后悔的地方,人家会不相信的,说这是真的吗?

金：这是真的,不是谦虚。因为我觉得学问不够好。我现在开始学着写点儿文章,觉得这个也不懂,那个也不懂,这个文字也不懂,那个文字也不懂。那么早一点儿,30年前我学这个东西那就好了。

记者：您这不是客气谦虚?

金：不是客气谦虚,真的。

记者：但是我知道您的资产有几个亿,您可是很成功的人,是很多人的偶像,您的作品影响了几代人,有上亿的读者。

金：我没有权力欲的,影响这些人对我有什么用?

记者：您就是这样的一个情况,就是这样的一个偶像,您还后悔?

金：我写这些书,你觉得很好看,我对得起你。如果有人写这些好书给我,我看莎士比亚,我看《红楼梦》,我很感谢他,幸亏他写了这么多好书给我看,《红楼梦》《水浒传》,现在看我学到很多东西,娱乐性很强。但就自己写书而言,我觉得并不一定很值得。

记者：是什么让您对自己现在的这些东西很不满意?

金：也不是现在很不满意,总觉得不够满意。

记者：不够满意,是什么?

金：现在在写书,写历史书,写文学书,写作的时候觉得这方面我不懂,如果到原文里面去查一查多好,可惜现在学来不及了,已经后悔,当时去办报纸,去写小说有什么意思?把这个时间拿去学德文、学日文、学希腊文、学拉丁文不是好得多吗?

记者：那岂不是每个人的人生都应该很后悔吗?

金：不是每个人都后悔,每个人都有想法,有的人根本不在乎学文理,他觉得学文理有什么用?能多赚几百万,开心得多了,现在也有这样的人。

记者：学问对于现在的您来说,有多重要?

金：我好奇心很重,我觉得学问不够,也是自己生活中、人生中的一个缺陷。

记者：缺陷?

金：缺陷,一个缺点,缺陷。

记者：我现在来设计一个场面，在很久很久以后，一个大人领着一个孩子，走过了一片墓地，突然这个大人对这个孩子指着一块墓碑说，你非常喜欢的那个金庸，那个名字就在上面，就在那个墓碑上，然后两个人就过去了，在那个有金庸名字的墓碑上面，会写什么？

金：这里躺着一个人，在20世纪、21世纪，他写过几十部武侠小说，这些小说为几亿人喜欢。

当我们通过艰辛的采访,得到了所需要的新闻素材,接下来所要做的就是将新闻素材加工成新闻稿件,这便是新闻写作的过程,而新闻写作并不是一个简单的过程,想要完成写作,除了需要记者具有写作能力、分析判断能力以外,还需要记者首先对新闻写作的基本原理和要求有所把握。

第九章 原则和要求,新闻写作的基础

第一节 新闻写作的基本原则

新闻写作是纪实写作,事实不一定就是新闻,但新闻必定是事实,新闻纪实没有并列的表达方法,因此,也无法形成表达的多元化。新闻写作只有一种表达方式,即叙述事实或者叫"用事实说话"。所以,"用事实说话"是新闻写作最基本的原则。事实是新闻写作的基础,记者写作新闻就是选择事实、叙述事实,通过对事实的选择、归纳、鉴别、组合,让事实呈现出本来面目的过程。

一、什么是用事实说话

"用事实说话",其本质意义是为了确保新闻的客观性。"新闻客观性"这一概念起源于19世纪的美国新闻业。新闻客观性的核心内涵是报道者对新闻事实进行"原生态"报道,在报道过程中不夹杂报道主体明显的倾向和立场,事实的是非和价值由受众自己来判断。这一原则要求新闻工作者在新闻传播过程中持有超然、公正和独立的态度,避免受到党派偏见、个人偏向或者是利益集团的影响。美国学者赫伯特·甘斯(Herbert J. Gans)在其著作《什么在决定新闻》中说:"新闻业提供的是这样的机会:他们可以置身于激动人心的实践,却不必卷入其中。"[①]新闻的客观性原则有时被描述性地表述为"用事实说话"原则。

新闻写作是事实的写作,曾当过记者的美国作家威廉·巴勒斯说:一般而言,如果他没有看见、听见、摸到或闻到什么,他就写不出什么东西。

那么,什么是事实呢?事物与事实处于两个不同的层次上,事物是在时空环境中有确定位置的客观存在,而事实是指事物以概念形式为人所把握的存在,事实的内容指向客观存在的事物,但表现形式却是主体性的,属于精神领域。

所谓"用事实说话",就是通过报道事实,让受众在接受新闻信息的过程中自然而然地接受新闻暗含的观点和态度,最终使新闻传播致效。也就是说,在新闻报道中,传播者的立场和观点是通过新闻事实的选择和表述来巧妙地表现,将新闻的倾向性寓于事实当中,而非直接显现出来。对此,胡乔木在《人人要学会写新闻》中说:"最有力量的意见乃是一种无形的意见——从文字上看去,说话的人只是客观地、朴素地叙述他所见所闻的事实(而每个叙述总是根据一定的观点的),这样,人们就觉得只是从他那里接受事实,而不是从他那里接受意见了。新闻就是这种无形的观点。越是好的新闻,就越善于在内容上贯彻自己的观点,也越善于在形式上隐藏自己的观点。"

看看一篇新闻稿件的开头部分——

佳世客停车收费激化东部停车难 网友支招

青岛新闻网 2 月 11 日讯 随着佳世客停车场即将收费,东部大型购物中心免费停车的只剩下海信广场。家乐福、麦凯乐、书城、佳世客,这几家大型企业的停车位,在青岛东部的黄金路段起着举足轻重的作用。尽管大多明知"蹭车位"不光彩,尽管时常被购物的人抱怨,但对于在东部上班的开车族来说,这些免费车位实在太重要了。虽然有它们的时候没感觉多方便,但当真失去的时候,上班族的停车难就到了雪上加霜的地步。<u>记者近来对东部写字楼周边停车问题进行了调查,对有车族的抱怨倍感认同,同时希望这样的局面有朝一日能够有所改善,哪怕是一点点。</u>

……

(资料来源:青岛新闻网)

请注意文中画线部分的文字表述,显然,这位记者是不太会"说话"的,既没有做到"善于在形式上隐藏自己的观点",更没有做到客观报道。

对于"用事实说话",一直是一个众说纷纭的话题。我们如何理解"用事实说话"?

---

① [美]赫伯特·甘斯:《什么在决定新闻》,石琳、李红涛译,236 页,北京,北京大学出版社,2009。

(一)新闻报道中的倾向性是一种必然的存在

记者报道任何事实,都不可能没有自己的观点。即使在文字上新闻似乎只是客观地叙述事实,没有明显的倾向性,但实际上在事实的选取、叙述事实的角度,甚至用词遣句之间必然会将主观价值卷入其中。

为什么"倾向性"是一种必然呢?

首先,没有为报道而报道的媒介,媒体总是担负着传播所代表阶级或利益集团的思想意识的任务,其新闻报道总是有一定的目的性。有目的,就必然有倾向。

无论新闻工作者有怎样彻底的客观性表达愿望和表现方法,新闻都必然受到国家利益、商业价值、个人价值观等因素的影响和制约。新闻业是不能选择不要原则的,它只能选择它的原则是否被公开承认。① 所以,在新闻的实践操作过程中,新闻的"价值排除"与"价值附着"往往相伴相随。

例如,1976年"美国国会法案"关于电台应遵守三项原则:

(1)美国之音要成为一个始终可靠的权威的新闻来源,它的新闻一定要准确、客观和全面。

(2)美国之音代表的是美国,……因此它要公正和全面地反映意义重大的美国思想和结构。

(3)美国之音要明确而有效地宣传美国的政策……

这三项原则,十分明显地规定着美国最大的新闻广播中心的政治倾向:它必须适应美国政府的意志,为美国的上层建筑、意识形态服务。

以下是2003年《南方周末》记者就中央电视台直播伊拉克战争问题采访白岩松的片段——

《南方周末》:央视这次的直播报道,是否要强调自己的反战立场和人道关怀?

白岩松:一个主流媒体跟它所属国家的立场是不会有太大偏差的。研究美国媒体的立场,会发现在科索沃战争的时候,所有的美国媒体呈现同一种态度,而这种态度跟它的国家立场是一致的。中央电视台大的背景,肯定是建立在国家立场之上。在这个大框架下媒体又有媒体本身的立场,比如,中国的声明里强调了"人道主义的灾难",你会发现中央电视台直播的片头,是个哭泣的小男孩。从这个片头你就能看出中央电视台的某种立场:对平民的关注,对人道主义灾难的关注,对这场战争的忧虑。②

---

① 哈克特、赵月枝:《维系民主?西方政治与新闻客观性》,186页,北京,清华大学出版社,2010。
② 白岩松:《我们在直播一场悲剧》,载《南方周末》,2003-03-27。

国家的意识形态和国家利益往往会通过媒体平台进行再塑造和传播。新闻要遵从客观性原则,但超越国家利益、超越意识形态的客观性是不存在的。即使西方所有权和财政独立于政府、政党的所谓独立媒体,也同样会受到国家利益的深刻影响。在国家利益面前,美国主流媒体的新闻报道客观性也是美国政府的意识形态、国家利益下的客观性,特别是在国家面临危机和挑战的时期,媒体会放弃"价值中立"立场,意识形态上去接近主流价值观。例如,在伊拉克战争期间,美国媒体支持政府的表现尤为明显。2003年3月18日,在布什总统给萨达姆下了"48小时最后通牒"之后,美国报界在开战前也发出了声音试图影响政策决定。但眼看战争势在必行,1/3的美国报纸发表了关于战争的社论,重申了对白宫的强烈支持,其余的报纸从时政层次撤退到高深的哲学层次来探讨战争的意义。在战争开始后,大多数主流媒体都站在了政府一边。①

事实上,新闻报道中的倾向性是一种必然的存在,没有纯客观的新闻媒体,也就不可能有纯客观的新闻记者。想要做到绝对的客观是难以实现的,事实上新闻工作者"越想表现'客观',就越可能将一些设想埋藏在更深处"②,大多数新闻报道只具有客观的形式,在内涵上都无法摆脱主观意识。所谓纯客观报道,要求实录事实,若有倾向则流露得隐蔽、自然,不直接对受众施加影响。真正纯客观的新闻报道是不存在的,客观性只是外在的表象,其内在常常埋藏着"价值",所以也可以将客观报道理解为一种不露声色地影响受众的表达方式和技巧。但也不必小看这种并不彻底的客观,形式上的客观,其意义在于"在一定程度上保证了独立于主观看法的事实逻辑脉络,并且提醒写作者自我克制随时可能会进行的主观参与。同时,由于其在表面形式上对'客观性'的标榜而增强了报道内容的外在真实性,或者掩盖了报道内容的'不实性',能够给读者以'专业化'的印象,形式客观在业界备受推崇,连向来主张主观报道的新新闻作家,在形式上也大多没有违背客观原则。"③

其次,与任何文章的表达一样,记者的思想观点难免会流诸报道中。

1. 在某些情况下,记者有意识地表现某种主观倾向

例如,1945年2月,在第二次世界大战的太平洋战场上,硫磺岛战役是最惨烈的一场战斗,美军和日军刚刚进行了殊死搏斗,美军伤亡超过2.8万多人。这是美军历史上最惨烈的一场登陆战,也是太平洋战场上唯一一次美军伤亡总数超过日军的登陆战役。1945年2月23日上午12点15分,一面美国国旗插上硫磺岛的斯利伯奇峰,此时美联社随军摄影记者乔·罗森塔尔从镜头后面,看到这些年轻人对国家的奉献和牺牲精神,他立刻按下快门,拍摄下了6名美国士兵把美国国旗插上硫磺岛最高点的照片,这张照片

---

① 周琪:《意识形态与美国外交政策》,626页,上海,上海人民出版社,2006。
② [美]埃弗利特·E.丹尼斯,约翰·C.梅里尔:《媒介论争——19个重大问题的正反方辩》,王纬译,100页,北京,北京广播学院出版社,2004。
③ 许燕:《西方新闻客观性原理的功能和作用》,载《新闻知识》,2006(1)。

成为这场战役的最直观记录(见图9-1)。这张照片不仅让罗森塔尔获得了1946年的普利策奖,而且为罗森塔尔赢得了一生的荣耀。罗森塔尔的这张照片面世后,迅速被印成海报、邮票等,成为美国人"二战"记忆中最深刻的一幕。时任美国总统的杜鲁门在看到这张照片后,下令查出照片上6名士兵的姓名,进行表彰。1954年,以照片为样板的巨大青铜雕像在与美国首都华盛顿隔江相望的弗吉尼亚州阿灵顿国家公墓建成,这座青铜像成为美国海军陆战队的战争纪念碑,以纪念在"二战"太平洋战场上为国捐躯的陆战队员。

图 9-1　硫磺岛上升起的美国国旗
(资料来源:迪派)

在这张照片面世之后,曾有人发出质疑,认为有摆拍之嫌,对此罗森塔尔解释道:"如果我真的摆拍,我不会找这么多人,而且我会拍下他们的面孔。当然如果我那样做的话,这张照片就不会取得这么大成功了。"

56年后的2001年9月11日,惊人相似的一幕出现在了美联社摄影记者托马斯·富兰克林的镜头里。就在纽约世贸中心大厦轰然倒塌、人们惊惶失措之际,3名消防员在世贸废墟上扬起了一面美国国旗,托马斯·富兰克林抓拍下了这一幕,激励了无数美国人民的斗志(见图9-2)。"9·11"事件后,富兰克林拍摄的这张照片迅速传遍世界,并成为2002年普利策奖的最后入围作品。富兰克林回忆说,是罗森塔尔给了他灵感,在世贸现场看到消防员竖起国旗的场景后,他立刻想到了罗森塔尔的硫磺岛战役照片,他认为两者的构图和意义都非常类似。

这两张新闻照片虽然时隔56年,但美联社的两代记者在记录事实时,都明确知道,

图 9-2 "9·11"废墟上升起的美国国旗

（资料来源：迪派）

他们要通过新闻照片展现美国的年轻人对国家的热爱，为祖国奉献和牺牲生命的精神。这便是记者有意识地表现某种主观倾向。

2. 记者主观上并无主观倾向，但其语言表达却流露了某种倾向

语言除了具有指涉事件的信息功能，还具有表达情感的作用。新闻报道要求客观地叙述事件，但是这并不代表它完全排斥传播者主体的情感活动，只是其前提是，事实必须清楚和准确，而情感则需要渗透在字里行间。做到这一点，需要传播者具有驾驭语言的能力，善于在对事件的叙述中创设情境，让受众在接受事实信息的同时也能感受到其间的氛围和情绪。

例如，日本记者本多胜一的《死在故乡》的开头："久蒙关照。"78 岁的 T 子，留下这样一张简短的字条，离开东京巢鸭的寓所，出走了。那是 6 月末的一天。再过不久，就是她 79 岁生日。她没有庆祝自己的长寿，而是静悄悄地在宇都宫的深山里自杀了。9 月 14 日，遗族们将她的遗体在宇都宫火化。[①]

[①] 黎信、蓝鸿问主编：《外国新闻通讯评选》，北京，长征出版社，1984。

这段导语在交代了整个报道的关键事实,同时也让读者感受到其间的悲凉和作者深含同情的态度,尽管作者没有说"我深致同情"或者"这多么令人感到悲凉"之类的话语。我们试着将这段文字改写为:"6月末的一天,78岁的T子离开东京巢鸭的寓所出走,留下一个'久蒙关照'的字条,后来在宇都宫的深山里自杀。9月14日,遗族们将她的遗体在宇都宫火化。"对照一下可以发现,改写后新闻的信息并没有任何增减,但是那种情感氛围顿时消失了。仔细分析这里的语句,我们便会发现这样几点:一是原文用含"了"的句子,舒缓了语气;二是"那是……一天"则传递追怀的意味;三是"她没有庆祝自己的长寿,而是静悄悄地在宇都宫的深山里自杀了",这种包含对比的表述,蕴含情感的因素,内敛而不外露,在叙述事件的过程中挥发出来。①

(二)"用事实说话"是寓观点于事实之中

"用事实说话"不等于无"观点",而是寓观点于事实之中。也就是既要有"事实",又要"说话"。"事实"是客观存在,"说话"是主观意图;"事实"是无法更改的,而"说话"的方式却可以不同,如果你善于"说话",就可以让受众在接受事实的同时接受观点,而且要让受众感觉到其中的观点是客观的,这就是寓观点于事实之中,以客观的表象来呈现出具有某种倾向性的事实。

1976年1月周恩来逝世,当时驻北京的法新社记者比昂尼克采写了一条300字的消息——

周恩来总理逝世 北京沉浸在悲痛之中

法新社北京1976年1月9日电(记者 比昂尼克) 北京电台于今日清晨当地时间5点宣布周恩来总理逝世的消息,但是,大部分中国人还不知道他们的总理已经逝世。

当新华社的电传打印机于当地时间4时过一点发出这条消息时,北京几乎所有的街道上都还没有行人。

在法新社所在的那座大楼里,当记者把消息告诉开电梯的姑娘时,她顿时放声痛哭。

在对中国一位口译人员表示慰问时,他眼中含泪,嘴唇颤抖地说:"我们没有料到,他是一位杰出的革命家。"

中国人民对周恩来极其热爱,这样说并不夸张,他们感到与周恩来非常接近。

预计中国将表现出巨大的悲痛,就像今天清晨听到这个悲伤消息时的那位中国姑娘所表现出的那样。

---

① 陈龙、陈霖:《新闻作品评析概论》,90页,长沙,中南大学出版社,2005。

这条消息通过描写听到周恩来总理逝世的消息后，一位开电梯的姑娘的"放声痛哭"和一位翻译"眼中含泪，嘴唇颤抖"的事实，表达了中国人民对周恩来总理的深厚感情。记者将自己的观点巧妙地渗透在事实当中。

二、为什么要用事实说话

（一）事实是新闻的本源

新闻的本源是客观事实，事实是第一性的，新闻是第二性的，没有事实的支持，就没有新闻报道。事实是新闻的实体，也是新闻的存在形式，正如中国新闻学家徐宝璜先生所说："新闻者，确实者也，凡不确实者，均非真正新闻。"[①]离开事实，新闻也就没有了存在的依据。新闻工作者在采访、写作、编辑过程中，都力求符合客观事物的本来面目，从而使事实传播至受众时，依然葆有本真的容颜。无论新闻业怎样发展，无论传播方式和传播平台怎样变化，"用事实说话"的新闻写作原则是永远不会改变的，否则整个传播过程就会完全失败，就会毫无意义，就会自取灭亡。

（二）事实胜于雄辩

人们认识某种事物，总是从具体事实开始，从具体到抽象，从感性上升到理性，形成概念，然后形成观点。所以新闻坚持用事实说话，就是坚持按照人类的认识规律说话。

1925年，毛泽东在《政治周报》发刊词中说："我们反攻敌人的方法，并不多用辩论，只是忠实地报告我们革命工作的事实。敌人说：广东共产，我们说：请看事实；敌人说：广东内讧，我们说：请看事实；敌人说：广州政府勾结俄国丧权辱国，我们说：请看事实；敌人说：广州政府统治下水深火热，民不聊生，我们说：请看事实。政治周报的体裁，十分之九是实际事实之叙述，只有十分之一是对于反革命派宣传的辩论。"[②]

可见，事实本身比雄辩具有更强大的说服力。

（三）事实符合受众接受心理

从阅读心理来看，人们读报纸、听广播、看电视、关注传媒，其阅读诉求是获取信息、知晓时事，而不是或不主要是想知道某些知识、获得某种审美、懂得某个道理，这与读文学、读学术著作时的阅读欲望是不同的。因此，受众需要新闻所呈现的是能使他们迅速了解和观察真实世界的事实，而非抽象的道理和虚构的故事。

从受众心理分析，在阅读选择的时候，大多数人愿意接受新闻提供的事实，而不愿轻

---

① 黄旦：《新闻传播学》，248页，杭州，杭州大学出版社，1997。
② 毛泽东：《毛泽东文集》，第1卷，23页，北京，人民出版社，1993。

易接受别人的观点。随着时代的进步、受众自身素质的不断提高,这种心理趋势会越来越强烈。因此,要把评价事实的权力交给受众。

传播学的理论研究也告诉我们,最好的传播效果是劝服,而不是压服。传播学家勒平格设计的五种劝服策略中,主要的一种是认知性设计,这种设计要求通过提供事实、信息和逻辑推理进行劝服,让事实本身来说话。

让事实本身来说话,即符合新闻传播规律,又符合受众认知规律。正如艾丰在《新闻写作方法论》一书中所总结:"新闻表达最基本的内容是事实;新闻表达最基本的素材是事实;新闻表达成败最具决定性的因素是事实。没有过硬的事实,再有过硬的笔头也是白搭。"①

新闻写作最基本的手段就是如何运用事实。可以说,新闻写作的一切方法和技巧,都是运用事实的方法和技巧,起码都是建立在运用事实的基础上的方法和技巧。

三、如何用事实说话

(一) 纯客观式"说话"

新闻客观性理论长时间以来备受争议,成为马克思主义新闻学、传播批判学派、传播文化学派等竞相批判的对象。有的学者批评它是"道德解脱的借口"(Andew Kopking);业界的初衷是以客观性的报道笼络更多的读者,但是受众却对一般报纸将客观奉为圭臬的纯客观报道方式表示不满。② 而对"客观性"的遵守有时也会使媒体被动地成为官方声音的传声筒。麦卡锡主义时期,一些没有事实根据的言论,就是被美国新闻界以"客观新闻"的形式放大和流传,成为主流话语的。③ 然而理论和实践的批判却并未真正撼动新闻客观性原则作为新闻业主导观念的地位,在哈克特和赵月枝的著作《维系民主?西方政治与新闻客观性》中将它称为"不死之神"。"客观报道"在新闻表达领域中有不可动摇的地位,但纯客观式说话却不太容易做到,可是在事实不必解释和评论或不便和还不能解释或评论的情况下,新闻尽量要做到纯客观式"说话",客观地记录新闻,多作报道,少下判断。如果判断必不可少不可避免,就要善于将判断变为报道。

例如,在新闻报道中写:"他工作很称职",这就是一种判断式的"说话",如果改写为:"他毕业于北京大学,有十年工作经验。"这就变成了纯客观式说话,用事实说明"他工作很称职",将判断变为报道。又如,"他勇敢地趟到河里救起了那个孩子"。更符合新闻的表达是:"他半走半游趟进齐胸的河水中,用胳膊挽住那个孩子,将他推上了岸。"

---

① 艾丰:《新闻写作方法论》,北京,人民日报出版社,1996。
② 彭家发:《新闻客观性原理》,台北,三民书局印行,1986。
③ 赵月枝:《为什么今天我们对西方新闻客观性失望》,载《新闻大学》,2008(2)。

（二）选择式说话

选择，也是新闻报道常用的说话手段，通过选择角度、事实、时机来用事实说话。

1. 选择角度

角度，即看事情的出发点。由于事实本身具有多面性，对同一事物，站在不同的方位去观察和反映，就会得出不同的结论。角度不同，新闻价值就可能不同，因此表达的思想意义也就不同。

例如，前中国国家主席胡锦涛于 2008 年 5 月 6 日至 10 日对日本进行 5 天的国事访问，5 月 8 日胡锦涛在早稻田大学与中日两国青年交流。其间他与日本著名乒乓球运动员福原爱挥拍，进行了一场有趣的友谊赛。对于这一新闻，日本和韩国的媒体报道角度有明显不同，关注点和表达的思想意义也就有了显著差异。

日本 NHK：

胡锦涛与福原爱等切磋球艺

中国国家主席胡锦涛在访问早稻田大学之际，与北京奥运日本乒乓球队队员福原爱等选手交锋，使全场气氛一片沸腾。日本首相福田康夫在称赞胡锦涛的球艺时说："胡主席的球打得很有战略性。"

福田首相和胡锦涛主席今天访问了早稻田大学，在热烈的掌声中受到了日中两国大学生等人士的欢迎，两位领导人与学生们进行了交谈，加深了交流。

接着，北京奥运日本乒乓球队队员福原爱和雅典奥运金牌得主、中国选手王楠在两国首脑面前展示了精湛的球艺。途中，胡锦涛脱掉上衣，摘下眼镜，与这两位乒坛高手切磋了球艺。

真不愧是爱好乒乓球运动的胡主席，不但接球十分准确，而且强劲的扣球也频频成功，使全场气氛一片沸腾。

福田首相在观看了胡锦涛主席的球艺之后表示："幸亏我没有与胡主席打乒乓球。他的球打得很有战略性，万万不可麻痹大意。"

（资料来源：http://www.nhk.or.jp/nhkworld/chinese/top/news2.html.）

韩国《朝鲜日报》：

胡锦涛与福原爱等切磋球艺

8 日，中国国家主席胡锦涛在东京早稻田大学和日本年轻的乒乓球明星福原爱打乒乓球。谢绝和胡锦涛打乒乓球的福田首相表示："没有（和胡锦涛主席）一起打球是好选择了。他打的是很有战略性的乒乓球。我认为不能掉以轻心。"此番言论间接表明了日本对胡锦涛的期待和警戒心。

胡锦涛下午在早稻田大学发表演讲后,在日本首相福田康夫的观看下,同日本乒乓球选手福原爱打起了乒乓球。由于福田推辞说"打得都很好",因此,当初备受期待的中日首脑之间的乒乓球对决没能实现。

(资料来源:http://chn.chosun.com/site/data/ ... 20080509000010.html.)

由此可见,对同一个事实的报道可以有多种角度的选择,或者说可以从不同的侧面入手来展现它。不同的角度就有不同的针对性,体现了媒体对事实的不同关照。

2. 选择事实

通过对事实的选择,体现记者或媒体的立场、见解、意图。不同事实的报道效果,即说话的效果会产生差异。

1949年2月7日,美联社记者穆萨发了一条关于北平解放的报道。他对北平市民欢庆解放的场面弃而不录,却选了几个青年学生在街上挡住一位穿狐皮大衣的妇女,要她在地上学狐狸爬的场面。学生还警告说:"现在我们有新中国,不准任何人穿狐皮。"穆萨为何要选择这一事实呢?因为这个事实有利于穆萨表达自己的立场与观点。但是,穆萨仅仅选取了这一场面的报道是肆意歪曲、丑化中华人民共和国,是不符合客观实际的。穆萨按照自己的需要选取的对自己有利的事实是个别的、偶然的、片面的,不能全面地反映事物的全貌。①

3. 选择时机

就是选择什么时机说话更有效果。某些新闻要想取得良好的传播效果,必须选择在适宜的时间点上传播。即新闻该抢则抢,该慢则慢,该压则压。

及时是新闻的天性,新闻报道要求记者要快速反应,及时采访。新闻现场转瞬即逝,如不迅速报道,新闻便会迅速腐朽。即使如此,却也并不是所有的新闻都是越早报道越好,有些新闻就需要"养"。

"所谓'养'新闻,就是对一条有价值的新闻并不急于马上报道,而是根据其新闻特点,或放长线钓大鱼,或待时机成熟时再抛出,以求挖掘潜在的更大的新闻价值,争取达到意想不到的深度和影响力。"②如三八妇女节时刊发的先进人物报道,往往记者是在2月份,甚至更早的时候就得知线索"养"起来的。邓小平百年诞辰的专题报道,有很多采访对象也是记者在诞辰纪念日前一两个月甚至半年就寻找好"养"起来,等到活动时间到来之前才集中采访报道的。

(三)引述式说话

在报道中,记者不能以显现的方式表现自己的立场,但感情的流露、立场的表达有时

---

① 戴雪莉:《新闻的真实性与倾向性》,中国新闻研究中心,2002-09-15。
② 刘建明:《当代新闻学原理》,166页,北京,清华大学出版社,2005。

又是必要的,这时,引述式也是一种可取的说话手法,即记者将自己想说的话,借别人的嘴说出来,引用他人的话来表明、证明自己的观点、意图和评价。记录他人对事实的评论,是客观报道,而没有主观之嫌。但引述式说话要特别注意的是,所引用的他人语言,必须真实、准确,不得歪曲原话,不得断章取义。

比如,"证人撒了谎",这种表达是一种判断,应将其改为引述式说法:"原告律师说证人撒了谎。""听证会上这个决定是不公正的",这句话表达的是记者的观点,更合适的表达是:"听证会上有几个学生说他们认为这个决定是不公正的。"这样,表达就显得更为客观,并借"听证会上的学生"之口表达了记者自己的判断和评价。

小贴士

《什么在决定新闻》:赫伯特·甘斯(Herbert J. Gans)的著作《什么在决定新闻》,在20世纪70年代兴起的媒介社会学研究中,占据极其重要的地位。30年来,该书是几代研究媒介社会学的学者的必读之作。作者将丰富的社区研究传统与经验带入全国媒体的新闻室当中;借助横跨10年时间、对4家主要电视网与新闻杂志的参与式观察与访谈所得的经验材料,浓墨重彩地勾勒出新闻业黄金时期的大事件,以及精英媒体通过微观实践建构国家与社会图景的方式,并在此基础上发展出一套对新闻生产的"包罗万象"的解释。

《维系民主?西方政治与新闻客观性》:罗伯特·哈克特和赵月枝著的《维系民主?西方政治与新闻客观性》以客观性为切入点和聚焦点,从西方新闻体制、新闻哲学以及新闻与民主的关系的高度来探讨客观性的来龙去脉,并着重立足于美国、加拿大的社会现实和新闻现实。书中几乎涵盖了所有的新闻现象,以大量而翔实的材料对北美新闻制度、新闻思想、新闻实践以及北美特定的历史和现状进行了深刻的反思。在对新闻客观性的进步意义和局限性进行全面而历史的评析的同时,本书还提出了全新的新闻哲学和新闻改革的具体措施。

第二节 新闻写作的要求

一、真实是新闻的首要特性和必备品格

新闻是对事实所进行的报道,事实对于新闻来说,无疑是第一性的,对于新闻工作者来说,新闻一定要真实,这不是追求的目标而是坚守的底线。虚假编造的所谓新闻,不仅毫无价值可言,而且会对社会造成危害,并且会损害媒体自身的声誉。受众信任是媒体

赖以生存的条件,没有这个条件,媒体也就丧失了生存的依据。

(一) 生活真实和本质真实要同时具备

那么,我们怎么理解新闻的真实呢?真实分为生活真实(现象真实)和本质真实两种类型。简单地说,在生活中真正发生了的事实属于生活真实;未必是在生活中真正发生过的事件,却能反映出生活的本质和规律的称为本质真实。[①]

不同的文体,对于真实性的要求不尽相同,像法庭证词,只要求具备生活真实,证人只要准确地写出在什么时候、什么地方见到了什么或听到了什么就行了,并不需要对事物的本质和意义进行探讨和认识。而文学作品,就多数情况而言,只要求本质真实,而人物、事件、环境、细节,都可以是作者通过想象来虚构的,文学甚至恰恰要突破生活真实的局限,才能写出更深刻、更生动的作品。列宁曾在《哲学笔记》中引用费尔巴哈的话说:"艺术并不要求把它的作品当作现实。"[②]但新闻作品,则要求生活真实和本质真实同时都具备。也就是说,新闻写作不仅要求时间、地点、人物、事件、原因、结果等写作要素必须真实,而且要求透过现象洞察事物深层本质和内在规律,在更深的层次上把握事实的本质。

真实是新闻的生命,是新闻写作的底线,但在新闻业界假新闻却是层出不穷。对于屡禁不绝的假新闻,《新闻记者》杂志2009年1月号一条编者按不无感慨地写道:"抗战八年,虽然漫长,终获胜利。然而,本刊评选年度假新闻,也已经整整八年,却尚未见到胜利的曙光。可见新闻打假之难!这是八年前我们不曾想到的。原以为只要竖起新闻打假的大旗,呼啦啦立马就会聚集起浩浩荡荡的讨伐大军,不消半个时辰,假新闻便'谈笑间樯橹灰飞烟灭'。如今反思,我们过于善良,高估了媒体人的自律力;我们过于天真,低估了假新闻的生命力。现在方知,因为毒草的孳生,离不开合适的土壤,光拔草而不除根基,必定如春韭,割了一茬又一茬。看来,这场持久战恐怕远无停战之日……"

(二) 新闻失实的不同形式

失实的新闻常常会以不同的面貌和不同的形式出现。

1. 无中生有制造新闻

2013年11月17日,浙江日报报业集团所属《今日早报》在头版刊登了一张女兵学习十八大会议精神的照片(见图9-3),图片说明为:"11月16日,温岭市石塘镇雷公山民兵哨所的女哨员们,正在学习党的十八大会议精神。"

细心的网友将照片上7个女兵拿的报纸一一核查,发现手持14日《人民日报》的女

[①] 孙春旻编著:《新闻写作现用现查》,37页,北京,中国盲文出版社,2002。
[②] 列宁:《哲学笔记》,49页,北京,人民出版社,1993。

图 9-3 女兵学习十八大会议精神
（资料来源：新浪微博）

兵在看第四版,而第四版的内容是珠海航展;拿着《台州日报》的女兵是在看第十二版,该版是整版的苹果手机广告。11月17日,浙江日报报业集团图片新闻中心在其主办的视野网上发表致歉声明。

《人民日报》微博对此事件发表评论:"摆拍事件以公开道歉、处理当事人收场,可追问仍在继续:明显摆拍的照片,何以堂而皇之登上头版? 现实中,此类摆拍因何时有发生? 记者的职业操守固然有问题,好大喜功、歌功颂德的心态更需要反思。真相是传播力的前提,真诚是感染力的基础,根治摆拍,须从革除过时观念入手。"

这类无中生有的假新闻多是因为"主题先行"造成的,当记者在客观现实中找不到相应的事实以证明事先确定的新闻主题时,就可能以造假来完成所谓预定的"新闻"。其实,记者只要具有基本的职业道德,坚持新闻用事实说话的原则,这类假新闻是很容易防止的。

2. 捕风捉影杜撰新闻

2013年2月19日,央视《中国新闻》与央视网均报道:据卫生部消息,今年中国将全面推行先看病后付费制度,原先看病自己先垫付,现在是医院垫付,病人看完病只交自己的那部分,其余由医保支付给医院,目前全国已有20多个省份正在进行先行试点。专家认为,医保制度的完善是推行先看病后付费的基础。就算有个别患者逃费,有医保费用托底,医院也能基本保证不亏损。

正当人们都在为这个医疗改革新举措叫好时,卫生部医政司医疗管理处处长焦雅辉接受新华社记者专访时称,"开展先诊疗后付费模式试点"只是2013年再次被写入卫生部年度工作要点。至于何时才能全面实现,她表示:"无法给出时间表,今年肯定是不可能的。"

《吉米的世界》是在新闻史上有记载的假新闻。20世纪80年代成人吸毒的案例报道很多，但没有未成年人吸毒的报道，于是《华盛顿邮报》女记者库克认为，如果发现"未成年人吸毒"的新闻一定轰动美国，于是为了制造轰动性的新闻，她便开始寻找相关线索。可是，却未能找到她所期待的新闻事实。于是，库克就编造了一篇题为《吉米的世界》的关于"未成年人吸毒"的新闻，刊发于1980年9月28日的《华盛顿邮报》，报道记述了一个住在华盛顿南区的8岁男孩鲜为人知的吸毒故事。报道在当时引起社会极大的反响，并获得普利策新闻奖。但是，库克的谎言很快被揭穿了，这个"吉米的世界"根本就不存在。在舆论的压力下，库克不得不承认她是凭着自己的报道设想编造的新闻。

上述事例都是道听途说、捕风捉影，即虚构臆造。而且，有些记者为了使假新闻看起来更加真实，往往会将假材料编造得绘声绘色。但没有了真实性，编造得再好也毫无意义，而且还会极大地损害记者和媒体的声誉。

3. 张冠李戴错写新闻

将甲做的事情转移到乙的身上，或者把两件没有多大意义的事情像树木嫁接一样组接在一起，采取小说创作中那种"杂取种种，合成一个"的方法，也许真可以化腐朽为神奇，制造出一个很有价值的新闻。只是，这样写出来的纯属假新闻无疑。

2007年4月16日中新网有新闻报道：今天发生在弗吉尼亚理工大学的特大枪击案凶嫌身份初步认定，该行凶男子是一名持学生签证来美国就读的中国留学生，现年24岁。但警方称他不是弗吉尼亚理工大学的学生。消息源《芝加哥太阳报》透露，他于去年8月7日乘坐美国联合航空公司的飞机从上海出发，在加州旧金山登陆美国，持学生签证入境。

事实上，在北京时间4月17日晚9时40分左右，美国CNN直播了案情新闻发布会，在会上，警方宣布，经过有关部门的细致调查，凶手的身份水落石出——23岁的韩国学生赵承熙，弗吉尼亚理工大学英语专业本科四年级学生。

这条假新闻产生的主要原因是信源没有仔细核实，并且也没有说明信源出处。

4. 添枝加叶夸大新闻

在新闻报道中，如果能有生动精彩的事实当然难能可贵，但是如果没有就不能编造，也不能添枝加叶。另外，在新闻报道中说一些夸大不实的话和大而无当的话，这也是应该严格防止的。

2012年10月30日，《南方日报》刊登报道《论证国际数学猜想的90后男孩王骁威：想做敢追梦的"中国高斯"》。报道称，10月15日广东韶关学院大四学生王骁威的一篇关于数论的学术论文在国际知名数论期刊上发表，论证了国际数论学界一个尚未破解的数论猜想，并引起国外学者的关注。数学大师丘成桐就此与其进行了邮件交流，并对王骁威表示了肯定。11月6日，《广州日报》刊发报道《60年未解的世界数学难题"90后"的他破解了》，详细记述了王骁威与数学结缘的成长历程。11月16日，《广州日报》刊发报道《破解世界级数论猜想大学生:中国缺少静心做学问的人》。

11月23日,《中国青年报》刊发深度报道《媒体制造的"数学天才"神话》,指出《南方日报》《广州日报》等媒体报道中存在诸多失实之处。第一,王骁威解决的"仅用1表示数论问题中的素数猜想"算不上什么世界数学难题,只是《数论中未解决的问题》中的一个小问题,比较初等。第二,"王骁威成功论证了猜想"这个说法也有误,他并没有证明,只是用计算机找到了反例。事实上,类似反例前人已找到1 000个,王骁威的结果和他们比可以忽略不计。第三,丘成桐与王骁威进行邮件交流也不是事实,王骁威承认自己把丘成桐和其弟弟丘成栋搞错了。第四,有学者认为刊登其论文的《数论杂志》只是一本很普通的数学期刊。

媒体添枝加叶夸大新闻是为了让新闻有更大的价值,但其结果往往造成新闻失实。

至于那些极度夸张的弥天大谎,危害性更是有目共睹。半个多世纪以来,中国曾两度遭遇政治运动冲击新闻真实性的灾难:第一次是1958年"大跃进"时期,第二次是"文化大革命"时期。"大跃进"时期,当时的新闻界对经济建设成就的报道严重失实。1958年6月,《人民日报》报道河南有地方水稻亩产2 000多斤,以后陆续报道各地水稻亩产"放卫星",从亩产3 000斤、4 000斤、6 000斤到同年8月湖北出现亩产1.5万斤,之后水稻单产量在新闻报道中就像脱了缰的野马一路往上蹿,1958年10月1日,《天津日报》报道:"毛主席视察过的天津市东郊区新立村公社新立村水稻试验田获得高额丰产""经过严格的丈量、过磅和验收,亩产124 329.5斤",并称在田间的稻谷上可以坐人,让群众参观。就像奥威尔在小说《一九八四》中描述大洋国富足部篡改经济数字时所述:"绝大多数材料跟现实世界毫无关联,甚至不具有某个赤裸裸的谎言与现实世界之间的那种关联。修改前和修改后的统计数字都是异想天开的产物,绝大多数情况下,那些数字都是指望你在脑子里杜撰出来的。"[①]新闻界为那场蔓延全党、风行全国的造假运动推波助澜,践踏常识和人们的智商,造成了一代人难以忘却的苦难记忆。"文化大革命"时期,新闻的真实性原则再一次遭到浩劫。媒体的功能萎缩成单一的为政治服务,假话、大话、空话、套话充斥报纸版面,新闻报道黑白颠倒,混淆是非,老百姓对媒体几乎完全失去了信任。新闻内容除了宣传功能之外,根本经不起任何事实的推敲。歪曲事实的新闻构成了关于那个时代的虚假历史。

以史为鉴,可以知兴替;铭记历史,悲剧才不会重演。

5. 疏于审慎细节失实

细节失实的可能性最大,防止出错的难度也更大。

"二战"结束之后,菲律宾在美国的帮助下打退了日本的侵略,重新回到了被日本占领的国土。记者写道:麦克阿瑟将军和罗慕洛(菲律宾抵抗运动领袖)跳下冲锋舟,趟着

---

① [英]乔治·奥威尔:《一九八四》,孙仲旭译,34页,上海,上海三联书店,2009。

齐腰深的海水重新踏上了解放了的菲律宾国土。记者很得意,认为写出了麦克阿瑟和罗慕洛的英勇,那么迫切地要踏上祖国的土地。美国人也很高兴,但菲律宾人笑了。因为麦克阿瑟将军身高1.9米,罗慕洛身高1.5米,如果海水到麦克阿瑟的腰就把罗慕洛呛死了,如果海水到罗慕洛的腰那就才到麦克阿瑟的膝盖。这一句"齐腰深的海水"到底是谁的腰?这也是细节没写好。所以细节要真实,否则读者会质疑,进而会对整篇报道失去信任。

准确是建立在每一个细节准确的基础之上的。是"夫人"还是"小姐",是"教授"还是"副教授",是"林肯大道"还是"林肯街",总要力求准确无比。如果连细节都不准确,报道的客观从何而来呢?①

防止这种失实的唯一办法是采访和表达时精益求精,对细节反复推敲核对。

6. 现象存在本质失实

做到新闻的现象真实并不复杂,而做到本质真实却并不容易。事实上,很多假新闻的出现往往是本质失实,即新闻报道的时间、地点等各种要素没有偏差,但由于报道者的认识和评价与实际不符,仍然是失实的。也就是说,现象是真实的,本质是失实的。

例如,2008年,众多媒体包括境外媒体报道了四川男子吴加芳因为在"5·12"地震后背亡妻回家的新闻,吴加芳被网友们称为"最有情意的丈夫"。半年后吴加芳再婚,再度引起舆论议论。在后来的媒体进一步采访中,吴家乡的村民却指吴是薄情之人,背亡妻是被逼迫的,之前一直在和前妻闹离婚,而且不赡养父亲。

从现象看,吴加芳背亡妻回家的举动确有其事,但从本质上看,报道对吴加芳行为性质及行为原因的推论高估了内在因素(有情有义),而低估了环境原因(背亡妻是被逼迫的),从而造成行为归因偏差。这种归因错误使得记者不能如实地对事实作出反应,而是根据自己对现实的解释作出反应。

社会心理学家米勒和波特研究发现,随着时间的推移,归因会变得更加情绪化。而情绪化会影响判断,情绪会给面对的事实着色,从而影响人们作判断时思考的深度和效率。对于用事实说话,以客观为原则的新闻报道来说,报道主体一旦在新闻报道过程中掺杂了个人情绪因素,就很难做到客观公正,也就很难维护新闻真实性的底线。

本质判断的失误也不容易防止。现象是否真实可以用种种客观的手段进行核查,本质是否真实本来就没有有效检验的手段,只有靠记者的主观判断,当然更具难度。但如果记者能够反复核查事实,多方征求意见,多层次地深入思考,还是能够比较准确地把握事实的本质的。

---

① 萧三郎:《"客观性原理"与普利策奖新闻作品特色》,来源:http://victorwoo.com/admedia/show.asp?id=1944。

小贴士

归因：是指人们对他人或自己的所作所为进行分析，指出其性质或推论其原因的过程，也就是对人们的行为表现进行解释和说明的过程。这是一种对人和事进行深层次的认识的过程。在新闻采写过程中，行为归因就是对新闻五要素中"Why"这一要素的挖掘。社会心理学研究证明，人们在行为归因时通常试图将个体的行为或者归结为内部原因（如个人的性格），或者归结为外部原因（如人们所处的情境）。社会心理学研究发现，由于加工信息资料及认识上的原因而常常会导致的归因偏差，表现为对行为原因的推测显得既不理性也不合逻辑，甚至有些武断或荒谬。行为归因出现的典型偏差是当人们解释他人行为时，往往会高估行为者内在因素对其行为造成的影响，而低估情境因素的影响。这种归因偏差在新闻报道中也容易造成新闻失实（摘自欧阳霞：《反转新闻中的认知偏差分析》）。

（三）作为假新闻的反转新闻

反转新闻是在网络新媒体时代出现的新名词，也是一种新闻传播现象。目前学术界对于反转新闻尚没有给出被普遍接受的定义，包括使用的术语也有所不同，有的称之为逆转新闻，也有情境描述性地称之为新闻反转剧、新闻乌龙事件。反转新闻最重要的特点是新闻报道最初的事实在传播的过程中被重新发现并发生改变，媒体和受众对事实的立场随之发生逆转，并表现出与之前截然不同的态度。

虽说反转新闻在一定意义上能够成为探寻和靠近真相的动力，但其虚假的实质违背了新闻的真实性原则，损害了媒体的公信力，造成舆论的混乱和不良的社会传播效果。

反转新闻从内容上看，其实质是假新闻。而反转新闻作为假新闻的新名词创造出来，在于网络新媒体的发展，使得假新闻的制作者可以是任何人而不仅仅是记者，传播的媒介更加多元而不仅仅是传统媒体。更为重要的是反转新闻较传统意义上的假新闻，在传播过程中可以更为明确直观地呈现受众对其的态度，从而推动真相的寻找和确定。因此作为假新闻的反转新闻是一种带有活动发展状态的新闻传播现象。

反转新闻的出现可以归咎于新闻制作者主观故意、专业素质低下、受众缺乏媒介素养等较为显性的原因。但事实上，在新闻制作过程中，制作者存在的较为隐形的社会认知偏差，是导致反转新闻的心理因素。

社会认知是对他人社会行为和社会思想的认知，是指个体在与他人的交往中观察他人的行为表现，并对其内在心理状态、行为动机以及其行为的意向性作出推测和判断的过程。在新闻报道过程中，报道者在与被访者的采访互动中，记录和观察其言行，并通过分析、判断和解释信息而获取新闻事实，这便是一个社会认知过程。影响社会认知的因素,主要来自认知者、认知对象和认知情境三个方面。在新闻采写中,作为认知者的报道者自身的知识经验、性格个性、人生观、价值观、文化背景等都会影响其对被访的人和事的认知。被认知者的仪表、谈吐、个性、行为等也会影响认知者对他的认知、印象和评价。同时,新闻采访活动是在一定的情境中进行,而社会认知的情境会为认知者提供了解被认知者的线索。社会认知作为复杂的心理活动,在形成对他人的印象和解释他人行为时难免产生偏差,在新闻报道过程中出现认知偏差,就必然导致反转新闻现象。从社会心理学的意义上讲,要防止反转新闻,就要求新闻传播者洞见人类普遍的心理规律,发展批判性思维能力与人性的弱点作斗争,从而扭转社会认知偏差,让新闻更加客观,更加靠近真相。

链接

▲ 联合国《国际报业道德规约》

第一条:不得歪曲或隐瞒事实。

第二条:不得自私、攻讦、诽谤、抄袭;不得认谣言不认事实;凡记载不确而损失名誉者,必须立即更正。

▲《美国报纸主编协会新闻准则》

准则之一:为建立信义,报纸的报道文章必须真实,在它支配的范围内,如果报道不充分、不准确,或者不彻底,那是不可原谅的。

▲《美国职业新闻工作者协会章程》

第一条:真实是我们的最终目标。

▲《中国新闻工作者职业道德准则》

第四条:维护新闻的真实性。采写和发表新闻要客观公正。工作要认真负责,避免报道失实。如有失实,应主动承担责任,及时更正。

▲《中国青年报》2003(2004)1月30日《新闻为什么不能实话实说》

建立诚信社会,从说真话开始;说真话,从真实的新闻开始。只有新闻充满真实的力量,才能完善社会的监督机制,保障公民的民主权利,更好地推动社会进步。

二、准确是新闻写作至高无上的法则

准确与真实息息相关,新闻要真实,必须保证记者写作选择的词语是准确的。准确是新闻写作最重要的,也是最基本的要求。曾经创作过《金银岛》《绑架》《化身博士》等多部畅销小说的作家罗伯特·路易斯·斯蒂文森说:"……要变得更聪明只有一个方法,那就是确切。生动是第二位的品质,它应当以第一位的品质为先决条件;为了生动而出现表达错误只会使失败变得显眼……"①

缺少准确的语言,记者就无法使报道与事实相符,正如马克·吐温所说:"正确的词语和接近正确的词语之间真的有天壤之别,正如闪电和萤火虫间的区别。""适当的词语是强有力的中介。无论何时,当我们看到一个用得极其恰当的词语时,其影响既是物质上的,也是精神上的,这是一种像电般有力的刺激。"

准确是新闻写作至高无上的法则,记者所犯的任何一个错误都会损害受众对媒体的信任。美联社记者艾伦·布瑞德说:"达不到准确,你就是没有得到任何新闻,相反地还会起到一定的损害作用。"

美联社对新闻写作的准确性和真实性的要求非常苛刻,但这也并非表明美联社所刊发的报道总是一如既往的准确无误,每天都会有出错的事情发生,有些已经作为故事流传下来。其中最为引人注意的是美联社记者在"林德伯格绑架案"的裁决问题上弄巧成拙,那极具损伤性的时刻已成为笼罩在美联社头上不散的阴云。

查尔斯·林德伯格是第一个驾机横越大西洋的人,他是他那个时代最伟大的英雄。他19个月的儿子遭劫持,是引发强烈社会关注的大事件,最后不幸的是孩子的尸体在离林德伯格新泽西的家约5英里处被发现。美联社记者弗兰克·杰米森用11周的时间跟踪报道寻找孩子的全过程,新闻作品荣获普利策奖。

布朗克斯区的木匠布鲁诺·霍特曼作为犯罪嫌疑人受到指控。审判于1935年1月在新泽西州的弗莱明顿开始。公众对这件官司的热情持续不减,因此,美联社新泽西分社社长下定决心要第一个将裁决的结果发布出去。他的安排是:由一名记者偷偷地将一个微型发报机藏在大衣里带入审判室,裁决公布后,他就给另一名躲在顶楼上的记者传信,再由后者直接将消息传发出去。

陪审团开始审议,据说11个小时后将进行最后的裁决。接下来发生的事至今也没有一个圆满的解释。躲在顶楼上的记者向全国发送了一条简短的电讯:"弗莱明顿裁决已定,罪犯被判处终身监禁。"事后他说,他清楚地接听到发给他的这条电码(共有四个信号),而携带发报机的记者却坚决否认曾发过这条消息,而且事实上当时裁决结果还没有出来。

美联社的这条错误消息在线路上停留了11分钟,当时很多人都在关注这一世纪审判的结果。最终的审判结果是霍特曼被判处死刑。

"这次失误对于美联社的所有成员来说几乎是一场悲剧。"奥利弗·格拉姆林在他的《美联社:新闻的故事》中写道。当然,在此之前美联社也有过大的失误(1884年总统大选时,美联社报道说詹姆斯·G.布莱恩在纽约得票最多,这将使他最终赢得大选。结果

---

① [美]梅尔文·门彻:《新闻报道与写作》,展江主译,212页,北京,华夏出版社,2003。

是他并没有在纽约获胜)。但是,对于作为一个以报道的准确性(并非速度)而倍感自豪的新闻机构来说,那一刻是威严扫地,痛苦难当。①

如果没有精确性,就不能称之为新闻,只能算是虚构。

新闻写作的准确,不仅仅是选择恰如其分的词语,更是记者对事件、人物的深入采访,对事实的仔细核实,甚至请消息源审看稿件。

具体来说,新闻写作的准确性体现在以下几个方面。

(一)新闻的六要素必须准确

新闻的六要素是指时间、地点、人物、事件、结果、原因,即西方新闻学所强调的 5 个 W(What、Who、Where、When、Why)加一个 H(How)。六个方面都必须与事件发生的原始状况相符,必须真实可靠,不能含糊其辞。这些要素是构成新闻写作的基本材料,这些材料是真实准确的,新闻就确有其事,否则就值得怀疑。其中,时间、地点、人物、事件、结果属于硬要素,比较容易表达准确,而原因属于软要素,表达准确有一定难度,因为很多事物,尤其是比较复杂的事物,很难简单地归结为某一个原因。

(二)新闻写作所再现的环境、条件、过程必须准确

写作中的每一个具体新闻事实必须准确,完全符合客观实际,包括新闻写作中的新闻人物的话语、动作和一些细节描写都必须准确。

(三)新闻写作所引用的资料必须准确

这些资料主要有数据、史料、背景、题材等,在新闻写作中,引用的资料如果出现差错,同样会极大地影响新闻的准确性。

(四)新闻中的引语必须准确

引语要照引原话,可以有合理地选择,但不能对原话进行歪曲、增删,不能断章取义。

(五)新闻写作的准确必须是全面的

新闻写作准确不仅仅体现在单个新闻事实上,而且还体现在对新闻事实全面的把握上,要防止片面性、绝对化。

---

① [美]杰里·施瓦茨:《如何成为顶级记者——美联社新闻报道手册》,曹俊、王蕊译,19~20 页,北京,中央编译出版社,2003。

三、精练是新闻的特性所决定的

新闻要求篇幅简短是新闻的特性所决定的。

从新闻传播特点看,新闻的传播一般都是一次性的完全传达,这就决定新闻篇幅不宜太长。而且新闻本身有时效性要求,必须在短时间内完成信息传递,而不能像文学写作那样不受时间限制,可以用上十天半月甚至更长的时间写一篇文章、一首诗,甚至用几年十几年的时光写一部长篇大作。新闻写作只有篇幅简短,才能在最短的时间内以最快的速度报道最新发生的事实。

从新闻媒体本身看,要在有限的版面和时间里尽可能地容纳较多的信息量,客观上就要求新闻要精练,篇幅简短,以使版面和时间段容纳足够的信息数量,以便受众对社会现实有全方位的了解。在新媒体时代,对于新闻的速度和信息数量更是提出了更加苛刻的要求。

从新闻受众角度看,受众读报看新闻与读书看文学作品的阅读心理有差别。人们阅读文学作品,可以在长长的一段时间里慢慢品读,一本书、一篇美文可以读上一年半载甚至数年。但受众阅读新闻,主要是为了获取最新信息,所以要快速阅读,迅速获得。篇幅简短、信息量大,正好能满足受众的这种阅读心理。

当然,新闻写作要求精练,并不是意味着只要短就好。短只是形式上的要求,在内容上还是要求丰富精深,所谓妙微精深。

怎样才能将新闻写得妙微精深呢?我们结合一篇获得中国新闻奖的消息来分析。

本想告别"游击战" 开张连连"吃罚单"
郑州:罚单"赶"走首家擦鞋店

本报讯(记者 肖树臣;通讯员 肖明来、姜东辉) 店门开张半个月,"大盖帽"们接踵而来搞检查,上交罚金近千元,最终"退店上路"继续摆摊打"游击"。这就是郑州市首家擦鞋店绿城保洁擦鞋公司的遭遇。

"绿城保洁公司"老板孙红涛说,郑州市区的固定人口和流动人口数百万,擦鞋业有大市场,况且,街头违规的擦鞋摊很多。于是他参照北京、上海等地的成功先例,着手创办这家"擦鞋公司"。今年3月份,他以每月800元的租价在东风路租下一间30多平方米的门面房,办理了有关证件,从社会上招聘50多名初中以上文化程度的下岗青年,经过培训后上岗。7月初,河南省省会有了第一家擦鞋店。

然而,门店新开张,生意还没有做红火,各个管理部门的"大盖帽"们便接踵而来。工商部门认为,擦鞋店是新的特殊行业,得办理特殊岗位就业证,但新行业没有标准,就业证自然办不成,如此只好接受罚款;卫生部门要擦鞋店跟饭店服务人员一样,持有健康证,没有办也得罚;城管部门来检查,称擦鞋店门口放着顾客使用的拖鞋属占道行为,被"清理"走了;街道居委会找上门来要收卫生费……

擦鞋店每天至少要接待两拨检查和罚款人员,半个月的时间,擦鞋店上交罚金近千元。而擦鞋店每天只收入 30 元左右。擦鞋店的店员更是心灰意冷,他们说,在郑州,下岗职工要找份工作干,可真难。

据了解,不少市民对本市第一家擦鞋店的消失普遍表示惋惜。他们认为,不占道的擦鞋店是现代化城市擦鞋业发展的新趋势。若能规范发展,无疑是件好事。有关部门应该为其提供一个宽松的发展环境,也是为再就业工程作出一份贡献。

(原载《工人日报》2001 年 8 月 2 日)

消息《郑州:罚单"赶"走首家擦鞋店》一文,在第十二届中国新闻奖评选中被评为消息三等奖。这条短消息,从写作上来说,有一些成功经验值得借鉴和汲取,这些经验也恰恰是新闻能够精练的途径。

(一)主题专一

多数新闻,尤其是消息,都采用一事一报的写法。集中报道一件具体的事实,主题专一、笔无旁涉,自然容易将新闻写得短小精悍。大量的新闻实践证明,一篇文章或一篇报道,若能抓住一点写深写透,把一件事、一个意思写清楚、写透彻,这篇文稿便是好稿子。这条消息围绕罚款这一个问题,集中写了首家擦鞋店被罚的经过和所带来的影响,全文 600 多字,没有废话、空话,言简意赅,短小精悍。

(二)选材典型

选择那些既有共性特征又有个性特点,有广泛代表性和强大说服力的典型事件与典型材料进行报道,可以起到一以当十的作用,以少胜多的效果。这条消息中选用的"首家擦鞋店"被罚单"赶"走就具有代表性、典型性。文中所选用的材料——工商、卫生、城管、街道居委会等去罚款的部门,都很精当、典型,具有很强的说服力和感染力。

(三)以小见大

就是从小处落笔,向大主题开拓,引导受众从个别到一般,从感性到理性地了解新闻事实。以小见大衡量的标准是看能否见微知著,切忌短而不当,细小琐碎。这条消息通过反映首家擦鞋店被罚单"赶"走,向人们提示了再就业难的深层次原因。下岗职工再就业问题,党和各级政府十分重视,但到了一些职能部门,却是各唱各的调。报道抓住这一现实中普遍存在的问题予以解剖,使人们认识到,罚单赶走的不只是"擦鞋店",只有全社会都来关注再就业工程,再就业事业才能发展。可见,这篇消息反映的主题是重大的,具有强烈的针对性和现实意义。①

(四) 巧取一隅

对于复杂的事件,还可以只表现它的一个小小的局部。这样写虽有不够完整之嫌,但写好了也不乏新鲜感。把一个局部强调出来,本身就有些出人意料,立意不俗,很容易吸引读者。下面这篇新闻就是巧取一隅、落笔不俗之作。

对中美建交最感意外的是卡特总统派驻台湾地区的"大使"

合众国际社台北 1979年12月19日电 对于美国总统吉米·卡特突然决定承认北京一事,最感意外的莫过于他派驻台湾地区的"大使"。

上星期五,正当昂格尔大使兴致勃勃地参加美国商会举办的圣诞舞会时,一个助手要他去接电话。

这位个子矮小、皮肤黝黑的外交官员离开舞厅的时间是夜间11时(华盛顿时间上午9时),他紧皱眉头。

他在45分钟后回来时,原先情绪轻松的昂格尔像是变成了另外一个人。

那天晚上举办舞会的商会会长罗伯特·帕克回忆说:"他显得十分严肃,心事重重。"

这位大使对帕克说:"今天安排得这么好,谢谢你了。不过,我得走了。"

陪同昂格尔到美国军官俱乐部(举行舞会的地方)门口的另一个企业家回忆说,大使"神经紧张,而且有些颤抖"。

当昂格尔和他的妻子钻进他们的黑色官方轿车时,他说:"但愿我听到的消息是错的。"

500名客人中的一些人就大使的这番话进行了猜测,但是谁也没有料想到这是华盛顿与北京建交。

昂格尔访问了总统府,并安排了在星期六凌晨2时同蒋经国进行一次意义重大的会晤。

68岁的蒋经国从床上被叫起来,他穿着绿色灯芯绒上衣和便裤会见了他的仍穿着礼服的客人。

蒋经国和他召来的一位部长默默地读着卡特的来信。

外交部次长钱复后来说,蒋立即提出抗议。

---

① 刘保全:《中国新闻奖精品欣赏》,32页,北京,新华出版社,2006。

昂格尔说,他"记下了"总统的话,鞠了一躬,离开了总统的住处。

那时的时间是凌晨 3 时 50 分。

从美国驻台湾大使的反映这一小小局部去表现中美建交这一震惊世界的事件,为历史的转折留下了一段难得的细节。由此可见,不贪大求全,有时反而能写出令人叫绝的妙文来。①

(五) 跳笔行文

这是一种在文体结构上采用多段体,在行文叙述上采用跳跃式的新闻写作笔法,也称为新闻跳笔,西方新闻理论又叫断裂行文法。跳笔行文一般是将新闻报道中段落间的过渡、衔接、起承转合的联结词、句去掉,从而使新闻报道信息量更集中,节奏更明快,效果更强烈,同时也可以缩短消息的篇幅。一般叙述要求上下衔接、具有连贯性,讲究起承转合,凡有转折处要用过渡段、过渡句或关联词语,以实现文脉的贯通。跳笔行文却主张"跳",在句子与句子之间、段落与段落之间可以有甚至必须有较大的跳跃,取消过渡语句,直接把不同角度、不同阶段的事实一条条摆出来,段与段之间有明显的断裂。

例如:

肯尼迪遇刺丧命
约翰逊继任美国总统

(路透社达拉斯 1963 年 11 月 22 日电)急电 肯尼迪总统今天在这里遭到刺客枪击身死。

总统与夫人同乘一辆车中,刺客发三弹,命中总统头部。

总统被紧急送入医院,并经输血,但不久身死。

官方消息说,总统下午 1 时逝世。

副总统约翰逊将继任总统。

这条消息除第一段导语外,其他四段,分别叙述了刺杀的情况、抢救情况、官方证实的死亡时间、继任情况。这四个不同角度的情况形成四个层次,各自只有一句话,中间并无任何过渡,完全是自然排列。从表面形式看,全文是"散"的,段落间呈断裂状,但新闻事实依据其重要性联系着,零散的材料服从中心主题,像散文一样,形散而神不散。

---

① 孙春旻:《新闻写作现用现查》,46 页,北京,中国盲文出版社,2002。

四、生动是引人入胜的保证

新闻也要追求新颖的形式、新鲜的语言,也要不拘一格,生动活泼,引人入胜。要做到"活",除了事实要新鲜、角度要新颖以外,行文时还要注意做到形象生动,让读者如闻其声、如观其行、如睹其物、如临其境。

我们结合中国新闻奖消息一等奖作品——《别了,"不列颠尼亚"》来分析怎样才能将新闻表达得鲜活生动。

别了,"不列颠尼亚"

新华社香港　1997 年 7 月 1 日电(记者周婷、杨兴)　在香港飘扬了 150 多年的英国米字旗最后一次在这里降落后,接载查尔斯王子和离任总督彭定康回国的英国皇家游轮"不列颠尼亚"号驶离维多利亚港湾——这是英国撤离香港的最后时刻。

英国的告别仪式是 30 日下午在港岛半山上的港督府拉开序幕的。在蒙蒙细雨中,末任港督告别了这个曾居住 25 任港督的庭院。

4 时 30 分,面色凝重的彭定康注视着港督旗帜在"日落余音"的号角声中降下旗杆。根据传统,每一位港督离任时,都举行降旗仪式。但这一次不同:永远都不会有另一面港督旗帜从这里升起。4 时 40 分,代表英国女皇统治了香港 5 年的彭定康登上带有皇家标记的黑色"劳斯莱斯",最后一次离开了港督府。

掩映在绿树丛中的港督府于 1885 年建成,在以后的近一个半世纪中,包括彭定康在内的许多港督曾对其进行大规模改建、扩建和装修。随着末代港督的离去,这座古典风格的白色建筑成为历史陈迹。

晚 6 时 15 分,象征英国管制结束的告别仪式在距离驻港英军总部不远的添马舰东面举行。停泊在港湾里的皇家游轮"不列颠尼亚"号和临近大厦上悬挂的巨幅紫荆花图案,恰好构成这个"日落仪式"的背景。

此时,雨越下越大。查尔斯王子在雨中宣读英国女王赠言说:"英国国旗就要降下,中国国旗将飘扬在香港上空。150 多年的英国管制即将结束。"

晚 7 时 45 分,广场上灯光渐暗,开始了当天港岛上的第二次降旗仪式。156 年前,是一个叫爱德华·贝尔彻的英国舰长带领士兵占领了港岛,在这里升起了英国国旗;今天,另一名英国海军士兵在"威尔士亲王"军营旁的这个地方降下了米字旗。

当然,最为世人瞩目的是子夜时分,中英香港交接仪式上的易帜。在 1997 年 6 月 30 日的最后一分钟,米字旗在香港最后一次降下,英国对香港长达一个半世纪的殖民统治宣告终结。

在新的一天来临的第一分钟,五星红旗伴着《义勇军进行曲》冉冉升起,中国从此恢复对香港行使主权。与此同时,五星红旗在英军添马舰营区升起。两分钟前,"威尔士亲王"军营移交给中国人民解放军,解放军开始接管香港防务。

零点40分,刚刚参加了交接仪式的查尔斯王子和第28任港督彭定康登上"不列颠尼亚"号的甲板。在英国军舰"漆咸"号及悬挂中国国旗和香港特别行政区区旗的香港水警汽艇护卫下,将于1997年年底退役的"不列颠尼亚"号很快消失在南海的夜幕中。

从1841年1月26日英国远征军第一次将米字旗插上港岛,至1997年7月1日五星红旗在香港升起,一共过去了156年5个月零4天,大英帝国从海上来,又从海上去。

(新华社香港1997年7月1日播发)

(一)写好细节

细节是把新闻写活的根本。它不仅能增强新闻的可读性,而且能增强新闻的可信性,更好地表现主题。细节运用得好,能见微知著,使新闻人物、新闻事件更鲜活生动,使新闻报道更具有表现力和感染力。

在这篇新闻作品中,细节描写很成功。如"末任港督告别了这个曾居住过25任港督的庭院""代表女王统治了香港5年的彭定康登上带有皇家标志的黑色'劳斯莱斯',最后一次离开了港督府""将于1997年底退役的'不列颠尼亚'号""在英国军舰'漆咸'号及悬挂中国国旗和香港特别行政区区旗的香港水警汽艇护卫下"……这些细节的描述将新闻事件的因果、始末交代得具体清楚,把英国对香港的管治已到了"日落余音"的气氛渲染得淋漓尽致,使整个新闻报道生动形象,意蕴悠长。

(二)场景再现

如果在新闻报道中善于捕捉精彩的镜头、典型的场面,并给予形象的再现,无疑会使整个新闻活跃起来。

在这篇新闻作品中,记者作为历史的见证人,描写了英国撤离香港那一天的几个具有典型性的场景,把生动的现场气氛传达给受众。

第一个场景:下午4点30分,末任港督告别港督府,降下港督旗帜;

第二个场景:晚上6点15分,在添马舰军营东面广场举行象征英国管治结束的告别仪式;

第三个场景:子夜时分,举行中英香港政权交接仪式,米字旗在香港最后一次降下,五星红旗冉冉升起;

第四个场景：7月1日零点40分,查尔斯王子和彭定康登上"不列颠尼亚"号离开香港。

记者写道:"在蒙蒙细雨中,末任港督告别了这个曾居住过25任港督的庭院""面色凝重的彭定康注视着港督旗帜在'日落余音'的号角声中降下旗杆""停泊在港湾中的皇家游轮'不列颠尼亚'号和邻近大厦上悬挂的巨幅紫荆花图案,恰好构成这个'日落仪式'的背景""五星红旗在英军添马舰营区升起""查尔斯王子和第28任港督彭定康登上'不列颠尼亚'号的甲板。在英国军舰'漆咸'号及悬挂中国国旗和香港特别行政区区旗的香港水警汽艇护卫下,将于1997年年底退役的'不列颠尼亚'号很快消失在南海的夜幕中"……

这一个个场景,如同镜头般具有画面感、可视性,让受众如临其境、如闻其声,读来回味无穷,并加深了对香港回归这一重大历史性事件意义的理解。

(三) 气氛烘托

再现特定的场景、特定的形象,离不开生动形象的语言。富有个性化的语言,有助于增强新闻的感染力。

在这篇新闻作品中,"蒙蒙细雨中""雨越下越大"是天气状况的实写,但两处用笔对仪式的气氛起了烘托的作用;"面色凝重",是对港督彭定康表情的实写,但在这里作交代,对"告别"仪式的氛围起了点染的作用;"英国米字旗最后一次在这里降落""'不列颠尼亚'号驶离维多利亚港湾""彭定康注视着港督旗帜在'日落余音'的号角声中降下旗杆""雨越下越大。查尔斯王子在雨中宣读英国女王赠言""另一名英国海军士兵在'威尔士亲王'军营旁的这个地方降下了米字旗""五星红旗伴着《义勇军进行曲》冉冉升起"等这些描述,让受众仿若置身新闻现场,听到了降旗声、下雨声、讲话声和升旗的乐曲声……

一条主题重大的消息,能够表达得如此鲜活生动、情景交融,的确需要记者具有相当深厚的新闻采访和写作的功力。

新闻要有画面感,新闻写作要视觉化,记者应该把自己想象为电视纪录片的制作人。文字要像电视镜头一样,呈现事件和人物的细节,让读者通过阅读到达现场,这首先要求记者掌握仔细观察的技巧。威廉·鲁曼尔在《走进特写报道》中认为,记者在进行观察的时候必须高度集中精力,然后仔细分析所观察到的东西。他举了一个例子:"苍蝇是倒退着起飞的,所以为了击中一只苍蝇,你必须朝它稍微靠后一点的地方拍下去。这是一个有趣的细节,当然也是一个记者有能力发现的细节,别的人只看到苍蝇,而记者看到了它们怎样运动。"[1]

---

[1] [美]卡罗尔·里奇:《新闻写作与报道训练教程》,钟新主译,228页,北京,中国人民大学出版社,2004。

在采访的过程中,记者并不是总能知道什么样的细节可以在写作的时候用得上,所以应该尽其可能地去搜集全部的细节。记录下被访人正在想什么、说什么、听什么、问什么、穿什么和感觉到了什么,力求做到一切精确。

练习

一、找几篇没有遵循"用事实说话"原则的新闻报道,分析原因并改写。

二、搜集本年度《新闻记者》所载的假新闻,用本章所学理论知识分析假新闻的症结所在,并在课堂上集体讨论。

新闻要以事实说话,是指新闻写作的内容是"事实",那么,新闻事实以什么手段或载体去呈现呢?当然是"语言"。传播具有新闻价值的信息时所使用的文字语言就是新闻语言。艾丰说:"好的新闻语言是一种独立的语言。创造和推广实用的优美的新闻语言,是我们的历史责任。"①

第十章 语言,新闻的载体

事实从其来源上讲是对客观事物的概念性占有,但此时的事实尚不能用于传播,因为人类观察外界时的概念把握,在没有得到语言外显时是不会为人所知的,只有在用语言符号陈述事实时,传播才会发生。事实只有用语言加以陈述才可能被延展于空间,进入传播领域。用语言陈述事实是新闻写作的最基本形态。

第一节 新闻语言的内涵

一、什么是新闻语言

新闻在本质上是一种语言陈述,新闻都是经过语言传播的结果,语言是新闻的载体。新闻写作首先要求写作者要从认真观察事物的特点、状态、关系等出发,真切把握事物的有关信息,然后力求用准确的语言加以表达。

什么是新闻语言?"新闻语言就是从新闻的角度对全社会进行'选择'和反映时所用的工具。它的本质是信息传播的语言、报道事实的语言、解释问题的语言、快速交流的语言"②。

文学是语言的艺术。那么,新闻是不是语言的艺术?新闻当然也是语言的艺术。"新闻语言可以通过不断地改造、完善,成为与其他文学作品相比毫不逊色的语言——当然是就各有特色而言。"③

---

① 艾丰:《新闻写作方法论》,231页,北京,人民日报出版社,1996。
② 艾丰:《新闻写作方法论》,234页,北京,人民日报出版社,1996。
③ 艾丰:《新闻写作方法论》,233页,北京,人民日报出版社,1996。

新闻语言,服务于事实的报道,肩负着向受众表述新闻事实、传递新闻信息的使命。新闻语言是一种独立的语言。

二、新闻语言是综合功能语言

语言是在人类长期的生产实践和历史发展中产生,被人用来思维和传递信息的符号系统。虽然同一个民族的语言在形式上是相同的,但不同行业的语言却有明显差异,如学术论文中用科学语言说话,生活中人们沟通用日常语言说话,文学作品用文学语言说话……这说明语言有不同的功能。商业用语、宗教用语、军事用语、科学用语、外交用语,也包括新闻用语,都是因语言功能不同而产生的语言体式,即"语体"。所谓语体,就是人们在各种社会活动领域,针对不同对象、不同环境,使用语言进行交际时所形成的习惯用语、常用句式、结构体式等一系列运用语言的特点。

新闻语言在长期实践中形成了自身的语体,有独具的特点和规律,也有自身的语言技巧。

从语言的外在表现划分,语体可分为"书面语体"和"口语体"两大类。新闻要保证其真实性、重要性等价值要素,就应具有书面语体的特点,但新闻又是面向大众的,新闻想要亲近大众,为大众所接受,又必须带有一些口语体的特征,所以,总体来看,新闻语言是在书面语体的基础上汲取了一些口语体的特点,是兼具口语体特点的书面语体。

从语言的内在功能划分,语体分为日常语言、科学语言、文学语言等。"日常语言"主要发挥的是语言的交际功能,"科学语言"主要发挥的是语言的表意功能,"文学语言"发挥的主要是语言的表象和表情功能。那么,"新闻语言"发挥的是语言的哪一种功能呢?新闻报道的触角伸向现实生活的各个方面,因此新闻语言具有很强的包容性,所以,新闻语言是一种综合功能语言。

新闻语言有时表现为平易近人的生活化语言;有时又表现为准确、严谨的科学化语言;有时又表现为生动、形象的文学化语言。新闻语言就是这样一种独立的综合功能语言,它服务于事实的报道,以其质朴、实用的语言形态,富有表现力的语言风格来实现广泛的社会传播。

第二节 新闻语言的特点

"新闻语言是规范化的民族语言在新闻文体中的运用,它的基本特征是信息量大、真实准确、简洁凝练、通俗易传、形象生动。"[①]

---

① 王中义:《新闻写作技法》,78 页,合肥,合肥工业大学出版社,2006。

新闻的客观性要求报道必须真实直接，不能随意夸大、缩小或含糊其辞，因此，准确性是新闻语言的第一特点。

一、准确是新闻语言的第一特点

新闻文体承担着报道事实的责任，对准确性有更高的要求。杰克·海敦在《怎样当好新闻记者》一书中提出，"准确性高于一切"。"准确，准确，再准确"也是普利策的格言，他还强调："你仅仅不发表失实报道是不够的，采取一般措施避免歪曲事实也是不够的……一定要坚信准确性对报纸来说犹如贞操对女人一样重要。"

新闻事件所涉及的时间、地点、人、事、过程、关系等具有一种明晰性，都是确切呈现出来的表象，都是可以找到确切的汉语言符号来表达的。

新闻语言的准确性，包括：

（一）语言的所指与客观事实之间要高度吻合

新闻写作，尽量不用"不久前""长期以来""经过几小时努力""短短几天内"等语句代替可以明确表达的具体时间；尽量少用"一些""不少""无数""许多"等代替可以具体表明的程度。如果能说清几月几日就不要用"最近""日前"等语言来表达。

（二）概念明确、判断准确，防止"陌生化"和夸张

新闻语言在力求明晰之外，还要注意防止"陌生化"和夸张性词语。文学语言常常通过系统违反语言规则追求一种新奇的效果，从而达到审美需求。文学语言承担着营造独特美感韵味、激发读者想象的任务，常常要依赖语言的模糊和多义性。而这样的"陌生化"表达如果用于新闻报道中是不可思议的，因为，首先新闻报道用事实说话的原则在语言的表达上要求明确、直接，而陌生化语言无法直接明确地表达事物，所以新闻语言要反陌生化。另外，新闻面向的是大众而非小众，所以在语言表达上要兼顾大众的总体水平，不能追求用词的陌生化。

新闻语言也不可以有任何夸张性表达。夸张的语言用于新闻，受众就会质疑。因为，受众对新闻和文学的阅读诉求是不一样的。他们对新闻的第一需求永远是明明白白传递信息。所以，新闻语言的第一要求就是清晰、明确，否则就会造成新闻传播中的失实。

（三）慎用可能产生歧义的词语

新闻写作用词要十分谨慎，要慎用可能产生歧义的词语，否则表意就不会准确，很容

易让受众误会。

1. 决定性的词语易造成歧义

在事实尚不清楚时,如果使用决定性词语,容易引起歧义。例如,一名银行职员琼斯从他五楼的宿舍跳下来自杀身死,但记者赶到现场时,警察和法医都不敢作出肯定性的判断。这时如果记者写成"琼斯从五楼跳下去摔死",一个"跳"字就意味着琼斯是自杀的。但是万一最后警方确认是他杀,报道岂不是失实了吗?如果说成"被推下来摔死",就又肯定了他杀,排除了自杀的可能性。这时用中性词"坠楼"最为准确。①

2. 一词多义造成歧义

比如,"我叫他去"。在这个句子中,"叫"可理解为让、使、派,也可以理解为喊、唤、招等意思。理解不同,句子表达的意思自然不同。所以在新闻写作时,也要谨慎地使用一词多义的词。

3. 句子结构的不同停顿组合造成歧义

比如,"消灭了敌人的士兵"。对这个句子的理解,如果在"的"后面停顿,此句的意思就是"士兵消灭了敌人",如果在"了"后面停顿,此句的意思就是"士兵被消灭了"。关键在于"敌人的"这个词语是随下与"士兵"组成偏正短语,还是随上与"消灭了"组成动宾短语。对于这种不同的停顿造成的不同结构组织而形成的歧义句,新闻写作时要恰当安排句子结构,以避免产生歧义。

总之,虽然任何文体的写作都要求语言表达要准确,但因为新闻担负着向受众表述新闻事实、传递新闻信息的使命,因此,对语言准确性的要求更加严格。

二、白描是至高的语言境界

新闻写作不仅要求准确,当然还要求形象生动,这就使得在新闻的写作中免不了要使用描写手法。描写似乎更多的是一种主观性较强、修饰性较强的表达方式,这与新闻的客观性原则有一定的矛盾。但描写也可以是客观化的,按照描写的风格和详略的不同,描写可分为细描和白描两种类型。细描,也叫工笔,是一种精雕细刻、浓墨重彩的描写方法,它的色彩感和装饰性都很强,描写偏重于某一事物所引起的主观感受,不太注意事物的原始形态。从遣词造句方面看,较多使用形容词、副词,大量使用比喻、夸张、象征、对偶、借代等修辞手法。新闻中用的描写是白描,白描是绘画的一个术语,指只用线条勾勒,不用色彩,也不讲究明暗层次,寥寥几笔画出事物形体姿态的绘画方法。在写作中,也可以借鉴这种绘画的方法,只不过构成形象的质料不同罢了——绘画用颜料,写作

---

① 孙春旻:《新闻写作现用现查》,63页,北京,中国盲文出版社,2002。

用文字。①

白描,它没有浓墨重彩的铺陈,没有任何形容和烘托,更没有夸张,却准确而又传神地写出人或事物的形象。这种方法从表面上看没多少技巧,实际上却蕴含着更高难度的技巧,是高水平语言表达的能力。

穆青对白描是这样论述的:这种表现手法,有时也借语言的音响和色彩来加强效果,但主要依靠事实、形象、思想来打动读者。它的特点是豪华毕落见真谛,从平凡中见到深刻,在沉静中见到热烈;尽量做到自然流畅,不事雕琢。

请看一篇运用白描手法的经典之作——

光荣属于美国飞行员

中国南部某地电　在天空中,一场大战正在进行,地上的人们都停止了手中的活计,翘首仰望。最后,天上只剩下一架美国飞机,它那巨大的红底白五角星军徽分外耀眼。它单枪匹马,同两架日本鬼子飞机格斗。双方对射了一阵,两架日本鬼子的飞机先后栽了下来,轰然一声,从地面上升起了两条烟柱。

就在这个时候,人们也注意到,那架小巧玲珑的美国飞机也受了重伤。它吼叫着,声音很像用松节油作燃料的卡车在大路上行驶,而这辆卡车早已超载……最后,美国飞机也栽了下来,摔得很厉害,机身碎成了几大块,机翼也卷曲了。

人们在飞机的残骸中找到了驾驶飞机打日本鬼子的飞行员。他个儿高,块儿大,就像其他美国人一样。他的外衣的左右肩上缝着两条窄窄的丝带,背上缝着一面中国国旗,旗上印着几行字,大意是说这个人不远万里来到中国,帮助中国人民赶走日本鬼子。

尽管人们知道他活不多久了,大家还是把他小心地抱了起来,送到一所房子里,为他精心治疗。他的腿和手臂摔断了,身上也有几处枪伤,肚子被打穿了,从外面可以看到内脏。人们尽量让他舒服一些。他自己也明白,他活不了许久了。

就在人们尽量照料他的时候,他同他们又说又笑,用蹩脚的中国话开他们的心。可惜,他们不懂他的话,因为这个村的人们讲另一种方言。然而,大家都能理解为什么这个垂死的人强作欢颜,他们都看到了他的伟大,他的善良,他的力量和尊严。

---

① 孙春旻:《新闻写作现用现查》,63页,北京,中国盲文出版社,2002。

他死了。人们用白布把他包起来,因为白色代表人们对死者的悼念。他们用村里最好的棺木把他装殓起来,再把棺材抬到停泊在河中的船上,打算把他交给能把他转交给陈纳德等美国将军的那些人。

在棺木的旁边,他们放了一口箱子。箱子里盛着他的军服,那是在他痛苦不堪的时候,人们给他脱下来的。同衣服放在一起的,是人们在他的衣袋里找到的东西——有装着钱的小皮夹,有他本人和妻子、两个儿女的又厚又大的照片,有美国香烟,有银制的打火机,有折刀,有小小的棕色的美国硬币,上面铸着一个头像,是个长胡子的老头。

当这一切安排停当之后,村里的四个青年人带着长竹竿走到船上,他们将撑着船沿河而上,把美国飞行员交还给他的同胞。

死难的英雄就要回到他的同胞那里去了——这个消息在沿江地区迅速传开了。居住在两岸和在舢板上的人们都蜂拥而至,等待看这条船的到来。沿途,人们燃起了长串鞭炮,向一个为中国而战的美国飞行员致敬,向一个像英雄那样去笑、去死的人致敬。

(作者:美国陆军军士长玛里昂·哈格罗夫,原载《美国佬杂志优秀作品选》,1945 年纽约版)

这篇发表于"二战"期间的新闻特写,淡淡着笔、慢慢道来,语言没有铺排,没有渲染,没有华丽,但我们却被深深打动。

"他的腿和手臂摔断了,身上也有几处枪伤,肚子被打穿了,从外面可以看到内脏。人们尽量让他舒服一些。他自己也明白,他活不了许久了"。无须形容他伤得有多重,只是将事实告诉读者,就已经让我们心痛不已。

"同衣服放在一起的,是人们在他的衣袋里找到的东西——有装着钱的小皮夹,有他本人和妻子、两个儿女的又厚又大的照片,有美国香烟,有银制的打火机,有折刀,有小小的棕色的美国硬币,上面铸着一个头像,是个长胡子的老头"。无须说明他是怎样的一个美国人,只从他的遗物中就明白他是一个怎样留恋生活,怎样热爱亲人,怎样追求生活品质的人……

白描是至高的写作境界,它要求文笔洗尽铅华,光而不耀,它要求作者具有更高的写作智慧、语言驾驭能力和表达能力。就如同武功到了最高境界,功夫都已内化无形,就不再依赖手上武器的锋利和炫目,飞花摘叶皆可伤人。

三、简洁是新闻语言的美学品质

新闻语言简洁凝练、通俗易懂。美国各报业协会在作了大量的研究之后得出结论,

新闻要有可读性,关键之一是写短句。下表说明的是可读性与句子长度的关系(英文报道)①:

可读性与句子长度关系列表

句子平均长度	可 读 性	句子平均长度	可 读 性
少于8个单词	很容易读	21个单词	比较难读
11个单词	容易读	25个单词	难读
14个单词	比较容易读	29个单词或以上	非常难读
17个单词	一般		

简洁是新闻语言应该拥有高贵的品质。契科夫说,简洁是才能的姊妹。简洁是所有优秀文章的美学品格之一,更是新闻报道特别要求的写作规范,因为新闻的简洁意味着快速、直接和有效的信息传递。

新闻语言简洁,必须要做到:

第一,删除多余的字。比如,"这个俱乐部的成员出席了这次会议"简洁表达为"俱乐部成员出席了会议";"两辆汽车都完全报销了"简洁表达为"两辆汽车都报销了";"一座18层高的楼"简洁表达为"一座18层的楼";"他离开火车走下来"简洁表达为"他走下火车";"他说的是他要走"简洁表达为"他说他要走";"过去的经验使他成熟"简洁表达为"经验使他成熟"。

第二,少用间接动词形式。比如,"这些人物举行一次会议"简洁表达为"这些人将开会";"法官作出了一个决定"简洁表达为"法官决定"。

第三,主动语态通常比被动语态更有力。比如,"那人被学生看见了",比较好的表达是"学生看见了那个人"。"这次事件为许多人所目击"比较好的表达是"许多人目睹了这次事件"。

第四,多用短语。比如,"事故发生在维纳街和麦伯尔街的街角交界处"更好的表达是"事故发生在维纳街和麦帕尔街交汇处";"讨论持续了两小时之久"更好的表达是"讨论持续了两小时"。

简洁是一种美,更是一种力量。伏尔泰说:要想令人生厌,就什么也不要删除。在不长的篇幅内将新闻表达得言简意赅,是记者的基本功。

---

① [美]梅尔文·门彻:《新闻报道与写作》,展江主译,187页,北京,华夏出版社,2003。

四、通俗是获得良好传播效果的必然途径

新闻是一种运用最广泛的语体形式,新闻报道必须与受众有较强的接近性。因此,新闻语言必须通俗易懂、明确朴实,要使用规范的现代汉语词语。"有专家统计了19篇新闻作品的6 500个总词量并加以分析,通用词语占绝大多数,口语词次之,专业术语、行业习惯语、方言、俚语、歇后语、谚语、格言、古语词、外来词用得极少。有些专业术语非用不可时也用得十分谨慎,对极少数一般读者不熟悉的专业术语还作必要的解释。"①可见,新闻语言的通俗易懂是大众传媒获得良好传播效果的一个必然途径。

高尔基在《新闻工作者的伟大历史使命》中指出,新闻语言"当然是越朴实越好""真正的智慧,通常总是用很朴实的方式反映出来的""语言越朴实、越生动,就越容易理解"。②

新华社曾经发文要求:"我们一切发表的文字必须以最大多数的读者能够明了为原则。"新闻语言要做到通俗易懂,用语要简洁通俗,用词贴切、得体、有力,并达到语言雅俗共赏的较高境界。

避免使用术语和行话。有能力的记者不使用术语同样能准确地报道和描述事实。例如,有一条关于气象站天气预报的报道——"本报讯 辽宁省东沟县气象站不仅能够作出短期、中期和长期的预报,而且还能作出超长期预报。"

法新社在转发这条消息时修改为:

法新社电 绝大多数气象台可以告诉你今天、明天甚至两个星期内是否下雨,然而中国一个县的气象站不仅能做到这一切,还能对今后十年的气象变化作出预报。

尽量不用行话。使用受众容易理解的普通词汇、常用词汇,而不是政府官员、新闻发言人、法官、律师使用的语言。例如,"这些军人被指控犯有众多的侵犯人权的罪行"。更有力的写法应该是具体的,而不是抽象的:这些军人被指控犯有强奸和谋杀罪。

不要使用外来语,除非汉语中找不到替代词。在新闻表达中,越是笔法老练的记者,越是追求用字的平常,做到语言平白如话,通俗易懂。

同时记者还要善于吸收大众语言中的精华,多用大众口语。例如,"据新华社巴颜浩特(2002年)3月19日电 在沙尘源头采访,记者时常遇到倒毙在戈壁滩和沙漠中的驼

---

① 李元授、白丁:《新闻语言学》,81页,北京,新华出版社,2001。
② [苏]高尔基:《高尔基论新闻和科学》,王庚虎译,北京,新华出版社,1981。

羊的尸骨,而觅食的驼羊也形容憔悴。记者不禁叹息:在这里做个畜生好辛苦。在阿拉善右旗努日盖苏木一个叫梭梭井的地方,牧民白桂珍告诉记者:'这几年的沙尘暴越来越猛,一场大风过后,就能在草场中找到死羊。'走进额济纳旗苏泊淖尔苏木牧民达布罕家,我们惊奇地发现,每只山羊都戴着一只口罩。达布罕老人解释说:'哪是口罩呀,这是给山羊补喂饲料。'"①"在这里做个畜生好辛苦""一场大风过后,就能在草场中找到死羊""哪是口罩呀,这是给山羊补喂饲料"等,都是口语化表达。穆青提出:"如何把群众的语言巧妙地用到我们的新闻写作里,这是很有意义的事情。语言要经常搜集,经常学,经常记。写东西要概括,最好用群众的语言来概括,不要用咱们的腔调来概括。"②在新闻中最好的文字,就是与大众至亲的文字。

但需要说明的是,我们只是强调要学习大众语言的精华,并不是要求用口语写作。新闻语言必须以规范化了的现代汉语语言作为基础,使用规范化的语言,新闻写作永远不能忽视对语言的提炼。

杰克·卡朋在《美联社新闻写作指南》中指出新闻写作仅有信息是不够的,记者在交稿之前,应该向自己提三个问题:第一,我是不是已经把我想要表达的意思表达出来了?第二,我是不是已经尽可能简洁地把意思表达出来了?第三,我是不是已经尽可能用简单的文字把意思表达出来了?

新闻语言的特点对不同载体的新闻媒体有普遍的实用性,但不同形态的媒体对新闻语言的要求也有细节的差别。

报纸新闻以书面文字形式作用于读者的视觉,读者可以反复阅读。这就要求新闻语言要特别注意词句的修饰,讲究语言的生动、形象、含蓄和凝练。

电视新闻是以声音、影像和文字的综合形式作用于观众的视觉、听觉,是视听结合、声像结合的一种新闻表达形式,它的互补性强。所以,不管是口播的新闻报道,还是以文字显示的新闻语言,更应注意简明扼要,以免分散观众的注意力。

广播新闻通过声波的形式作用于听众,新闻语言应该注意音韵的优美和响亮,要求语言简单易懂,要尽量口语化、通俗化,避免文言、隐语、简称和同音不同义的词,以避免出现歧义。

---

① 刘明华、张征选编:《新闻作品选读》,23页,北京,中国人民大学出版社,2003。
② 穆青:《新闻散论》,233页,北京,新华出版社,1996。

第三节 新闻语言的禁忌

一、忌含糊笼统

新闻报道以传递信息为第一要务,因此新闻语言要有能力消除受众的"不确定性",从而使他们获得生活和周围世界的信息,并作出适应性的反应。如果新闻表达含糊笼统,就会让受众不得要领。因此,新闻语言忌含糊笼统。

下面结合一个案例来说明。

案例①

轻信他人代办房产证 不料跌落骗子陷阱
老太折房两套无家可归

本报讯 德福巷63岁的程老太太,因为轻信他人,把自家的两套房子委托他人办房产证,结果房产证没办来,委托人偷偷卖掉房子,还先后骗了她现金十几万,现在她无家可归,老伴和孩子也因此失踪了。

在德福巷21号院的车棚里,记者见到了老太太,半身不遂的程老太太现住在车棚小屋里。她告诉记者,她家原来有老伴和一个弱智的儿子,现在老伴和孩子都因为房子和钱财被骗而受刺激失踪。

程老太太告诉记者被骗的经过:2005年3月,在楼下车棚旁晒太阳的程老太太,认识了家住正大制药厂家属院的中年女人张某。当得知程老太太在德福巷小区有两套拆迁房,只有临时房产证,张某告诉程老太太,自己可以帮其找人办理正式房产证。在张某介绍下,程老太太又认识了一位女子杨爱琴,签了委托书,委托其办证,还给了其1万元现金。结果老人发现自己闲置的那套房,被杨爱琴卖掉,而房款也迟迟不给程老太太。今年年初,杨爱琴告诉程老太太,自己在索罗巷有套空房,可以让程老太太一家住,而程老太太住的房子可以租出去挣钱。于是程老太太一家在杨的"帮助"下,搬到了索罗巷。3月老太太又发现这套房子也被杨爱琴卖掉,杨再也不见了。程老太太的家人找到介绍人张某,张某说给她些钱,她可以帮老太太赎回这套房。程老太太又相信了她,先后给了她11万元现金。不久,张某也不见了。

---

① 案例和分析来源:http://www.xici.net/b1067005/d45529619.html.

今年 7 月的一天,突然有房产中介公司的人来索罗巷程老太太住的房子,告诉她这套房子是杨爱琴租来的,只租了半年,租期满了中介要收房。程老太太一家先后损失了房子、现金共 35 万元。此后,程老太太一家无家可归,老伴和孩子也先后失踪。程老太太只好在车棚暂住,在亲戚的照料下生活。上月,程老太太已在公安碑林分局经济大队报案。程老太太想通过媒体呼吁公安部门尽快缉拿骗子归案,同时提醒老年人不要轻易相信他人。

(资料来源:《西安晚报》2006 年 11 月 13 日)

这条消息存在的问题是多方面的,就语言表达方面,突出的问题是交待不明确。

第一,时间交代不清:新闻中说到了程老太太受骗的全过程,但很多地方的时间概念没有交待,整个事件给人的感觉不够连贯。诸如:

2005 年 3 月:程老太太认识张某;

——？月:张某介绍认识杨爱琴,(？时间)签了委托书,委托其办证;

——？月:闲置的那套房被杨爱琴卖掉;

——？月:房款还没给程老太太;

——2006 年初:杨爱琴告诉程老太太,自己在索罗巷有套空房,可以让程老太太一家住;

——？月:程老太太一家搬到了索罗巷;

——2006 年 3 月:老太太又发现这套房子也被杨爱琴卖掉,杨再也不见了;

——？月:程老太太的家人找到介绍人张某;

——？月—？月:程老太太先后给张某 11 万元现金;

——？月:张某也不见了;

——2006 年 7 月:房产中介公司的人来索罗巷要收房;

——？月—？月:程老太太老伴和孩子也先后失踪;

——？月:程老太太只好到车棚暂住;

——2006 年 10 月:程老太太已在公安碑林分局经济大队报案。

上面的这些问号不填上,事件进展的脉络就很难搞清楚。

第二,人物交代不清:

(1)程老太太是半身不遂,是什么时间开始的?如果以前就是,那她是怎样到车棚前晒太阳的?如果是以后才得的,那么是什么时候得的?如果是被骗以后得的,那么她的老伴和儿子都走了,她是如何到公安碑林分局经济大队报案的?

(2)程老太太的老伴是一个什么样的人?她们家办这么大的事就没有商量吗?如果是商量后决定的,老伴为什么要撇下程老太太走了?老伴就没有责任吗?

(3)张某住在正大药厂家属院,是租住还是自有住房?如果是自有住房,应该不会抛下房子就不见了,何况她还应该有家人;如果是租住房,那么房主应该知道张某是何处人,找到她也并不难;还有,张某能在程老太太的小区看车棚,应该也有身份登记才对,也不可能找不到张某的家。

(4)杨爱玲代老太太卖房子,她是什么身份?是不是房产经纪人?有没有从事房产中介的资质?

第三,事件发展表达不清:

(1)杨爱琴既然已经卖掉了程老太太的第一套房,而且不给钱,程老太太怎么还会把第二套房也交给她?

(2)程老太太给了张某11万元,给的是什么钱?为什么在已经被骗去了两套房以后还会给张某钱?

(3)程老太太搬到了车棚住,是谁让她搬进来的?她住进来了,看车棚的住哪儿?如果是小区居委会照顾老太太,那么居委会的人应该对情况有所了解,为什么没采访居委会?

(4)程老太太的老伴为什么离开?其中有什么样的隐情?

读了这篇新闻,感觉记者对所报道的事实所知有限。如果没有充分的调查和采访,就很难向受众传递全面、清晰的信息,其传播效果就会受到影响。

链接

下面是一篇与以上案例同源的新闻,这篇报道,比较清晰地报道了事实。

两处房屋被骗　老伴儿子出走
六旬老太寄人篱下孤苦度日

本报讯(记者拓玲)只因为太相信两位女子的花言巧语,63岁的程桂玲老人竟在不到一年的时间里先后丢掉了两套两居室的住房。手拿与骗子签订的委托书,老人如今欲哭无泪。然而屋漏偏逢连夜雨,家中的不幸却并未因此结束,受不了打击的老伴与儿子去年突然失踪后至今杳无音信。没了家的老人如今只能在社区看车棚的小屋里孤苦度日。

一年内两套房屋被骗卖

患有脑溢血后遗症的程桂玲老人和老伴李长振原住在德福巷东小区,2005年3月的一天,两人在小区车棚与一女子张春红聊得很是投缘。听说因房屋拆迁,老人在德福巷东、西小区各分有一套住房,且都是临时产权证。张春红便称自己认识人多,可以找人帮老人换成正式产权证。随后又叫来另一女子杨爱琴拟了份委托书。"当时说的是她们帮我办两套房的继承过户手续,没想到她们在委托书上又加上了帮我办理两套房产的租、售等一切事宜的意思。"视力不好的程老太当时稀里糊涂就签了字,并随之去公证处做了公证。

骗得了老人信任,又有了法律上生效的委托书,很快,老人在德福巷西社区14号楼3单元一套61.82平方米的住房就被张、杨两人以11万元的价格卖给了一位高女士。"我光在三张收款条上签了字,可11万元现金一分也没收着"。2005年8月,杨爱琴再次找到程桂玲老人,称其在索罗巷有套住房,因长期无人住,想请老人和老伴过去住,然后帮老人把德福巷东社区的房子租出去,一年最少挣1万多元租金。还没等程桂玲老人考虑几天,杨爱琴就找搬家公司帮老人搬到了索罗巷。直到今年3月,老人才恍然大悟。"3月份有一天,人家房屋中介公司找上门来,说我们住的房子是杨爱琴租的,只交了半年的房钱,现在房子已到期,叫我们尽快搬走"。

再回到德福巷东社区16号楼一单元的房子,才发现房屋早换了主人。程桂玲老人在今年3月已将房子以15.5万元卖给了另一对老人。而此时之前的张春红又出现了,称只有找她才能帮老人赎回房子,无奈的程桂玲老人向亲朋借11万元给了张春红,没想到换来的竟是漫长的等待。

老伴、儿子出走 寄人篱下度日

因为房子被骗的事,程桂玲老人经常与老伴发生口角,今年8月的一天下午,李长振老人与老伴吵架后,与先天智障的儿子李乐一气之下离家出走了,至今没有任何音信。提起日夜思念的老伴,程桂玲几次哽咽。没了住所,老人现在暂时住在社区看车棚的8平方米小屋,只靠每月400元的退休金艰难地度日、看病。程桂玲老人说:"现在一打杨爱琴的电话就是'已关机',再也找不到她们了,我晚上做梦都是被骗的经过。到底啥时候能赎回我的房子?"孤苦伶仃的老人显得特别无助。

碑林公安分局介入调查

事发后,程桂玲的亲属张先生曾到南大街派出所报案,但派出所工作人员称案情重大,他们无法处理。10月17日,张先生又来到碑林区法院报案大厅,工作人员表示,该事件属于经济诈骗案,可向碑林公安分局报案。10月19日,看到张先生的报案材料,碑林公安分局经侦科民警受理了此案。记者昨日在经侦科三中队尹队长处了解到,目前此事正处于案件调查阶段。

(资料来源:《西安日报》2006年11月12日)

二、忌数字堆砌

一些新闻报道不厌其烦地罗列细节和数字,这也是语言的堆砌。

看一条消息——

西洽会首日告捷　安徽代表团 33 个项目共签约 39 亿

中安网 4 月 6 日西安讯　西洽会首日告捷。今天下午,安徽省代表团经济技术合作项目签约仪式在西安皇城宾馆举行。今天共签订项目 33 个,总金额达 39 亿多元。

来自签约仪式现场的消息,我省代表团今天下午集中签约的项目包括,外资项目 1 个,协议总投资 1 000 万美元,吸引外资额 360 万美元;国内横向联合项目 17 个,总投资 19.094 0 亿元人民币,吸引外地资金 14.944 4 亿元,其中项目合同 5 个,总投资 4.36 亿元,外地投资额 2.218 8 亿元,项目协议 12 个,总投资 14.734 亿元,外地投资额 12.725 6 亿元。科技项目 4 个,合同总投资 7 265 万元,外地投资额 2 000 万元。产权交易项目 2 个,总投资 12 亿元,外地投资额 1.2 亿元,其中项目合同 1 个,总投资 2 亿元,外地投资额 2 亿元;项目协议 1 个,总投资 10 亿元,外地投资额 10 亿元。内贸合同 9 个,合同交易额 6.395 亿元。

陕西省委常委、政法委书记赵正永、安徽省人民政府副省长黄海嵩、安徽省人民政府副秘书长张秋保、安徽省经济贸易委员会主任杨振超等出席了今天的签约仪式。

（资料来源:中安网）

这条新闻简直是数字的堆砌,显然记者对新闻材料缺乏整理,对语言更是缺少概括和提炼。这样的数字虽然很精确,但却使得新闻事实很模糊。

三、忌用生僻字词

新闻是一种大众文体,它的受众群广泛,这就要求新闻用词要大众化,让绝大多数受众认识、懂得。如果新闻写作中用一些生僻字词,无疑会成为受众阅读的障碍,受众就会对新闻望而生畏,避而远之。

如某地市报上刊登了一条题为《夤夜查险》的报道。赫然出现在标题中的"夤"字不知要拦住多少读者。据《现代汉语词典》(修订本),"夤"的读音为 yín,意思为"敬畏"或"深"。可见,这条标题中的"夤"的意思应为"深"。那么,这条报道的记者或编辑,为何不用"深",而要用"夤"。用"夤"字的时候不知有没有想过,作为一份面向基层的地市报,用这样的生僻字合不合适呢？又如,有份面向农村、农民的大报,在一篇歌颂一位老农民关心公益事业的报道中,没有明确指出老人多大年纪,而是用"耄耋"一词代替。农民读者恐怕很少有人知道这一词的意思(据《现代汉语词典》(修订本),"耄耋"的读音为:mào dié;意思泛指老人,其中"耄"指八九十岁的年纪,"耋"指七八十岁的年纪)。退一步说,就是理解"耄耋"一词意思的读者,也会被弄糊涂,报道中的老人究竟是多大年纪呢?是七八十岁,还是八九十岁?

报道是写给受众看的,没有人看的报道就失去了价值。受众少的报道,其价值就不大。从以上例子可以看出,不少报道失去价值或价值不大的原因在于记者或编者有意或无意用了生僻的字或生僻的词后造成的。因此,新闻写作时,对于某些生僻的字、词,要设问一下:"大多数读者看得懂吗?"①

四、忌公文语言

"公文"是公务文书的简称,有时也称文件,如命令、决定、通知、通报、报告,等等。新闻语言与公文语言在某些方面确有近似之处,如都要求简洁准确,但两者在传播中有根本的不同。在新闻传播活动中,传者和受者处于平等的地位,除了信息本身的价值,没有任何因素可以对受众作出限制和约束,而在公文传递中,传者和受者是有等级差别的,语言富有指令性。因此,新闻语言如果带上了公文语言的权力色彩,受众就会反感,就会拒绝接受。

新闻媒体中用得较多的公文语言模式有:用"该",用"第一……第二……第三……",用"一是……二是……三是……"。这些字或句式用在公文中是恰当的,但这类字、句式出现在新闻报道中就使报道显得不伦不类了,既不像公文,也不像新闻。为何新闻报道中经常出现这种不伦不类的表达呢?原因就在于,不少新闻记者将别人现成的公文如通报、通知拿到后稍微一改便当新闻发表。这样的新闻报道,难免公文味。虽然收集包括公文在内的材料是采访的方法之一,但根据收集到的公文写新闻报道时,不能抄公文,而是要把公文中有新闻价值的事实用新闻语言表达出来,切不可留下公文的痕迹。比如说,通报中称某人或某单位时,一般用"该同志"或"该单位"。在新闻报道时,就不能照搬通报中的这种模式,应该将"该同志"用"他"或"她"代替,将"该单位"用"这个单位"代替。又如,新闻报道中经常出现的"一是……二是……三是……"或"第一……第二……第三……"的语句模式,在新闻写作中可以用分号(;)来表示并列关系,或者用"和""及""或""或者"来表示并列关系。②

五、忌网络语言

随着互联网的发展,在网络上会产生一些广泛流行的语言形式,便是网络语言。网

---

① 胡德桂:《新闻语言通俗化的方法、来源》,中国新闻研究中心,2003-02-19。
② 胡德桂:《新闻语言通俗化的方法、来源》,中国新闻研究中心,2003-02-19。

络语言快速传播的性质会很快成为人们特别是年轻人的交流用语,也难免进入新闻报道特别是新媒体的信息传播中。使用网络流行语确实能引人注意,在一定程度上加强了新闻的接近性,但是网络语言在很大程度上是对规范语言的解构和反动,往往带有戏谑、扭曲、荒诞甚至低俗的特点,网络语言在新闻报道中的应用会破坏新闻语言的准确性,进而动摇新闻的客观性原则。新华社发布的《新华社新闻信息报道中的禁用词和慎用词(2016年7月修订)》,其中规定了新闻报道中网络语言的禁用和慎用词,具体表述为:"近年来网络用语中对各种词语进行缩略后新造的'PK''TMD'等(新媒体可用'PK'一词),也不得在报道中使用。近年来'追星'活动中不按汉语规则而生造出的'玉米''纲丝''凉粉'等特殊词汇,我社报道中只能使用其本义,不能使用为表示'某明星的追崇者'的引申义。如果报道中因引用需要,无法回避这类词汇时,均应使用引号,并以括号加注,表明其实际内涵。""新闻媒体和网站应当禁用的38个不文明用语:装逼、草泥马、特么的、撕逼、玛拉戈壁、爆菊、JB、呆逼、本屌、齐B短裙、法克鱿、丢你老母、达菲鸡、装13、逼格、蛋疼、傻逼、绿茶婊、你妈的、表砸、屌爆了、买了个婊、已撸、吉跋猫、妈蛋、逗比、我靠、碧莲、碧池、然并卵、日了狗、屁民、吃翔、××狗、淫家、你妹、浮尸国、滚粗。"

总之,新闻语言的表达只有符合新闻的本质要求,符合新闻的传播规律,它才会生机勃勃,充满活力。

练习

一、分析下列新闻作品语言的白描性特点。

最爱舟舟的那个人走了

许多人都知道舟舟,他是中国著名智障指挥。 然而,人们不知道的是,舟舟的妈妈身患癌症12年。 支撑她活下去的唯一理由是,她必须用舟舟能够理解的方式告诉他"爱永远不会离开",她必须尽可能安排好舟舟将来的人生——

1994年3月,43岁的武汉市机床厂厂医张惠琴被确诊患了乳腺癌。 这一年,舟舟16岁。 舟舟患有21对染色体综合征,永远都只能有三四岁孩子的智力。

为了舟舟,张惠琴决定好好活下去。 在经过手术和半年的治疗后,她出院回到家里。

此后,她每天替舟舟换洗干净衣服,教他爱干净、讲卫生。 这样是希望别人不至于太厌恶舟舟,会尽可能地接纳他。 家里,她、丈夫和女儿都用头天的剩饭当早餐。 但张惠琴每天给舟舟一块钱,让他出去吃早点,目的就是希望他能学着多接触社会,会使用钞票。

正在这时,张惠琴丈夫胡厚培所在的武汉市交响乐团的一位同事偶然中发现舟舟对于音乐的天才感受力。

张惠琴兴奋极了,她终于找到了适合舟舟的生活方式和生存方式。夫妇俩决定送他上智育培训学习班,还请一些指挥家来指导舟舟……

1999年元旦前夕,中国残联特地邀请舟舟参加残联举办的春节晚会。在那次晚会上,舟舟将自己的音乐天才发挥得淋漓尽致。残联主席邓朴方拥抱舟舟,深情地说:"一切生命都是伟大的!"

中国残疾人艺术团赴美前,在北京21世纪剧院汇演,党和国家领导人观看了演出,舟舟的指挥获得了全场雷鸣般的掌声。此后,舟舟又在美国巡演指挥了包括美国国家交响乐团在内的几个世界顶尖交响乐团。

然而这时,在国内的张惠琴却被查出由于化疗不彻底,癌细胞已经转移并扩散。医生告诉过张惠琴,她必须坚持定期去化疗和复查。但一次化疗就得几千元,她舍不得,只要身体还能支撑住,一般能拖就拖。她要为舟舟尽可能多攒一分钱。

一个多月后,舟舟从美国回来了,这时张惠琴的头发因化疗已经全部掉光。舟舟摸了摸妈妈光光的脑袋,突然流着泪说:"妈妈,你得了病吗?"这是舟舟第一次知道妈妈有病。他的话像一股暖流涌入张惠琴的心里,她感到莫大的慰藉!她曾经以为舟舟永远不会懂得什么叫生病,什么叫问候。

张惠琴加紧了培养舟舟良好生活习惯的训练:她像训练婴孩一样每天无数次地叮嘱舟舟,早晚要刷牙,饭前便后要洗手,每天要洗脚,每周要洗澡……令她欣喜的是,舟舟也有了更多自我表达的意识。

这年,张惠琴陪着舟舟随中残联艺术团循环演出。到新安时,她感觉到胸腔似乎要爆炸一般的疼痛,完全站不稳了。她想,也许自己不行了。但她不愿意影响舟舟演出,更不愿让舟舟看见自己痛苦的模样,因此面对舟舟时,她居然从来没有皱眉,没有喊过一声痛。

张惠琴在等到丈夫赶来陪舟舟后,才连夜回到武汉。在同济医院,医生惊呼:她已经满胸腔积液,不知她是怎么忍受巨大痛苦呼吸的,而且她还四处颠簸奔波。张惠琴不得不赶快住院抽取积液,并进行化疗。

一天,张惠琴看一个电影故事。故事名叫《小孤星》,讲一个4岁小女孩在母亲车祸去世后的故事。女孩在母亲的墓地前拼命刨土,要把妈妈找出来。

张惠琴看着,震惊了,她一直只想着要怎样安排舟舟将来的生活,却从来没想过舟舟会怎样看待她的死亡。

张惠琴告诉自己，她一定要教会舟舟学会面对妈妈的离开。她无法想象因为自己的死亡，令舟舟感觉到被遗弃，感觉到孤独与绝望。

张惠琴从舟舟最喜欢的游戏——打手机入手，一次又一次反复告诉他，如果有一天妈妈不在了，你要学会给妈妈打电话。她拿着手机放在舟舟的耳边，对他说："你看，就像这样子，你看着天空对妈妈说话，那时妈妈就在天上注视着你。"

张惠琴指着院子里的小树对舟舟说，如果以后要找妈妈的话，就去看那一棵树。那是棵春天里开花的树，你可以把要送给妈妈的小礼物，比如一块蛋糕，比如一颗糖埋在树底泥土下，妈妈就会吃到。

张惠琴一遍又一遍地对舟舟说，你只是看不见妈妈的身影，但妈妈永远在你身边，在照片里，在录影带里，在你凝视的每一颗星星里，在拂过你身体的每一阵风里，在你清晨起床迎接的第一缕阳光里。只要爱在，爱你的人就在。

舟舟听着，他有时听不懂，但他有时分明是听懂了。

2006年5月27日下午，张惠琴在武汉市161医院肿瘤科骤然辞世。

去世前，张惠琴已经与武汉市红十字会眼库签订了眼角膜捐献志愿书。她的志愿书是这样写的：舟舟是在社会的关爱中成长的，我也要回报社会，帮助那些失明的人。

（资料来源：《现代家庭》2006年9月上 作者：千北）

二、分析下列新闻报道的语言缺陷。

湖南发现"妇女文字"

湖南省江永县举世罕见的"妇女文字"，已由中南民族学院宫哲兵整理成书，即将由中国展望出版社出版。

"妇女文字"是当地瑶族妇女都会写的一种奇特文字，属表音文字，有600多个字型，有些与甲骨文、篆书相似，有些与楷书相似。它记录的是当地瑶族群众使用的一种"土话"。由于这种文字只在妇女中流行，当地称为"妇女文字"，简称"女书"。一些学者认为，这是一个惊人的发现，将引起人类学家和语言学家的关注。

1982年到1985年，宫哲兵曾6次到中国南方进行民族风情调查，其间发现了这种奇特的文字。

新闻体裁就是新闻作品的具体样式,它是新闻形式的因素之一。犹如人们做衣服,要量体裁衣,要选择一定的样式,新闻写作也要选择表现样式,一切新闻作品的思想内容都要通过这样或那样的体裁来表现,没有体裁的新闻作品是不存在的。所以,要写作新闻,就需要认识和掌握新闻的体裁。

第十一章　体裁,新闻的表现样式

新闻的体裁简单地说是用来写作新闻的文体样式,在新闻发展的历史上,出现了多种多样的新闻体裁,如消息、通讯、新闻特写、新闻言论、新闻专访,等等。这些名目繁多的新闻体裁的产生和演变,都有一定的社会根据和它本身的发展规律。

第一节　消　息

新闻体裁是新闻内容的表达方式,也是新闻内容最常用的分类方式。新闻体裁的分类历来不统一,尤其是互联网传播手段广泛运用于新闻报道以及新闻业的发展等原因,使得新闻体裁的分类更加多种多样。一般而言,新闻体裁可以分为:消息、通讯、新闻特写、新闻言论、新闻专访等。

一、什么是消息

(一) 消息的定义

消息,是一种传递迅速、文字简明的事实信息,是新近发生的有价值的事实报道。消息作为最广泛、最经常采用的新闻体裁,是媒体传播信息的主要形式,在写作方面,它有着独特的规律和严格的要求。

"消息"一词最早见于《易经》,其意是指事物的发生、发展和结局。事物的兴衰、动静、得失、枯荣、聚散等,可以称之为消息。随着社会的发展,对新闻事实进行迅速及时、简明扼要的报道被称为消息。因其在新闻诸体裁中使用频率最高,使用数量最多,是新闻报道中最常用、最活跃的基本体裁,所以我们常说的"新闻"就是消息,狭义的新闻专指消息。广义的新闻,除消息外还包括通讯、特写、专访、言论、调查报告以及各种新兴的新闻体裁。

消息篇幅短小,讲求时效。消息又有报刊文字消息、广播消息(口播和录音新闻)、电视消息(口播和声像新闻)。

比起其他新闻体裁,消息写作的"新""快""短"特点更加明显。"新"的具体表现就是材料要新,要报道新人物、新事迹、新经验、新创举等新鲜事物。消息写作所反映的思想、所说明的问题,要富有新意。"快"就是要迅速及时,迅速成稿,新闻事实发生同公开报道之间的时间间隔越短越好。"短"就是消息写作的语言应该简明扼要。

消息是新闻报道的核心性表现式样,就新闻传播活动的整体而言,其核心性地位已延续了一个半世纪以上。因此,学会消息写作是对新闻记者的基本写作要求。

(二)消息的五要素

何事(What)、何人(Who)、何时(When)、何地(Where)、何因(Why)是消息的五要素。因为在英文当中这每个要素开头的字母都是"W",所以简称"五个W"。"五个W"是衡量消息是否写完整的尺度,从理论上讲,每条消息都应该回答"五个W"。后又有学者将如何(How)列入消息的要素,被称为消息的"五个W"加"一个H"。

例如:

24岁的警察朗尼恩在星期六凌晨约三点零五分被一把0.22口径手枪击中右脸颊之后,现在在"郊区医疗中心"伤情已经稳定,他在停车想喝一杯咖啡时,偶然地打断了一次抢劫企图。29岁的劫犯,斯科基人格瑞姆和21岁的诺威尔在一家位于欧文公园和埃斯特大街通宵方便商店里击中了朗尼恩。

这条消息的导语回答了"五个W"加"一个H"——

何人:警察约翰·朗尼恩

何事:右脸颊被击中

何时:星期六凌晨三时零五分

何地:欧文公园和埃斯特大街上的通宵方便商店

何因:他打断了一次抢劫企图

如何:被一把0.22口径手枪击伤

当一条消息写成后,可以用"五个W"衡量一下,一般来说,如果五要素齐全,那么报道就是完整的,否则,消息对事实的交代就不够完整,受众就会对新闻提出质疑。

二、消息的分类

消息从不同的角度分类,就有不同的类型。

按媒体分:有文字消息(报纸)、广播消息、电视消息、网络消息等。

按新闻报道事件的性质分:有事件性新闻和非事件性新闻。

按报道内容分:有政治新闻、经济新闻、科技新闻、军事新闻、体育新闻、教育新闻、文艺新闻、社会新闻等。

按写作特点来分类:传统上将消息分为动态消息(包括会议消息)、综合消息、人物消息、经验性消息(典型性报道)等。

(1) 动态消息:动态消息是同经验性消息(典型报道)等相对而言的,类似西方新闻界的硬新闻,是最常见的消息类型。它迅速及时地报道国内外正在发生或新近发生的新闻事实,是反映新事物、新情况、新动向的消息。动态消息最基本的写作要求是以一地一事、一人一事为对象,在简短的文字中叙述新闻事实,以事物的最新变动为主要着眼点,给受众以动感和现场感。我们常见的会议消息也属于动态消息。

案例

中华浩浩五千载　谁见铁龙渡大海

今天火车登陆海南

吴邦国出席粤海铁路通道轮渡建成庆典

本报海口 1 月 7 日电(记者　朱海燕)　中国第一艘跨海火车渡船——粤海铁 1 号,像漂移的陆地,载着火车驶向海南。

今天上午 9 点 15 分,渡船从琼州海峡北港出发,10 点 1 分抵达海口南港。

6 级海风掀起滔天白浪,汪洋大海上不见一片帆影。渡船在波峰浪谷间行进,十分平稳,杯水不摇。

吴邦国站在布满鲜花、彩旗飘扬的南岸栈桥上,临风而立,迎接渡船上岛。他满脸喜悦,似乎在对大海说:执政为民的共产党人彻底改写了海南与大陆不通火车的历史。

自古以来,天涯路短,思念情长。苏东坡被贬海南时,这里的路只有 1 195 里;洪武元年,官道仅 2 230 里。苏东坡、海瑞一批千古功臣,均无力将孤悬一隅的海南与祖国拉近。

张之洞曾提出"筑铁路至海南腹地"的设想;孙中山勾画了火车轮渡琼州海峡的蓝图。然而这些宏愿终被大海吞没。

1942 年,日本侵略者为掠夺财富,在八所一带用 4 万中国人的生命筑了

200 公里的铁路。解放后,虽经改建,但作为"孤立的存在"几乎被人遗忘。

交通不畅,物流不旺,经济难上。

1993 年启动的洋浦开发区,计划 15 年建成一座 40 万人口、600 亿元产值的现代化城市,目前生产总值仅 3.3 亿元,人口不足 4 万。1995 年,海南引进外资 14.6 亿美元,2001 年降到 5.7 亿美元。去年瓜果菜出岛 340 万吨,卖了 53 亿元,而汽车运费付掉 18 亿元,还有 40% 因登不上汽车烂在地里。海南有年 2 000 万人的旅游接待能力,因交通不畅,只能接待 1 200 万人。

党中央、国务院深切关注着海南。江泽民指出,通道是海南经济发展的生命。于是,一条致富线作为实践"三个代表"思想的杰作写进南国热土。

1998 年 8 月开工的粤海通道,投资 45 亿元、全长 345 公里,由湛海线、火车轮渡和西环线组成。其中高科技的渡船,减摇能力达 50%,在 8 级风浪中可平稳行进。

通道连接全国 7 万公里铁路网,将全面整合海南的经济结构和物流资源:90% 的港口吞吐量、80% 的商贸业、70% 的仓储业因铁路正呈现出蓬勃生机。

铁路使海南的交通能力提升一倍。运价降低 2/3。仅瓜果菜出岛,一年将多收入 50 亿元。

10 点 48 分,吴邦国为火车轮渡开通剪彩后,上千海南人涌向码头看热闹。一位老大爷挤进去又被挤出来,帽子都挤掉了,他嘴里喊着:"让我再看一眼。"

这时,一首《春天的故事》骤然响起,人们感受到"铁龙渡大海,琼崖尽是春"。

据悉,由于琼州海峡火车轮渡成功,大连到烟台间火车轮渡即将上马。

(原载《中国铁道建筑报》2003 年 1 月 11 日)

《今天火车登陆海南》是第十四届中国新闻奖消息类二等奖作品,是一条动态消息。消息反映的是中国铁路渡海的新闻大事件,反映新事物、新情况、新动向。记者对消息中的人物、场面细致入微地加以描写和刻画,给受众以动感和现场感。

(2)综合消息:综合消息是将发生在不同地点、不同单位、各具特色、性质相同的事实综合在一起,并体现同一个主题的报道。它的特点是涉及面较广,声势较大,在综合、概括事实的基础上,进行分析,提出见解,揭示规律。

 案例

一种行之有效的思想宣传方式在我区推行——

山歌唱响主旋律

本报南宁讯(记者 甘毅)"深奥道理不易懂,山歌一唱心里明"。宣传干部以往喟叹,做群众思想宣传工作好像秀才遇到兵。近年来,我区河池、百色、柳州、桂林等地市的干部们却从群众中找到了一把宣传金钥匙：山歌。巧借各族群众喜闻乐见的山歌宣传党的大政方针，繁荣了文化，唱响了共产党好、社会主义好、改革开放好的主旋律，效果奇佳。

请看一组农民编著的山歌：

"三个代表三根弦，三根琴弦紧相连；三根琴弦齐奏响，美妙音符洒人间。"

"贫富悬殊几千年，穷人有谁来可怜；唯有中国共产党，敢拿扶贫来攻坚。"

"三中全会新精神，广西贯彻最认真；中共政策广西化，1234610。"

"改革开放20年，城乡处处变新颜；楼房建到茅草岭，麻雀难找旧屋檐。"

"独生龙来独生凤，独生子女好威风；不信你去桂林看，哪个不夸独秀峰。"

听了山歌，思想开窍，"三个代表""扶贫攻坚""自治区党委'1234610'工作思路""改革开放""计划生育"等大道理很快家喻户晓。

自治区党委宣传部对山歌宣传方式大加倡导，自治区党委常委、宣传部部长潘琦甚至带头登场唱山歌。政府行为与民间行为相结合的歌王擂台赛和主题山歌会深受群众欢迎。歌手们针尖对麦芒地进行"华山论剑"般的斗歌，令在场观众听了"笑得眼泪都标（流）"，山歌化的政策条文无形中入脑入心。被封为"广西歌王"之一的刘应林对记者说："歌王是群众的代言人，替群众说心里话，句句都是肺腑之言，可信、可亲、可以接受，所以群众爱听、爱唱、爱看、爱读。"

同时，群众自发形成的歌圩热火朝天。走近金城江边、宜州市火车站、百色烈士陵园、柳州鱼峰山公园，树底下、石凳上，山歌声彼伏此起。有的乡镇圩日，文化站用广播播放农事山歌，赶圩的农民驻足细听。

在河池地区，宣传部门用山歌宣传形成了一整套经验。一是领导干部形成共识。党政部门用山歌作宣传，旅游、工商、税务、计生、农林水等部门也在用山歌搞宣传中尝到甜头。二是形成了老中青少年具备的"歌手梯队"。三是山歌活动开展得如火如荼，如河池铜鼓山歌艺术节、"三月三"歌节等，其火爆程度，可以用"万人空巷""人山人海"来形容。今年4月，在刘三姐的故乡宜州市河流乡举办的以宣传"三个代表"为主题的"刘三姐杯"山歌大赛，惊动邻近数县，参赛队伍40个，观众达4万余人。

山歌活动密切了干群关系，促进了农村两个文明建设。巴马龙凤村村民集资建庙堂，观看了"崇尚科学文明、反对封建迷信"山歌大赛后，立即将庙堂改为"科学文化室"；宜州市孟山屯老百姓通过听山歌弄懂了自治区党委"1234610"工作思路，及时调整农业结构，家家户户种桑养蚕，仅此项人均年收入达4 300元，有一户农民编了一首山歌刻在自家木柜上。

好歌儿越唱大路越宽阔。时下，庆祝党的80岁生日的山歌会又在全区展开。

(原载《广西日报》2001年6月22日)

这是一条综合消息,其成功之处在于记者具有较高的政治和新闻敏感性,在综合、概括事实的基础上,进行分析,提出见解,揭示规律。报道具有较高的指导性和参考价值。

(3) 经验消息:经验消息是报道典型经验,用以推动全局、指导工作的一种消息体裁,是反映事物发展变化的阶段性、概括性、经验性或典型性的报道。经验消息报道的事实一般不是突发性的,事情的发生、发展有比较长的过程。它所选择的事实有典型意义,能在不同程度上反映某一个时期、某一项工作的全貌。经验消息报道不是简单的现象罗列,而是通过纵和横的对比、分析、阐述,总结经验,揭示事物的本质。这类消息贵在题材重大、典型,提供的经验具有普遍的意义。

案例

3亿专款雪中送炭　千所小学改换新颜

广东着力解决农村困难家庭子女读书难

本报广州5月6日电(记者　温红彦、刘霄、王可)　我们常常轻松而随意地使用"座无虚席"来形容观者的众多、来烘托场面的精彩。中华人民共和国的义务教育为追求"座无虚席",筚路蓝缕奋斗了半个多世纪。如今,"座无虚席"在广东省的每一所农村中小学的课堂上成为现实。去年秋季以来,广东已基本做到没有一个孩子因贫困失学、辍学。对于广东省委、省政府来说,这4个字并不轻松,因为它承载着全省88.8万贫困中小学生书杂费全免的义务教育;这4个字沉甸甸,因为它意味着从今以后全省每年须支出3亿多元的财政专款。

在广东省16个贫困县之一的清新县高田镇看到,镇里的西坑小学各间教室真的"座无虚席"。校长张浩中告知,全校260个学生,有50个学生书杂费全免,而往年,开学三四周了,他们的座位还空着。清新县今年春季开学时,第三天全县小学生回校率就超过99%,这在往年是从未有过的。农民们感激地说,党和政府出钱解决孩子的书杂费,我们还有什么理由不送孩子读书。

农民的感动缘自政府的行动。去年6月国务院作出关于基础教育改革与发展的决定后,广东省委、省政府作出积极部署:通过省财政专项补助,对人均收入1 500元以下的农村困难家庭子女义务教育阶段免收杂费、书本费,全省88.8万中小学生可以免费读书,免收金额3.32亿元。广东省农村义务教育阶段的中小学生有800多万人,这意味着每10个学生中,就有1人享受全免的待遇。

政府的行动来自党政领导班子认识的提高。广东省委、省政府是从实践"三个代表"重要思想的政治高度来做这项工作的。代表最广大人民的根本利益,就要让农村困难家庭感受到党和政府的关怀,而使农村困难家庭的子女都能上学,是最根本的关怀。省委书记李长春说:"要保证一个不漏。"省长卢瑞华说:"需要多少钱就拨多少钱。"

这一体现"三个代表"重要思想的具体行动深得民心。省教育厅负责同志说,省委、省政府真正把教育摆在优先的地位,我们教育系统的干部体会最深,常常是我们要一块钱,省里给一块五甚至两块钱。为解决原来拖欠教师工资问题,省财政在前年增加转移支付资金5亿元基础上,去年又新增3亿元。在资金投入上有效地解决了学生和教师两方面的负担,有力地巩固了"普九"成果,使我们干劲倍增。

继去年采取重大举措之后,广东省今年又推出一个重大举措:在年内加快改造革命老区和山区1 000所农村小学,省财政为每所小学补助30万元,共计3亿元,要求将有危房的学校改造成规范化学校,乡镇中心小学要建成有规模、上水平的学校。副省长李鸿忠在接受采访时说,这是为了落实政府义务教育的责任,着眼于经济社会的长远发展,也是为了进一步体现教育公平,力争让所有经济欠发达地区的孩子和城市的孩子站在同一个起点上。

(原载《人民日报》2002年5月7日)

这条经验消息获得第十三届中国新闻奖消息类二等奖。这条消息以"三个代表"重要思想为主题,颂扬改革开放的新成就,主题重大而鲜明。通过介绍广东在义务教育上的工作经验,揭示事实的本质,提供的经验具有普遍的意义。

(4) 人物消息:人物消息是以人物为报道主题的消息。人物消息要抓住人物的本质特征、选取新鲜、典型的事实材料来表现人物的思想和精神面貌。它的特点是篇幅短小,叙事单一,内容主题集中;时效性强,要求快速采写报道。

人物消息和人物通讯的区别在于人物消息只写人物的一时一事,而人物通讯则在较为广阔的时间和空间范围内表现人物,内容比人物消息丰富;人物消息采用概括叙述和简笔勾勒的写法,人物通讯则可以浓墨重彩、精雕细刻;人物消息的篇幅短小,结构简单,人物通讯的篇幅可以简短,也可以长达万字以上。

 案例

伟人的俭朴震撼万名观众
小平夹克衫　感动三代人
童曙泉

自《世纪伟人邓小平——纪念邓小平同志诞辰100周年展览》10日在国家博物馆公开展出以来,已经有近万名首都各界群众前往参观、缅怀邓小平同志。人们从一件件展品中,再次感受到小平同志的伟大。

王老先生是在女儿和外孙的陪同下,来到国家博物馆的。参观中,王老先生的外孙惊奇地发现,小平同志生前穿的一件夹克衫好像有毛病:夹克衫纽扣间距都是15厘米左右,但最下面一颗纽扣离衣服下摆只有四五厘米,显得非常不协调。找讲解员一问,王老先生和他女儿、外孙三代人不禁齐声感叹:邓小平如此朴素随和,真是可钦可佩!

原来,当年邓小平视察南方之前,女儿给他买了这件夹克衫。回家试穿发现下摆长了一截。邓小平舍不得把这件新衣服搁置浪费,就让裁缝剪掉一截下摆。在整个视察南方期间,这件灰蓝色夹克是邓小平的两件主要外套之一。他就是穿着这件纽扣不协调的夹克衫,站在罗湖口岸,深情地眺望香港的。

听到这个故事,几位围过来的观众不约而同地鼓起了掌。负责布展设计的国博工作人员龚青女士眼眶都湿润了,她说,虽然这件衣服纽扣间距不协调,但和邓小平这位老共产党员朴实无华的作风是和谐一致的。

在展厅后部,分别按0.7∶1和0.5∶1比例复制的房间格外引起观众注意。这是邓小平在景山后街家中的办公室和会议室。30来平方米的房间完全按真实情况布置,暖壶、沙发等物品都是由邓小平家人提供、邓小平当年用过的。

右侧房间内,只有9张老式的套布沙发,8个小茶几,一条两米多的条案和一个小书柜,再也没有其他装饰,这就是邓小平设在家中、用了20多年的会议室。这里曾召开过许多重要会议。邓小平的办公室也很普通,办公桌上是一把十几元的暖壶、放大镜、毛笔和孙辈送的一个小毛绒玩具。唯一的电器是一台彩电,产于20世纪80年代,一直陪伴到邓小平去世。

许多观众感慨道:"小平同志真是太俭朴了。"

(《北京日报》2004年8月12日)

这条人物消息获得第十五届中国新闻奖消息类二等奖。消息篇幅短小,叙事单一,内容、主题集中,以一件不为人知的夹克衫小角度,人性化切入主题;借三代普通观众的眼睛,以鲜活的事实,准确、形象、生动地展示了邓小平的人格魅力。

第二节 通　　讯

一、什么是通讯

通讯是综合运用多种表达方式,详细深入而又生动形象地报道新近发生的事实的一种新闻体裁。它和消息均是主要的新闻报道形式。通讯也分为报刊文字通讯、广播新闻专题、电视新闻专题等。

据考证,"通讯"一词是由"通信"演变过来的。最早的新闻,传递手段主要靠电报和信函两种方式。用电报传递的稿件叫"电讯",由于电报费十分昂贵,一般都写得极其简略,就是我们现在所说的消息。而采用信函的方式传递的稿件,就写得比较详尽了,有较多的描写,比电讯要充实、生动得多,被称为"通信"。后来,随着新闻事业和电讯业的发展,本来运用信函传递的稿件,也改用电报传递了,于是人们又把"通信"改称"通讯"。这就是"通讯"名称的由来。①

"中国报纸之有通讯,实以黄远生为始",辛亥革命时期,上海的《申报》《时报》为了从北京获得新闻,聘请身居北京的著名记者黄远生为特约撰稿人,《申报》还专门开辟了《北京通讯》专栏,刊登黄远生从北京发来的稿件,黄远生开创了通讯这种新闻体裁,其"远生通讯"被视为民国初期中国新闻界的一大招牌。随后,通讯这种新闻体裁在中国不断得以发展。

通讯是中国特有的新闻体裁,西方传媒没有"通讯"体裁,它们的新闻特稿类似于中国的通讯。因此在中国学界和业界也有主张用"特稿"之称替代"通讯",而"特稿"在国内有时又被翻译成"特写",但"特写"刻画新闻事件之局部的特征,与通讯有别。淘汰通讯体裁或用"特稿"替代"通讯"的体裁划分并没有成熟的理论支撑。

黄远生(1884—1915)本名黄远庸,新闻记者。江西九江人,名为基,笔名远生。21岁时中光绪甲辰进士,成为清末最后一批进士中最年轻的一位。但他无意仕进,以新进士之资格赴日本留学,1909年毕业于日本中央大学法科。回国后先在清政府邮传部任职,辛亥革命后脱离官场,从业新闻。黄远生先后任《申报》《时报》《东方日报》《少年中国》《庸言》《东方杂志》《论衡》《国民公报》等报刊特派记者、主编和撰述,成为蜚声于世的著名新闻记者和政论家,是中国第一个以新闻采访和写作著名于世的人,时人誉之为"报界之奇才"。曾参加进步党,后在美国旧金山被刺死。著作编有《远生遗著》。黄远生的死是一个谜。他的生,则是一段被湮没的传奇。

图 11-1 黄远生
(资料来源:百度图片)

---

① 孙春旻编著:《新闻写作现用现查》,150页,北京,中国盲文出版社,2002。

新闻报道有了消息,为什么还要有通讯呢?是因为消息和通讯有不同的功能,各自满足着受众的不同阅读需求,是相互不能替代的。

二、通讯的作用

一是为受众提供更多的新闻细节。消息叙述简明扼要,一般不展开情节,而通讯材料比消息丰富、全面,其容量比消息充足。通讯能够相对完整、具体地报道人物或事物,充分展开情节,描写细节和场面。

二是使新闻具有一定的艺术品格。同一个新闻事实,采用消息和通讯两种不同的体裁写作,会给受众不一样的感受。消息的写作主要是平面的叙述,语言追求简洁、明快、准确。通讯则较多借用文学写作手法,可以描写、抒情、对话,可以用比喻、象征、拟人等修辞。因此,通讯在报道真实的人和事的过程中,善于再现情景,给受众以立体感、现场感。

通讯和消息的本质区别在于,消息是对新闻事实概括的实用性的反映,而通讯是对新闻事实在详细的实用反映基础上还有审美化的反映。

虽然就这两种体裁而言,无所谓孰优孰劣,它们都有各自的长处,适应不同的需要。但是,就某些题材而言,如报道新闻人物,用通讯体裁要比用消息体裁更生动、更深刻、更适合。

三、通讯的种类

通讯的种类按内容分,包括事件通讯、人物通讯、工作通讯、风貌通讯;按形式分,包括记事通讯、访问记(专访、人物专访)、小故事、集纳、巡礼、纪实、见闻、特写、速写、侧记、散记、采访札记。

(一)事件通讯

事件通讯是指报道新闻事件发展过程的通讯,是以写事为主的通讯。通过较为详尽地展示事件的完整过程,挖掘其意义,揭示其本质。并不是所有事件都能成为事件通讯的题材,事件通讯所描述的应当是新闻事件。事件通讯是消息的补充和发展。事件通讯"事因人生,人以事显",事件和人物是血肉相连的,所以,事件通讯不能孤立地写事,而要刻画与事件有关的人物形象,使事件和人物相辅相成。

(二)人物通讯

人物通讯是以人物为中心报道对象,以人物的思想、言行、事迹为报道内容的通讯。人物通讯中的人物当然要具有新闻性,各行各业的英雄模范人物、人们普遍关心的社会名流、在平凡的生活和工作中体现了某种人生价值的普通人,甚至某些对社会有警示作用的反面人物都可以成为人物通讯选择的对象。报道对象的选择取决于其蕴含的新闻价值,一般来说报道选择的人物必须具有先进性或典型性,能体现时代精神,反映社会面貌;有能构成新闻的充分事实,生命形态和生活轨迹有一定的独特之处,人物有鲜明的个性。

(三) 工作通讯

工作通讯是介绍某单位的先进事迹,传播其典型经验和做法,总结实际工作中的经验和教训或者探讨有争议的、亟待解决的问题的通讯。工作通讯以介绍工作经验和分析问题为主旨,凭借事实,深入分析,要求写出背景、做法、成就、经验、教训。工作通讯要求生动活泼,讲究文采,比典型报道更详尽,比工作总结要具体生动。工作通讯形式多样,包括"随笔""散记""侧记""札记""记事"等。

(四) 风貌通讯

风貌通讯又称概貌通讯,是记述某地区、部门、行业、工程的新面貌、新气象的通讯。它是以反映社会生活、风土人情、自然风光和日新月异的建设成就为主的报道。风貌通讯与事件通讯不同,它不是围绕一个人物或一个中心事件来写,也不要求写一件事发生、发展的完整过程,而是围绕主题集中各方面的风貌和特色进行报道。在表达方式上,一般采用巡礼、纪行、散记、侧记等形式。

此外,还有以写一个片断、一个场景、一场冲突为对象的新闻故事、小通讯之类,也是通讯家族中充满活力的成员。

四、通讯和消息的区别

通讯与消息同属新闻体裁,但有明显的区别。我们将同一题材的消息和通讯进行比较,便很容易辨析消息和通讯的区别。

2008年"5·12"特大地震中,由浙江省对口帮扶援建广元市的51所希望学校没有倒塌,没有一名学生在大地震中伤亡。

有媒体在2008年5月30日以消息体裁报道这一事实。

浙江援建四川广元的希望学校地震中无学生伤亡

中国园林网5月30日消息:据浙江省政府经济技术协作办公室及广元市、青川县对口帮扶办提供信息,由浙江省过去对口帮扶援建广元市的希望学校,没有一名学生在"5·12"特大地震中伤亡。

为实现区域协调发展,1996年以来,党中央、国务院号召率先发展起来的东部沿海省市对口支援西部贫困地区,而浙江省被确定对口帮扶四川省广元市等地。12年来,浙江省通过帮建学校、卫生院、敬老院等公益事业项目,开展扶贫新农村、产业合作、人才培训交流、结对助学等工程,有力地促进了对口地区的脱贫致富和经济社会的发展。

"5·12"特大地震发生后,在广元市,由浙江对口帮扶援建的51所希望小学、4座中学教学楼中,除青川县5所希望小学有不同程度损坏外,大部分楼房保持完好,且没有一名学生在震灾中伤亡。

浙江省政府协作办表示,过去在援建广元希望小学、卫生院、敬老院的工作中,浙江省与广元市有关部门坚持把工程质量放在第一位,科学规划与论证,严格实行招投标和全程工程监理制度,确保对口帮扶项目工程优良。

……

(资料来源:新华网浙江频道 2008-05-30)

这条消息600多字(为了节省篇幅,引用时删节了最后一段文字),整条消息概括简短。

同样报道这一事实的通讯又是怎样的呢?2008年7月30日,《钱江晚报》以长篇通讯的形式进行了报道。

这里只节选这篇通讯的开头部分:

大地震中,浙江援建广元的51所希望学校倔强挺立,在校师生无一死亡;灾后两月来,本报记者跨越浙川追寻奇迹——

一片不塌的蓝天

6月1日傍晚,一场8级大风和冰雹袭击了青川县城。县政府大院里,青川政协的向明月挽着裤腿,站在雨水中忙着加固他的办公室——一顶蓝色的救灾帐篷。"整个青川现在找不出10所好房子,你看,县政府大楼都塌了。"看着泡在水里的帐篷,向明月神色黯然。地震后,青川这座川北千年重镇伤痕累累,有98%的房子受损,4 695人遇难,全县25万人无家可归,被国家确定为10个"极重灾区"之一。而最让这个青川教育局前任局长心痛的,是那些倒塌粉碎的校舍和学校废墟下掩埋的幼小生灵。青川有40%的学校在地震中被夷为平地,倒塌校舍11.2万平方米,364个来不及逃生的孩子被废墟吞噬。而浙江援建广元的51所学校中,就有5所位于青川。这5所学校,都是向明月在任时建的。

地震后,知道这5所学校都没有倒,在校师生平安,向明月特地找到教育局负责基建的唐建勋,郑重地向他连声说"谢谢"。"如果所有的房子都像这5所学校,青川有多少人可以活下来啊。"说这些话的时候,向明月说不清是伤感还是宽慰。是的,房屋,本是人类保护自己、抗风御雨的处所。然而,劫难中,人类却首先直接死于倒塌的建筑物、房屋,成了助纣为虐的帮凶,成了人类的坟墓!这,是怎样的伤痛和不堪?

2008年5月12日,四川汶川8.0级大地震,6.9万人遇难。

……

地球一声叹息,山崩地裂,灰飞烟灭。

古希腊的普罗泰格拉曾放言,"人是万物的尺度"。可是,令人类汗颜的是,在每一次劫难面前,生命却总是那么的轻若纤埃,犹如一粒微尘,在茫茫宇宙中飘荡,风过无痕。留给我们的,是心痛的思考和无尽的惋叹。

所以,可以想象,当我们在6月1日,汶川大地震后20天,踏上这片破碎的土地时,心中的悲欣交集。广元之行,是为了寻找一个奇迹背后的秘密。这个奇迹使数万幼小的生命逃脱了死神魔掌——浙江援建广元的51所希望小学在大地震中依然挺立,师生平安。

所以,可以想象,当我们听到51所希望小学震中不倒的消息时,心中的那种温暖与慰藉。51所学校,是数万孩子头顶的蓝天,是他们忘却贫苦憧憬未来的灿烂星空,是他们遭遇灭顶之灾时的生命方舟。假如,灾难并非那些倒塌学校的唯一原因,那么,这51所希望小学的每一片砖瓦后一定藏着动人的责任与爱心故事。

……

(原载《钱江晚报》2008-07-13 第8版)

这篇通讯约1万字,尽管这里摘录的只是一个开头,但我们也还是能感觉到通讯和消息的区别。

(一)内容上,消息简略单纯,通讯详细丰富

消息往往是将事件的几个新闻要素报道出去:何事、何时、何人、何地、状况、原因,让受众尽快了解到最重要的概括性信息。而通讯是一种对事实详细、深入的报道体裁,通讯将事件的来龙去脉、前因后果等详细信息完整地报道出去,它满足了受众在知晓新闻事件大致情况后,探求事实深层原因和获知详细过程的兴趣,使受众较完整、深入地了解新闻事件或新闻人物。

因此,详细、深入、完整是通讯体裁的突出特色。

"5·12"特大地震中,青川有40%的学校在地震中被夷为平地,倒塌校舍11.2万平方米,364个来不及逃生的孩子被废墟吞噬,而浙江援建广元的51所学校却没有倒下。这是不可多得的新闻素材。记者获知后迅速用消息作了报道,使这件新鲜事迅速传播。

一个引人注目的事件在社会上引起反响之后,顿成舆论热点。人们对新闻事件的前因后果、具体过程便会产生浓厚的衍生性兴趣。

浙江援建青川的希望学校的经过怎样？大地震中希望小学师生逃生情况如何？什么原因使得浙江援建青川的希望学校没有在大地震中倒塌，师生安全吗？

当所有这些想要知情的愿望聚集起来的时候，在地震后两个月的7月13日，《钱江晚报》发表了以《一片不塌的蓝天》为题的长篇通讯，以"广东建筑师眼中灾区最好的房子和它的选址故事""一个包工头的亏损和328个孩子逃生的故事""一位绍兴老市长的挑剔和青川基建股长的庆幸""两条珍藏的短信和广元教育局长的肺腑之言"四部分详细的新闻事实、环环相扣的情节材料，报道了这一新闻背后的故事以及前因后果。

（二）形式上，消息程式性强，通讯创造性强

从结构上看，消息是一种程式化的体裁，它的外部结构由标题、消息头、导语、主体、结尾组成，标题、导语又都有一些规范的写作模式。消息的写作，在很大程度上是按着固定的模式进行操作，创造性只体现在局部。而通讯的写作没有固定模式，每一篇都有自己独特的结构形式。

另外，消息的写作方式和语言也都有一定的程式。在写作方面，消息主要用叙述，其他表达方式用得很少。在语言上，消息运用词语的直接含义，简洁朴素，循规蹈矩。而通讯表达方式则丰富多样，语言常有新颖独特的创造性运用。

（三）风格上，消息朴实，通讯富有文采

消息一般没有文学性，朴素实用；通讯则有较强的文学性，生动活泼而富于文采。例如，通讯《一片不塌的蓝天》中有这样的片断：

……当这些原本陌生的名字和那一幢幢挺立的教学楼出现在我眼前，20天来压在我心头的那块石头也一点点轻轻地碎了，我的心变得温暖异常——那一刻，我只想感谢这些天来所见到的一切——感谢那些在几十秒钟内就把孩子疏散到安全地带的老师；感谢那些勇敢逃生的孩子；感谢那些没有为了几个钱而偷工减料的包工头；感谢那些为了几根钢筋而较真急眼的建设者；感谢那些张开了裂缝却依然在废墟中傲立的教学楼——天崩地裂的那一刻，51幢不倒的楼，是51座坚实的脊梁，是51片不塌的蓝天，它们撑起的，是数万名孩子幸福的天堂。……

记者借用文学表现手法，使新闻具有了艺术的品性。

（四）时效上，通讯不如消息迅速及时

一般而言，通讯的时效性不及消息。消息内容简略，篇幅短小，采访快，写稿也快。通讯有大量的细节，篇幅一般比消息长，采访要更深入，写稿时间自然也比消息长一些。

当然,通讯作为新闻体裁,写作和发表也要求越快越好,写作也要遵循新闻写作的基本原则和要求。

第三节　新闻特写

新闻特写,是从消息和通讯之间衍生出来的一种新闻体裁。当20世纪广播、电视等电子媒体相继出现以后,其视觉化、形象化的特点,使得纸质媒体压力巨大,为了与电子媒体竞争,纸媒便越来越多地借鉴了摄影中"镜头感"的传播效果,用各种文字表现手法来写作新闻,于是新闻特写这种新闻体裁脱颖而出。

一、什么是新闻特写

新闻特写是截取新闻事件和新闻人物在特定场合中的"片断""剖面"或者细节,作形象化的再现与放大的一种新闻体裁。新闻特写通过一个片断、一个场面、一个镜头、对事件或人物、景物作出形象化的报道。新闻特写讲究形象性和趣味性,并以局部强调为鲜明特色,用类似电影特写镜头的手法来反映事实。

二、新闻特写的特点

(一)特定场合和局部强调

特写所写的内容,在时间上成点,在空间上也成点。就是说,特写表现的一般是一个特定的时空交汇点上的形象画面。时间和空间的局部性使这种体裁有一种特有的"局部强调"性质。

"特写"与"消息"的共同点是,简要和迅速地报道新闻事实。它与消息的区别在于,消息往往择要地报道新闻事件的全过程,而特写主要抓住新闻事件中富有特征的片断,浓笔展开。

例如,报道一场精彩的NBA球赛,消息需要报道比赛的全过程,而特写则可以只写比赛中最精彩的一球或只写某一个球员的表现。

新闻特写与通讯的共同点是,都更多地借用文学手法,生动形象地报道新闻事实。它和通讯的差异在于,特写比通讯更强调时效性、新闻性,同时在报道同一件新闻事实时,通讯一般向读者展示其纵断面,来龙去脉比较完整;而特写则集中笔力,着重展示新闻事实的某一个横断面,不一定需要完整的情节。

例如,2008年8月8日北京奥运会开幕式,烟花灿然、群星闪耀,圆梦奥运的光荣与骄傲在每个人的心中激荡。一些媒体用通讯的形式记述了这个难忘的不眠之夜。而有一家媒体记者以新闻特写对在三里屯酒吧里通过电视观看开幕式的外国友人进行了报道,记者通过对一些外国朋友的采访报道,描述来自五湖四海的宾朋在北京感受着中国文化的博大精深,感受着北京这座古老而年轻的奥运之城的热情。由此可见,特写比一般通讯写作更集中、细腻、突出,而且写作更迅速、精练。

(二)描写手法

"特写"有着"消息"的快捷和"通讯"的生动,快捷得力于选材集中,生动则要依靠描写手法。例如:

> 1981年3月30日,里根总统在华盛顿希尔顿饭店召开的一次劳工集会上发表演讲,演讲结束后,当里根走向他的轿车时,从大约10英尺远的地方,一连串射过来五六发子弹,总统中弹时,刚刚举起左臂向人群挥手致意。总统的脸上露出一种迷惑和不肯相信的表情,他被一位秘密警察硬推进轿车。总统在后排座位上坐好之后,轿车迅速驶向医院。在出事现场,里根的新闻秘书吉姆·布雷迪负了重伤倒在人行道上,鲜血从他脑部的一个伤口滴到钢铁格栅上。在他身旁,一个便衣警察倒在淌着雨水的人行道上,身体痛苦地蜷缩成一团。
>
> (资料来源:http://www.wst.net.cn/history/3.30/1.htm)

如果上述这个特写用消息体裁表达,那么上述描写就要被形象性、细节性较弱的叙述来代替,很可能写成:1981年3月30日,美国总统里根在华盛顿希尔顿饭店召开的一次劳工集会上发表演讲后遭到枪击,胸部受伤,同行的白宫新闻秘书吉姆·布雷迪和一名华盛顿当地警察以及一名联邦特工也在枪击中受伤。

(三)灵活性、趣味性和幽默感

特写也不像消息那样面容严肃,如果所写的题材允许,它会有较多的趣味性和幽默感。例如:

3岁娃娃将被征入伍

合众国际社纽约电(原电日期不明)谁也搞不清楚这是怎么一回事儿——本星期五,居住在纽约市约克城高地的3岁小女孩皮丽·夏普洛收到了应征入伍通知书。

昨天,她像平时那样吃早餐,她边吃边看一张华盛顿征兵处寄来的通知单。根据这张通知单,她得在"从18岁生日那天起30日内报到入伍"。

尽管小皮丽仍有许多年时间考虑这件事,但她已明确表示:"我不去!"

这是一篇活泼幽默的新闻小特写。3 岁小女孩要被应征入伍，其具有的新奇性迅速激发了读者的阅读兴趣。3 岁小女孩居然一边吃早餐，一边像模像样地看应征入伍通知单，然后斩钉截铁地以 3 个字表明了她坚决的态度："我不去!"细节的描写生动、有趣、幽默。

第四节　华尔街日报体

关于一个城市的失业率，我们的媒体一般会怎样报道呢？通常情况下这样的新闻往往主要由从相关部门得到的数据构成。然而有一份报纸会这样写——开头是：约翰先生家里乱透了，桌子上放着银行催收房款的账单，他家已有两个月没交房钱了，如果再不交，房子就要被质押了；孩子在一旁暗自流泪，因没交学费，他不能再去上学了，也不能再和学校的小伙伴们玩了；妻子在另一个房间里暧昧地打电话，估计是变心了……然后，话锋一转，会说：像约翰先生这样的家庭在过去的一周里又增加了多少？这是联邦政府最新公布的失业率数据。最后，还要再回到约翰先生：约翰先生喃喃自语：今晚在哪里睡觉还不知道呢。这张报纸就是 1889 年由查尔斯·道和爱德华·琼斯创办的《华尔街日报》，而这种报道形式是典型的"华尔街日报体"写法。

小贴士　《华尔街日报》(The Wall Street Journal)：1889 年由查尔斯·道查尔斯·道、爱德华·琼斯创办，之后，经过一个多世纪的岁月洗礼和激烈竞争，该报已经成为道琼斯公司财经新闻社的喉舌，成为美国乃至全球的第一大商业日报。迄今，这家报纸已经走过了一百多年的历程。

一、什么是华尔街日报体

随着特稿写作的兴起与发展，一种写作体裁——"华尔街日报体"为中国媒体关注并广泛应用。

《华尔街日报》是一家以财经报道为特色的综合性报纸，侧重金融、商业领域的报道。怎样才能把复杂的商业活动写得通俗易懂，把枯燥的经济新闻写得生动活泼，可读性强呢？这个问题在 20 世纪 30 年代后一直困扰着《华尔街日报》人，后来发生了一件事给了他们启发和机会。1979 年，美国《巴尔的摩太阳晚报》的记者乔恩·富兰克林发表了一篇读起来像短篇小说的医学报道《凯利太太的妖怪》(Mrs. Kelly's Monster)，讲的是一群年轻的神经科医生大胆创新用一种全新的手术方式为凯利太太治疗脑血管瘤的事情,这篇报道结构新颖,语言优美,充满悬念。《巴尔的摩太阳晚报》的编辑面对这样一篇从未见过的新颖稿件犹豫不决,最终,他们在新闻版的下方尝试性地刊登了此稿的一部分。登报当天,无数读者电话打到编辑部,询问凯利太太的病情,也就是询问稿件的结果。编辑部意识到了这篇报道的分量和重要,立刻在新闻版的显要位置刊登了稿件的后半部分内容。

这篇稿件在美国新闻界引起了轰动和争论。当年,《凯利太太的妖怪》意外地得到普利策奖评委会的赏识。以它为首届获奖作品,普利策奖评委会从当年开始增设"特稿写作奖"(Pulitzer Prize Feature Stories),一种新型的新闻写作方式由此得到了承认。①

《华尔街日报》敏锐地发现了这种文体的独特之处,将这种写作方式引入深度报道和特稿写作中,在报道的开头通过讲述一个与新闻主题密切相关的人物故事,引出所要报道的新闻,然后逐渐展开,深化新闻主题。渐渐地,《华尔街日报》形成了极富个性的并有一套约定俗成写作步骤的独特文体——华尔街日报体(以下简称"华体")。

华尔街日报体指的是美国《华尔街日报》惯用的一种新闻写作方法。其行文特点是从某一具体的事例(或人物、场景、细节)写起,经过过渡段落进入新闻主体部分,叙写完毕以后又回到开头的事例(或人物、场景、细节),有时也用总结、悬念等方式结尾,在一个更新的层次上揭示人物与新闻主题的关系。

写作步骤与结构如下所示。

第一步:开头(一个生动活泼的小故事)→第二步:过渡(承小故事启大主题)→第三步:展开(集中力量深化主题)→第四步:结尾(回应开头故事作总结或升华)。②

下面我们以《华尔街日报》的一篇报道为例,详细分析它的四个部分。

(标题)提高猪的生活质量③

第一步:(开头)当乌尔里奇·克鲁特美尔的1 500头猪吃完晚餐后,他就爬进猪栏,与他饲养的猪挤在一块儿。

但很明显,这里的气氛很不友好。只要克鲁特美尔沾满泥浆的靴子挨到地面,他的猪就会紧张地往后退。当几只略显好奇的猪靠近一点时,他关切地摸了摸一头猪的嘴。那头猪本能地张嘴就咬。

克鲁特美尔猛地把干瘦的手臂抽了回来,痛得喊出声来。猪群又急忙散开,他咕哝着说:"只有对猪一点都不了解的人才会想出这个馊主意。"

报道以描述人物不同寻常的举动(爬进猪栏与猪挤在一起)开头,而不是从事情或问

---

① 刘君:《从"华尔街日报体"看特稿写作》,载《中国记者》,2005(8)。
② 肖隆福:《小故事 大主题:〈华尔街日报〉文体的特色解读》,载《浙江在线》,2004-05-10。
③ 赵智敏:《采写〈华尔街日报〉体新闻应具备的五种意识》,载《新闻爱好者(上半月)》,2006(1)。

题谈起,它以具象性的文字吸引读者的注意力,激发读者想象,同时也设下了悬念:克鲁特美尔为什么要与猪在一起? 谁出的这个馊主意?

第二步:(过渡)他所说的那些对猪不了解的人是指北莱因-威斯特伐利亚州的政府官员。这个地区是德国人口最集中的州,也是出产猪最多的地方。政府官员们想让那些对肉类持谨慎态度的消费者重拾信心,因为去年爆发的疯牛病和其他食品丑闻已令消费者恐慌不已。官员们说,作为应对措施的一部分,肉类必须经过更严格的检测和卫生防疫;而同样重要的是,农场主在喂养牲畜的过程中要与它们有更多的直接接触。

开篇之后的过渡段承小故事启大主题,使报道很自然地过渡到主题。将克鲁特美尔爬进猪栏的举动与政府对养猪的要求衔接了起来。同时也回答了开头设置的悬念。

过渡段之后,便开始解释或阐明报道的主题。

第三步:(展开)该州农业部唯恐本地农场主有什么不明白的地方,在最近颁布的一项法令中,为北莱因-威斯特伐利亚的600万头猪明确规定了新的、改善了的权利。每头猪应当有1平方米空间的猪圈,有打盹用的稻草或软橡胶垫。当玩耍时间到了时,猪必须有钢链或可咀嚼的玩具……

但真正使农场主心怀不满的是,该法令宣布农场主或帮工必须每天至少花20秒钟观察一头猪,并用文字记录下他们对猪的关爱,以表明他与猪待在一起的时间足以达到规定的标准……

迄今为止,该法令尚未让农场主和他们的猪更亲近……

并不是北莱因-威斯特伐利亚的农场主们不喜欢他们的猪……

克鲁特美尔和其他当地的农场主为了保住自己的生计,已经根据德国的农业创新计划来饲养他们的猪了……

但农场主担心的是,新法令可能会把他们逐出这一行业……

记者用了13个自然段阐述了德国北莱因-威斯特伐利亚州政府颁布的一项关于猪的法令内容、农场主对法令的不满及不满的原因等,以集中力量深化主题在主体部分。报道在这部分精心安排引人注目的材料或人物语言,用生动的细节保持读者的兴趣。

第四步:(结尾)"我们可以制定世界上所有的法规。但猪会选择它们自己喜欢的生活方式。"克鲁特美尔说。

结尾又回到开头故事人物,只用了短短的两句话作总结,升华了主题。

二、华尔街日报体的特点

（一）以人物开篇，用故事来组织报道

华尔街日报体（以下简称"华体"）最突出的特点是以新闻已经影响到的人物开篇，用故事来组织报道。故事生动有趣，将故事落点于普通人，增添新闻与大众的接近性，以激发受众的兴趣。华尔街日报体往往借用文学写作中的故事描绘手法，将枯燥的硬新闻写得生动活泼、通俗有趣，通过气氛的渲染，使人如临其境，如见其人，如闻其声，使得文字新闻也具有了可视性。

（二）从小处落笔，向大处开拓

华体的另一个特点是从小处落笔，向大处开拓主题，引导读者从个别到一般、从感性到理性地了解新闻事实。

例如，张允若在《一篇"华尔街日报体"的报道》一文中，列举并分析了《华尔街日报》的一篇报道——《计算机公司与学校》。这篇报道叙写的是美国犹他州威卡特公司开办沃特福德学校，进行计算机产品试验的做法和效果。这是一桩"工业和教育联姻"的大主题。而报道的开头以"一个年仅6岁的小作家，正在使用计算机写她的短篇故事"这样一个小角度切入。"一个很有志气的小作家，坐在电子计算机终端显示器前，写她最新的短篇故事。她对人们说，虽然初学时有点困难，但现在计算机使她的写作方便多了。'在幼儿园的时候，我也说不准自己爱不爱用计算机'，她说，'但是打从进入一年级起，我确实爱上了它。'这位6岁的小作家——梅利莎·利·史密斯，按了下键钮，瞥了周围一眼，取出一张绿白相间的打印稿，上面印着她的短篇故事——《过多的鹦鹉学舌》。"小女孩既稚气又认真的神态被描写得生动可爱，引发了读者的阅读兴趣。接着便自然向大处开拓，展开了对沃特福德学校和威卡特公司层次清楚而又具体生动的叙写。报道的最后几段，在叙事的基础上提出了"工业和教育联姻"的主题，并且以"这是成功的婚姻吗"的设问，引导读者去比较、思索。[1]

🌀 链接

计算机公司与学校

一个很有志气的小作家，坐在电子计算机终端显示器前，写她最新的短篇故事。她对人们说，虽然初学时有点困难，但现在计算机使她的写作方便多了。

---

[1] 张允若：《一篇"华尔街日报体"的报道》，来源：http://www.xici.net/b244699/d16549483.htm.

"在幼儿园的时候,我也说不准自己爱不爱用计算机,"她说,"但是打从进入一年级起,我确实爱上了它。"这位 6 岁的小作家——梅利莎·利·史密斯,按了下键钮,瞥了周围一眼,取出一张绿白相间的打印稿,上面印着她的短篇故事——《过多的鹦鹉学舌》。

史密斯小姐上的是沃特福德学校。这所学校是 1980 年威卡特计算机设备公司创办的,用来进行计算机产品和微机化教育的试验。大约有 250 名一年级到九年级的学生,每天要上机学习一小时。即使幼儿园里的孩子,每星期也要上机两次,就在他们学习字母表的同时,也来学习掌握键盘上那打乱了的字母序列。

家长们的关心

在全国,1984 年将有大批计算机售给中小学,其价值估计将达 4.5 亿美元。随着越来越多的家长主张让他们的孩子置身于计算机革命之中,可以预料,计算机市场会日益繁荣。各家计算机公司正在竞相争夺孩子们的市场。

例如,阿普尔计算机公司已经给中小学捐赠了几千台计算机,并且正在掀起一场以孩子们为对象的广告宣传。国际商用机器公司开始注重孩子们所用的教学软件的生产,以增加 PCJR 型计算机的销路,这种机子的销路迄今不能使这个公司感到满意。但是,只有设立在犹他州奥尔良市的威卡特公司采取措施进入一个全日制的私立学校,对它生产的软件和硬件进行试验。

开办这所学校,是一伙教育工作者的主意,他们在 1977 年建立了威卡特社团。这是一个非营利性的研究团体,旨在研究运用科学技术改进教学的途径。1980 年,这些教育工作者决定开始营业,组成了威卡特计算机设备公司来生产计算机和软件。大致在同一时间,这所学校在私人赞助者的支持下,作为一个非营利机构开办起来了。最近两年间,这家公司是亏损的。

沃特福德学校同威卡特公司关系十分密切。学校的女校长南希·休斯顿是威卡特公司主席达斯廷·休斯顿的妻子。公司同学校签订了合同,让学生进行软件运用的试验。而这所学校又是威卡特公司唯一最大的股票持有者,拥有该公司已经售出的 2 000 万份股票的 20% 左右。

这项实验是在一幢砖瓦结构的平房里进行的,那儿原来是所天主教学校,坐落在一座雪山脚下。门厅里边横七竖八地堆放着垒球运动衣、背包和午餐饭盒。音乐室里传来叮咚作响的琴声,弹奏着《山谷里的农民》的曲子。穿过大厅,在那计算机房里,打印人员正在大声念程序设计。

一阵铃声响过以后,二年级学生一窝蜂似地拥进计算机房。男孩们都穿着蓝色的运动衫,女孩们一律穿着方格花纹连衫裤。一个个急急忙忙地走进分隔开的白色小间,在按照高矮顺序排列的椅子上坐下。这时终端显示器发问道:

"你叫什么名字?"学生们写下自己的名字,于是课程就开始了。

当然,这里也不是一切都已电子化。当计算机提出附加题目时,有些孩子用铅笔在草稿纸上运算,也有些扳着指头计数。有个孩子在键盘上打下正确的答案,得到计算机的赞许,他露出了一张笑脸。他的另一个答案错了,结果得到一个"×",他朝计算机伸出舌头,做了个怪相。

这些孩子(有很多人的家长就在威卡特公司工作)似乎很为自己的工作感到自豪。"一遍又一遍的测试也许会把你弄得头晕目眩。但是,我们是第一批使用机子的人,所以我们要确保机器没有一点毛病。"一个11岁的孩子克拉克·纽厄尔说道,"我们必须确保这是一种完善的程序,使它能畅销无阻。"

"太粗劣了"

学生们也要对程序的内容进行评价,这些程序是为各种课程(从打字、数学以至公民学)编制的。"有时候内容编得太粗糙了,我们要他们把它从程序中抽掉。"五年级学生莱斯利·普里特这样说。另一个同学抱怨说:"在某些程序里,我们被安排来同计算机争论政治问题,真叫人厌烦,我们不愿为政治之类的材料伤脑筋。"

对大多数学生,特别是那些年纪最小的学生来说,学习计算机似乎并不比学习其他东西来得困难。一个扎着小辫的5岁女孩伊莱扎·米勒执拗地说:"美术比计算机更难学,你得要画直线、涂颜色,计算机比那玩意儿容易多了。"一年级孩子上机时感到最难办的只是要把小手指伸长,以便够到那个清洗键。学校负责人说,计算机提高了学生的考试成绩。不过,孩子们在学业上的成功,也可能是班级小(每班25人)以及学校的实验气氛带来的结果,这种气氛会激励学习情绪。但是,实验气氛也不是对任何人都有益的。例如,莱思和伊莱恩·史密斯夫妇有两个孩子在沃特福德学校,他们感到这所学校有长处也有短处。他们的大孩子喜欢这所学校,学得很好;可是小的明年打算回公立学校去读书了。"这里确实有许多压力,"史密斯先生说,"孩子们被要求执行某种任务,如果他们跟不上,就会感到沮丧。"

这是成功的婚姻吗?

沃特福德学校的女校长休斯顿夫人说,学校教职人员决不会为实验而使学生受到损害。"我们真正关心的东西是教育,"她说,"但是检验这点的唯一途径是公司是否会获得成功。我们不得不让工业和教育联姻。"

这桩婚事的成败如何还有待观察。到今年3月31日为止,威卡特公司作为股票上市公司已满一年。在这一年里,公司总收入约为2 300万美元,亏损1 300万美元。公司的股票已从每份18美元跌到3美元。有人还提出诉讼案,指责公司的创办说明书造成了错误的印象(威卡特公司则认为这种论断是没有依据的)。

威卡特公司曾向商行和政府出售整套计算机装置,通常用于培训课程。但是该公司认为它的优势在于软件程序,每套生产成本约为100万美元。这些程序包括各年级基础科目的全部教学内容,当然这也都经过少年教育专家在沃特福德学校测试过的。

不论这项实验的长远前景如何,休斯顿夫人希望孩子们懂得:他们的贡献是值得赞赏的。她说:"在威卡特公司签订了一个650万美元的合同去为得克萨斯州的一个学校区装备电子计算机之后,我们号召整个学校向孩子们表示感谢,并且向他们阐述我们的计算机装置进入公立学校这件事的重大意义。然后,我们一起吃了一餐炸面饼,表示庆祝。"

(译自1984年6月6日《华尔街日报》作者:卡里·多兰)

要学习和写作华尔街日报体,简单模仿它的结构是远远不够的,关键是要掌握其采访写作技巧。

三、华尔街日报体采写技巧

(一)用整个感官现场采访

华尔街日报体的一个突出特点是强调视觉新闻。新闻要有细节,要形象化、立体化,要再现人物、现场和事件的精彩片断。采写这样的视觉新闻,关键在于记者要深入现场进行采访,细致观察。《华尔街日报》要求记者必须到新闻的第一线,搜集所有与新闻有关的故事,全身心投入到故事中,因为真正的故事发生在新闻现场。

不仅华尔街日报体写作需要用整个感官现场采访,优秀的记者对于任何新闻报道都会在采访时全身心地投入。新华社记者张严平就是一个善于现场采访的记者,2005年张严平采写的1万多字长篇人物通讯《索玛花儿为什么这样红》,被100多家中外媒体转载,互联网上的点击率更是突破200多万次。

《索玛花儿为什么这样红》的主人公叫王顺友,是一位40多岁的苗族邮递员,这个人一条路、一匹马、一个人在大山里默默行走了20年,为大山深处的藏族百姓传递邮件。张严平发现了这个人物,被他感动,想要报道他。张严平说:"我觉得不用语言,而是要你跟着他,进入他的生活,走他的邮路,进入他的世界,用你的整个感官去采访,用你的脚去采访。"之后,张严平和一些记者同行与王顺友相约,在那条绵延500多公里的邮路上,一同行走了20多天。

在邮路上王顺友沉默寡言,不与记者交谈。张严平一直在观察王顺友,希望能找到与他对话的切入点。后来她发现在山高路险的邮路上,大家都骑着马,而王顺友在最难行走的路上都牵着马走。张严平问他,为什么不骑马?他说,他和马在一起的时间比他和妻儿在一起的时间都长,所以对马非常有感情,他是不忍心让马受累。张严平发现王顺友看着马,摸他的马的时候,眼神变得非常生动和柔和。张严平终于找到了与王顺友谈话的切入点——他的马。果然,谈到他的马的时候,这个少言寡语的王顺友一下子进入了他自己的世界,滔滔不绝地谈了很多。张严平就是这样一点点走进来了王顺友的世界。

为什么当时很多记者都随王顺友走了邮路,而只有张严平能够找到与王顺友谈话的有效切入点呢?张严平说:"因为我觉得记者采访,不光是要拿笔记,眼睛非常重要,你要观察。让他能体会到,你和他有这种共同情感,他才会真正跟你谈心里话。"

记者只有具备这样的眼睛,才能有"神来之笔"。

(二)用细节打动受众

在华尔街日报体中,一个细微的动作、一个截取的画面、一个特征明显的事物,都可以成为锦上添花的细节。

挖掘细节需花费很多精力,记者必须亲到新闻现场,充分调动对细节的捕捉能力。一些新闻报道之所以枯燥无味,原因在于记者没有现场采访或采访不深入,缺少细致的现场观察,没有找到典型场景和细节。

比昂尼克是法新社驻北京的记者,他从驻中国记者做起一直做到了北京分社社长,在中国待了十几年。他从对中国不理解到很友好,再到竭尽全力做好对中国的报道,为中国走向世界,让世界了解中国作了很大的贡献。1988年任职期满回国时,当时中共中央最高领导人接见了他,并对他的工作表示感谢。这在中国历史上,党的最高领导人会见一个外国驻华记者还是第一次。

1982年比昂尼克报道了中共十二大开幕式。中共十二大的主题是邓小平提出的党的领导干部的新老交替。比昂尼克写道:今天中国共产党第十二次代表大会在北京开幕。只要往中共十二大开幕式的主席台看上一眼,你就会理解邓小平提出的领导干部的新老交替的原则是多么重要:叶剑英步履蹒跚走上主席台,聂荣臻被轮椅推上主席台,邓颖超在两个护士的搀扶下走上主席台……他用所有的笔墨写出了我们老一代领导人的老态龙钟,写出了新老交替的重要性,这就是比昂尼克的高明之处。①

杨刚是《大公报》的记者,她稿子写得好,社会交际能力也非常强。1945年抗战胜利后,杨刚被派去采访毛泽东到重庆谈判的全过程。采写的第一篇稿件是毛泽东抵达重庆,其中就有几个非常好的细节描写:第一个细节是毛泽东到重庆以后在住的小楼会客室临时会见记者,毛泽东有点紧张,连面前的茶杯都打翻了;第二个细节是八月的重庆天气较热,毛泽东脱掉外衣后,里面是崭新的衬衣,连衬衣叠压的痕迹都还在;第三个细节

---

① 蔡晓滨:《新闻报道中细节的运用和发现》,来源:在中国海洋大学的讲座(未公开发表)。

是毛泽东上楼时,她居然看到毛泽东穿的皮鞋底是崭新的。从这些细节的描写中可以看出毛泽东的个人素养和对谈判的重视,等等。

《大公报》重视对细节的描写也是一个传统。在2005年4月29日的下午3点,胡锦涛和连战在人民大会堂见面。胡锦涛站在红地毯上等着连战过来后同他握手,世界各大媒体都报道了国共两党在时隔56年后的又一次握手,但是谁能说出握手的时间?《大公报》做到了。《大公报》是这样报道的:56年后国共两党最高领导人在人民大会堂红地毯上又一次握手,握手时间26秒。这个细节只有《大公报》抓到了。

细节要有典型性,要选择典型环境中的典型人物的典型细节来体现典型性格。

(三)从小处切入,向大处开拓

华尔街日报体的写作总要从一个具体的事件或人物作为切入点,以小见大,引出一种社会现象或一项政策法规。这个切入点只是一个引子,报道的重点是由这个人或事引出的主题。

一种社会现象,一件国内外大事往往涉及众多人物,不能随意选择某个人或某件具体事情作为引子切入主题,切入点要有贴近性、典型性,只有那些具备一定的普遍性和代表性,最好有一定的戏剧性或悬念性的人或事,才能自然过渡到新闻主题,并引发受众的阅读兴趣。

(四)用直接引语说话

华尔街日报体强调报道中尽量引用人物的原话,写明人物的真实姓名。梅尔文·门彻在《新闻报道与写作》中写道:"报道新闻应该进行'展示'而非'陈述'的定律就是:必须把直接引语写入新闻的重要部分。记者在采访时都会留意闪闪发光的言辞、犀利透彻的评说以及新闻人物对新闻事件的简要概括。直接引语能使新闻事件更具戏剧化色彩,能使读者直接聆听新闻人物'说话'。此外,它还是帮助读者做到真实报道的手段,能使读者直接感受到新闻事件是否真实。总之,如果新闻中使用了直接引语,读者就可这样推断:既然新闻事件的参与者在直接说话,那么这件事必定真实无疑。"[1]

列夫·托尔斯泰在形容其名著《战争与和平》的力量时说:"我不讲述,我不解释,我只是展现,让我的角色替我说话。"所以,直接引语还可以借用新闻人物之口说出记者和媒体想要表达的立场和观点。海湾战争爆发后,美联社作出报道,其中有两句雷·戴维斯上校的直接引语:"这是一段正在谱写中的历史"和"我们已经在这里等了5个月,现在我们终于能做派我们来做的事情了。"[2]这两句直接引语不仅说出了战争的意义,而且表

---

[1] [美]梅尔文·门彻:《新闻报道与写作》,展江主译,北京,华夏出版社,2003。
[2] 刘志宣:《新闻写作技艺》,上海,复旦大学出版社,2005。

达了美军官兵的喜悦心情。

直接引语能够展示人物个性色彩。路透社曾有篇报道前南斯拉夫总统斯洛鲍丹·米洛舍维奇在海牙国际法庭受审的新闻,其中有一部分是这样写的:米洛舍维奇说,"就请您按照您接到的指示宣读判词吧,您不必让我把一份用7岁孩子的智力写成的判决从头听到尾"。这位60岁的前南斯拉夫被黜总统还说:"请允许我自我纠正一下,那个7岁孩子是个7岁弱智孩子。"①这样的直接引语生动地表现了人物的个性,使人物充满活力。而且直接引语在引号的作用下,使人物的话语即时地呈现类似电视新闻的同期声的音响效果,增强了新闻的真实性和现场感。

在使用直接引语时,如果引用的语言内容多而长,可以对语言进行选择,引用最为关键的话语。但选择不等于断章取义,一定要准确无误地引用人物的原话,不能无中生有,拼凑嫁接。

总之,如何更好地把握华尔街日报体,康德的一句话可以给我们启发:我不是教哲学的,而是教人们哲学地思考。是的,用华尔街日报体的写作意识进行思考,会比单纯地模仿其采写方法和模式更重要。

 链接

《华尔街日报》记者写作守则

1. 勇敢无畏。你代表的是《华尔街日报》,当代最重要的财经新闻。不像一般报纸的记者,我们的读者是依据你们的报道而作决定的。因此,你有责任访问任何人,每一个该提问的人。

2. 无我。当你持笔在手,你就不要管他是亨利、杰姆士或福特。

3. 句法简单。不要用副词、形容词,直截了当评述其事,一律用主动语态。当然,也有例外,不过这些例外是给《纽约日报》用的。

4. 清楚易懂。你写的是不是你要说的?

5. 抓住正确的要点,编辑可以为你改写,但是只有你们才能收集到事实的真相。这些一定要在前三段之中交代清楚。

6. 说一个故事。引用已证实的资料是强有力的旁白工具。当然,要安排在高潮处。

7. 开头重于一切。修改30次,最后第31次地尝试,选出流畅完美的一段来。

---

① 刘志宣:《新闻写作技艺》,上海,复旦大学出版社,2005。

新闻体裁具有一定的变动性和不确定性。随着新媒体时代的到来及新闻写作的不断创新,一些传统的体裁被淘汰,一些新兴的体裁应运而生,一些新闻报道的体裁也会有难以归类的情况。一直以来在中国新闻报道体裁的分类和命名并没有形成统一的标准,也未构建成相对稳定的系统。西方新闻界新闻体裁的分类比较简单化,一般将报道分为消息和特稿两大类,所以,西方关于新闻体裁的理论研究也相对淡化。但体裁划分既要符合新闻采写规范,也要符合新闻传播规律,所以新闻体裁的理论研究具有其价值和意义。

练习

一、阅读一期本地党报,判断每一篇稿件的体裁,并分析其特点。

二、阅读一期《南方周末》或《三联生活周刊》,判断其中哪些稿件是以华尔街日报体写作的,并分析其优劣。

三、根据下面新闻资料写一条"华尔街日报体"开头和过渡段。

百万年薪要交40多万个税 税率级距也将调整

记者日前获悉,个税改革正在提速推进,方案有望在明年上半年出炉。个人所得税,从名称上来看就与每个人息息相关。因此,无怪乎个税改革启动以来,舆论焦点无数。

中国个税属于世界上少有的分类所得税制,具体被分为11类,其中最为普通大众熟悉的,莫过于工资薪金所得。经调整后,目前工资薪金在3 500元免征额后,采取7级累进税率(3%~45%),月所得在8万元(年所得96万元)以上税率达到45%。

这意味着如果按照现行个税纳税,年薪百万的高管实际拿到手的只有50多万元。作为调节收入分配的个税,对劳动所得的高收入者的确发挥着税收调节作用,但本报接触到不少高管,都认为45%的税率偏高。

"我辛辛苦苦挣了百万的年薪,却要缴纳40多万个人所得税(个税),而有人炒股一夜暴富挣了几百万元,股票转让时却不用交个税,这确实不太公平。"一家日用消费品企业税务总监张丽对记者感慨道。

张丽认为,45%的边际税率偏高,自己一年缴纳这么多个税,并没有在教育、医疗方面享受到更好的公共服务。而身边的一些优秀人才选择去其他国家发展,原因之一就是个人税负重却没有相配套的社会福利。

普华永道中国个人税务咨询合伙人张健菁对记者称,其实仅从个税税率来说,中国并不算高。以美国为例,美国个税(包括国税39.6%和地税如加州 13.3%）最高边际税率超过 50%，高于中国。但是美国采用的综合个税制度，个人纳税前有教育、住房等抵扣，而非中国的"一刀切"。

中国目前正在建立综合与分类相结合的个税体制，通过增加教育、房贷利息抵扣来改变目前个税"一刀切"的情况。

财政部原部长楼继伟今年在全国"两会"上表示，综合与分类相结合的个税改革方案已经提交国务院，按计划将于今年提交全国人大审议。

一位不愿透露姓名的熟悉个税改革方案的人士对记者表示，个税改革方案总的想法是降低中低收入者的税负，适时增加如教育、养老、房贷利息等专项扣除项目。

"比如说，个人职业发展、再教育的扣除，比如说，基本生活的这一套住宅的按揭贷款利息要扣除，比如说，抚养一个孩子，处于什么样的阶段，是义务教育阶段，还是高中、大学阶段，要给予扣除。当然我们现在是放开'二孩'了，大城市和小城市的标准，真正的费用到底是多少，也不太一样。税法也不能说大城市就多点，小城市就少点，总是要有一个统一的标准。还有赡养老人，这些都比较复杂，需要健全的个人收入和财产的信息系统，需要相应地修改相关法律。"楼继伟称。

调整个税税率级距也是此次个税改革的一大内容。

早在 2011 年，财政部调整工资薪金所得税率结构，将当时 9 级超额累进税率减少为 7 级，并对级距作相应调整，取消了 15% 和 40% 两档税率，扩大了 5% 和 10% 两个低档税率的适用范围，进一步减轻了中低工薪所得纳税人的税收负担。

此次个税税率级距如何调整尚不可知。中国社会科学院财经战略研究院研究员杨志勇对记者表示，当前个人工资薪金所得最高边际税率过高（45%），适用标准过低，不利于中国吸引高端人才。

张健菁观察到，为了降低高端人才个税税负，一些地方政府采取的做法是税收返还。一些公司五年甚至十年前会采取帮高端人才承担税负的做法，但这部分税费负担较大，因此现在不少公司取消了这一做法，除了极少数不可替代的高端人才外，不少海外人才与国内员工同薪同酬，公司会给予些教育、住房补贴。

让张丽不忿的是，自己辛苦赚的工资需要缴纳 45% 个税，而那些炒股一夜暴富的真正富豪却不用交个税。

张健菁告诉记者，为了鼓励个人投资股市，中国对个人转让上市公司股票的所得继续暂免征收个人所得税，对利息、股息、红利所得、财产转让所得征收 20% 个税。这的确让不少人觉得不公平，因为辛辛苦苦的劳动所得税率最高可以达到45%，而资本所得适用个税税率却是20%。

近期国务院发布《关于激发重点群体活力带动城乡居民增收的实施意见》，要求合理调节财产性收入。平衡劳动所得与资本所得税负水平，着力促进机会公平，鼓励更多群体通过勤劳和发挥才智致富。

在未来个税改革中，通过基本扣除和诸如教育、住房支出等专项扣除，将可以降低个人劳动所得税负，平衡劳动所得与资本所得税负水平。

如果将新闻语言活动比作奔流的河水,那么,新闻的结构便是堤岸,它确保语言活动在一定的框架内进行,如果失去了结构,语言活动就会散漫无羁。

第十二章 结构,新闻写作的框架

中国古代文学理论家刘勰在其《文心雕龙》"附会"篇中指出,结构是"总文理,统首尾,合涯际,弥纶篇,使杂而不越者也。若筑室之须基构,裁衣之待缝缉矣"。新闻结构是指新闻报道文本内部的组织构造和总体安排。

文章都是由主题、材料、结构三个要素组成的。主题是文章的"灵魂",要明确无误;材料是"血肉",要丰富并能集中地反映主题;结构则是文章的"骨架",是谋篇布局的手段,是运用材料反映主题的方法。

第一节 消息的外在结构

消息一般由标题、消息头、导语、主体和结尾这四个部分组成。标题是消息题目;消息头是消息独有的外在标志;导语是开头的部分,也就是开头的一个自然段;主体是中间的部分,可以只是一个自然段,也可以由几个自然段组成;结尾是最后的部分,也就是最后的一个自然段。

一、标题

消息标题又称题目,"题"就是额头,"目"就是眼睛,是消息内容高度而又形象的概括。消息标题应以新闻事实为基础,并反映消息主旨。

消息标题的位置固定在消息的前面,最先为受众所看到,因而好的标题容易引起受众对消息的兴趣,反之则可能打消受众阅读的欲望。

消息标题的写作会在之后专章介绍,在此不作详述。

二、消息头

消息头是消息体裁独有的外在标志,消息头包括电头和本报讯(或本站讯)等。

新闻通讯社以"××社×地×月×日电"作为消息头,来表明电讯稿发出的单位、地点和时间,它的表现方式是加括号或用显著字体标出,置于稿件开头。新闻通讯社的消息头主要以电报、电传、电话等方式发稿,故称作电头。在中国,电头目前有新华通讯社的电头和中国新闻社的电头。如新华社北京11月10日电;中新社北京11月10日电。

本报讯(或本站讯)意指本报消息、本网站消息,标志稿件是由本报社或本网站自己的记者或通讯员采写的稿件。如果是外埠采访、外地寄稿,需标明发稿的地点、时间,表述为"本报×地×月×日专讯(或专电)"。

电头和本报讯的作用在于表明新闻稿的发出单位,以示承担发表新闻作品的责任,接受社会监督;消息头注有发稿的地点、时间,以说明新闻的来源、时效。不过,有无消息头并非消息的绝对标志。有些消息,例如,某些描写性消息,也不一定都加消息头。不同国家、不同媒体,做法也不尽相同。

三、导语

导语是新闻的开头部分,紧接在消息头之后,由最新鲜、最重要的新闻事实或最具有吸引力的新闻事实构成。导语一般强调要抓住读者,激起读者阅读欲望,扼要揭示核心内容,先声夺人。导语作为新闻的第一段或第一句话,它主要是告诉受众这条新闻的内容是什么,制造适当气氛,使读者乐意读下去。它要求用简洁、生动的语言将最新鲜、最重要的事实放在报道的开头,以最大可能地吸引受众。

消息导语的写作会在之后专章介绍,在此不作详述。

四、主体

新闻主体,也称为正文、新闻展开部分、新闻躯干,是指导语后的新闻正文部分,具体展开新闻的背景与主干内容。

主体同样要求内容充实、层次清楚、语言简明。主体是新闻的主干,它要承接导语,用实在的、典型的、具体的材料印证导语中的提示,对导语的内容作进一步的扩展和阐释。

五、结尾

新闻结尾是深化或强化新闻内容,出现在新闻最后的一段或一句话。结尾是整篇新闻的收笔之处,它的作用是阐明事实的意义或指出事件发展的趋向,给受众以完整的感觉,也可给受众留下思索的余味。

例如:

洞庭湖长大五分之一(标题)

本报讯(消息头) 洞庭湖变大了!经过3年规模空前的综合治理,洞庭湖面积扩大1/5。这个自明清以来不断萎缩的湖泊,终于出现了历史性的转折。(导语)

湖南省有关部门的统计表明:1998年以来,全省已将220处阻洪堤垸实施平垸行洪、退田还湖,洞庭湖蓄洪能力增加27亿立方米,扩大蓄洪面积554平方公里。水利专家称,整治后的洞庭湖如果再遇到1998年那样的特大洪水,水位可平均降低0.1米。岳阳城陵矶的水文标尺上,凶猛的洪水再也爬不到那令人毛骨悚然的高度。

长大了的洞庭湖别有一番景象。隆冬时节,原来人丁兴旺的华容县集成垸、汉寿县青山湖垸已无人迹,成千上万的白鹭、野鸭、天鹅在栖息、飞翔,成片的杨树在风中摇曳,赶走了冬天的苍凉。

据史料记载,明朝嘉靖年间,洞庭湖方圆八九百里,号称"八百里洞庭",洪水期湖面达6 000平方公里。此后数百年泥沙淤积,盲目开垦致使"堤垸如鳞"。在实施综合治理前,这个长江水系的重要调节湖泊面积减少到2 691平方公里,湖面锐减,调蓄能力削弱,灾害频频发生,湖区人民深受水患之苦。仅以1998年为例,洪涝灾害造成的直接经济损失就达197亿元。

1998年特大洪水过后,党中央、国务院对整治洞庭湖极为重视,国家投资70亿元。洞庭湖治理改变了单纯加高加固大堤"堵"的传统办法,湖南省30个县、区及大型农场实施了平垸行洪、退田还湖、移民建镇等以疏导为主的综合治理方略。3年中,湖区8.4万农户、30多万群众告别故地,实施大迁移,成为湖湘史上的一大壮举。澧县的澧南垸、西官垸是治理的重点地区,许多老人虽难舍故土,但更感谢党和政府让他们离开了"水窝子"。两个垸子8万多人有序搬迁,实现了安居乐业。"平垸行洪还洞庭浩浩荡荡,移民建镇让百姓世代安康",搬迁户新居门上贴的这副对联反映了湖区人民的共同心声。

(以上4段是主体部分)

人与自然在洞庭湖开始和谐相处。随着治理的深入,烟波浩淼的八百里洞庭将再现人间。

(结尾)

(原载《湖南日报》2001年12月26日 作者万茂华 赵成新 李志林 王利亚)

第二节 消息的内在结构

消息的结构,从外部看,由标题、消息头、导语、主体、结尾组成,这是消息这一新闻体裁共同的结构形式,但每一篇消息内在的构造形态却各有不同。下面我们对消息的内在结构方式进行分析。

一、倒金字塔结构

倒金字塔结构是消息写作中最常用的一种结构方式。以事实的重要性程度或受众关心程度依次递减的秩序,先主后次地安排新闻材料的一种消息结构形态,犹如倒置的金字塔或倒置的三角形,因此得名,也称"倒三角"结构。也就是在写作过程中将最重要的材料放在开头,比较重要的随后安排,再次要的再向后排,最不重要的放在最后。

究竟采用倒金字塔结构写出来的消息是个什么样子呢?

1. 如果报道的新闻事实本身就具备清楚的主次秩序,倒金字塔结构就可以根据新闻事实的重要性程度,先主后次地安排新闻材料。

例如:

第81届"奥斯卡金像奖"揭晓

新华网洛杉矶2月22日专电(记者 曹卫国) 第81届奥斯卡颁奖典礼22日晚在好莱坞柯达剧院举行,由英国导演丹尼·博伊尔执导的低成本影片《贫民窟的百万富翁》不出所料成为当晚的最大赢家,一举囊括了包括最佳电影、最佳导演在内的8个奖项。

获10项提名的《贫民窟的百万富翁》讲述了在印度孟买贫民窟长大的青年马利克利用从艰辛生活中学到的"智慧"在电视抢答竞赛中获胜并最终找回失去爱情的故事。该片在上月揭晓的"金球奖"中就是最大赢家,一举获得最佳导演和最佳影片等4项大奖。

博伊尔在一群印度青少年和儿童演员的簇拥下上台领取了大奖。手持最

第十二章 结构:新闻写作的框架

佳导演奖小金人的博伊尔对剧组在孟买拍摄影片时获得的支持与帮助表示感谢。他感谢所有的孟买人,称他们"让小金人显得微不足道"。

与此同时,获得提名最多的影片《返老还童》此次表现则不如预期,在13项提名中仅获得最佳视觉效果、最佳艺术指导和最佳化妆93个技术类奖项。

因在《泰坦尼克号》中饰演女主角而广为影迷熟知的英国女影星凯特·温斯莱特在获得6次奥斯卡提名后首次折桂,终于获得"影后"称号。她在影片《生死阅读》中扮演曾担任纳粹集中营看守的德国妇女汉娜。温斯莱特说这是她饰演过的最具挑战性的角色。她对于获奖非常兴奋,称自己在很早以前就梦想过这一天的到来。

美国著名影星西恩·潘凭借在影片《米尔克》中扮演遭暗杀的同性恋权利社会活动家而再次获得奥斯卡"影帝"称号,令人颇感意外。现年48岁的西恩·潘曾在2004年凭借影片《神秘河》获得奥斯卡最佳男主角奖。此前,因性格放荡不羁而被好莱坞抛弃的美国实力派演员米基·鲁尔克因在影片《摔跤手》中的出色表现而被很多人视为最佳男主角奖的热门人选,但最终与小金人失之交臂。

奥斯卡最佳男配角奖被在《黑暗骑士》中扮演小丑的已故澳大利亚演员希斯·莱杰获得,可谓众望所归。专程从澳大利亚赶来的莱杰家人上台替他领取了奥斯卡小金人。年仅28岁的莱杰去年年初在纽约寓所因过量服用处方药不治身亡。他的意外去世引发了电影界同行和影迷的极大关注,并成为他参与演出的最后一部影片《黑暗骑士》的票房动力。

在影片《午夜巴塞罗那》中扮演女画家的西班牙当红影星佩内洛普·克鲁兹获得最佳女配角奖。她将风情万种的女画家演绎得惟妙惟肖,在本年度已获得各类电影评奖中的大部分最佳女配角奖。

日本导演泷田洋二郎执导的影片《送行者:礼仪师的乐章》获最佳外语片奖,影片通过一名年轻入殓师的眼睛,透视生命与死亡的尊严。广受好评的《机器人总动员》获得最佳动画长片奖。

美国及世界其他国家正在经历的经济衰退给本届奥斯卡奖投下了阴影,通用汽车、欧莱雅等知名企业今年纷纷退出颁奖典礼的赞助商行列。这在某种程度上也表明,作为一年一度的重要娱乐事件,"奥斯卡奖"对公众的吸引力正在下降。

为挽回日益流失的电视观众,本届"奥斯卡奖"组织者改变了以往由知名谐星主持颁奖典礼的传统做法,改由擅长歌舞的澳大利亚人气男星休·杰克曼担任主持人,颁奖晚会也设计了更多百老汇式的歌舞环节。

此外,最佳男女主角和最佳男女配角这4个极受影迷关注的奖项揭晓方式也作出了改变,每个奖项都由往届获得过同一奖项的 5 位知名影星上台共同揭晓。当晚上台颁奖的嘉宾不乏罗伯特·德尼罗、迈克尔·道格拉斯、妮可·基德曼、索菲亚·罗兰等大牌影星。

(资料来源:新华网 2009 年 2 月 23 日)

在这条消息中,最佳电影奖和最佳导演奖是人们最关心的、分量最重的两个奖项,放在导语中表达。接着是对最佳电影的介绍,它是主体中最重要的内容。其次,交代最佳男女主角奖获奖者和他们的作品,这也是比较重要的奖项。其他奖项则按其重要程度的不同一一在后面列出。

2. 如果新闻事实本身并无确定的主次次序,就要求记者对新闻材料进行分析判断,按照自己的理解分出主次,然后再组织结构。

例如:

东京宣布无条件投降

(美联社 1945 年 8 月 14 日电) 日本投降了!

杜鲁门总统今晚 7 时宣布,日本已无条件投降,造成历史上空前巨大破坏力的战争随之结束。盟国陆海军已停止攻势。

总统说,日本是遵照 7 月 26 日三强致日本的最后通牒所规定的条款无条件投降的。这项最后通牒,是三强柏林会议期间发出的。

八天以前,日本遭到有史以来第一枚原子弹——一种威力最大的炸弹——的轰炸,两天以前,俄国宣布对日作战。在这种情况下,日本被迫于本星期五宣布接受最后通牒中包括的全部条款,但要求继续保留天皇制。

次日,美、英、苏、中四国对此作出答复,声称如天皇接受盟军最高司令部的命令,则可以继续在位。

杜鲁门总统今天还宣布,道格拉斯·麦克阿瑟将军已被任命为占领日本盟军武装部队总司令。

杜鲁门总统说:"现在正在作出安排,以便尽早举行接受日本投降的正式签字仪式。"他说,英国、俄国和中华民国也将派出高级将领,代表各自的国家在受降书上签字。

这是一条典型的倒金字塔结构新闻,导语只有一句话"日本投降了",表达了新闻最重要的事实。之后的材料安排是根据记者对新闻事实重要程度的判断来安排先后次序的。导语之后依次转述了杜鲁门的讲话内容,报道了日本投降的意义和具体信息,提供了相关的背景材料,介绍了日本投降签字仪式等事宜。

这条消息内容的重要性是依次递减的。读者从前往后,不管读到哪一段,都能得到相对完整的新闻信息。如果编辑要删节,也可从后向前删,无论删到哪一段,都不影响消息的完整性。

由此可见,倒金字塔结构的优点很明显,对于受众来说,它便于阅读,可以让受众在任何地方停止阅读都能获得对新闻事实的较完整认识;对于编辑来说,它便于编辑,编辑要删节,只需从后面开始删即可,不管删到哪里,余下的都还是一篇完整的消息;对于记者来说,它便于写稿,记者在写作时只需按重要程度将材料组织在一起,无须创造性地构思,使完成稿子更为快捷。

因为具有这些优点,所以倒金字塔结构在消息写作中充满活力,占据主导地位。在新媒体时代,海量信息使得受众接受信息不可能兼容并包,加上短阅读、快阅读的信息阅读方式,要求网络新闻更要用"倒金字塔结构",将最重要的新闻要素放在最开头,无论是整个文本写作还是文本中的某一个段落写作,都要遵循重要信息优先的原则,这与传统媒体的"倒金字塔结构"完全一致。因此,"倒金字塔"这种程式化较强的新闻结构方式总是充满勃勃生机,正如美国著名新闻学者杰克·海敦所说:"倒金字塔既没有过时,也永远不会过时。"

【例文】

台湾封锁黄植诚驾机回归大陆的消息

合众国际社台北 1981 年 8 月 12 日电 台湾当局几乎完全封锁了一名军官驾驶美制 F-5F 型喷气机回归大陆的消息。

除了转载官方发布的消息之外,这个岛屿的新闻工具没有一家提及黄植诚少校上星期六(8月8日)驾机飞往台湾海峡对面福建省某空军基地一事。

北京于8月11日(星期二)公布了黄植诚叛逃的消息,世界各地的报刊、广播电台和电视台立即对此进行了广泛的报道。

台湾发表的声明只说"黄少校和飞机下落不明",并且透露飞机上还有一名驾驶员许秋麟中尉,后者跳伞降落在海里,被台湾救回。

声明说,许没有受伤,但当他弹离座舱之后曾一度昏迷。观察家认为,这是"政府"的解释,旨在说明为什么这位中尉不知道他的教官和那架飞机发生了什么情况。

声明说,许坐在后座,由于飞机导航系统和无线电出了故障,黄命令他跳伞。空军说,由于这个技术原因,飞机不能返回。

空军一位经验丰富的试飞驾驶员(他要求不透露姓名)轻蔑地说,空军关于这架飞机由于导航系统和无线电出故障而不能返回台湾的说法是站不住脚的。

他说,黄少校今年29岁,他起码有7年以上的飞行经验,而且多半时间在台湾海峡上空飞行。他说:"像他那样的飞行员,闭着眼睛也能飞回台湾。"

军界人士对本社记者说,雷达曾发现这架双引擎飞机接近福建沿海,然后发现它折回,飞临国民党"当局"的东引岛上空,许在那里跳了伞。随后,这架飞机朝中国大陆飞去。

上面提到的经验丰富的空军驾驶员说,军界人士的话证实了他的看法,即这位叛逃者故意给许一个跳伞的机会,让他在那个水域跳伞,从而可以被台湾国民党"当局"救回。

他说,在台湾空军中,飞行学员对教官一向是既尊重又害怕的。他说:"我认为,许中尉是知道这位少校的叛逃意图的,但不能也不敢阻止他。"

二、时间顺序结构

"时间顺序结构"又称"编年体结构""纵向结构""沙漏型结构",就是以时间的延续为基本线索,发生在前的表述在前,发生在后的表述在后。这种结构叙事条理清晰,现场感强,适合于故事性强、以情节取胜的新闻,尤适合写现场目击记。但由于倒金字塔结构更适合于消息的文体特性,时间顺序结构在消息写作中运用得相对要少。时间顺序结构的消息有些有导语,但通常不一定有单独的导语。时间顺序结构的缺点是开头平淡,消息的精华也可能淹没在叙述之中。另外,采用时间顺序写作的新闻,可能篇幅会较长,不够简洁。

(一)以事件自身发展顺序组织结构

依照事件本身发生、发展、运动的顺序来组织材料、安排结构,是时间顺序结构常见的情况。

例如:

冻死的孩子重新复活

美国威斯康星州一个名叫麦肯罗的孩子,今年只有2岁半。1月19日,在家里人没有注意的情况下,他穿着一身睡衣,只身来到零下29度严寒的室外。家里人发觉后把他抱回屋里时,麦肯罗的一部分血液已经"冻结",手脚也都僵硬了。当他被送往医院时,体温已下降到15.5摄氏度。但是,在经过了包括使用心肺泵等先进设备抢救以后,麦肯罗竟然奇迹般地复活了。像这样处于低温状态下的人能够死而复生,在世界上是没有先例的,参加抢救麦肯罗的医生对此感到惊叹不已。现在,除了他的左手可能会有冻伤后遗症以外,其他恢复都很正常,估计三四周内,即可恢复健康。

这条消息,是按照事件本身的发展顺序来写的:麦肯罗到室外、家人将他抱回屋子、将他送进医院、医院抢救、奇迹般地复活。这是一条没有导语的时间顺序结构消息。

再如：

赫鲁晓夫辞职

（法新社巴黎 1964 年 10 月 15 日电） 据可靠消息说,赫鲁晓夫已辞去苏共中央总书记、苏联部长会议主席两项最高职务。

虽然今年早已出现某些传闻,可是,直到 16 时 5 分才首次证实此事。当时驻莫斯科的外国共产党记者被告知不要离开收音机,等候"重要消息"。

接着在 16 时 9 分,法新社驻莫斯科分社注意到,往常在下午出版的《消息报》没有出版。1 分钟后,一条电讯谈到了苏共中央领导机构将发生变动的传闻。这时,法新社记者注意到在莫斯科苏共中央委员会所在地前面停了许多黑色轿车。

大约半小时后,即 16 时 34 分,法新社记者注意到赫鲁晓夫没有出席在克里姆林宫为古巴总统多尔蒂科斯举行的午宴。到 16 时 47 分,莫斯科宣布,《消息报》到明天早晨才出版。

16 时 55 分起,情况更惊人了：人们看到赫鲁晓夫的名字从《真理报》上消失了。17 时 45 分,从赫尔辛基传来的消息说,赫鲁晓夫"可能辞去了他在苏联领导机构中担任的职务之一"。18 时 4 分,法新社从巴黎发出的电讯证实他已辞去了两个职务。

虽然赫鲁晓夫下台已经肯定了,可是,这时人们还不知道下台的原因。最后,在 18 时 45 分。从莫斯科传来了半正式的消息：赫鲁晓夫辞去了他在党和政府的两个职务。4 分钟后,即 18 时 49 分,据同一来源的同一人士说,继承者已确定：党的首领是勃列日涅夫,政府首脑是柯西金。

从那时起,从莫斯科传来了各种各样的传说。18 时 53 分的消息说,接替赫鲁晓夫的决定是在一次中央委员会会议上通过的。赫鲁晓夫参加了这次会议,他谈到了自己的健康状况,提出了辞职。

稍后不久,即 18 时 55 分,法新社驻莫斯科分社宣布,据消息灵通人士说,赫鲁晓夫业已辞职。

（资料来源：颜雄主编《百年新闻经典》）

这篇新闻稿,除了导语表达了核心事实外,主体部分是按照"赫鲁晓夫辞职"这一消息发布的时间顺序来写作的。

（二）以采访调查过程安排结构

按照记者采访或调查的顺序安排结构,即将采访调查的过程按时间顺序表述出来。

例如：

臭鸡蛋味弥漫三区
初步判断怪异气体来自化工厂

晚报今日讯 "我们这里空气里悬浮着一股刺鼻的怪味，像液化气又像敌敌畏。"今晨6时开始，陆续有市民拨打本报新闻热线82860085，称他们被空气中弥漫的怪味呛醒了，线索来自水清沟、四方实验小区、芝泉路、太平路、山东路、武昌路等市南、市北、四方3区。

"早上起来我还以为家里的液化气漏了，赶忙到厨房查验，结果没发现什么异常。"家住镇江路的李先生告诉记者，当他打开窗子时，才发现外边空气里的怪味比房内更浓。"不知道这是什么气体，熏得我直头晕、恶心。"家住南京路的市民蒋女士来电称，她是在上班途中闻到这股怪味的，因为对气味过敏，她只好用手套将口鼻捂了一路。

记者接报后立刻向12319热线咨询，得知该气体并非液化气或天然气。随后记者向市环保热线12369咨询，得知怪异气味仅限于市南、市北和四方三区，李沧和崂山并未出现类似情况。据这三区环保分局的工作人员介绍，气体可能来自化工厂或加工厂，他们自从早上就开始对辖区内的化工厂排查，目前市北和市南已经排查完毕，未发现可疑情况。市环保局的工作人员认为，今晨北风3～4级，气味可能由北方刮来，综合位于四方区北侧的李沧区未出现怪味这一情况，可以初步判定怪异气味可能来自四方某化工厂，截至今晨8时记者发稿，怪味逐渐变淡，四方环保局的工作人员还在调查。

据青医附院的急诊内科的医护人员介绍，工业气体若非有毒，且不至于造成缺氧，便不会对人体造成伤害。今晨三区天空虽然弥漫着浓重的怪异气体，但市120急救中心尚没有接到求助电话，截至记者发稿时尚没有出现因中毒或过敏入院的病员。

（原载《青岛晚报》2007年1月4日）

这是一条有导语的时间顺序结构消息。这条消息所依据的不是事件本身的发展过程，而是记者调查事件发生原因的过程。这种写法，呈现的不是事件的原始形态，而是调查采访的原始形态。

【例文】

"我看见历史在爆炸……"

合众国际社华盛顿11月23日电 这是一个十分迷人的、阳光和煦的中午，我们随着肯尼迪总统的车队穿过达拉斯市的繁华市区。车队从商业中心驶

第十二章 结构,新闻写作的框架

出后,就走上了一条漂亮的公路,这条公路蜿蜒地穿过一个像是公园的地方。

我当时就坐在所谓的白宫记者专车上,这辆车属于一家电话公司,车上装着一架活动无线电电话机。我坐在前座上,就在电话公司司机和专门负责总统得克萨斯之行的白宫代理新闻秘书马尔科姆·基尔达夫之间。其他3名记者挤在后座上。

突然,我们听到3声巨响,声音听起来十分凄厉。第一声像是爆竹声。但是,第二声和第三声毫无疑问就是枪声。

大概距我们约150或200码前面的总统专车立刻摇晃起来。我们看见装有透明防弹罩的总统专车后的特工人员乱成一团。

下一辆是副总统林顿·约翰逊的专车,接下去是保卫副总统的特工人员的专车。我们就在这后面。

我们的专车可能只停了几分钟,但却像过了半个世纪一样。我亲眼看见历史在爆炸,就连那些饱经风霜的观察家,也很难领悟出其中的全部道理。

我朝总统专车上望去,既没有看见总统,也没有看见陪同他的得克萨斯州州长约翰·康诺利。我发现一件粉红色的什么东西晃了一下,那一定是总统夫人杰奎琳。

我们车上所有的人都朝司机吼了起来,要他将车向总统专车开近一些。但就在这时,我看见高大的防弹玻璃车在一辆摩托车的保护下,嚎叫着飞速驶开。

我们对司机大喊:"快!快!"我们斜插过副总统和他的保镖车,奔上了公路,死死地盯住总统专车和后面特工人员的保镖车。

前面的车在拐弯处消失了。当我们绕过弯后,就可以看到要去的地方了——帕克兰医院。这座医院就在主要公路左侧,是一座灰色的高大建筑物。我们向左边来了一个急转弯,一下子就冲进了医院。

我跳下汽车,飞快跑到防弹玻璃车前。

总统在后座上,脸朝下,肯尼迪夫人贴着总统的身子,用双手紧紧将他的头抱住,就像在对他窃窃私语。

康诺利州长仰面朝天躺在车里,头和肩都靠在夫人身上。康诺利夫人不停地晃着头抽泣,眼泪都哭干了。血从州长的上胸流了出来。我未能看见总统的伤口,但是我看见后座上一滩滩血斑,以及总统深灰色上衣右边流下来的暗红色血迹。

我已通过记者专车上的电话,向合众国际社报告了有人向肯尼迪总统的车队开了三枪。在医院门前目睹总统专车上血迹斑斑的景象,我意识到必须马上找一个电话。

专门负责总统夫人安全的特工人员克林特·希尔正靠在专车后面。

"他伤势有多重？克林特。"我问道。

"他快死了。"他简单地回答说。

我已记不起当时的详细情景。我只记得一连串急促的吆喝声——"担架到什么鬼地方去了……快将医生叫到这儿来……他来了……快，轻一点。"在不远的地方，还有可怕的抽泣声。

我抄一条小路径直冲到了医院的走廊上。我首先看到的是一间小办公室，这儿根本不像办公室，倒像一个电话间。办公室里站着一个戴眼镜的男人，他正在摆弄一大堆乱七八糟的表格。在一个像银行出纳台那样的小窗口，我发现木架上有一部电话机。

"怎样接外线？"我气喘吁吁地问道，"总统受伤了，这是紧急电话。"

"拨911。"他边说边将电话推到我身旁。

我连拨了两次，终于接通了合众国际社达拉斯分社。我用最快的速度发了一个快讯：总统在穿过达拉斯的大道上遭到枪击，总统伤势严重，可能是致命的重伤。

……

（选自《普利策新闻获奖作品选》）

三、并列式结构

这种结构方式常常会用于综合消息和经验消息的写作中。特别是在综合消息中，报道的具体事实不止一个，需要在新闻中并列地叙述若干个新闻事实，这就形成了并列式结构。

并列式结构的层次清楚，层次与层次之间的关系不是因果关系，也不是递进关系，而是彼此平行的，从意义上说并无主次之分。每个层次都是相对独立的，各层次之间相互补充，共同说明同一个新闻主题。

例如：

爱尔兰否决《里斯本条约》 欧盟各国反应强烈

新华网北京6月14日电 综合新华社驻外记者报道：据英国天空电视台13日报道，爱尔兰在12日进行的全民公决中否决了旨在取代《欧盟宪法条约》的《里斯本条约》（以下简称"条约"）。欧盟委员会以及德国、法国等欧盟国家随后表示遗憾，一些国家表示将继续全力推进《条约》批准进程。

爱尔兰选民以86.24万票对75.25万票的投票结果否决了《里斯本条约》，从而使欧洲一体化进程再次陷入困境。爱尔兰是欧盟27个成员国中唯一就

《里斯本条约》举行全民公决的国家。

爱尔兰总理考恩对公决结果大为失望,但表示应尊重爱尔兰人民的意愿。

全力支持否决《里斯本条约》的新芬党领袖亚当斯则认为,13日对欧洲和爱尔兰而言是一个"好日子"。他说:"我们拒绝接受《条约》是因为我们有顾虑,因为多数人希望看到一个不同的欧盟。"

欧盟委员会主席巴罗佐13日在布鲁塞尔召开的记者招待会上强调,这一结果并不是爱尔兰对欧盟的否定,更不意味着该《条约》已经"死亡"。巴罗佐说,欧盟委员会相信"其他欧盟国家仍会继续相关的批约程序"。巴罗佐表示,将于19日在布鲁塞尔开幕的欧盟峰会将听取爱尔兰总理考恩的汇报,并对爱尔兰民众所关心的大事作深入研讨。

法国和德国13日发表联合声明,对爱尔兰全民公决否决《里斯本条约》表示遗憾。联合声明说,两国尊重爱尔兰公民的民主决定,但对此结果感到遗憾。法、德两国表示,希望其他成员国能继续进行批准程序。

西班牙第一副首相德拉维加13日表示,尽管爱尔兰在全民公决中否决了《里斯本条约》,但西班牙政府仍然主张继续批准该条约的进程。他说,西班牙政府明确支持《里斯本条约》,希望完成其批准进程,因为《条约》标志着欧洲建设向前迈出的重要一步。

荷兰首相巴尔克嫩德13日表示,荷兰不会因此而中断批准《条约》的程序,荷兰将继续全力推进《条约》审批进程。他说,虽然爱尔兰公决结果令人失望,但目前作出任何断言还为时过早。荷兰议会下院本月5日批准了《里斯本条约》,议会上院将于今年夏天之前进行表决。荷兰舆论普遍认为,议会上院将毫无悬念地通过《条约》,从而使荷兰顺利完成审批程序。

匈牙利外交部发言人塞莱什泰伊13日说,匈牙利对爱尔兰在全民公决中否决《里斯本条约》表示遗憾,但他同时认为,全民公决的结果并非一定意味着这一文件的失败。塞莱什泰伊还表示,匈牙利确信可以找到一个解决办法,这一解决办法既尊重爱尔兰选民的意见,又能保留这一条约的价值。

捷克总理托波拉内克13日发表声明说,爱尔兰全民公决否决《里斯本条约》会使欧盟政治复杂化。托波拉内克说,因为欧盟有牢固的法律基础,爱尔兰全民公决否决《里斯本条约》不会威胁到欧盟27国的正常工作。

捷克总统克劳斯当天则发表声明说,爱尔兰全民公决否决《里斯本条约》是"自由和理智战胜人为精英工程和欧洲官僚主义的胜利"。

《里斯本条约》是欧盟各国领导人去年12月13日在葡萄牙首都里斯本签署的新的欧盟改革条约,旨在取代被法国和荷兰全民投票否决的《欧盟宪法条约》。根据规定,《里斯本条约》在获得欧盟各成员国批准后,将于2009年1月1

日生效。迄今为止,法国、奥地利、匈牙利、保加利亚、罗马尼亚、波兰、斯洛文尼亚、马耳他和葡萄牙等18个欧盟国家已经批准了该条约。

(资料来源:新华网 2008年6月14日)

这条消息的导语是对整体事实的概括叙述,结尾是说明性背景材料,主体分别叙述了欧洲各国对爱尔兰全民公决否决《里斯本条约》的反应,互相之间是并列关系。这样的写法突出了空间的广延性,在较大范围内对新闻事实的整体面貌进行了描述。

【例文】

洛杉矶种族歧视事件在各国反应强烈

美国法院偏袒白人警察作出的不公正裁决而引发的洛杉矶暴力冲突,在世界范围内引起了强烈的反响。许多国家的领导人和新闻媒介都纷纷对此发表评论,分析这场冲突的原因和性质。

伊朗总统拉夫桑贾尼5月2日直截了当地指出,洛杉矶的种族歧视事件表明,美国需要对社会进行改革,美国比其他国家更需要对自己的事务进行改革。他呼吁人权活动家们放弃在其他国家的活动,去美国调查。

马来西亚总理马哈蒂尔发表谈话指出,洛杉矶之所以发生流血冲突,其原因是美国政府没有帮助黑人赶上越来越富的美国白人,也反映出美国黑人对白人越来越严重的抵触情绪。法国总统密特朗在电台指出,美国社会是保守的,但它在经济上走自由主义道路,此次暴力冲突实际上就是由此形成的经济矛盾而引起的。一位不愿透露姓名的日本官员说,洛杉矶事件暴露出美国社会的弊病。

美国在东方的盟友南朝鲜对洛杉矶事件的反应迅速,它立即派外务部代表赴洛杉矶同加州州长和洛杉矶市市长会晤,强烈要求对在这次种族歧视事件中蒙受严重损失的朝鲜移民给予赔偿(朝裔美国人有85家商店被焚烧)。同时汉城已关闭了它在洛杉矶的领事馆。

印度公众在美国驻新德里新闻中心外举行反美示威,高喊"该死的种族主义""停止对黑人的袭击"等口号。

新加坡报纸一针见血地指出,美国习惯于大谈特谈人权,而实际上是"口惠而实不至"。菲律宾《商报》概括地说:"美国没有人权可言!"埃及的报纸说,洛杉矶事件使人对美国的司法制度的公正性表示怀疑。日本《朝日新闻》指出:"冲突事件表明,黑人的权力在白人占多数的情况下是何等的微弱。"德国《南德意志报》评论说,洛杉矶事件宣告了所谓"各种族结合的大美国神话"的破灭。印度报纸说,洛杉矶事件是对"鼓吹人权"的美国的讽刺。英国评论家认为,洛杉矶市冲突是美国少数民族愤怒和绝望的征兆。

甚至美国的《纽约时报》也批评美国政府长期无视种族问题。西方分析家指出,洛杉矶暴力事件的蔓延表明,美国确实存在种族歧视和侵犯人权等不平等现象。

(原载《工人日报》1992年5月5日)

消息的内在结构形式除了倒金字塔结构、时间顺序结构、并列式结构之外,还有许多其他结构形态,如因果式结构、对比式结构、悬念式结构等,这些结构方式并未在消息写作中普遍使用,故不再详述。

练习

一、对本章"例文"进行新闻结构分析。

二、从新闻网站找三篇以倒金字塔结构写作的网络新闻,并进行具体结构分析。

新闻标题犹如新闻的眼睛,充满了表现力。好的新闻标题会引领受众的视线移动,唤起受众的阅读欲望。大凡新闻史上流传久远的新闻佳作,都有一个令人难以忘怀的标题。

第十三章 标题,新闻的眼睛

"新闻标题"是新闻的题目,是用以揭示、评价新闻内容的一段最简短的文字,通常位于新闻正文之前,且字号要大于正文。新闻所有体裁的题目都可以称为新闻标题。但按照一般的理解,新闻标题特指消息标题。本章以介绍消息的标题为主。

中国唐朝的孙樵所著的《经纬集》中《开元杂报》一文,成为中国新闻史研究弥足珍贵的史料。全文500多字,即"樵曩于襄汉间,得数十幅书,系日条事,不立首末。其略曰:某日皇帝亲耕籍田,行九推礼。某日百僚行大射礼于安福楼南。某日安北奏诸蕃君长请扈从封禅。某日皇帝自东封还,赏赐有差。某日宣政门宰相与百僚廷争一刻罢。如此凡数十条。樵当时未知何等书,徒以为朝廷近所行事。有自长安来者,出其书示之,则曰:'吾居长安中,新天子嗣国及穷房自溃,则见行南郊礼,安有籍田事乎?况九推非天子礼焉?又尝入太学,见丛甓负土而起若堂皇者,就视得石刻,乃射堂旧地,则射堂废已久矣,国家安有大射礼耶?自关以东,水不败田则旱败苗,百姓入常赋不足,至有卖子为豪家役者。吾尝背华走洛,遇西戍还兵千人,县给一食,力屈不支,国家安能东封?从官禁兵安能仰给耶?北虏惊啮边甿,势不可控,宰相驰出责战,尚未报功。况西关复惊于西戎,安有扈从事耶?武皇帝以御史以窃议宰相事,望岭南走者四人,至今卿士龈舌相戒。况宰相陈奏于仗罢乎?安有廷诤事耶?'语未及终,有知书者自外来,曰:'此皆开元政事,盖当时条布于外者。'樵后得《开元录》验之,条条可复。然尚以为前朝廷所行,不当尽为坠典。及来长安,日见条报朝廷事者,徒曰今日除某官,明日授某官,今日幸于某,明日畋于某,诚不类数十幅书。樵恨不生为太平男子,及睹开元中书,如奋臂出其间,因取其书帛而漫志其末。凡补缺文者十三,改讹文者十一。是岁大中五年也。"① 由此文亦可见,唐朝的"邸报"所记载的无非是宫廷活动以及臣僚的谕折等。"系日条事,不立首末",报纸只是按日罗列事件,既无标题,也没有结束语。

---

① 蜀刻本《经纬集》三卷,9页,上海,上海古籍出版社,1979。

第十三章 标题,新闻的眼睛

中国从公元8世纪的"报状"《进奏院状》到宋代的小报"新闻",再到元、明、清的"小本""小钞""报条"等,都只是把内容一条一条依次罗列,没有标题。这种状况一直到清代才有所改变。清代的《京报》开始使用一种辞典式的标题,如"宫门钞""上谕""奏折"等,把杂乱无章的内容给予了明确的划分。这种标题,可以称之为"类题"。类题是标题的孕育阶段,对于无题来说是一种历史的进步。但是,类题还只能是一种类似于今天报纸中的新闻专栏的标题,很笼统,不确定,并不是严格意义上的新闻标题。后来,类题在《时务报》《申报》《晨报》《知新报》《时事新报》等近代报纸上有了更进一步的发展。到19世纪20年代,《察世俗每月统记传》《东西洋考每月统记传》等近代报纸创刊,才开始出现标题和一些署名文章,但那时的标题也很简单,一般只在正文前加上"新报""新闻""近日杂报""粤东新报"等寥寥数字,而且各条新闻都用同一形式的标题。

小贴士

孙樵(约820—884年),字可之,又字隐之。唐代古文运动的殿军。孙樵活动在晚唐时期,历文、武、宣、懿、僖宗几朝,这是唐王朝走向衰亡的历史时期,也是社会酝酿巨大而又深刻变化的时期。孙樵一生以大中九年(855年)中进士为界,大致分作前后两个时期。前期主要生活在四川,多次赴京应举。大中九年进士及第后,从军邠宁(今属陕西)。咸通十年(869年)左右到秘书省任职。黄巢起义军攻占长安后,他随唐僖宗逃到岐陇一带,官职方郎中。中和四年(884年)后未回长安,不久死在川东。他一生不得志,仅做过从五品下阶的朝散大夫、从五品上阶的职方郎中。

《察世俗每月统记传》是世界上第一家中文近代月刊。1815年8月5日米怜在马六甲创办,传布于南洋群岛、泰国、越南等东南亚华人聚居区。编辑和主要撰稿人是米怜,其他撰稿者还包括马礼逊、麦都思、梁发等,是宗教宣传性质的期刊,以"阐发基督教义为根本要务",也提供一些天文地理和文化方面的知识,但是这些天文地理和文化方面的知识也是为了宣扬上帝的全能。

《东西洋考每月统记传》是中国本土出版的第一份中文近代报刊。郭士立创办、主编。内容由宗教、伦理道德和科学文化三部分组成,显示了对《察世俗每月统记传》的继承关系,在业务上初具近代报刊的基本特征。该刊1835年由"在华实用知识传播会"续办,1838年停刊。郭士立曾说:"这个月刊是为了维护广州和澳门的外国公众利益而开办的。它的出版意图,就是要使中国人认识我们的工艺、科学和道义,从而清除他们那种高傲与排外的观念。"

真正一文一题、开始揭示具体新闻内容的严格意义上的标题,在中国大约出现于19世纪70年代。据考证,1870年3月24日《上海新报》上的《刘提督阵亡》,是中国目前见到的最早的、比较完备的标题。以后,梁启超主办的《时务报》,也在类题的下面作了真正的新闻标题。该报1896年创刊号上有个类题是《京外近事》,而类题下便有《广西开办铁路》《中国议办商务局缘由》等新闻标题。这时候,标题的版面排列形式发生了变化,标题的字号增大了。如《申报》就明确宣告要"别刊大字、择要标题",改变了标题字号字体与本文相同的作法,使标题变得显著而醒目。20世纪初,标题字体虽然比较显著,但是,辅助标题却很少见。直到1919年五四运动前后,副题、引题才见诸报端。

西方一些报纸较早使用标题,但到19世纪中叶,所有的报纸只采用一行题。美国报纸到南北战争期间开始普遍采用多行标题,例如,1865年4月14日林肯总统被刺,第二天纽约《前锋报》以通栏作标题报道这个消息,第三天新闻的标题几乎仍占通栏。纽约《论坛报》关于这个消息的报道为三行大字标题,全文是:

Highly Important(特大新闻)

The President Shot(总统被刺)

Secretary Seward Attached(秘书西沃德被捕)

第二天,第一页用了7行标题,第二页关于这条消息的报道,竟用了17行大字标题。

英国报纸学习美国报纸的编辑方法,在报道普法之战时也使用多行标题,有的报纸关于法军在色当溃败的报道,标题也有10行之多。

广播电视问世以后,新闻标题被推广到电子新闻领域,产生了新闻提要,使标题的使用和发展进入更加广阔的层面。

第一节 新闻标题的作用

1919年徐宝璜的《新闻学》一书的出版,标志着中国新闻理论的初步建立。徐宝璜在书中专章论"新闻之题目",揭示了新闻标题的本质和功能。"新闻之题目,因其形式和地位易惹人注目,实不啻该新闻之广告。使编辑得法,即可借以引起阅者好奇之心,复可同时用以稍满足欲望,使其对于该新闻不能不看"(徐宝璜《新闻学》)。也就是说,新闻标题的作用一是"便利阅读",二是"引人注意"。

标题的位置居于新闻作品最显眼的地方,简明而醒目地揭示新闻的内容,是新闻作品首先吸引读者目光的地方。标题犹如新闻的眼睛,好的标题,会立刻吸引受众。受众往往会依据标题判断新闻是否值得阅读。对于新闻内容,对于新闻媒体,对于受众,新闻标题具有重要意义和作用。

一、吸引受众

1931年5月8日的《大公报》有新闻标题是：《菩萨结婚轰动全县》。报道的是一位上海小姐为感谢常州竹林庵的菩萨保佑她重病复愈，策划了为菩萨娶亲的怪剧。新闻标题抓住"菩萨结婚"的古怪事实，突出其怪异性和反常性，势必会激发读者阅读兴趣。

1990年5月29日《羊城晚报》有一新闻标题：

（引题）他是顺德第二建设设计院院长，经他手设计的一座座格调新颖的建筑物令人激赏，法国投资者特邀他设计巴黎"中国城"

（主题）读者你猜：他的职称是……

这是介绍著名设计师梁昆浩的报道所采用的标题。引题用一段较长的文字来说明梁昆浩的职务以及成就，而主标题却出人意料地给读者一个悬念，"读者你猜：他的职称是……"用省略号使语意未尽，吸引读者产生强烈的寻根究底的愿望。有如此成就的人，到底是什么职称？读者自然会往下读。看罢新闻，答案也就出来了：如此一个设计师，他的职称竟然只是"助理建筑师"，这一职称显然与他的贡献不相符合，而且，他曾申报过高级建筑师职称，却被认为"学历低、理论基础薄弱，没有写过多少篇论文"而未被批准。该标题也进一步引发了人们对现行职称评定制度的反思。①

新闻标题直接影响着内容的表达和阅读的效果，好的标题可以使受众爱屋及乌，引发对新闻的兴趣。在信息高速传播、海量信息生产的时代，受众无法兼收每一条新闻，以接触标题为主的"标题受众"不断增多。新闻标题的好坏甚至可以决定一则新闻的价值能否得到实现。

二、评价新闻

标题是新闻与评论的结合，具有传播和评价新闻事实的双重功能。标题可以或显或隐地表明对新闻事实的态度和看法，进而影响社会舆论，导引受众的是非观和价值观。它是编辑部一种特殊的发言手段。

标题评价新闻的表现方式有多种。

（一）直接发表评论

标题直接发表议论，表明态度。

1946年12月24日晚上，北平发生两名美国兵强奸北大女生沈崇事件，由此引发大

---

① 何纯、徐新平：《百年新闻标题经典》，250页，长沙，湖南大学出版社，2003。

规模反美运动。这一事件成为当时的热点事件,因为它不仅仅关系到一个19岁女大学生个人尊严,更关系到整个中国及人民的尊严。强奸沈崇的美国兵皮尔逊随军返美后,直至1947年3月3日,美国海军陆战队第一司令霍华德才核准法庭判决,判处强奸罪犯"皮尔逊降为普通兵士,处监禁劳役15年"。另一帮凶士兵,则无罪释放。但5个月后,8月12日,美国海军部部长福莱斯特撤销对皮尔逊的判决,宣布无罪释放。1947年8月13日天津的《新星报》对相关报道作了这样的标题:《弱国无人权,沈崇沉冤莫白》。这个标题透过现象审视本质,鲜明地揭示了沈崇的冤屈之所以无法昭雪的原因是当时中国的虚弱和政府的无能。标题发人深省,催人奋进,起到了积极的舆论引导作用。

在今天,媒体中这种直接发表评论的新闻标题更为多见。

例如:

① 保暖内衣广告言过其实　消费者购买应慎重选择

② 吃"大锅饭"山穷水尽　走改革路柳暗花明(主题)
　合肥市电子技术研究所去年获纯利24万元(副题)

③ 莫引污水企业"走西口"

以上标题是非清楚、观点鲜明,立场坚定地对新闻事实进行评价,揭示事实的深刻,给受众以启示,具有很强的舆论导向。

(二)借助词句评论

标题对新闻的评价,更多的是通过词语的褒贬和语气的强弱来显示的。

标题借助词句评价的方法在近代中文报纸的新闻标题中就已经使用。1948年9月11日,《人民日报》发表了一篇报道东北、华北国民党军队纷纷逃往解放区的新闻。其标题是:《跑!跑!跑!》(主题)《东北华北敌军官兵纷纷跑到解放区来》(副题)。主题重复使用同一个动词,用三个"跑"字加强语气,并与副题中的"纷纷"相呼应,既写出了解放战争时期国民党官兵大批弃暗投明的事实,又是在号召、鼓动仍在敌方营垒中的同胞赶快投诚。

这样的例子在今天的媒体也是随处可见。

例如:

① 策动"驱反事件"　唆使武装叛乱　勾结"流亡政府"(引题)
　(主题)美国唯恐西藏不乱

② 允许"生财有道"不可"为富不仁"(主题)
　大东门集贸市场举办有毒有害商品展览(副题)

以上标题赞成什么、提倡什么、反对什么,态度鲜明,富有鼓动性,受众一目了然。

(三) 通过选择事实评论

新闻报道,往往并非只报道一件事,即使只报道一件事,也常常会有多个侧面。标题总是将某一内容提示出来,实际上,标题提示的新闻事实,是对新闻内容选择的结果,表明了媒体对这一新闻的理解和评价,从而引导受众。

通过选择事实评论,很多时候即使不着一字褒贬,也会显示出某种倾向性。

例如:

① **七起特大事故要了131条命**(主题)
   广东纪委部门通告有关处理情况,**26位相关责任人受处分**(副题)

② **真刑警铐了假刑警**(主题)
   冒充"803"侦察员大肆行骗的犯罪嫌疑人路建伟被拘留(副题)

以上标题没有词句的褒贬,只是客观地叙述事实,但受众仍然可以明显地感受到编辑的倾向性。

标题几乎都有倾向性,区别在于倾向性的表现程度不同、正确与否不同。

第二节 新闻标题的特点

新闻标题与新闻事实是反映与被反映的关系。这种关系要求新闻标题必须揭示和符合新闻事实。

一、新闻标题要揭示新闻事实

消息的特点决定了消息必然将最重要、最精彩的新闻事实浓缩到标题上。与一般文章题目比较,新闻标题的显著特点在于事实性、新闻性,新闻标题要显示自身的优势,要显示存在的价值,必须揭示新闻事实。新闻事实是新闻标题的灵魂,揭示新闻事实,是新闻标题的职责。

请看下面四则新闻标题。

① 《张作霖拍卖东三省》(1920年10月2日上海《民国日报》)
② 《南京发生日寇大屠杀惨案》(1938年延安《解放日报》)
③ 《天安门事件完全是革命行动》(1978年11月16日《人民日报》)
④ 《长沙袁隆平等十多位院士成为科技知本家》(2000年12月11日长沙电视台新

闻报道）

这几则新闻标题出自中国不同的历史时期，尽管它们相隔的年代久远，但都有一个共同的特点：标题直接反映出了新闻中最重要的和人们最关心的信息，新闻事实本身成了最抢人眼球的亮点。不看报道，只看标题，也大体知道新闻事实的主要内容，标题对读者有很大的吸引力。从这个意义上说，我们认为，标题就是新闻。①

新闻标题揭示新闻事实，要注意以下两点。

（一）对新闻事实进行取舍

首先，要衡量哪些事实更有助于说明问题。面对单一的新闻事实，提炼标题容易把握，但面对较为复杂的新闻，提炼标题并非容易之事。因为复杂的新闻事实包含多个事实，所以做标题时，对事实就要进行取舍。"取"什么？"舍"什么？这就需要编辑对新闻事实进行分析判断，衡量哪些事实更有助于说明问题，更具有新闻性，更能吸引受众。

2009年2月27日上海至杭州铁路客运专线建设动员大会在上海金山枫泾镇举行。这条新闻中涉及的事实众多，包括建设动员大会举行，市领导参加、发言，这一项目的目标、意义等。当天一家晚报的标题是《沪杭高铁建设动员大会举行》。这个标题对新闻事实的取舍明显不用心，"取"的是"大会举行"，而这并非这一新闻的核心事实，也没有任何吸引力。有报纸就这条新闻的标题是《沪杭高铁目标时速350公里》。这个标题虽然有了具体的内容，但"时速350公里"这个事实过于概念化，对于读者来说，想要知道的是"时速350公里"意味着什么。而《文汇报》就这条消息的标题是《沪杭高铁开建 半小时可直达》。这个标题提取了新闻中最有价值、受众最关心的事实——沪杭高铁开建，意味着将来沪杭之间只需半小时便可到达。

其次，选择事实的价值取向要正确，新闻标题具有传播和评价新闻事实的双重功能，它是编辑部一种特殊的发言手段，或明或暗地向受众传递媒体的立场和观点，所以"取"与"舍"要正确。

例如，某通讯社的一条关于中国羽毛球运动员林丹在北京奥运会摘金牌消息的标题是《林丹：毛主席像章保佑我夺冠》。

无可否认这一标题所述是林丹所说，但这一事实却将林丹夺冠的原因完全归结为毛主席像章的保佑，这种"造神"式的思维和表达会造成不良的传播效果。

最后，要提取必要的新闻背景。新闻标题在对新闻事实进行取舍时，不可忽略必要的新闻背景的提取。有些事实具有较高的新闻价值，就是因为其具有特殊的新闻背景。所以，在标题中要揭示必要的新闻背景。

例如：

---

① 何纯、徐新平主编：《百年新闻标题经典》，2页，长沙，湖南大学出版社，2003。

学生打败老师
新秀王磊赢了聂卫平

这个标题不写"学生打败老师",也具有新闻性。现在点名了双方的关系,新闻性更强,更能吸引受众注意力。

又如:

唐振平制成新型电动机断相保护装置

这个标题同样揭示了新闻价值,但发明这一装置的是专家,还是普通的工人、农民?其价值不一样。唐振平实为农村的普通电工,比专家的发明更难能可贵。因此,标题有必要加上引题"农村普通电工的一项发明",以增强新闻性。①

(二)对新闻事实进行净化

第一,标题要干净健康。新闻所报道的事实,有些可能很有特色,但这些特色如果在新闻标题中出现未必会达到好的传播效果,甚至会产生副作用。

例如:某体育日报,2009年3月7日13版有一条新闻的标题是:

小牛老板库班放出狠话(引题)

"不好好打,下赛季滚蛋"(主题)

新闻报道的是小牛老板库班在NBA是出了名的口无遮拦,他对球员说,"如果再在比赛中吊儿郎当,下赛季我一个也不会留,统统让他们滚蛋。"但将他的不太文明的话语放至标题中就未必合适。②

还有一些新闻标题,特别是网络新闻标题,使用含有性暗示、侮辱、蔑视等词汇,用荒唐怪诞、耸人听闻的字眼来刺激受众的视觉和心理,格调低下,颠覆价值观。

媒体具有强大的传播功能,不健康的标题势必产生不良的社会影响。所以,标题选择事实时,需要净化,使其合理健康。

第二,标题要有人文关怀。有些标题为了达到所谓"不同凡响"的效果,价值取向出现严重偏差,标题不仅稀奇古怪,而且缺乏起码的人道精神。

例如,2016年4月21日,网易财经报道上海冠生园董事长意外身亡,标题是《**上海冠生园董事长在河南被猴子蹬掉石块砸死**》,以调侃词语表达一起悲惨的意外事故(见图13-1)。

又如,某报报道一跳楼自杀者,标题为《**昨晚上演高空飞人**》;某报报道一行人被农用车撞倒,又被该车从头部轧过,当场惨死于血泊中,标题是《**骑车人"中头彩"惨死**》。

---

① 张子让:《当代新闻编辑》,140页,上海,复旦大学出版社,1999。
② 周忠麟:《报纸新闻标题比较谈》,载《报刊业务探索》,2009(7)。

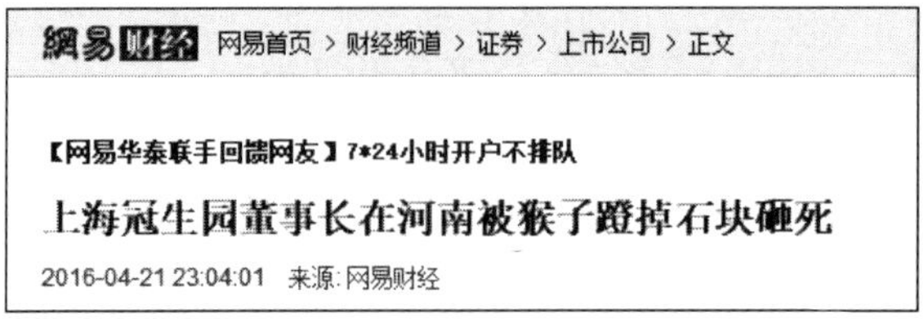
網易财经 网易首页 > 财经频道 > 证券 > 上市公司 > 正文

【网易华泰联手回馈网友】7*24小时开户不排队

上海冠生园董事长在河南被猴子蹬掉石块砸死

2016-04-21 23:04:01 来源：网易财经

图 13-1 网络截图

（资料来源：网易）

这些关乎人生命的新闻标题，如此缺乏起码的同情心，甚至充满戏谑、幸灾乐祸的色彩。这样的标题不仅会伤害受众而且也会极大地损毁媒体的形象。

第三，标题要准确无歧义。新闻标题揭示新闻事实要考虑社会效果，标题不仅要准确生动，而且要优雅温暖。

例如，2013 年 3 月 1 日《晶报》一篇题为《雾霾再袭　沙逼北京》的报道引发众人议论，不是因为稿件内容，而是因为标题中的“沙逼北京”四个字引起了歧义（见图 13-2）。就此《晶报》致歉声明：本报今天陆续接到读者电话和微博投诉，称 3 月 1 日《晶报》A19 版《雾霾再袭　沙逼北京》的标题严重不妥，极容易遭误读。本报特就因此造成的不良传播后果向读者诚意致歉。本报将以此为鉴，完善签审流程，强化把关意识，严防此类事件再次发生。

China 中国

雾霾再袭 沙逼北京

气象部门预测，两会期间北京将有轻度雾霾

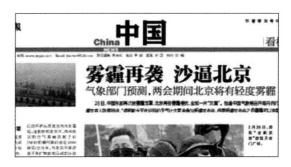

图 13-2 《晶报》A19 版

（资料来源：深圳新闻网）

二、新闻标题要符合新闻事实

受众读新闻首先接触的是标题，如果新闻标题与新闻事实不符，就会把错误的信息传递给受众，题文不符会让受众心生疑惑或者反感，进而会减弱对新闻乃至媒体的认同。新闻标题的本源是新闻事实，所以新闻标题要反映新闻事实的本来面目。

第十三章 标题，新闻的眼睛

新闻题文不符的原因主要有以下几方面。

（一）片面追求吸引力

标题是新闻的眼睛，吸引受众应该成为新闻标题的不懈追求，但新闻标题只有在事实的基础上才会吸引受众，标题离开了准确，即便再生动都没有任何价值。标题追求吸引力不能以牺牲准确为代价。

例如，2009年2月18日某时报有一条新闻——

陈凯歌曝离婚原因：太多女人让前妻妒火中烧

本报讯 前天，洪晃在主持旅游卫视脱口秀节目《亮话》时，与导演英达聊起婚姻史。她表示当年与陈凯歌分手是因为她的嫉妒，太多女人喜欢陈凯歌让她晕菜。

1985年，24岁的洪晃回到中国，成为德国某金属公司的高级职员，月薪7 000美元，当时中国一些城市居民的平均月收入约为70元人民币，巨大的反差让洪晃有些飘飘然。恰在此时，她遇到了在中国影坛崭露头角的陈凯歌。"我看了他导演的《黄土地》之后，就觉得太棒了，完全像一首诗。"洪晃当时对艺术充满好奇。1989年，洪晃和陈凯歌在纽约市政厅登记结婚。然而，1993年陈凯歌因《霸王别姬》踏上戛纳领奖台之前，两人分手，各奔东西。"我跟陈凯歌好了以后才知道什么叫嫉妒。真是一种特别不好的感觉，突然发现怎么会有这么多女人喜欢他，我就晕菜了。到最后，我甚至有泼妇的欲望。之所以要离开这个婚姻，就是因为它会把我最恶劣的一面带出来。"

从新闻报道看，主体事实是陈凯歌的前妻洪晃"表示当年与陈凯歌分手是因为她的嫉妒"，事实的发布者是洪晃。而在标题中事实的发布者变成了陈凯歌，事实也从陈凯歌的角度，调整为"太多女人让前妻妒火中烧"。编辑可能认为让陈凯歌"曝离婚原因"会更加吸引受众。

又如，某报一条新闻标题——主题是《××（市）首次引进高中肄业生》，引题是《打破"学历加职称"的硬杠杠》。

一看主题，就让人吃惊，偌大一个城市居然引进一个低学历的高中肄业生。细看消息全文，方知原来标题忽视了事实整体，只截取了事实的一部分。该市引进的这位是1992年高中肄业生，他离校后在武汉打工，掌握了许多无线电通信技术；1998年他主持开发的一个新产品给一家公司带来上千万元销售额；尔后他又被人誉为悟性极高的市场开发人才。可见这位人才虽是高中肄业，但有十几年良好的社会实践。而这条消息的标题,只突出了低学历,而舍去了社会实践。这就明显背离了事实。①

再看某都市报的一条新闻标题——主题是《中国足球获得世界冠军》(见图13-3)。

图 13-3　某都市报一则标题

(资料来源:新浪微博)

这一首先进入读者视野的主标题,让人疑惑,看了副标题才知道"不过是机器人得的,与国足无关",这一标题可能是表达了某种情绪或幽默,也能瞬间吸引受众注意,但对事实的表达是不恰当的。

将新闻所包含的主要、独特、新鲜之内容提炼出来,通过鲜明、生动的标题对受众产生吸引力,这无疑是编辑所要努力去达到的目标。但是如果标题不以事实为基础,媒体就会在受众的质疑和不信任中最终失去受众。

(二) 简短失度

新闻标题是用以揭示、评价新闻内容的一段最简短的文字。简短是标题的内在品质,但简短同样必须以准确为前提,否则就会造成题不达意或误解。

例如,某报有篇新闻的题目为《深夜偷钓丧命,亡妻愤然上告》,"亡妻"怎么可能会去上告呢? 看完正文的新闻内容后,发现是编辑把"亡故者的妻子"简化为"亡妻"所致,让人哑然。又如某报有篇报道题为《只为二百工钱,南籍青年捅死工头》,题中的"南籍"是人名还是地名,是地名的话,"南籍"是指河南籍、海南籍还是湖南籍,甚至是某国籍呢? 读完报道正文后,才弄清题中的"南籍"是指"湖南岳阳籍"的青年。像这样的简称就很不妥当了。②

---

① 谢余生:《一条阉割事实的标题》,来源:中国新闻研究中心。
② 刘保全:《新闻标题制作中常见的毛病》,载《新闻实践》,2007(6)。

（三）审稿不仔细

新闻标题是从稿件中提取的精华，是对稿件内容的概括。所以，只有仔细审阅稿件，分析判断新闻中的核心事实，才能确保标题的准确。有些标题之所以不准确，在于编辑没有仔细审稿。

例如，2016 年 4 月 28 日，网易在转载新华网报道《**多地整治网约车探索“规范路径” 各方期待“顶层设计”明确发展方向**》时，将标题改为《**交通部：网约车定位有问题，不应每个人都打得起车**》。（见图 13-4）

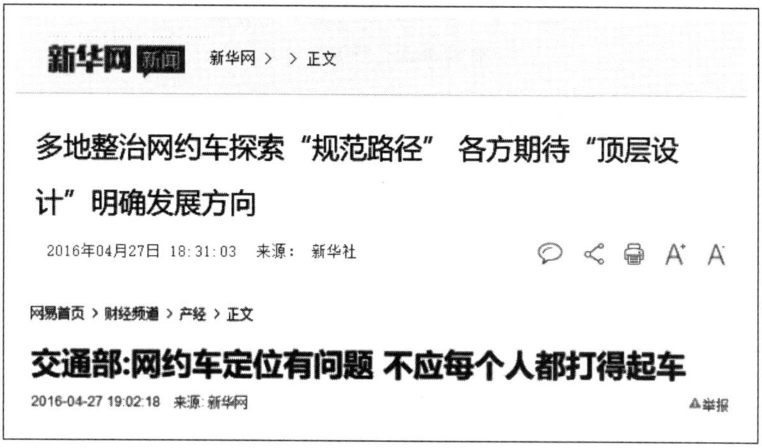
新华网 新闻　新华网 > > 正文
多地整治网约车探索“规范路径” 各方期待“顶层设计”明确发展方向
2016年04月27日 18:31:03　来源：新华社
网易首页 > 财经频道 > 产经 > 正文
交通部:网约车定位有问题 不应每个人都打得起车
2016-04-27 19:02:18　来源:新华网　举报

图 13-4　网络截图拼接
（资料来源：新华网、网易）

改后标题与文章原意不符，没有准确传达新闻原意，引发公众不满和舆论批评。所以，审稿要仔细，要通读全文，用心分析理解，确保标题对新闻事实的概括准确无误。

（四）表达不当

标题概括新闻事实是通过遣词造句实现的。遣词造句是否妥当，也关系到标题的准确性。可见，编辑悉心推敲文字也是标题准确概括新闻事实所必须的。

2013 年 9 月 23 日，《环球时报》刊载了一篇题目为《默克尔对华外交可供欧洲殷鉴》的社评（见图 13-5），文章称：默克尔 2005 年上台，2007 年会见达赖，一时间成为欧洲对华搞价值观外交的代表性人物。中德关系一度因此紧张，波及两国经济合作。但默克尔转变很快，在之后的几年逐渐成为稳定发展欧中关系、超越价值观分歧、推动双方合作的代表性领导人。默克尔在位的这些年完成了对华关系战略定位的一个大转变，为整个欧洲提供了思考和经验。默克尔的对华外交政策证明了：西方世界同中国和平共处并实现高强度互利合作的现实性。

图 13-5 《环球时报》上的一则标题

（资料来源：新浪微博）

2013年9月24日，网友@郑州范强在微博上发布了一张《环球时报》当日报纸刊登该新闻的截图，并写道：《环球时报》不带这么玩的，作者和编辑都没弄懂"殷鉴"是神马意思就放标题上了…… 这一话题迅速引起了微博网友的热议，很多网友就此表达了自己的看法。网友@五岳散人：没文化、真可怕。网友@陈成——寰视文化：词不可乱拽，朴实一点就好。网友@辛晓进：对报纸编辑来说，殷鉴不远。网友@倚栏看落晖2：借鉴和殷鉴，意思相去甚远哦，不要一语成谶啊？环球的水平？

殷鉴（yīnjiàn）出自《诗·大雅·荡》："殷鉴不远，在夏后之世。"殷：指商朝后期，约公元前14世纪到公元前11世纪，是商代迁都于殷（今河南安阳市西北小屯村）后改用的称号；鉴：审查。殷鉴的意思是殷人灭夏，殷人的子孙，应该以夏的灭亡作为鉴戒。后来用来泛指可以作为后人鉴戒的前人失败之事。

《环球时报》在这一标题中使用"殷鉴"一词显然是不恰当的。难道作者和编辑是说默克尔和中国友好是错误，公开告诫欧洲应以之为鉴不要和中国友好吗？

总之，如果做不到准确，标题便无法周全地简述新闻的要义，客观地概括新闻的主旨，也就丧失了其基本功能。所以，新闻标题不能夸大和曲解新闻事实。无论是对事实的概括，还是对事实的评价，新闻标题都应当无条件地忠于新闻事实，从而让标题完整、清晰、恰当、贴切地反映新闻事实。

第三节 新闻标题的结构

新闻标题在历史的发展过程中不断完善自己面貌，逐步形成了完备的结构系统，这个结构系统由多个部分组成，它们既分工，又合作，共同承担着标题的义务。

一、标题的外在组成结构

标题的外在结构包括主题、引题、副题（见图 13-6）。主题又称为主标题，引题和副题又称为辅助题。

图 13-6 《解放日报》

（资料来源：解放牛网）

（一）主题

主题也称主标题、正题、母题，它是消息标题的核心部分，通常揭示新闻中最重要、最吸引受众的信息。

1. 从表现形式上看,在报纸版面上当与辅助题结合使用时,是形式上最突出的部分,字号大于辅助题。

2. 从表达方法来看,主题一般为实题(指叙述新闻事实的标题),有时也可以是虚题(评价新闻事实、揭示其意义或隐含的观点的标题),但在单独使用时,不能做成虚题,应是实题或有叙有议的虚实结合题。

例如,图13-7新闻标题——

依法治校民主办校新尝试(引题)
华中师大邀学生代表列席校长办公会(主题)

图13-7 《中国青年报》

(资料来源:中青在线)

前者为辅题,是对事实的评价;后者为主题,是事实的叙述。这个标题有了前面的评价,受众更能清楚地认识到华中师大邀请学生达标列席校长办公会,其意义在于依法治校、民主办校的创新。但如果去掉主题,只取引题"依法治校民主办校新尝试"作为主题,受众就会不知所云。因此,没有辅助题的主标题,一般不宜作虚题。

又如,《**导师变"老板" 学术有危机**》(见图 13-8)中"学术有危机"是评价,"导师变'老板'"是叙事。这是虚实结合题,受众能够从中获知新闻事实,因而可以单独使用。

图 13-8 《中国青年报》
(资料来源:中青在线)

3. 从句子结构来看,主题可以是只包含一个动词的单句,也可以是包含多个动词的复句。

例如,图 13-9 标题《**上海报业集团今天成立**》是只包含一个动词"成立"的单句,《融合中创新 转型中跨越》是包含两个动词"创新"和"跨越"的复句。

在通常情况下,主题应该是一个独立的句子,让受众在瞬间阅读时获得比较完整的信息。

例如,**鉴于中国自辛亥革命后改行公里以来首次跨世纪的深远意义及多数国家和国际组织的有关意向,我天文学名词审定委员会日前致函国际天文学联合会建议——**(引题)

21 世纪从 2000 年元旦开始(主题)

图 13-9　2013 年 10 月 28 日《新民晚报》
（资料来源：新民网）

这是 1998 年初一家报纸的一个标题，主题十分醒目。初看标题，读者可能以为 21 世纪从 2000 年元旦开始，仔细一看，才知道这是建议，尚未得到确认。这种表达就容易造成错觉，应在主题前加"建议"两字为宜，表达一个重要组成部分，也很有吸引力。如果需要突出"21 世纪从 2000 年元旦开始"这层意思，"建议"两字可用异体字或套底色，这样可以相得益彰。①

4. 从外在形式来看，主题可以是一行，也可以是多行，但以一行为主。

主题为多行，通常是为了表达多项同等重要的内容，是两个相对独立的句子，不分主次，一般为并列关系，而非主题和辅助题的关系。

例如，图 13-10《人民日报》报眼消息标题——

结束泰国之行开始对越南进行正式访问
李克强与越南总理阮晋勇会谈时强调（引题）

海上、陆上、金融合作三头并进
深化中越全面战略合作伙伴关系（主题）

其主标题表达多项同等重要的内容，是两个相对独立的句子，不分主次，是并列关系，而非主题和辅助题的关系。

主题为多行，有时也是为了表达一个难以简化的长句（见图 13-11）。

---

① 张子让：《当代新闻编辑》，147 页，上海，复旦大学出版社，1999。

第十三章 标题，新闻的眼睛

图 13-10 《人民日报》
（资料来源：人民网）

图 13-11 《人民日报》
（资料来源：人民网）

李克强与梅德韦杰夫共同主持
中俄总理第十八次定期会晤

张高丽访问新加坡并与张志贤
共同主持中新三个高层合作机制会议

这两个标题都是一个难以简化的长句。

如果是一句话分成两行,要注意语气的顺畅和概念的完整。

主题比辅题引人注目,往往首先进入受众的视野。因此,制作标题要把主题作为思考的重点,对主题的要求应更高一些。

(二)引题

主题的引导题,位于主题之前,因排列有纵向和横向的不同,分别被称为肩题和眉题(见图13-12)。

图 13-12 《今晚报》

(资料来源:今晚网)

引题通常用于说明，引申和烘托主题。

1. 新闻的来源，背景和原因，一般由引题来交代

图 13-13 标题——

国办发布回应社会关切提升政府公信力的意见

应对重大突发事件不失声

北京晚报

WWW.TAKEFOTO.CN

国办发布回应社会关切提升政府公信力的意见

应对重大突发事件不失声

>> 3

遥控器
今晚很忙

国足对印尼
北京时间20时
CCTV5 BTV体育直播

巴西对赞比亚
北京时间19:30
录播

湖人对勇士
北京时间19:30
CCTV5⁺直播

>> 29.31.32

养老机构咋收费
本市拟推指导价 >> 5

2014年国考明起报名
申论考试延长半小时 >> 3

补领自采暖补贴
办理时间延一周 >> 14

流感疫苗接种今天开始
从登记到完成不超10分钟 >> 11

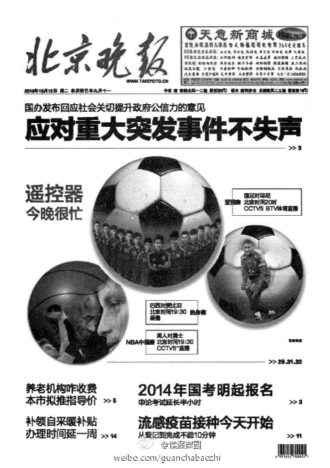

图 13-13 《北京晚报》

（资料来源：京报网）

图 13-14 标题——

聊春晚一小时　调侃回应众话题

冯小刚　希望春晚亲切有场面

以上这两个新闻标题的引题交代了新闻的来源。

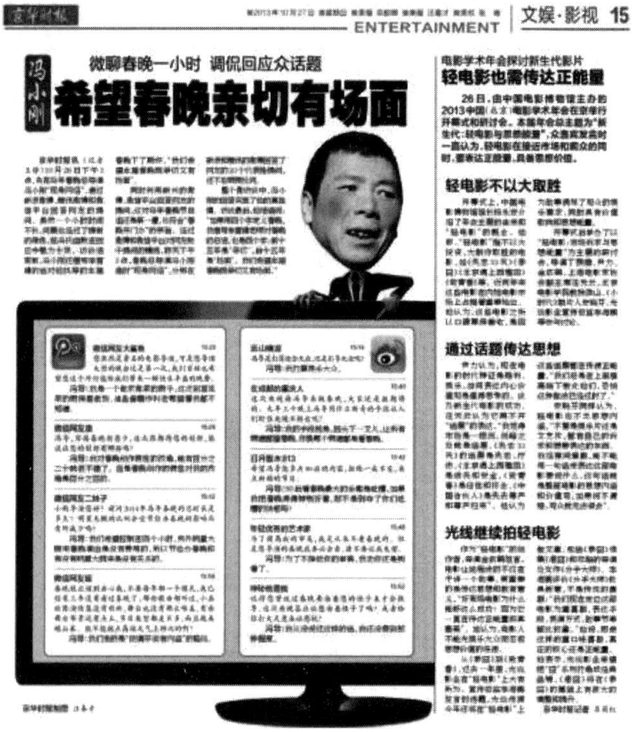
文娱·影视 15
ENTERTAINMENT

冯小刚
微聊春晚一小时 调侃回应众话题
希望春晚亲切有场面

电影学术年会探讨新生代影片
轻电影也需传达正能量

轻电影不以大取胜

通过话题传达思想

光线继续拍轻电影

图 13-14 《京华时报》

（资料来源：京华网）

图 13-15 新闻标题——

西环高铁项目完成征地拆迁仅用 1 个多月

海南：心中有群众　世上无难事

这个新闻标题的引题交代了新闻的背景。

图 13-16 新闻标题——

外国舰机近距离跟踪监视

我海军抗干扰西太平洋演练合同打击

图 13-17 新闻标题——

去年一天 13 架航班延误超 3 小时 美交通部秋后算账

美联航因航班滞留被罚款

这两个新闻标题的引题交代了新闻的原因。

第十三章 标题，新闻的眼睛

图 13-15 《人民日报》

（资料来源：人民网）

图 13-16 《北京日报》

（资料来源：京报网）

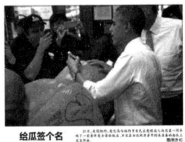

图 13-17 《京华时报》

（资料来源：京华网）

2. 新闻的意义，本质，一般由引题来揭示

图 13-18 新闻标题——

潜心实业厚积薄发 创新驱动提质增效
柳州传统产业"夕阳"变"朝阳"

这个标题的引题揭示了新闻的意义。

又如：

铁的见证　血的教训
永安市挖出一颗日军燃烧弹

人民日报
RENMIN RIBAO
17
习近平会见缅甸国防军总司令
潜心实业厚积薄发 创新驱动提质增效
柳州传统产业“夕阳”变“朝阳”
提质增效筑牢发展基础
——二论“中国信心”从何而来

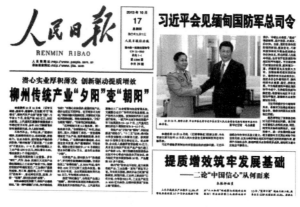

图 13-18 《人民日报》
（资料来源：人民网）

埋没人才 人才两空 重视人才 人才皆来

温江地区起用各业人才发展农村经济

这两个标题的引题揭示了新闻的本质。

3. 新闻的环境、气氛，一般由引题来渲染

图 13-19 新闻标题——

60 余年互无音讯 再次相见老泪横流

91 岁老兵与 101 岁战友重逢

又如：

此景只应天上有 人间哪得几回看

新疆阿勒泰 五“日”又争辉

这两个新闻标题的引题渲染了新闻的环境、气氛。

引题依附于主题而存在，表现方法、句子结构和外在形式都比较自由。引题的字数可比主题少，也可比主题多。当然，从简洁和美观考虑，两者的数量一般以接近为宜。

消息标题要比较具体，明确地概括新闻事实，因而引题用的较多；而通讯标题可以比较抽象、含蓄地概括新闻事实，所以一般不用引题，除非在特别需要引起受众关注的情况下。

（三）副题

副题是主题的辅助题，主要用来补充、解释和证明主题，通常位于主题之后，又称子题、副标题。

图 13-19 《京华时报》

(资料来源：京华网)

1. 如果主题难以概括新闻中重要的信息，需要借助副题予以补充

图 13-20 新闻标题——

南昌一男子持刀劫持护士

自称因家庭原因"不想活了"，护士受伤被解救

图 13-20 《南方都市报》

(资料来源：南都网)

图 13-21 新闻标题——

纽约华裔社区发生命案 5 人被杀

死者包括 4 名儿童　有报道称死者和嫌疑人均为华裔

图 13-21　《京华时报》

（来源：京华网）

这两个新闻标题的副题的作用是补充主标题难以概括的新闻信息。

2. 如果主题不叙述具体事实，受众不易明了，就可借助副题予以解释

图 13-22 新闻标题——

众里寻他千百度　那人堵在北环文化路

昨日，郑州一路口有五六千人被堵，有人 75 分钟只向前挪了 200 米

网友戏称，世界上最遥远的距离，就是看见绿灯你却过不去

图 13-22　《大河报》

（资料来源：大河网）

又如：

世界屋脊成了"飞禽天堂"

西藏发现 17 座鸟岛

这两个新闻标题的主题较为含蓄,不叙述具体事实,所以借助副题予以解释,以使受众明了其意。

3. 如果主题就实论虚,不提供具体事实,就应借助副题予以证明

图 13-23 新闻标题——

"查开房"网复活 "开房"网跟风

查询需输入身份证号;"开房"网隐去身份证、电话号码等内容;含 2 000 万人开房信息可下载。

图 13-23 《新京报》
(资料来源:京报网)

又如:

学生上学虽自费　思想工作不自流
浙江医大杭州分校抓紧走读生教育

这两个新闻标题的主题没有提供具体事实,受众易觉空泛,于是就借助副题来补充。

副题说明主题,因而一般宜做实题,不做虚题,字数和行数可比引题更多一些。

通讯的标题也可以有副题,但在副题的运用上,与消息标题亦有不同。通讯的副题,多数只用来说明作者写作本文的对象、意图以及采写的方式等,而不像消息标题的副题那样,要补充新闻事实。在形式上,消息副题的前面不用破折号,而通讯副题的前面要加破折号(如图 13-24)。

二、标题的内在组成结构

标题按组合不同,又分为单一型标题和复合型标题。

第十三章 标题,新闻的眼睛

图 13-24 《解放日报》
(资料来源:解放牛网)

(一)单一型标题

单一型标题有主题,无辅题,通常用于信息单一的新闻。当下都市类的报纸较多用单一型标题,广播、电视的新闻提要,也以单一型标题居多。

(二)复合型标题

复合型标题兼有主题和辅题,一般用于信息比较重要而又复杂的新闻,又多见于报纸的新闻标题。

1. 复合型标题的结构形式

（1）引题—主题式：由主题和引题组成。

如图 13-25 标题——

自贸区首批证照发放，企业直呼想不到
4 天办妥 4 张"出生证"

图 13-25 《解放日报》

（资料来源：解放牛网）

（2）主题—副题式：由主题和副题组成。

如图 13-25 标题——

青浦五大地块成投资热点
着眼长远高标准吸引投资者："要的不是地王，而是引领性的优质项目"

(3) 引题—主题—副题式：由主体、引题、副题三者组成。

如图 13-25 标题——

总结分析本市防御强台风"菲特"情况并部署恢复生产落实救助
问题一个都不回避不放过
杨雄主持会议要求提高城市自然灾害防御体系建设水平和应对能力

2. 复合型标题的特点

(1) 主题和辅题是互相联系的一个整体

复合型标题的主题和辅题彼此之间存在逻辑联系，因而要特别注意语意的连贯，不能相互脱节。

例如：

足球场重演翻车悲剧
德国队四年后又大胜法国队

这个标题的问题在于引题着眼于法国队，依照形式逻辑的同一律，主题应从法国队的角度进行叙述，而现在却转移到了德国队，思维的确定性被破坏了，造成了逻辑错误。①

例如：

糊涂爹娘发财心切
安徽一少年流落上海街头

这个标题的问题在于从新闻内容来看，引题和主题是因果关系，但现在没有显示这种联系，两者之间似有一种断裂感，令人有些费解。②

(2) 主题和辅题要有相对的独立性

复合型标题的主题和辅题既要有内在联系，又要有相对的独立性。主题和辅题不可以合成一句话。

例如：

李某某轮奸一案二审的
新任律师仍将作无罪辩护

这个标题主题和副题合成一句话，缺乏必要的停顿，看和听都会感到费劲，标题也不够简洁。

修改后：

李某某案一审宣判　被告人不服已上诉
新任律师仍作无罪辩护

修改后引题、主题意思相对独立，中间有适当的间歇，读和听就省力了，意思也容易

---

① 张子让：《当代新闻编辑》，152 页，上海，复旦大学出版社，1999。
② 张子让：《当代新闻编辑》，152 页，上海，复旦大学出版社，1999。

明了。

第四节　新闻标题的制作

一、制作不同种类的标题

新闻标题的制作方法依据作者在其中显示态度有隐有显的不同，分为客观性方法和主观性方法。这两类制作方法所制作的标题可分为实题和虚题两类。

（一）实题是一种客观性方法制作标题的产物

实题是一种客观性方法制作标题的产物，即标题只叙述事实，不发表议论，不加渲染烘托的标题。

例如：
①《日军向俄发动突然袭击》
②《福特总统遇刺幸而无恙》
③《美国人正在抛弃妻子》
④《中国地铁列车今天穿过天安门广场》
⑤《广西南丹矿区发生重大灌水事故》

以上几个标题是不同时期的中外媒体新闻标题，它们的共同特点是以客观性方法制作的实题，其特点是标题信息具体、实在，可信度高，易为受众所接受。

客观性方法也是一种留有余地的方法，特别适用于不宜表态、不便表态的事件、人物。

（二）虚题是主观性方法制作标题的产物

虚题是一种主观性、方法性制作标题的产物，即标题对事实进行议论、渲染和烘托，明显地体现出倾向性。

例如：

情系莘莘学子　爱洒菁菁校园
荣成市国税局积极开展捐资助学献爱心活动

这个标题的主题是虚题，它的特点是评价和揭示事物的意义与本质，帮助受众认识事物的价值和内涵，给受众以理性认识或思想上的影响。

虚题的另一个特点是体现制作者的爱憎情感。

例如：

西部歌王唱完最后音符
王洛宾昨在乌鲁木齐辞世

"西部歌王唱完最后音符"，这个引题是虚题，表达了作者的情感。

虚题无论发表看法，还是流露情感，都应当建立在事实的基础上，忠实于新闻事实。

（三）优秀新闻都有一个实题

新闻标题是新闻事实的提炼，同时受众看标题，主要是想了解事实，而非评价，所以实题更符合新闻的特征和受众需求，更有说服力和生命力。新闻史上流传下来的优秀新闻作品，大多有一个朴实无华的实题，而据统计历届中国新闻奖报纸通讯社类获奖消息作品，其中85％以上的主标题制作成了实题。

实题可以单独使用，也就是说标题只有主题而没有辅题的时候，必须作实题，同时，凡是实题足以说明事实，能够吸引受众注意，编辑就无须再作虚题。

虚题不能单独使用，也就是说标题只有主题而没有辅题的时候，不可以作虚题，否则标题不具体，受众就无法理解新闻的具体内容。标题如果采用虚题，必须与实题相配合。不少标题往往采用实题与虚题相结合的方式制作虚实结合题。在虚实结合的标题中，主题最好以实题为主。

在复合型标题中，副题的作用主要用来补充、解释和证明主题，所以一般要作实题使。

（四）客观性标题制作的实题也更适合于网络新闻

报刊和网络媒体标题最大的区别是报刊的新闻内容就在标题之下，读者可以一目了然，但是网络内容在另一个页面，这就使得标题不能务虚地感慨或空泛地议论，否则就会造成网民判断、选择新闻的困难，从而对新闻失去兴趣，不会去点击新闻内容的页面，最终会影响到点击率。

网络新闻不是绝对不能使用虚题，但如果过多地以使用虚题的方式来写作标题，那么会使得网络哗众取宠和故意引人眼球的标题越来越多，最终会降低网络新闻的品格，影响网络新闻的传播。

二、优化新闻标题

好标题，大多都在遣词造句和形式结构上别出心裁，给人以语言的美感。这类标题最显著的特色，就在于充分发挥了汉语言修辞的技巧和优势，恰当地运用修辞手法，使标题更加形象具体,以最大限度地提示新闻内容的精华,提升传播效果。

(一)多种修辞手法综合使用

在新闻标题中,各种修辞手法并不是孤立存在、独自发挥其作用的,它们之间具有重叠交叉的关系。一方面,同一则标题在一定的语境中可以具有多种修辞效果;另一方面,不同的修辞方法之间又是相互联系、相互影响地作用于新闻标题的。多种修辞手法的交叉使用,可以使新闻标题更加生动贴切地表现新闻的主题。

例如:

昔日政坛明星　今天拾荒度日

"昔日"与"今天","政坛明星"与"拾荒度日",形成强烈的对比,强烈的视觉冲击。昔日的政坛明星何以沦为今天的拾荒度日?"今""昔"的差异之大,让人迫切想要了解文章的内容。标题通过鲜明的对比,可以牢牢锁住读者的眼光,通过台湾政坛昔日"漂亮宝贝",前民进党"立委"王雪峰淡出政坛后的困顿生活,从而表明"繁华落尽,政治不是永远的行业"的主旨。此外,句式整齐,对偶的使用更是使标题增色不少,对比、对偶的交叉使用不仅富有吸引力,而且有效地凸显了新闻主旨。[1]

例如:

青山寂静倾听深切思念　岷江奔腾激扬奋进力量(引题)
纪念四川汶川特大地震一周年活动隆重举行(主题)
胡锦涛出席并发表重要讲话　李克强出席(副题)

标题的引题运用了借代、拟人等修辞手法,把青山寂静与岷江奔腾对称对比,倾听深切思念与激扬奋进力量对称对比,非常好地烘托了这次活动的庄重、严肃气氛,起到了引题的作用。明白、实在,准确、简洁,不能去掉或增加一个字。这是一个形式规范的三行标题,引题、主题、副题互相作用,起到了"题好文一半"的作用。[2]

"土专家"田间当教头 "田秀才"村里办讲座(引题)
汤阴县万名乡土人才激活农村经济(主题)

此标题用对偶、对称等修辞方法,用专家、秀才、教头等称呼,将活跃在农业生产一线、有种植经验的人才在农业生产中的作用和贡献显现出来,新闻事实准确、观点准确、用词也准确。[3]

这些标题正因为用了恰当的修辞手法,才使得受众在阅读时不仅获得了新闻信息、

---

[1] http://blog.sina.com.cn/s/blog_4c9434730100hki4.html。
[2] 尹平:《"秒读"下的新闻标题》,载《新闻记者》,2009(6)。
[3] 尹平:《"秒读"下的新闻标题》,载《新闻记者》,2009(6)。

提示还得到了艺术的享受。

（二）标题的语句要简练

新闻标题能否吸引人，虽然在于事实本身的新闻价值，但新闻中的思想能否明晰地表现出来，感人的事件能否传神地勾勒出来，编辑的遣词造句无疑起至关重要的作用。简练是报纸标题的特殊要求，简洁的标题容易被读者感知，减少读者的视觉疲劳，激发和延长其阅读的兴趣。报纸标题由于受版面和字号限制，字数多少、字号大小等都有严格的规定。编辑在制作标题过程中要做到炼意、炼句、炼字。

炼意，即扼要，突出新闻的主要信息和信息的主要因素。

炼句，即将句子尽可能化长为短，与简明的内容相配。

炼字，即尽量去掉可有可无的字眼。也就是新闻标题能用一个字表达清楚的，决不用第二个字。编辑得有惜墨如金的心理、以一当十的愿望、删繁就简的功夫。

标题的简洁其实是一个文风问题。新闻学者徐宝璜在谈到标题的提示功能时说："标题者，新闻之缩影，事实之骨髓。"既然标题是缩影、是骨髓，句式就不可能也不应该过繁，字数就不可能也不应该太多。①

在追求新闻标题的简约方面，《经济日报》有悠久的传统。如1983年1月1日的创刊号头条，是当时国务院副总理万里亲撰的专稿，首任总编辑安岗定的标题，只有7个字：《赞扁担电机精神》。如果当初定一个长长的题目，"肩、主、副"俱全，恐怕就达不到这种历久弥新的效果。由于当时报纸标题普遍偏长，安岗这样做也是在为新创刊的《经济日报》开启新的题风。后来《经济日报》第二任总编辑范敬宜，也作过一个影响颇大的7字标题：《莫把开头当过头》。短短7个字，就把那时相当重要的一个政治取向问题——如何看待方兴未艾的农村改革，昭示得十分精辟透彻，增删任何一字都显得力度不够，足见"简约"二字的分量。又比如，曾获全国"现场短新闻奖"的《谁是最紧张的观众》，也是他作的标题，巧的是标题都在7字左右，不可谓不简洁。②

简练是对标题系统每个类别和部分的共同要求，而主题作为标题中最常见、最醒目的部分，更应力求简练。

（三）将标题由静态变为动态

要尽量将标题由静态变成动态，由抽象变成直观，并根据所要表达的内容需要，尽力将标题作得妙趣横生、兴味盎然。

---

① 欧阳霞主编：《报纸编辑》，194页，北京，北京大学出版社，2010。
② 李洪波：《传神·简约·准确——浅说新闻标题制作的三个关键词》，载《新闻战线》，2004(5)。

例如：

① 乡企利润一夜暴涨 2 个亿　数字上去了局长下来了

② 非洲"黑旋风"吹乱了"桑巴"足球的舞步
加纳一"金球"让巴西人"突然止步"

③ 马英九下令暂停"追打"谢长廷

以上三个标题用"暴涨""吹""追打"等动词让标题富有动感，让事实形象生动。又如：曾获江苏省好新闻标题奖的一则标题——

忧于国脚状态　怒于换帅传闻
哈恩最近比较烦

这一标题在追求标题生动性方面下了不少功夫。当时，国足主教练哈恩面临主场打马来西亚队，又因国脚状态不佳和外界传闻将把他换掉，而在训练场上频频发火。引题**"忧于国脚状态　怒于换帅传闻"**紧扣球迷和读者关注的这一新闻事实，揭示了新闻所要表达的主要内容，主题**"哈恩最近比较烦"**既活用歌名，又一语中的。①

三、网络新闻标题制作的特点

网络新闻标题的制作要符合网络传播的特点和规律。

（一）网络新闻标题"题文分离"

网络新闻标题与报纸新闻标题的最大区别是题文分离，网络新闻标题以列表的方式把标题文档呈现于主页或二级页面上，与位于从页或文章页的正文信息链接在一起，形成逐级分层的引导式版面结构即"题文分离"。

标题只是作为正文的一个链接指示而存在，是网络新闻稿件多级阅读的起点。多数情况下，受众只是通过阅读标题来获得基本信息。也就是说，通常受众必须通过点击才可以打开新闻正文，因此，标题的吸引力尤为重要。如果标题缺乏吸引力，受众便会放弃对标题的点击，这就意味着这条新闻没有完成传播。这就需要网络新闻编辑制作新闻标题时，要准确地提炼出新闻要点，制作出富含新闻要素的标题。

---

① 杨晓：《检验编辑水准　引领读者阅读——谈谈新闻标题的制作》，http://www.wuxinews.com/news/newsfile/csdbyj/211/20060322_20494.htm。

(二)主页标题多采用单一型单行实题的形式

报纸的标题可以是复合型标题,引题常为虚题。但是在互联网平台,主页标题和网页标题区别编排,重要标题特殊编排。主页新闻标题受网页显示面积限制,标题的位置空间以行长为限,新闻标题版块通常由若干条新闻排列集成一个矩阵,所以,为了节约页面空间,主页标题多采用单一型单行的形式,且通常只有一行题(如图 13-26)。

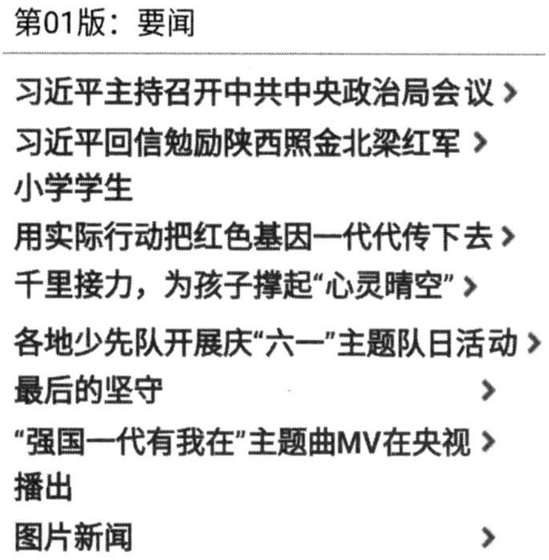

```
第01版:要闻

习近平主持召开中共中央政治局会议      ›
习近平回信勉励陕西照金北梁红军       ›
小学学生
用实际行动把红色基因一代代传下去      ›
千里接力,为孩子撑起"心灵晴空"       ›
各地少先队开展庆"六一"主题队日活动    ›
最后的坚守                          ›
"强国一代有我在"主题曲MV在央视      ›
播出
图片新闻                             ›
```

图 13-26　网络截图
(资料来源:人民网)

主页标题既是入口又是路标,兼顾提示要点+引导阅读的双重需要。标题是网络新闻稿件多级阅读的起点,很多时候,受众只是通过标题来获得基本信息,而不一定点开链接进入正文阅读。所以,网络标题需要传达事实的基本要素,因此主页标题宜制作为实题。而二级、三级页面的标题制作可更详细些,既可借鉴报纸标题的特点制作复合型标题,也可采用标题加内容提要的形式。这样便形成从主页标题的简洁醒目,到网页标题的具体明确,到稿件正文的详尽深入,再到相关背景资料和稿件内容链接的广泛扩展,层层递进,构成信息网络,为受众提供全方位的信息服务。

(三)标题制作强化关键词以便新闻检索

网络新闻发布后,就会永久储存于数据库中,受众随时可以通过数据库和搜索引擎检索等方式再阅读或者编辑再利用新闻稿件。所以,为了便于新闻的二次检索,网络新闻标题的制作要注重标题中关键词的选取,通常将新闻中的关键人物、关键事件的名称等放在标题中。

（四）标题字数要符合网站限制

为了网页的美观，网络新闻标题的字数一般不超过20字，有时需要和同一栏目其他新闻标题字数统一。

（五）标题调动多元传播形式辅助

网络新闻并不是以文本作为唯一传播形式的，也会以图片、音频、视频等形式加以辅助。所以，为了让读者在标题栏即获知更丰富的信息，网络新闻会在相应的标题中加上"（图）""（组图）""（视频）"的字样或者是图标。

总之，标题的吸引力要素是多元的，提高其吸引力的途径也是多样的。在制作新闻标题时，编辑要将最引人注目的新闻事实提炼至标题中，赋予标题以生命力，制作标题是编辑工作永无止境的学问。

练习

一、给下列新闻分别制作适合网络新闻的单一型标题和适合报纸新闻的复合型标题。

1. **本报武汉讯** 一名小学生不慎坠楼摔昏，老师抱起学生冲到路边，欲拦车送医院，狠心的司机不但不停车，反而将老师撞死！发生在湖北省嘉鱼县的这起"车祸"近日在当地引起强烈的反响。

12月4日下午，嘉鱼县新街镇晒甲山小学一名五年级小学生在教学楼玩耍，突然坠下楼，当场昏迷。民办老师林立生和该校校长等火速抱起孩子前往医院急救。在通往县城的公路上，林老师向一辆大卡车招手示意停车，谁料该车不但不停，反而加速行使，将林老师卷入车轮下，拖行20多米远。在路人的呵斥下，司机这才停车，林老师全身多处流血不止。这时，嘉鱼县张副县长的小车刚好路过，他忙让出小车将林老师及小学生送往县医院急救。但林老师终因伤势过重，送到医院后没来得及抢救心脏就停止了跳动。小学生经抢救脱离危险。

2. **本报专稿** 美国总统克林顿17日早上为前阿肯色州政府雇员琼斯控告他性骚扰的民事官司提供录影证供，成为美国首位在任内为民事官司答辩的总统，原诉人琼斯也出席这次供证会。该案将于5月27日在阿肯色州小石城正式开庭。

由于主审法官已颁令禁止双方透露证供会的内容，外界暂时无法了解证供详情。不过按照安排,克林顿将受到琼斯的代表律师连番盘问,内容甚至触及他的性生活细节,令克林顿大感尴尬。

3. 法新社伦敦 12 月 23 日电 今天有报道说,自命为英语的捍卫者的牛津英语字典已把"黛妃狂"(Di-mania)、"少女权力"(Girl Power)和"老少年"(adultescent)3 个词收进字典。

"老少年",指年纪在 35 岁至 45 岁之间,仍保留着青年人的气质和风格的人。"少女权力"是指男性化的女子演唱组"香料女孩"(Spice Girls)鼓吹的女权运动。

牛津英语字典的发言人说:"选入这些词是因为它们直接来自过去一年出现的事件和潮流,或表达的是全新的意思。"

二、请比较下面同一新闻的两个不同标题(见图 13-27、图 13-28),哪个更好?为什么?

图 3-27

图 3-28

英国报人哈特韦尔勋爵说:"在你奔向主题之前你不想见到太多的自我陶醉的无聊话。如果你读完一篇报道的第一段仍不知它在说些什么,情况便不妙。"《圣经》以"起初,神创造天地"开启,这是一个伟大的开头。在叙事文体中,故事最重要的内容常常会淹没在漫长的叙述中,而在新闻文体中,最突出、最有新闻价值的事实往往在第一句就呈现在受众面前,所以,新闻写作具备了"伟大开头"的必要性和可能性。消息中开头第一句话、第一段就是导语。导语是消息中最重要的部分,是新闻事实的触角,是引发新闻阅读最活跃的因素。

第十四章 导语,新闻写作的核心

导语是消息的先导,位于消息的开头,它是新闻的提要或高潮。

那么,什么是导语呢?

第一节 导语的定义及作用

一、什么是导语

"一个记者必须要用导语引起读者和编辑的注意……无论涉及哪种体裁,这一原则是相同的。第一个字、第一个短语、第一个段落至关重要。"美国作家罗伯特·纳特说。

导语是消息开头用来提示新闻要点和精华,起导读作用的段落。它用最精粹的文字,简明、扼要、生动地写出消息中最主要、最新鲜、最吸引受众的新闻事实。

这个定义让我们明确了导语的几个要点:第一,导语是位于"消息头"之后的第一句话或第一段文字。如果消息只有一个自然段,通常第一句话就是它的导语。如果消息不止一个自然段,一般第一个自然段是它的导语。第二,导语是消息的精华,它表达的是消息中最为新鲜、最为重要的内容。第三,导语短小精悍,用最少的语言传达尽可能丰富的信息。

导语是随着电报在新闻传递中的应用而产生的。美国南北战争期间,为了迅速报道战争的情况,记者们使用刚刚发明不久的电报技术来传送新闻稿。可是,由于电报技术尚不完善,一条新闻常常只传了一半甚至一个开头,就因技术故障而中断了。于是,为了在电报随时中断的情况下也有可能将新闻的核心内容传递出去,记者们就想出一个应对办法,即将最重要的新闻事实写在新闻开头。这种方法使新闻写作产生了革命性的变化,此后,很多记者都如此写作新闻。于是,这种写法便渐渐约定俗成,导语也由此诞生了。

导语产生于19世纪60年代,开始于南北战争期间的美国,以后逐步推广到欧洲和日本。在20世纪初,中国新闻界也开始使用新闻导语。

(一) 第一代导语

1889年3月30日,美联社记者约翰·唐宁写作的一条消息的导语如下:

萨莫亚·阿庇亚3月30日电 南太平洋沿岸有史以来最猛烈、破坏性最大的风暴,于3月16日、17日横扫萨摩亚群岛。结果,有6条战舰和10条其他船只要么被掀到港口附近的珊瑚礁上摔得粉身碎骨,要么被掀到阿庇亚小城的海滩上搁了浅。与此同时,美国和德国的143名海军官兵有的葬身珊瑚礁上,有的则在远离家乡万里之外的无名墓地上为自己找到了永远安息的场所。

这个导语的特点是"五个W"具备。这样的导语被称为"第一代导语",又称5W俱全导语。自第一代导语出现之后的近半个世纪,在写作实践中,人们发现第一代导语的种种不能令人满意的地方,如"五个W"束缚了新闻,这种导语强调整体性和完整性,导语内容太多、主次不分、重点不突出、字数多、段落长。于是人们开始创新,出现了"第二代导语"。

(二) 第二代导语

到20世纪50年代,《纽约时报》编辑主任特纳·卡特利奇提出"第二代新闻导语"一词。他在《我的一生与〈纽约时报〉》中说:"我们认为,再也没有必要,也许永远不会再有必要把传统的新闻'五要素'都写进一个句子或一段中——何人、何事、何时、何地与何因。新闻导语,就是筛选一个最吸引人的新闻事实,写得既要生动有趣,又要富有强烈的感染力,诱引人读了开头还想往下读。它的位置在消息的开端部分。"[①]第二代导语的特点是不再要求"五要素"俱全,只选择最重要的、最能激起读者兴趣的两三个要素写进导

---

① [美]特纳·卡特利奇:《我的一生与〈纽约时报〉》,俞立等译,北京,新华出版社,1985。

语,其他要素放到主体中再作表述。

(三) 第三代导语

随着新闻实践的发展,产生了"第三代导语",第三代导语也强调精短、灵活多变,不注意对新闻事实的完整概括。

需要强调的是新一代导语的出现更加丰富了导语的写法,但并不意味着新一代导语出现以后就会淘汰前一代导语。事实上,到现在仍有新闻导语在采用第一代导语的写作体例。

二、导语的作用

新闻导语是新闻的生命所在。威廉·梅茨在《怎样写新闻——从导语到结尾》中说:"导语是新闻报道中最重要的部分,抓住或者失去读者,取决于新闻稿的第一段、第一句、甚至第一行。""导语是记者展示其杰作的橱窗""如果记者未能在导语中表现出水平,那么,他就没有水平。"①

梅尔文·门彻在《新闻报道与写作》一书中对导语的作用进行了简明的概括,他说,新闻导语的作用"一是要抓住事情的核心,二是要能吸引读者看下去"。

(一) 抓住事实的核心

抓住事实的核心本就是导语的基本职责,导语要做到抓住新闻事实的核心,就要考虑以下几点。

1. 导语中是否包含了最有新闻价值的内容

美国新闻学教授詹姆斯·阿伦森曾应中国外交部新闻司邀请来华讲学,他举例说明导语应有实质性内容。他说他在中国的报纸上看到了这样一条导语:"我们访问了中国科学院遗传研究所植物细胞遗传学研究室主任、副研究员陈英。"

阿伦森认为,这样的导语"只会令读者望而生厌,不愿再看下去。其结果是,往往由于导语的缘故,就使读者错过了一些重要人物的有趣的新闻"。所以,他主张改为:"植物遗传学家陈英在1973年和别人合作,在世界上首次培育成功两个水稻新品种。"②

所以,记者在写作导语时,要思考导语中是否包含了最有新闻价值的内容,并对"最有新闻价值的内容"作出准确的判断,将其提炼出来写进导语,而不要让它埋没在新闻的

---

① [美]威廉·梅茨:《怎样写新闻》,苏金琥、阮宁、洪天国译,12页,北京,新华出版社,1983。
② 引自:http://www.zgqsnjz.com/shownews.asp? newsid=3415。

叙述中。

例如,一位新华社记者在采写中国科学院古脊椎动物研究所研究员在恐龙研究的最新成果时,她的稿件导语经过了几个阶段的修改。

中国科学家最近在恐龙研究中有重大发现
↓
中国科学家最近在恐龙蛋研究方面有新发现
↓
科学家最近发现恐龙的智力比人们想象得要高
↓

科学家最近在研究恐龙的生蛋方式时发现,体形庞大、貌似呆笨的恐龙其实比人们长期想象得要聪明得多:恐龙在保护后代繁殖方面表现了较高的智力。[①]

可见,写好导语既要有判断新闻价值的能力,还要对导语写作反复推敲,认真修改。

2. 导语中是否将最有价值的新闻事实置于突出的位置

有些导语其中虽包含了最有价值的新闻事实,但并没有将它放在突出的位置。比较下面同一新闻两条消息的导语:

中国政府新近颁布了一项计划生育的新政策,即一对夫妇只准生两个孩子,最好只生一个。

一位外国记者写法不一样,他写道:

生两个好,生一个更好——这就是中国政府和中国共产党制定的生娃娃的新政策。

前一条导语虽然包含了最有价值的新闻事实——计划生育的新政策内容,但并未放在最突出的位置,后一条则加以突出。

在导语写作中要做到既包含又突出最有价值的新闻事实,就要学会用比较的办法确定新闻五要素中哪些是最重要的,同时也要判断什么要素是受众最为关心和感兴趣的。

(二)吸引受众注意力

导语的一个重要作用就是能吸引受众往下读。美国新闻学者杰克·海敦说:"导语需要你付出最大的力量,它是促使读者读下去的诱饵。"

---

① 李希光:《从埋葬新闻到埋葬中国声音》,清华大学国际传播研究中心,2006-02-26。

那么如何吸引受众,使其阅读欲罢不能呢?

1. 让导语的内容接近读者

将所报道的新闻事实与普通大众联系起来,设法点明你要报道的新闻对大众的影响。

例如:

> 你的财产税终于减不成了。
> 市议会昨晚决定,保持税收率不变……

在这条导语中,记者刻意用了第二人称"你",并且提到与"你"生活息息相关的内容,看上去似乎很遥远的新闻事实一下子就与受众的利益挂上了钩。受众读这条消息时,与其说是关心政府出台的新政策、还不如说是在关心自己的事。①

2. 表达要开门见山

如果在新闻导语中充满了空泛的语言、抽象的概念、流行的口号,那么,这些不良元素往往会挤掉重要、新鲜的事实,这样的导语就会迅速打消受众对整条新闻的阅读兴趣。

例如,关于天津引滦工程的报道,新华社的导语是:

> **新华社1983年9月11日天津电**　今天清晨,当天津千家万户拧开水龙头,从200多公里引来的滦河水源源流淌的时候,海河两岸的群众再也控制不住内心的喜悦,奔走欢呼:"滦河水真甜啊!"饮水思源,到处响起了《献花歌》的嘹亮歌声:"金色的秋天飞彩霞,彩霞化作鲜艳的花,鲜花献给解放军呀,它把我们的敬意来表达……"

同一内容的新闻,路透社的导语是:

> **路透社9月18日电**　滦河引清水,人民品香茶,天津230万户人家每户免费供应50克龙井茶……

前一条导语写作中缺乏典型的新闻事实,语言华丽空泛,受众从中所获不多,其结果,这条导语就成了所谓的"盲导语",受众便会对整篇消息失去兴趣。而后一条导语抓住了"千家万户用滦河甜水品龙井香茶"这一典型事实说话,有说服力和感染力。

第二节　导语的类型

导语的类型繁多,分类的方法也各不相同。人们曾依照不同的标准,把导语分为许多不同的类型。古典新闻学根据新闻五要素,提出了要素分类法,也就是在导语里突出

---

① 卿志军、刘丽琼:《观众注意心理与民生新闻导语的创新》,载《新闻窗》,2006(6)。

哪一个要素,导语就以那个要素命名。例如,时间导语、人物导语、事件导语等。现代新闻学认为:这种分类方法不科学。美国新闻传播学者梅尔文·门彻对上述分类法持否定态度,他认为这种分类法对于研究工作也许有用,但对记者的实际工作却没什么用处。不会有哪个记者在看了自己的采访记录后会想到:"哦!这看来像是'何人'型的导语,或者像是'何事'型的导语。"梅尔文·门彻在《新闻报道与写作》一书中将导语分成两个大类:直接导语和间接导语。

一、直接导语

直接导语是一种直接叙述新闻事实的导语。即在导语中开门见山、简明扼要地突出表现最新鲜、最重要的事实或最有个性特色、最具有新闻价值的内容。它是消息导语的主要形式。

例如:

德国不宣而战　欧洲大战全面展开

合众社 1940 年 5 月 10 日电　德国于今日黎明时分对荷兰、比利时、卢森堡不宣而战。

北约野蛮轰炸我驻南使馆

《人民日报》贝尔格莱德 1999 年 5 月 8 日电　1999 年北京时间 8 日早 5 时 45 分,以美国为首的北约至少使用 3 枚导弹悍然袭击我驻南斯拉夫大使馆。到目前为止,至少造成 3 人死亡,1 人失踪,20 多人受伤,馆舍严重毁坏。

这两条导语直叙新闻事实,开门见山,简明扼要,表达充满力量。

直接导语叙述的事实,一般是非常单纯的,只包含一个明确具体的新闻事件,如上例。但有时由于客观事物相对复杂,导语难以只提炼一个主要事实来表达,因此,直接导语也可以按照新闻事实之间的内在逻辑联系,将两个新闻事实或几个事实有机地组合在一起叙述,这就是多元素导语。需要注意的是这类导语的几个事实必须有紧密的关联。

例如:

本报讯　广州医学院疫苗科研工作取得了两项成果。一种治疗慢性粒细胞白血病的新药和一种预防幼儿肝炎病毒的疫苗相继研制成功,为癌症和肝病患者带来了福音。

本报讯　在人们印象中,联合国是个开会的地方,很少有人知道,联合国也是个蕴藏巨大商机的市场。联合国及其附属机构近日公布了 4 月份在全球的采购招标计划,面对一系列科技含量并不高的商品,本市众多企业却无动于衷,任商机从身边溜走。

新媒体时代,直接导语更加适合网络新闻。美国传播学者尼尔森研究发现,人们在网上阅读新闻的时候通常采用快速阅读的方式,即力图在15秒时间内得到想要掌握的信息要点。因此,直接导语直述事实、直截了当进入核心价值点的特点,符合新媒体的传播特点和受众的阅读心理。

二、延缓性导语

延缓性导语又称间接导语,它不直接叙述新闻事实,而是通过解释、阐述、设置悬念或场面描写、气氛渲染等方法,先作铺垫,再引出新闻事实,目的是增强阅读的趣味性。

例如:

9月初的一天早晨,从钟祥县开往武汉的长途汽车就要起动了,考取了北京大学的农家子弟柯洪云登上了汽车。这时,一位中年妇女急急忙忙地赶来,把一件棉大衣塞到了他手上。乘客们以为,这一定是这个学生的妈妈。可是,人们没有想到,这位妇女却是柯洪云的老师。

这条导语写作借鉴电影手法,采用特写镜头式的表现,吸引受众。

统治世界乒坛数十年的中国男子乒乓球队今天在这里遭受到前所未有的失败,今天,乒乓球赛新闻层出不穷,倒霉的不仅限于中国。但是,对中国人来说,这一天将作为黑色的星期四而永远留在记忆中。

这条导语曲折迂回地表达了"中国男子乒乓球队比赛失败对中国球迷伤害"的主题。

这两条导语间接地体现了新闻主题,迂回舒展地引出新闻的核心事实。间接性导语尤其适宜运用于时效要求较弱的非事件性新闻。

值得注意的是,导语中的描写应有明确的目的性,不能为描写而描写。所以,延缓性导语中的描写必须与事件发生内在联系,并产生有助于揭示主题的作用,不可以让描写的内容游离于主题之外。

1987年11月19日,中国癌症基金会组织建造的"战癌女神铜像"在京落成,不止一家媒体发了消息,消息的导语对铜像都作了一些描写。但是,通过对比可以发现,它们的写法以及由此产生的效果是很大差异的。①

新华社北京11月18日电 一只十脚螃蟹被一位女神牢牢踩着,女神手托

---

① 引自:http://www.xici.net/b244699/d53535922.html.

一把利剑,双目坚定地望向远方——象征着中国人民同癌症作斗争的战癌女神铜像今天在北京落成(《表现华夏儿女攻克癌症的决心　战癌女神铜像在京落成》)。

本报讯　昨天,一尊3.5米高的仿古青铜战癌女神塑像,傲然耸立在中国医科院肿瘤研究所广场上。她身材修长、秀发如瀑,双手高擎智慧之剑,脚踏一只巨型螃蟹(英文中螃蟹与癌症为同一单词)(《战癌女神铜像昨揭幕》)。

前一条导语用"牢牢""利剑""坚定"三个修饰词,突出了女神铜像表现出的意志和力量;后一条导语用"身材修长、秀发如瀑",主要描述了女神铜像的"美"。事实上铜像象征的是"战",以宣扬"战"癌的决心,而不是(至少主要不是)美与丑的对比。所以导语中的描写本应扣紧"战癌"这个主题,准确传达组建单位和雕塑家的意图。由此可见,前一条导语的描述是准确的,后一条导语的描述离主题较远。延缓性导语要避免出现这种情况,描述所选择的每一个细节,每一个词语,都应该有助于突出主题。

三、两类导语对比

为了对比直接导语和延缓性导语,梅尔文·门彻举了一些例子——
直接导语:

华盛顿消息　昨天行政当局有关人士说,引起争议的驻联合国大使丹尼尔·莫伊尼汉已向福特总统递交了辞呈,他可能寻求在纽约担当民主党参议员的候选人。

——合众国际社

华盛顿2月2日讯　丹尼尔·莫伊尼汉今天辞去了美国常驻联合国代表的职务。

——《纽约时报》

延续性导语:

直到最后一刻,丹尼尔·莫伊尼汉还在说,他不知道是否应该辞去美国驻联合国大使的职务。他说:"我下了30次决心""就像马克·吐温讲的'戒烟容易得很,我已经戒了一千次'。"上周,莫伊尼汉最后下了决心:辞职。

——《时代》杂志

当丹尼尔·莫伊尼汉向联合国道别的时候,他很显然是在走进另一扇敞开的大门——美国参议院。

——《基督教科学箴言报》

空军一号欢快地飞越中西部,午餐在途中进行。总统刚刚在他的座位上坐稳,麻烦事来了。"总统先生,有个不好的消息报告你,"白宫办公室主任理查德·查理报告说,"帕特·莫伊尼汉辞职了。"福特抬起头来吃惊地问:"为什么?"

——《新闻周刊》

这些导语虽然表达的是同一个新闻事实,但区别是十分明显的。直接导语开门见山,直奔主题,延缓性导语则要么兜一些圈子,引起受众的兴趣,要么采用比喻、暗示的方法,间接揭示新闻事实。《时代》杂志利用马克·吐温的幽默语言,写得风趣诙谐;《基督教科学箴言报》使用"道别""走进""一扇敞开的大门"等比喻性词语,虽不直说,但意思很明白。《新闻周刊》更是用一个电影镜头式的场景刻画,最后给总统表情一个大特写。这些写法,当然比直接导语的表达更为生动。①

从以上的例子可见,直接导语和延缓性导语有不同的适用范围。

(1) 从新闻本身来看,直接导语适用于时效性强的新闻和硬新闻,延缓性导语适用于时效性较弱的新闻和软新闻。

(2) 从刊播新闻的媒体来看,直接导语适用于网络、广播、日报等快捷的媒体,延缓性导语适用于周刊、杂志等出版周期较长的刊物。

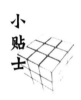

记者写作导语时要问自己5个问题:
① 什么事情是已经发生的事件中最重要的?
② 什么人参加进去了?——谁干的或谁讲的?
③ 是用直接性导语,还是用延缓性导语?
④ 有没有什么吸引人的词汇或生动形象的短语要写进导语中?
⑤ 主题是什么?什么样的动词能最有效地吸引读者?

(参见梅尔文·门彻:《新闻报道与写作》,133页)

第三节　导语的写作

消息导语的写作手法多种多样,不拘一格。这里介绍几种常用的手法。

一、动词,使导语更确切

动词的选用在写人、状物、叙事中都起着重要作用。要使新闻导语更准确、生动,必须运用确切有力的动词表现事实,而表达新闻事实的动词称为"新闻动词",包含新闻动

---

① 孙春旻:《新闻写作　现用现查》,91~92页,北京,中国盲文出版社,2002。

词的导语就是"行动性导语",不包含新闻动词的导语是"非行动性导语"。

行动性导语中的主要动词应该是新闻动词,是新闻中的主要事件。①

例如:

中国外交部今天对印尼局势表示关注

这条导语就是非行动导语,因为其中的动词"关注"并不是表达新闻事实的新闻动词。

印尼排华迫使中国决定大批撤离驻印尼的华侨

这条导语是行动性导语,"撤离"是新闻动词。

昨天沈阳一家歌舞厅发生火灾,8 人被烧死。

在这条导语中,新闻动词是"被烧死"而不是"发生"。

我们要努力将"非行动性导语"变成"行动性导语"。

例如:

非行动性导语:北京市政府今天就城市规划和外来流动人口召开会议

行动性导语:北京市政府今天决定把外来人口就业数量限制在 100 万

二、描写,使导语有神采

消息是一种多用叙述、少有描写的新闻体裁,在导语中更不能展开铺张的描写,但有时稍作描写,略作勾勒,既不违背消息简洁朴实的原则,又能达到生动传神的目的。

例如:

新华社西北 1947 年 10 月 29 日电 西北联防军司令员贺龙将军 20 日赐见清涧战斗中放下武器的蒋军 76 师中将师长廖昂。会见时,廖垂手鞠躬,局促不安,贺龙将军与之握手。

在贺龙接见时,廖昂"垂手鞠躬,局促不安"八个字,活灵活现地表现了国民党降将廖昂在强大的解放军的威慑下内心惊恐,在被贺龙将军接见时又有些受宠若惊的姿态和神情,可谓有声有色,形神兼备。其实算得上"描写"的只有这 8 个字,其余文字都是叙述。可见,描写并不一定要运用铺张的文字。②

---

① 李希光:《转型中的新闻学》,443 页,广州,南方日报出版社,2005。
② 孙春旻:《新闻写作 现用现查》,93 页,北京,中国盲文出版社,2002。

本报讯 1只羽毛雪白、红冠竖立、雄赳赳的大公鸡和4只同样漂亮的白母鸡,11月23日代表它们的家族——"北京白鸡","神气十足"地通过了畜禽专家的技术鉴定。

这则新闻的导语运用白描的手法,一开始就将新闻事实——通过鉴定的北京白鸡的特点再现出来。记者抓住现场中有动感的画面,以画面入题,引出新闻事实。

当然,并不是所有的导语都适合使用描写。只有当报道事实本身具有较为明晰的或生动的色彩、声响、细节、动作、语言画面时,描写才更利于表达事物本身的某些特征。否则为描写而描写,反倒会让描写丧失了价值。

三、提问,使导语更具启发性

导语以提问方式开头,主体部分围绕导语提出的问题展开叙述,可以对新闻事实起到强调作用,有助于启发受众思维并调动阅读兴趣。同时,也可以促使记者自己抓住要害,明确消息主体的写作方向。

例如:

美联社亚特兰大(1991年)5月23日电 一位女顾客拿着一条亮闪闪的红皮带问道:"这是用鱼皮制的?那些鱼鳞是怎么处理的?"(导语)

这条皮带没有一片鱼鳞,没有一丝鱼腥味儿,极为柔软,用14种颜色画着独具一格的图案。这是亚特兰大海洋皮革公司推出的时髦产品。该公司总裁厄埃克森10年前就决定大批生产鱼皮。……厄埃克森说,他研究出一种制皮方法,用这种方法制出的鱼皮像布一样柔软,如牛皮一样耐用。(主体)

在导语中提出问题,提问的方式也不尽相同。

(一)先用问题引起受众的兴趣,紧接着叙述新闻事实

例如:

漂亮的达坂城姑娘都哪儿去了?据了解,达坂城近亲结婚十分普遍,婴儿发育缺陷率居高不下,姑娘也不漂亮了。

(《联合早报》2002年9月14日)

(二)先叙述新闻事实,接着有针对性地提出问题,促使读者思考新闻事实的根源和意义

例如:

央行宣布从 10 月 9 日起,下调一年期人民币存贷款基准利率各 0.27 个百分点,同时宣布下调人民币存款准备金率。这是一个月之内连续两次降息,对冷清的房地产市场将有何影响?

写作这类导语的关键是设计好要提出的问题,问题必须扣紧主题,服务于报道主旨,同时,问题还要有助于引发受众的兴趣和思考。另外,文字要力求简洁明快,要注意提问的语气不可太生硬,否则会让受众感觉被质问。

四、对比,使导语价值更突出

写作导语时也可以用对比的方法,将有明显差异的事物、行为或评价组织在一个导语之中,彼此之间形成对照,使得事物的个性特征在对比中显现,有助于揭示事物的特点,阐明新闻主题,从而引起受众的阅读兴趣。

(一)否定与肯定的对比

本报讯 35 岁的回族中医马牧西现在在兰州可算是一个新闻人物。有人说他胆大胡整,给病人所下的药量之大像是治牲口,可是更多病人又是那么信服他——整夜整夜排队挂他的号。

这条导语把人们对新闻主体人物的不同的评价和态度放在一起进行比较衬托,起到强调的作用。因为事物差异明显,泾渭分明,使得受众在心理上产生反差感受,从而产生好奇心。

(二)现实与前景的对比

本报讯 鲁山县辛集乡由于盖房材料匮乏,多数农户不得不用土坯和麦秸垛成简陋的草房。然而,在 160 米的地下,地质学家们发现了大量的新型轻质建筑材料——石膏。

这条导语将辛集乡农户建房简陋的材料与这个乡地下蕴藏的新型轻质建筑材料进行对比,突出表达了现代科学技术将帮助人们从简陋的土坯房搬进新型住房的美好前景。

(三)今与昔的对比

本报讯 几年前还是水草不长、螺蚌不生、水鸟不停、鱼虾绝迹的鸭儿湖,现在又复活了。记者亲眼看到经过治理的湖面碧波粼粼、渔舟点点,成群的野鸭在湖里嬉戏。

美国《华盛顿时报》网站 7 月 28 日报道　美国总统奥巴马周一告诉参加会议的非洲青年领袖,不要再为非洲大陆落后的经济发展"找借口"。而在大学时代,奥巴马的第一个政治抗议就是针对西方对非洲国家的压迫。

这条导语今昔对比鲜明,使得新闻的价值从新闻事实的前后变动中得到了体现。

这两条导语的对比都有效地强化了新闻事实的价值和意义,比单纯从一个方面落笔效果好。对比写法,要求记者注意在联系和比较之中观察分析问题,发现事物的特点或者发现问题所在,并选准对比的切入点,用来形成泾渭分明的效果。

五、引语,使导语真实可信

直接或间接引用与事实密切相关的人物精彩的、有针对性的或富有个性的语言,从一个侧面揭示新闻事实。

(一)引语是对新闻事件的描述和介绍

例如:

　　本报讯　布鲁塞尔 10 月 10 日电　欧盟委员会主席巴罗佐说,欧盟将发展对华关系列为对外政策重点与优先目标,愿加强双边合作,为欧中关系进一步发展注入新动力。

(二)引语是对新闻事件的认识和态度

例如:

　　波黑驻华大使佩罗·巴伦契奇刚走进抗震救灾主题展览大厅,便表示要为中国四川地震灾区再捐款 50 欧元和 200 元人民币,这让组织者有些措手不及,只好临时为他举行了个简单的捐款仪式。"这些钱不多,但是我的一片心意。冬天很快就要来了,希望四川灾区的人们能够过得很好。"巴伦契奇说。

3. 引语是与新闻事件密切相关的富有个性的情感流露

例如:

　　"啊,新娘子,让我亲亲你的脸蛋吧!"正在中国访问的大平首相夫人大平志华子,7 日下午访问北京动物园,看望赠送给日本的熊猫"欢欢"。

六、典故,使导语趣味盎然

由一段与新闻事件有关的历史人物、典故或民间故事引出新闻,会使得导语趣味盎然,增强受众的阅读兴趣。

例如:

《史记·项羽本纪》对"鸿门宴"有一段精彩的描写,其中那位无畏的勇士樊哙给人留下了不可磨灭的印象。《史记》说樊哙在发迹前"以屠狗为业",现在,他的77代孙樊宪涛凭借祖上传下的精湛技艺成就了一番大事业,被人称为"中国狗王"。

山西古典蒲剧《蝴蝶杯》中,描写男主角田玉川有传家之宝"蝴蝶杯",非常神奇,只要斟酒入杯,就有五彩缤纷的蝴蝶在杯中翩翩起舞,杯中酒干,蝴蝶也隐去。这种蝴蝶杯最近由山西侯马市陶瓷厂试制成功,第一批近2 000只已销一空。①

这种写作手法主要用于延缓性导语中。要注意的是,所借用典故应与新闻事实有某种内在的联系,有可供借用之处。另外,所借用的内容最好是大众耳熟能详的,否则,会造成受众阅读障碍,反倒让导语失去生命力。

导语写作的手法不局限于以上几种,而且在导语写作实践中常常是多种表达手法同时运用。同时,随着新闻实践的发展,导语的写作手法也在不断创新,因此,对于新闻导语的写作,我们遵循有法而又不拘泥于法的原则才是正确的态度。

延伸阅读

导语写作的好方法——案例示范

2017-10-27　人民小编　新闻与写作

编者按

消息写作中,最重要的是要写好导语。学会写导语,是掌握消息写作的关键。下面的案例都收集整理自网络,虽然有些例子比较老,但仍具有一定的示范作用。所谓"举一反三",只要我们从案例中学到方法,那么掌握导语写作就不再成为难事了。

1. "一语破的"法

新闻是"抢"出来的,好的新闻导语如何做到"抢耳""抢眼",用最短的文字一语破的,无疑会起到开门见山、立竿见影的效果。

---

① 孙春旻:《新闻写作　现用现查》,95~96页,北京,中国盲文出版社,2002。

【例一】1949年4月20日午夜时分,我中国人民解放军在毛泽东、朱德的指挥下,开始了震惊世界的渡江战斗。4月22日2时,新华社在播发如此重要的新闻时,导语仅用了一句话:英勇的人民解放军21日已有大约30万人渡过长江。

"30万人渡过长江",这就是当时人们最急于想要知道的新闻,其他的尽管在后文说。

【例二】1945年8月14日,美国杜鲁门总统宣布,日本已无条件投降。美联社在抢发这条爆炸性的新闻时,导语更是干脆利落:日本投降了!

导语只有5个字,一语破的,如雷贯耳,这篇短而有千钧之力的导语,当时就被新闻界公认为"最佳导语"。

2. "设置悬念"法

"悬念",又称"扣子"或"关子",常用于文学作品和戏剧表演。在新闻导语上设置"悬念",事情先不直说,吊起读者的胃口,"逼"得你不得不继续读下去,自然富有魅力。

【例一】1978年6月25日,《人民日报》刊发了新华社记者的一篇报道,导语是这样写的:

全国财贸大会上传说着这样一件事:上海服装进出口公司床上用品组的职工"救活"了两只鸳鸯,挽回了一大笔外汇。

为什么要"救活"鸳鸯?"救活"了两只什么样的鸳鸯?又怎样挽回了外汇?导语对此一概不说。你想知道么?你就得往下读。

【例二】美联社1981年6月13日播了该社驻伦敦记者的一条电讯稿,它的导语给人的"悬念"更玄:据警察和目击者说,今天正当英国女王伊丽莎白二世在数百万臣民观看下骑马巡行伦敦中部时,一个不到20岁的失业青年突然跑上前去,朝着女王连打六枪空弹。

失业青年向女王开枪,这"关子"卖得够大的,使你弄个明白才罢休。

3. "欲擒故纵"法

先放开一步,再紧紧抓住,放是为了更好地抓。一放一抓,先放后抓,看似消闲,却暗藏"杀机",这样的导语写来必有"痛击一拳"之淋漓快感。

【例一】1982年10月14日,美联社发了一条讽刺美国经济的稿件,导语是这样写的:

就在罗纳德·里根总统对全国说:"美国正在走向经济复苏"之前几个小时,他的儿子普雷斯科特·里根却在这里同失业者一道领救济金。

前句说总统称"美国正在走向经济复苏",后句却笔锋陡转,说总统的儿子正在"同失业者一道领救济金",显然,前后两句自相"矛盾"。但读者是聪明的,知道了连总统的儿子都在领救济金,谁还相信美国的经济开始好转了呢?

【例二】《新晚报》1988年9月15日发表一篇呼吁为人才合理流动创造条件的消息,其导语虽然对人才流动未着一墨,但由于采用了欲擒故纵的方法,给读者震动不小。导语写道:

9月12日,当来自全国各地的近3 000名校友荟集东北农学院欢庆40周年校庆的时候,全国第一位兽医外科博士、该校毕业生王宗明却游离于喜庆之外,沮丧着脸,在校内通衢大道旁支起了烟摊。

在这篇导语中,"校庆"是纵,"摆烟摊"是擒,一纵一擒,击中了人才流动机制僵化的要害。

4. "化静为动"法

一个事件性的新闻,用静态的记叙手法写,其导语往往比较枯燥、呆板、索然乏味,但若用动态的表现手法写,导语就会新颖有趣,活脱而有生气,所报道的新闻也就有了灵性,引人入胜。

【例一】1990年5月2日,中国著名作曲家施光南逝世。5月5日,《中国青年报》记者郑鸣在发布这一消息时,导语写得与众不同,特别感人。

深受青年喜爱的著名作曲家施光南,正弹着钢琴创作大型歌剧《屈原》,突发大面积脑溢血,倒在了钢琴上。路漫漫其修远兮,他却再也不能走"在希望的田野上"。5月2日,这位正值盛年的作曲家的心脏停止了跳动,终年49岁。

施光南去世了,记者在这里却把他写"活"了。读了这样的导语,谁都会击掌叫绝。

【例二】1974年,中国在西安出土了秦始皇兵马俑,引起了国内外的强烈关注。当兵马俑复制品在比利时首都布鲁塞尔巡回展出时,美国《国际先驱论坛报》记者罗娜·多布森发了一条消息,导语妙语惊人。

有一支中国军队到达了布鲁塞尔。威武的士兵身穿紧身盔甲,随后行进的是军乐队和骑兵,最引人注目的是他们的身材。

兵马俑成了"行进"中的中国军队,并且已"到达了"布鲁塞尔,真佩服外国同行们具有如此高超的"起死回生术"和丰富的想象力。

5. "拟人修辞"法

巧妙地运用拟人修辞手法写导语,导语和被报道对象就会活灵活现,就会有"人情味",就会给人以亲切感。有亲切感的导语,自然会受到读者的欢迎。

【例一】1993年11月1日,《杭州日报》创办了中国历史上第一张下午版报纸。当天,《新民晚报》发了一则消息,导语是这样写的:

中国新闻史上第一次响起了一个与众不同的声音:"嗨,下午好!"中国第一张下午版报纸今日由《杭州日报》正式创刊。

报纸是纸,绝不会说话,作者却以拟人的手法,写出了声音:"嗨,下午好!"仿佛一位久违的朋友伸出双臂向你奔来,多亲切!

【例二】《经济日报》一条报道长城学会成立消息的导语,也写得非常亲切动人。

当万里长城缓缓步入 2 644 岁(从公元前 657 年有文字记载算起)高寿之时,一桩喜事降临她的脚下:中国长城学会 25 日在北京诞生。

这里,古老的长城成为了一位高寿的老人,寿星得喜事,青春焕发,这多新鲜!

6. "数字对比"法

数字是枯燥的,但数字是最有说服力的。把新闻中的主要数字或读者关注的数字巧妙地运用到新闻导语中,回答读者的问题,就能提高新闻的价值,给读者留下难忘的印象。

【例一】平时听人说联合国会议多、文件多,然而联合国文件究竟如何多,恐怕谁也说不清。读了法新社 1982 年在联合国发的一条电讯稿导语,对于这个问题你的印象也许就非常深刻了。

如果把联合国去年在纽约和日内瓦印刷的全部文件首尾相连排列起来,总长度将达 27 万公里。已卸任的一位联合国高级官员说,照此计算,联合国文件逐页铺起来两年内即可到达月球。

一个 27 万公里的数字,一个到达月球的长度,足以使你震惊不已,想忘都忘不了。

【例二】中国国有资产总量有多少?是连年在升,还是在降?新华社 2000 年 7 月 31 日发了一条电讯稿,导语用最权威的数字回答了你。

中国国有资产总量继续实现稳步增长。1999 年年底中国境内外企业和行政事业单位占用的国有资产总额为 90 964.2 亿元,比上年增加 8 753.1 亿元,增长 10.6%。

这里,数字和数字的对比,比什么语言和文字都有说服力。

7. "速写勾画"法

写新闻要学会叙述,但过于呆板而冗长的叙述是新闻导语的大忌。新闻一开头,若能先给"五要素"中的人物和地点描述几笔,勾勒出一幅图画,使读者如临其境、如见其人、如闻其声,那么,这条新闻的可读性就一定会大大增强。

【例一】1983 年 8 月 2 日,《光明日报》发了一条人物消息,导语写得美极了。

一眨眼之间,他已在青藏高原奋战了 27 个春秋了。原来的满头青丝,现在已染上了祁连山的霜雪;脸上的皱纹,就像是风沙雕刻的痕迹。这是少数民族地区科技工作者代表座谈会上,高级地质师胡贤农给记者留下的深刻印象。

满头"祁连山的霜雪",满脸"风沙雕刻"的"皱纹",这何止是给记者留下了深刻印象,人物简直就在读者眼前!

【例二】《广西日报》1992年11月30日发了一条关于桂林飞机空难的消息,导语采用的是现场描写法,很吸引人。

随着惊天动地的一声巨响,阳频县杨堤乡土岭村公所白屯桥村后山腾起了五六十米高的火焰,熊熊大火烧红了半空。"不好啦,飞机撞山啦!"

导语有声有色,如读小说,如读图画,读者没有不爱看的道理。

8. "巧用背景"法

从严格意义上讲,一篇完整的新闻稿离不开背景材料。背景材料放在哪,有讲究。若在导语中巧妙地运用背景材料,用好了,导语就会有"脸面",就会"满堂生辉"。

【例一】1994年10月19日,《人民日报》刊登了一篇笔者采写的关于"永州养蛇"的消息,导语就是以背景材料取胜的。

唐代著名文学家柳宗元在被贬至湖南永州任司马时,曾写下千古名篇《捕蛇者说》,使"永州之野产异蛇"闻名遐迩。一千多年过去了,历代冒死捕蛇为抵租税的永州捕蛇者的新一代又悄然兴起了一股养蛇热,各乡各户竞办蛇场已成为永州农村的一大新鲜事。

永州是个比较偏僻的地方,知名度不高。可以说,若没有柳宗元,没有柳宗元的《捕蛇者说》,这个导语将苍白无力,这条稿子根本就不会被人看中。正因为有了《捕蛇者说》,"永州养蛇"才有了特殊意义,这条稿子才突然变得十分抢手起来:新华社发了通稿,《人民日报海外版》《北京晚报》《新民晚报》等全国数十家报刊、电台纷纷采用。

【例二】在唐代大诗人杜甫感叹"安得广厦千万间,大庇天下寒士俱欢颜"的成都,城市住宅建设迅速发展。近七年间,全市每年新建住宅竣工面积都在100万平方米以上……(某报道中的导语原文)

《人民日报》1986年11月18日刊发的这条关于成都住宅建设的稿子,也正是由于有了杜甫的诗句,正是因为导语中使用了恰到好处的新闻背景烘托,才给人以丰满、厚实之感。

9. "古诗名句"法

如果避开"花哨"之嫌,在新闻导语中恰当地引用一点古诗名句或是流行的歌词,不仅意境深远,而且文采飞扬,可以大大增强新闻对受众的吸引力。

【例一】1987年1月9日《湖南日报》刊登了一篇《我省旅游事业取得突破性

进展》的消息,导语就颇具文采:

"养在深闺人未识"的武陵风光,已经撩开面纱,深深地吸引着众多的海内外旅游者。

"养在深闺人未识"是唐代大诗人白居易《长恨歌》中描述杨贵妃的诗句,这里用来比喻尚未被世人认识的武陵风光的姿色美,含蓄隽永、文意凝聚,能唤起人们丰富的联想,给人以美的享受。

【例二】有些新闻喜欢用群众熟悉的歌曲作开头,效果也很不错。《贵州邮电报》1992年发了一条消息,导语是这样写的:

唱了几十年"马儿啊,你慢些走"的晴隆县城至中营邮路,去年来已响起了汽车喇叭声。至此,全省告别了最后一条马班邮路。

你看,马玉涛的著名歌曲《马儿啊,你慢些走》用在这里,是不是别有一番风味?在国庆50周年之时,首都北京举行盛大的联欢晚会,当天新华社发了一条通稿,导语第一句话就是引用了一句极其优美而充满激情的歌词:"我们和祖国共命运,相恋到永远。"含义深远,韵味无穷。

10. "烘云托月"法

"烘云托月",实质上就是衬托。用相类似或相对照的事物作为陪衬或反衬来充分反映所写的事物,这样的导语,最能使人神思。

【例一】《人民呼唤焦裕禄》是新华社著名记者穆青、冯健、周原发表《县委书记的榜样——焦裕禄》24年之后,三人再访兰考时采写的又一篇新闻力作。这篇通讯开头非常朴实,也非常讲究,作者采用"烘云托月"的手法,用中华大地兴起的学雷锋新潮,巧妙地引出了文章的主题,并成功地烘托出了焦裕禄的光辉形象。文章开头含标点仅40个字。

进入90年代,在中华大地兴起学雷锋新潮的同时,人们深情地呼唤着另一个名字——焦裕禄。

【例二】获1983年全国好新闻的消息《绿了章古台,白了少年头》的导语,作者用"绿色"衬托造林科技人员的满头白发,给人留下深刻印象。作者是这样写的:

深秋时节,记者来到彰武县北部的章古台地区,采访举世瞩目的全国科技战线先进集体——省固沙造林研究所,进入眼帘的是一片绿色,而奋战在这里三十多年的研究所的干部和科技人员们,都是满脸风霜、满头白发了。

一"绿"一"白",反衬十分鲜明。

(资料来源:微信公众号 新闻与写作)

练习

一、以小组为单位从主流媒体上每人找一条你认为不合格的消息导语,小组成员共同进行分析和改写,并交由老师点评。

二、1983年9月22日,中国运动员朱建华在第五届全运会上再次打破跳高世界纪录,跃过2米38这个新高度,国内外报刊争相报道。请比较以下三条新闻导语的优劣。

《人民日报》上海9月22日电 中国优秀跳高运动员朱建华今天在上海虹口体育场举行的第五届全运会田径决赛中,跳过2米38,打破由他本人保持的2米37世界跳高纪录。

《解放日报》讯 赭红色跑道、翠绿色草场相映成辉的虹口体育场沸腾了!四万名观众热烈地向飞越2米38高度,再次打破男子跳高世界纪录的上海选手朱建华欢呼,朱建华手持鲜花,绕场一周,在热情的观众面前,他的眼睛湿润了。

一家外国报纸导语:"世界飞人"再创跳高世界纪录。中国朱建华跃过世界新高度2米38。

三、下列这条消息导语属于"无新闻导语",请为其重新写一则导语。

昆明决定在主城区实施临时价格干预措施

中国广播网12月5日报道 今年以来,受国际国内形势复杂多变,农产品价格上涨、流动性过剩和人民币升值等因素影响,昆明市居民消费价格一直保持上涨,1至10月累计涨幅已达4.4%,居全国36个大中城市之首,通胀预期增强。昆明市发改委日前发布公告,决定在主城区范围内实施临时价格干预措施。临时价格干预措施时间为2010年12月3日起至2011年2月28日止。

昆明决定在主城区范围内实施临时价格干预措施,将对米线、面条、饵丝等大众餐饮食品实行最高限价。对大众餐饮企业出售的米线、面条、饵丝等大众餐饮食品价格实行最高限价,同等数量、质量的食品销售价格维持在2010年11月17日前不变。对粮食、食用油、肉、蛋、牛奶、散装米线等居民生活必需品实行最高限价。粮食、食用油、肉、蛋、牛奶、散装米线销售价格维持在2010年11月17日前不变。集贸市场和商铺业主对摊位租赁者、餐饮企业收取的摊位费和铺面租赁费一律不得提高,标准维持在去年水平。农贸集市、超市等对销售粮食、食用油、肉、菜、蛋、牛奶、散装米线等生活必需品的经营者一律不得收取进场费。集贸市场代收的水、电费严格按照国家和省定的价格标准执行,不得以任何理由加收损耗费或管理费。对主要蔬菜品种实行批零差率控制。实行批零差率控制的主要蔬菜品种以市商务局每日公布的王旗营蔬菜批发市场综合批发价为基准。对达到一定规模的生产企业实行提价申报制度。列入提价申报范围的企业，提高价格时须提前10个工作日向市发展和改革委员会申报，未经批准不得提价。对达到一定规模的销售企业实行调价备案制度。列入调价备案范围的企业，价格调整时须在价格调整前48小时内向市发展和改革委员会报告调价情况及调价理由。

临时价格干预措施的范围为昆明市五华、盘龙、西山、官渡（含三个国家级开发区）四区和呈贡县。其他各县（市）区临时价格干预措施，由各县（市）区人民政府根据当地实际情况，按照国家、省、市要求制定当地临时价格干预措施并组织实施。

据了解，列入临时价格干预措施范围的商品，均为实行市场调节价的商品，实行最高限价、批零差率控制、提价申报，调价备案以及监督检查的方式进行。临时价格干预措施不改变企业自主定价的性质，不影响企业的正常经营活动。对违反临时价格干预措施规定的，一经查实，将依法从重从快处罚。

导语为新闻开了头,但新闻仅仅有了开头是不够的,它还需要以主体、背景、结尾来展开,从而共同完成新闻的写作。

第十五章 主体、背景和结尾,新闻的展开

第一节 消息的主体

"主体"是紧接在导语之后,对导语作进一步的解释、补充与叙述,具体展开事实或进一步突出主题。在消息中,导语以后结尾以前的文字就是消息的主体部分。有学者认为将"主体"称为"新闻的躯干",或"中心部分"更为确切。可是消息的导语,特别是倒金字塔结构中最重要的事实在导语中出现,如果把新闻的"主体"称为"中心部分",则把浓缩消息精华的导语排除在外了,而导语在消息中无论如何应该处于"中心"地位。消息的核心内容则往往出现在导语中,但这并不意味消息的主体部分不重要,主体所占文字最多,是消息写作中不可忽视的重要部分。

一、主体的作用

主体必须沿着导语设定的方向写作,《全能记者必备》一书中说:"导语以后的那部分内容一定要流畅地与导语衔接,并且支持导语中提出的内容。"① 这是主体写作的大原则,在这个原则之下,主体有哪些功能呢?

(一) 补足导语中未出现的新闻要素

美国新闻学者威廉·梅茨说:"消息的主体则进一步展开、阐述和解释导

---

① [美]朱利安·哈瑞斯等:《全能记者必备》,宋晓男译,110页,北京,中国新闻出版社,1988。

语,导语中的任何陈述均须由下面段落中的事实予以支持,尤其是在导语中写到了引起争论的因素时更应如此。"①

第一代导语要求"五要素"齐全,但导语写作发展到今天,更多的导语只涉及一两个新闻要素。如在导语中主要提示"何事"要素,而其他的新闻要素如"何人""何时""何地"就需要在主体部分补充完整。

例如:

欧战结束！德国无条件投降！

丘吉尔今将宣布"欧洲胜利日"

美联社法国兰斯 1945 年 5 月 7 日电 德国于今天法国时间上午 2 时 41 分(即美国星期日东部战争时间下午 8 时 41 分)向西方盟国和苏联无条件投降。

投降仪式在德怀特·D.艾森豪威尔将军总部所在的一幢红色校舍内举行。

代表盟军总部在受降书上签字的是艾森豪威尔将军的参谋长沃尔特·贝德尔·史密斯中将。

伊万·索斯洛帕夫将军代表苏联,弗朗索瓦·塞书茨将军代表法国也在受降书上签了字。

艾森豪威尔将军没有出席签字仪式,但是,这个仪式一结束,这位盟军最高统帅就接见了约德尔将军和另一个德国代表汉斯·格奥尔格·弗里德海军上将。

盟国代表严肃地问德方,他们是否理解德国应遵从的投降条款。

他们答复称是。

德国在投降时请求战胜国对德国人民与军队宽大为怀。德国无情地进攻波兰,从而挑起了这场世界大战,继而不断地进行侵略并建立惨绝人寰的集中营。

约德尔将军在无条件投降书上签字后说,他想讲几句话,当即获准。

他用低沉的德语说:"签字之后,德国人民和军队的福祸吉凶,就由胜利者决定了。"

他说:"在这场延续五年多的战争中,他们得到的也许比其他任何国家和人民多,但同时遭到了更多的苦难。"

盟国的官方通告将于星期二上午 9 时颁布,届时杜鲁门总统将在广播电台宣读一项声明,丘吉尔首相将发表"欧洲胜利日"公告,查尔士·戴高乐将军也将同时对法国人民发表讲话。

---

① [美]威廉·梅茨:《怎样写新闻》,苏金琥、阮宁、洪天国译,63 页,北京,新华出版社,1983。

这是1945年美联社记者爱德华·肯尼迪采写的消息,成为新闻史上的名篇。这条消息导语中涉及何时(今天法国时间上午2时41分)、何事(德国投降)要素,其他要素在主体中补充完成,以使主题和事件的来龙去脉更全面、更完善。

(二)提供导语中未涉及的细节和背景材料

导语是新闻事实的浓缩,简明扼要,它虽然叙述了主要的新闻事实,但不会提供事件的全过程,更不会提供翔实的数据和丰富的细节。所以,主体另一个功能就是对导语中涉及的内容,进一步提供有关细节和背景材料,使其更清楚、明确、具体。

对于消息而言,材料主要是指具体过程、数据、细节和当事人的语言,等等。

例如,在第九届中国新闻奖评选中获二等奖的消息《14名下岗工竞得道路保洁权》。

青岛改革环卫管理方式

14名下岗工竞得道路保洁权

本报青岛讯(记者 于晓波、毕华德) 3月24日上午,随着青岛市教师之家礼堂中一声声清脆的拍卖槌声,青岛市市南区14条道路保洁权被下岗职工和失业人员在竞标中夺走。这是青岛市首次用拍卖形式对环卫岗位招标。

市南区这次共拍卖15条道路的保洁权,其中14条道路的保洁权经过多轮竞价,分别为6位下岗职工和8名失业人员所得,其价格都大大低于以往政府维护这些道路清洁所需的费用。竞争最激烈的是香港中路,29名竞标者从10 850元开始,一直降到8 400元,最后家住辛家庄的下岗女工宋珍玲中标。夺标后,她激动地说:"我一定好好珍惜这个来之不易的岗位。"

据市南区清洁服务总公司负责人介绍,中标者对所竞标的道路要达到全天巡视检查,一天两次普扫,达到国家要求的"六不、六净"标准。从3月26日起,这些中标者将与他们的招用人员共58人参加公司的统一培训,4月1日正式上岗。通过竞标省下的金额将作为浮动奖金,视考核情况返还中标者。

据悉,此次竞标对在职环卫人员震动很大,区政府正在计划让在职环卫人员也参加竞标管理。

(原载《大众日报》1998年3月30日)

这条消息的导语提示了新闻的核心事实——"街道保洁竞标"这一新生事物,主体部分则对导语中涉及的内容,进一步提供有关细节和背景材料及当事人的话语等,表现了城市居民择业观念的新变化及政府部门适时地拓宽再就业门路的新思路、新经验。

(三)完成导语中未展开的详细事实

导语中重要事实的浓缩式表达,并不能满足受众对新闻的全面了解,所以,对核心事实做出详细说明、介绍来龙去脉以满足受众的需求也是主体的任务。

例如,在第十三届中国新闻奖的评选中评为消息类一等奖的作品。

杨先生痛说给孩子诊病遭遇——
看个"咳嗽"要掏 1 065 元

本报讯(记者 李红鹰;实习生 吴芳) 7日,武昌杨先生带着2岁的女儿到市儿童医院看病,没想到看了个"咳嗽"就要花1 000多元。因此,他于昨日投诉到本报新闻110。

据称,杨先生被导医引到专治哮喘的陈教授诊室,陈问了几句,让他先带女儿去验血,发现孩子对常见的31种物质的过敏反应均呈阳性。

陈教授根据孩子患过湿疹,判定孩子是过敏性体质,便在病历和处方单上分别开了处方。杨先生见药开得很多,病历上的字又看不懂,便问孩子得的什么病,陈教授说:"按我开的药吃就行了。"

一划价,药费加治疗费765元,加上验血费300元,共1 065元!有医务人员小声提醒杨先生:"你的药开多了。"杨先生返回诊室问陈教授,陈教授称这是一个疗程的药。

杨先生回家后发现,一种叫"贝亚宁"的药上写着:过敏性体质慎用。杨不解:既然孩子是过敏性体质,为什么还要给孩子开这种药呢?细看病历又意外发现:陈教授开给药房的处方里写的是"贝亚宁6盒、臣功华芬愈美颗3盒、力欣奇4盒……";而病历上没有"贝亚宁"和"臣功华芬愈美颗"这两味药,"力欣奇"也只写有2盒。再深入解读药品说明书:6盒"贝亚宁"可用5个半月!

面对杨先生质疑,陈教授昨日解释:"贝亚宁"是一种免疫调节剂,虽然是"过敏性体质慎用",但她是在给孩子开了脱敏药的前提下开出这种药的。至于为何病历上处方药品数量比购药处方单上少,陈的原话是:为患者家长的经济承受能力作考虑。

该院负责人就此表示:陈教授的行为肯定是有差错的,院方会根据院内质量管理条例对其进行处理。

最后,应杨先生要求,院方将杨手上的价值210元的"贝亚宁"退掉。

(原载《武汉晚报》2002年8月10日)

这条消息的标题和导语,都对杨先生带女儿看了个"咳嗽"就要花1 000多元这一新闻事实作了概要报道。这个导语会引发读者想要了解详情的欲望,读者可能想知道:为什么看个"咳嗽"病就要花1 000多元?看病过程是怎样的?这里存在什么问题?等等问题要求新闻给以解答。于是在主体中,记者较为详尽地报道了事情的整个过程,满足了读者了解新闻详细事实的欲求。

二、主体的写作要求

（一）围绕主题，扣紧导语

主体是导语的展开和深化，主体要按照导语规定的方向行文，要紧扣导语中所确立的主题来选用材料。若与主题无关或关系不大的材料，即便再具体、再生动、再感人也应割舍。一条消息的导语和主体，必须是互相支持、互相扶助的，如梅茨所说："导语中的任何陈述均须由下面段落中的事实予以支持。"如果导语和主体在题材和观点上出现互相脱离、互相抵触的现象，就成为跑题新闻，新闻跑题是新闻写作的重大失误。

例如：

齐达内荣获世界杯"金球奖"　一代大师赢得完美结局

北京时间 7 月 10 日电　国际足联于今日宣布，在刚刚结束的世界杯决赛中，被红牌罚下场的法国球员齐达内被评选为 2006 德国世界杯最佳球员。国际足联并未因齐达内此前的愚蠢行为而否定这位大师在本届世界杯的完美表现，而是把万众瞩目的"金球奖"，授予法国的这位功勋老将。

在所有的候选人中，齐达内得票最多，为 2 012 张，意大利队长卡纳瓦罗以 1 977 张获得第二，而意大利另一位核心、中场灵魂皮尔洛得到 715 票，名列第三。世界杯"金球奖"是颁发给历届世界杯足球赛决赛阶段表现最优秀的球员的奖项，从 1982 年开始评选，曾获得过此殊荣的球员有：1982 年西班牙的保罗·罗西（意大利）；1986 年墨西哥的迭戈·马拉多纳（阿根廷）；1990 年意大利的萨尔瓦托·斯基拉奇（意大利）；1994 年美国的罗马里奥（巴西）；1998 年法国的罗纳尔多（巴西）；2002 年韩国/日本的奥利弗·卡恩（德国）。

本届世界杯是齐达内的谢幕演出，在同意大利的决赛中，因为和意大利队的马特拉齐在一次拼抢后，两个人发生了口角，随后齐达内用头狠狠地将对方撞倒在地，主裁判在与助理裁判和第四官员商量后，果断地将齐达内罚出了场，虽然没有人知道马特拉齐到底说了什么，但一向温文尔雅的"齐祖"的这一举动还是震惊了全世界的球迷。虽然一代艺术大师用这样一种方式遗憾地告别了绿茵场，但依然得到了广大球迷的爱戴和专家们一致的认可，获得世界杯的金球奖，是为他送别的最好礼物。

附本届德国世界杯的其他奖项：巴西队和西班牙队分享了本届世界杯公平竞争奖；葡萄牙队被球迷评为最受欢迎（最具娱乐性）球队；德国球员克洛斯以五粒进球得金靴；仅失两球的意大利门将布冯当选最佳守门员；波多尔斯基则获得最佳新秀的荣誉。

（来源：http://bulu.soufun.com/5563026/articledetail_0____1068962_1.htm.）

这条消息的标题和导语表达的核心事实是齐达内荣获世界杯"金球奖"并光荣退役，但主体部分并未按照导语设定的方向行文。主体第一段报道了荣获世界杯金球奖候选人的名单和得票统计，主体第二段主要报道了齐达内在本届世界杯足球比赛中的不良表现，最后还附加了一个"本届德国世界杯的其他奖项"材料。这样的新闻让受众找不到一个阅读的观察点，不知道记者表达的主题到底是什么？所以，消息一定要围绕一个主题来写，无论有多丰富的材料，都只能围绕这个主题选择材料、使用材料。否则，主题就会在写作中迷失方向，受众也会在阅读中迷失方向。

（二）叙事具体，内容充实

消息要求简明扼要，篇幅短小，语言简洁。但是，有些记者为了追求简洁而将消息写得太概括、太抽象，干枯无味。消息虽不似通讯细致深入地报道事实，但它依然要求传达出较具体的新闻信息，以使受众对新闻事件和人物有较完整而真切的了解。

例如：

温家宝汶川板房过除夕

据新华社电（记者赵承 苑坚） 国务院总理温家宝1月24日至25日来到四川地震受灾最为严重的北川、德阳、汶川等地，和灾区人民一起过年。

24日下午，温家宝来到北川县擂鼓镇猫儿石村。这是一个羌族聚居村，温家宝给村民们拜年。

当晚，温家宝来到北川中学。在学校食堂，温家宝和100多名学生吃了晚饭。饭前，温家宝和同学们一起为遇难学生默哀，大家还一起唱了《歌唱祖国》。

7次到北川中学的总理说："从地震灾难中抢救学生，到抚平孩子们创伤的心灵，我们一直和你们在一起。地震过去8个多月了，大家虽然还没有完全从悲痛中走出来，但已经有了充满希望的笑脸，开始人生征途上新的迈进。你们要坚强站立，努力学习、努力奋斗、努力做人。做一个于国家和人民有益的人。太阳总会出来，冬天总会过去。你们未来的路很长，可能还会崎岖不平，但必定通向光明。"

离开北川中学，温家宝来到北川县城遗址，在"5·12"地震纪念碑前向大地震中遇难的同胞们敬献了花圈。

大年三十一大早，温家宝来到德阳市德新镇新玉村，向搬进新房的村民们拜年，和大家一起观看耍狮子，与村民们打乒乓球。

温家宝来到在震灾中损失惨重的东方汽轮机有限公司。公司负责人说，公司新基地将于2010年5月12日前全部建成。温家宝对工人们说："在遭受严重地震灾害，又遇到国际金融危机的情况下，东汽震不倒、压不垮，一个新东汽正在地震灾区崛起。这向世界传递一个信息,要对中国的工业有信心,对中国的经济有信心,对中国的发展有信心。我们已经战胜了巨大的自然灾害,也完全有信心、有能力应对国际金融危机的影响,保持经济平稳较快发展。胜利必将属于中国人民。"

温家宝在职工食堂和坚守岗位的工人们一起吃午饭,并走到每个人面前,向他们拜年。

下午,在映秀镇,温家宝走进秀坪社区板房安置小区。这里有近1 000名受灾群众,他们要在板房里过春节。总理挨家挨户向大家拜年。在板房内,总理与大家围坐在一起喜气洋洋吃年夜饭。

大年三十晚上,在映秀镇的灾民安置板房,温家宝还亮了一回厨艺,炒了一道回锅肉。

在秀坪社区板房安置小区,温家宝走进吴志远几家合用的厨房。他看到大家正在准备年夜饭,就系上围裙、拿起锅铲,炒出一道香喷喷的回锅肉。

吴志远说,这里有3家人,包括藏族、羌族和汉族,大家合在一起过春节图个热闹。温家宝说,算我一家,是4家人。其实,大家都是一家人。

饭菜端上来,总理忙着给大家夹菜。他让每一家的代表说一句话,大家在欢快的话语中表达着美好的祝愿。轮到总理了,他对大家说:"映秀在地震中受到了很大的伤害,但你们表现得很勇敢。今天,这里已经发生了很大的变化。今年你们在板房里过节,明年就可以搬进新居过年。我们要加快重建、科学重建,让所有地震灾区面貌比以前更美好,让群众的生活更美好。"

(原载《新京报》2009年1月27日,限于篇幅,文字稍有删节)

汶川地震后的第一个春节,时任国务院总理温家宝惦记着灾区的群众,在2009年1月24日至25日,他到四川灾区和灾区人民一起过年。这条消息在有限的篇幅里,报道了总理第7次到北川中学关爱和鼓励同学们,还到东汽公司拜年,特别报道了大年三十晚上,在映秀镇的灾民安置板房里温家宝还炒了一道回锅肉。这条新闻叙事具体,有细节,有较多的直接引语,内容充实,材料典型。

(三)叙述生动,行文灵活

消息篇幅短小,体式规范性强,在写作手法上具有一定的模式化,但消息同样不能缺乏新闻的表现力,这就要求写作消息时,要尽量避免平铺直叙,叙述要生动,行文也要灵活创新。在消息中加强形象描写,用生动的形象来说明抽象的事物,往往会收到好的效果。

例如,2002年8月17日刊登于《中国铁道建筑报》的消息《请过路吧,亲爱的藏羚羊》,在第十三届中国新闻奖评选中,被评为消息二等奖。

欢迎"孕妇"来，不舞彩旗；喜送"母子"去，不敲锣鼓
这段青藏铁路又成"无人区"
请过路吧，亲爱的藏羚羊

本报格尔木讯（记者　朱海燕）　昨晚，约有500只藏羚羊带着刚满月的儿女们，通过可可西里青藏铁路建设工地，向黄河源头的扎陵湖、鄂陵湖迁徙。

为不惊扰这些可爱的精灵，可可西里至五道梁一线，铁路夜间停止施工，拔走彩旗，灯光休眠，机器熄火；作为高原生命线的青藏公路，过往车辆在夜间停驶3个小时，这里又呈现一种远古洪荒的宁静，只有高原的夜风为这群母子结成的队伍送行。

潜伏下来的观察哨称：跨越铁路线，母藏羚羊若无其事，像跨过自己家的门槛一样；小羊羔紧依着母羊，流露出一种莫名其妙的惊喜。

每年6至8月，藏羚羊集结成群，长途跋涉，前往可可西里腹地的卓乃湖、太阳湖一带产息，去完成一年一度的延续种群的历史使命。小羔羊满月后，再由母羊呵护着返回原栖息地。

今年6月20日前后，两万多只雌性藏羚羊北上产息，铁路夜间停止施工10天，为它们开辟通道。一个多月里，两万只小羔羊诞生在那块神秘的"天然产床"上。估计，从8月4日到8月15日，将有4万只大小藏羚羊跨过铁路安然回迁。

藏羚羊是国家一级保护动物，有"羊绒之王"之称，因此，也带来杀身之祸。近10多年，偷猎者大量涌入，每年有上万只藏羚羊遭到捕杀。1994年，保护区工委书记索南达杰，为保护藏羚羊，在太阳湖与18位偷猎者搏斗壮烈牺牲。

青藏铁路开工后，环保理念渗透到建设者的血脉之中，青藏高原成为他们心目中环保的圣地。他们精心爱护每寸绿草，善待每一种动物。一年来，他们将5只失去母爱的小藏羚羊送到自然保护区机关，可爱的小宝贝得到妥善的保护。在他们的精神昭示下，没有一只藏羚羊在捕杀的枪声里倒下。

这片拥有野生动物230多种，国家重点保护的一、二级动物有20多种的土地，正在恢复野生动物天堂的动人景象。

可可西里自然保护区区委书记才嘎说，铁路建设的一年间，藏羚羊增添了两万多只，到铁路建成之日，将由现在的7万只增至15万只。

据悉，青藏铁路在设计中专门设立了动物通道。铁路建成后，不影响野生动物正常生活和自由迁徙。

（原载《中国铁道建筑报》2002年8月17日）

这条消息赋予藏羚羊人的思想感情和形象,层次清楚,起承转合自然,文字生动形象,让受众如临其境。

第二节 新闻背景

梅尔文·门彻说:"不使用背景材料,几乎没有什么报道是全面的。忽视这个忠告的记者,他们决不能给读者和听众提供充分的情况。"① 任何新闻都不是孤立存在的,都是在一定的环境和历史条件下产生的,这些因素和条件并不是新近发生的事实,它们本身并不是"新闻",但它们是新闻事实赖以产生的制约因素和相关条件,在新闻写作中要对这些因素和条件作必要的交代和介绍。这些与新闻人物或事件形成有机联系的、一定的环境因素和历史条件等就是新闻背景。

一、新闻背景的类型与作用

按照不同的标准,新闻背景可以划分出很多种类。通常依据写作手法的不同,将新闻背景分为衬托对比性新闻背景、说明性新闻背景、注释性新闻背景三种类型。

(一)衬托对比性新闻背景

新闻的意义常常寓于当前情况与过去情况、此一事物与彼一事物的比较之中,将与新闻事实密切相关的过去的情况或彼一事物的情况写入新闻,以显示新闻的意义,这样的材料即为衬托对比性背景。缺乏了衬托对比性背景材料,新闻就会缺乏深度,局限受众视野。衬托对比性背景的作用是使主题在较大的范围内得到更全面深刻的发掘和表现。

例如:

中国地铁列车今天穿过天安门广场

本报北京天安门9月28日15时15分讯(记者 李丹、雷风行) 5分钟前,一列银灰色的地铁列车,在仅距地面2.8米的地下,首次穿过世界最大的广场——天安门广场。

这是首都向她的共和国母亲50大寿献上的一份最珍贵的礼物。

今天通车试运营的地下铁道西起距天安门3公里的复兴门,东至距天安门

---

① [美]麦尔文·曼切尔:《新闻报道与写作》,艾丰、张争等编译,175页,北京,广播出版社,1981。

8公里的八王坟,全长13.5公里的线路坐落在神州第一街——长安街超浅埋层之下。

为此,承担西单、天安门、王府井等首都心脏地段地铁施工设计重担的铁道部隧道工程局、铁道部第十六工程局和铁道部第三勘测设计院的建设者们苦苦奋斗了十个春秋。参加世界建筑师大会的各国专家参观后曾惊叹"中国又创造了一个奇迹"。

国务院副总理温家宝、日本国驻中国大使谷野作太郎等中外贵宾与地铁建设的功臣们,作为通车后的首批乘客,一起登上了国产新型电动地铁客车。从长安街东部的八王坟到天安门,列车运行刚好17分钟。

30年前的国庆节,北京建成了从苹果园到北京站全长23.6公里的地铁一号线,结束了中国无地铁的历史。

15年前的国庆节前夕,北京又开通运营了16.1公里的地铁第二期环线。

早在5年前,北京地铁的年客运量就已突破5亿,而现在,平均每天乘坐地铁的旅客已达140万。

北京地铁虽然在当今世界43个国家117个有地铁的城市中,开通年代和运营里程均排在30位以后,但却创下了满载率和单车运营公里两项"世界之最"。

投资75.7亿元人民币的地铁"复八段"的今日开通,使北京地铁通车总里程由原来的41.6公里增加到55.1公里,超过了香港的43.2公里,成为中国六个城市地铁之最。同时也使中国城市地铁的总里程逼近150公里。

目前,中国除北京、天津、香港、台北、上海、广州已开通地铁外,青岛、南京、重庆、深圳、高雄等城市也正在或计划建设地铁。

自1863年伦敦建成世界上第一条地铁到136年后的今天,全世界的地铁长度已接近6 000公里。

(原载《人民铁道报》1999年9月29日)

这是获得第十届中国新闻奖消息类一等奖的作品。在这条篇幅有限的消息中,新闻背景资料却有不少,如:"30年前的国庆节,北京建成了从苹果园到北京站全长23.6公里的地铁一号线,结束了中国无地铁的历史。""15年前的国庆节前夕,北京又开通运营了16.1公里的地铁第二期环线。""早在5年前,北京地铁的年客运量就已突破5亿,而现在,平均每天乘坐地铁的旅客已达140万。"这些背景资料通过事实的历史形态介绍,与新闻事实形成明显对照和衬托,从而增强了报道主题的深度和广度,使报道更加丰满、充实、深入。

(二)说明性新闻背景

对新闻事实产生的相关的政治背景、地理背景、历史背景、思想状况或物质条件等情况进行交代,以及对新闻事件的来龙去脉作出阐述的那些文字,就是说明性新闻。说明性新闻背景的作用是说明事物产生的各种因素,揭示事物发生或变化的意义。

例如:

150年第一次,泰晤士河出现海豹

路透社伦敦5月1日电 最近,一只海豹沿着泰晤士河逆流而上,游过了议会上下两院所在地。此事引起极大的轰动,电视台向全国播放了海豹吞食河鱼的镜头,报纸也作了报道。

这是150年来人们第一次看到海豹出现在这条一度有毒的历史名河中。

人们对此兴高采烈,认为这条污染了几百年的河流治理了20年之后,终于实现了世界上同类工作中最为成功的一项工作。

泰晤士河管理局把死去的泰晤士河变成了令人喜爱的河,吸引来成千上万名钓鱼和游泳爱好者,许多人原先曾说,这项任务是无法完成的。

在50年代中期,这条河从生物学的角度上说是死亡了。它的含氧量为零。今天,这条河处于最宜生存状态,氧气含量达到98%,适宜于100种鱼生存。

泰晤士河大规模污染是从18世纪末开始的。

在19世纪,人口愈来愈多,工业污染更为严重,加上伦敦沼泽地排放积水以建造码头,结果使这条河成了一条肮脏、毫无生气的臭河。

从1849年到1854年之间,几次发生霍乱,约有4万人死亡。1856年是特别糟糕的一年,当时以"臭气熏天年"而著称,泰晤士河的气味腐臭难闻,以至于面临泰晤士河的议会大厦的窗子都不得不悬挂用消毒水浸泡过的窗帘。

伦敦人开玩笑说,掉进泰晤士河的人还没有被淹死就被毒死了。

1964年开始了首次大规模的整治河流工作,当时通过了立法,委托伦敦港当局控制排放工业污水,这些工业污水占污染的30%。

一项调查表明:1 200万人口和数千家工厂每天向河中排污水418万立方米。专家制定了计划,重建和延长伦敦的下水道。

整个泰晤士河流域现在同453个污水处理厂连接在一起,每天处理9.4亿加仑污水,变污水为清洁水。

垂钓爱好者争相捕捞到泰晤士河来产卵的大鲑鱼,当局已难以控制甲壳动物的繁殖,甚至连海马也回到泰晤士河。

泰晤士河管理局现在承担了泰晤士河的控制污染,保持水中含量和废水循环,使之成为饮用水等全部任务。管理局已在为技术援助和培训提供国际性咨询服务。它已向24个国家提出建议,同时还参加了另外20个国家的研究项目。

(王蕾编著:《外国优秀新闻作品评析》)

这条新闻用大量篇幅介绍了新闻的背景材料,这些说明性的背景材料叙述了150年来泰晤士河的污染情况,用具体的调查数据说明18世纪以来这条河被污染的严重程度,以及有关当局20年来为治理泰晤士河所作出的努力。让受众对"150年来泰晤士河第一次出现海豹"这一新闻事实的来龙去脉有了全面的了解,同时对这一事实的深远意义有了更深刻的认识。

(三)注释性新闻背景

因为消息来源于生活的各个层面,所以其内容难免会涉及一些受众不甚懂得的知识,如果不作注释,就会给读者造成阅读的障碍。这时,就需要新闻背景来解释。对概念、术语、著名历史事件和人物、有关科学知识进行解释的文字,就是注释性新闻背景。注释性新闻背景的作用在于为受众解疑释惑,排除阅读障碍,增长知识和见闻。

例如:

关注"非典型肺炎"

非典型肺炎病原是衣原体?

广东专家对此持保留意见,认为病毒引起的可能性极大

本报讯(记者 段功伟) 昨天,新华社发布消息,称经中国疾病预防控制中心和广东省疾病预防控制中心的共同努力,引起广东省部分地区非典型肺炎的病原基本可确定为衣原体,但广东的绝大多数专家对此持保留意见,他们认为是病毒性肺炎的可能性很大。

为什么将本次非典型肺炎的病原基本确定为衣原体呢?新华社报道说,中国疾病预防控制中心病毒预防控制所报告,通过电镜观察发现两份死于本次肺炎病人的尸检肺标本上有典型的衣原体的包含体,肺细胞浆内衣原体颗粒十分典型。

报道说,衣原体是一种在真核细胞内寄生的原核微生物。某些衣原体曾经被归为病毒,可通过呼吸道分泌物、气溶胶,直接与病人接触,以及与病禽或鸟类接触而传播,临床表现为肺炎和支气管炎。衣原体引起的肺炎采用针对性强的抗生素治疗非常有效,但必须是全程、足量的规范化治疗。同时对病人加强护理和休息,供给营养丰富、易于消化吸收的食物及充足水分。

报道称,该病是完全可以预防的。……

(原载《南方日报》2003年2月19日 有删节)

这篇新闻获得了第十四届新闻奖消息类一等奖。这条意义重大的新闻的一个核心概念——衣原体,对于大多受众来说是陌生的,所以这一消息用一个自然段的篇幅对衣原体及其相关知识作了解释,以助于受众对新闻的理解。

二、背景的写作要求

（一）新闻背景要紧扣报道主题

背景的主要功能是衬托主题、突出主题、深化主题，所以它必须紧扣主题。如果背景脱离了主题的制约，不仅没有存在的必要，而且它的存在会起到分散主题的反作用。

（二）新闻背景的介绍要适度

背景为说明新闻事实而存在，是从属者。因此，新闻背景材料的组织要服从新闻事实，服从消息所表达的中心思想。该多则多，该少则少。背景要讲究精练，文字不宜太多，否则就会喧宾夺主。

（三）新闻背景材料可以灵活穿插

消息的重要组成部分，一般都有固定的位置。只有背景，没有固定的位置，可以出现在导语、主体、结尾的任何一个合理的地方。由于主体的篇幅最长，具有更强的容纳性，所以背景出现在主体中的情况是最常见的。另外，新闻背景可以独立成段，也可分散灵活穿插于文中。

1. 可以出现在导语中。如果背景能够衬托新闻事实的新意，增加报道的魅力，将它放在导语中，会让报道一开始就牢牢地吸引住受众。但在新闻实践中，背景出现在导语中的情况比较少见。

例如：

> 唐代著名文学家柳宗元在被贬至湖南永州任司马时，曾写下千古名篇《捕蛇者说》，使"永州之野产异蛇"闻名遐迩。一千多年过去了，历代冒死捕蛇为抵租税的永州捕蛇者的新一代又悄然兴起了一股养蛇热，各乡各户竞办蛇场已成为永州农村的一大新鲜事。

这是《人民日报》关于永州养蛇的消息导语，加入了一段历史背景材料衬托新闻事实，具有吸引力。

2. 可以出现在主体的任何部位。

中原我军占领南阳

新华社郑州 1948 年 11 月 5 日电 在人民解放军伟大胜利的攻势下，南阳守敌王凌云于 4 日下午弃城南逃，我军当即占领南阳。

南阳为古宛县，三国时曹操与张绣曾于此城发生争夺战。后汉光武帝刘秀曾于此地起兵,发动反对王莽王朝的战争,创立了后汉王朝。民间所传"二十八宿",即刘秀的28个主要干部,多是出生于南阳一带。在过去一年中,蒋介石极重视南阳,曾于此设立所谓绥靖区,以王凌云为司令官,企图阻遏人民解放军向南发展的道路。上月,白崇禧使用黄维兵团三个军的力量,经营整月,企图打通信阳、南阳间的运输道路,始终未能达到目的。

最近蒋军因全局败坏,被迫将整个南部战线近百个师的兵力集中于以徐州为中心和以汉口为中心的两个地区,两星期前已放弃开封,现又放弃南阳。从此,河南全境,除豫北之新乡、安阳,豫西之灵宝、阌乡,豫南之确山、信阳、潢川、光山、商城、固始等地尚有残敌外,已全部为我解放。去年7月,南线人民解放军开始向敌后实行英勇的进军以来,一年多时间内,除歼灭了大量的国民党正规部队以外,最大的成绩,就是在大别山区(鄂豫区)、皖西区、豫西区、陕南区、桐柏区、江汉区、江淮区(即皖东一带)恢复和建立了稳固的根据地,创立了七个军区,并极大地扩大了豫皖苏军区老根据地。

除江淮军区属于苏北军区管辖外,其余各军区,统属于中原军区管辖。豫皖苏区、豫西区、陕南区、桐柏区现已连成一片,没有敌人的阻隔。这四个军区并已和华北连成一片。我武装力量,除补上野战军和地方军一年多激烈战争的消耗以外,还增加了大约20万人左右,今后当有更大的发展。白崇禧经常说:"不怕共产党凶,只怕共产党生根。"他是怕对了。我们在所有江淮河汉区域,不仅是树木,而且是森林了。不仅生了根,而且枝叶茂盛了。在去年下半年的一个极短时间内,我们在这一区域曾经过早地执行分配土地的政策,犯了一些策略上的"左"的错误。

但是随即纠正了,普遍地利用了抗日时期的经验,执行了减租减息的社会政策和各阶层合理负担的财政政策。这样,就将一切可能联合或中立的社会阶层,均联合或中立起来,集中力量反对国民党反动统治势力及乡村中为最广大群众所痛恨的少数恶霸分子。这一策略,是明显地成功了,敌人已经完全孤立起来。在我强大的野战军和地方军配合打击之下,困守各个孤立据点内的敌人,如像开封、南阳等处,不得不被迫弃城逃窜。南阳守敌王凌云统率的军队是第二军、第六十四军以及一些民团,现向襄阳逃窜。

襄阳也是国民党的一个所谓"绥靖区",第一任司令官康泽被俘后,接手的是从新疆调来的宋希濂。最近宋希濂升任了徐州的副总司令兼前线指挥所主任去代替原任的杜聿明。杜聿明则刚从徐州飞到东北,一战惨败,又逃到了葫芦岛。王凌云到襄阳,大概是接替宋希濂当司令官。但是从南阳到襄阳,并没有走得多远,襄阳还是一个孤立据点,王凌云如不再逃,康泽的命运是在等着他的。

(根据1948年11月9日《人民日报》刊印)

这篇毛泽东所撰写的消息在主体的开头就插入了新闻背景：南阳为古宛县，三国时曹操与张绣曾于此城发生争夺战。后汉光武帝刘秀，曾于此城起兵，发动反对王莽王朝的战争，创立了后汉王朝。民间传说的"二十八宿"，即刘秀的28个主要干部，多是出生在南阳一带。在过去的一年里，蒋介石极重视南阳，曾于此设立所谓绥靖区，以王凌云为司令官，企图阻遏人民解放军向南发展的道路。此处利用背景让新闻向历史深处延伸，告诉读者南阳自古就是兵家必争之地，解放南阳的战略意义立刻凸显出来。

3. 可以出现在结尾。背景出现在最后，通常是为了对新闻事实的某些方面起补充说明的作用。

例如：

奥巴马去年赚了270万美元

根据白宫15日公布的数据，美国总统奥巴马和第一夫人米歇尔去年收入约为270万美元，大大高于美国家庭平均的5万美元年收入，不过和2007年420万美元的收入相比还是减少不少，奥巴马收入主要来自于其自传作品《无畏的希望》的版税。

奥巴马著有两本书，分别是《父亲的梦想》和《无畏的希望》，后者卖得特别火，两本书去年一共为奥巴马带来250万美元的版税收入。此外，由于去年奥巴马还没有就职，因此还没有40万美元的总统年薪，但他还是联邦参议员，这一职位给他带来了约14万美元的年收入。第一夫人米歇尔之前在芝加哥大学医院工作，去年领到的薪水有6万多美元。所以，两人去年的收入约为270万美元。另外，去年奥巴马夫妇交的所得税约有85万美元，占整个收入的3成左右。除了交税之外，奥巴马去年还捐了17万美元给慈善机构，占家庭年收入的6%左右，这个比例要比美国家庭的平均数高出两三倍。

和奥巴马相比，副总统拜登的年收入要少不少，他和妻子吉尔去年才赚了27万美元。拜登是美国政界的"穷人"，去年的收入也就是担任参议员的工资，吉尔则在一家社区学院工作，收入也不多。另外，拜登也有自己的回忆录《坚持的承诺》，这为他带来了一定的版税收入。

（原载《新闻晚报》2009年4月16日）

这条消息的结尾是一段对比性背景材料，用"副总统拜登的年收入"这一背景资料进一步说明奥巴马的年收入水平。

4. 可以分散穿插在全篇各处。

例如：

丹麦王室图书馆失窃案有望告破

美联社哥本哈根 2003 年 12 月 10 日电 丹麦警方今天说,30 多年前发生的丹麦王室图书馆失窃案终于有望告破。

从 20 世纪 60 年代末到 70 年代末,丹麦王室图书馆损失了大约 3 200 本从 16 世纪至 18 世纪的珍贵文献,其中包括哲学家康德、《乌托邦》作者托马斯·莫尔和英国诗人约翰·弥尔顿的著作,还有马丁·路德的数百份出版物。

丹麦王室图书馆负责人埃兰·科尔丁·尼尔森说:"这无疑是丹麦有史以来最大的文物失窃案之一。"

他说,这么多年来,王室图书馆和丹麦警方一直找不到任何线索。几个月前,案件终于出现了突破口。一批估价二三百万克朗(约合 32.3 万至 48.8 万美元)的珍贵文物被送到一位拍卖商手中。

皇家图书馆得到消息后马上采取行动,查出这批古书是失窃的馆藏,并与丹麦警方取得联系。

哥本哈根警局发言人亨里克·斯温德特说,警方已经在丹麦等地找到 1 600 本失窃古书和其他文物。

4 名嫌犯现已被警方逮捕。目前还不清楚已出手古书的数量、销售地点及买家的身份。根据法院的命令,斯温德特也不能透露嫌犯的姓名、羁押时间或地点。

媒体消息称,被逮捕的嫌犯中包括一名前王室图书馆员工的寡妇、她的儿子和儿媳。

据说,这名 68 岁的寡妇是在试图通过一个拍卖出手某些文献时被逮捕的。她丈夫去年去世,生前是语言学家,在王室图书馆的东方书库工作过几十年。

丹麦王室图书馆自 1648 年建馆后一直是国立图书馆和博物馆;1999 年改建为一座由烟灰色玻璃与钢质框架构成的滨海大厦,有"黑钻石"的美誉。

(程道才编著:《西方新闻写作概论》)

这条消息共有 10 个自然段,其中第 2、3、4 段及第 9、10 段都有新闻背景材料,这些背景材料如同天女散花般穿插在全篇各处,与新闻事实材料融为一体,使得读者能更深入地了解事实。

至于新闻背景出现在哪里最为合理,要看具体情况而定。

(四)新闻背景表达要生动

背景要写得生动,甚至有情趣,受众才更愿意接受。生动来自于背景本身的新鲜感,也来自于表达技巧,所以写作时要善于用描述情节、刻画场面、渲染气氛、引用典故等手法,使背景更加生动形象。

奥巴马一家迎来"白宫第一狗"

东方网 4 月 13 日消息:据英国《每日邮报》报道,美国总统奥巴马一家 12 日在白宫迎来了新的"白宫第一狗"。

奥巴马一手抱着女儿萨莎,另一手去抚摸六个月大的葡萄牙水犬"波"。第一夫人米歇尔和大女儿马莉娅则在一边观看。"波"是爱德华·肯尼迪参议员及其夫人维多利亚送给奥巴马女儿的礼物。这只狗是在得州一家犬舍培育的,被一位买家退回。一位消息来源称:"这只狗六个月大,是一只公狗,有非常密的黑色卷毛。它的前主人称,他们无法对付这样喧闹的动物。它原先的名字叫查理,但第一家庭将给它重新起名。"

奥巴马在总统选举获胜的晚上曾称,他将给他的两个女儿买一条狗,作为对她们支持他竞选总统的奖励。美国人在此之后一直非常关注奥巴马一家将选择哪种犬为"白宫第一狗"。奥巴马夫妇选择了葡萄牙水犬,因为奥巴马的大女儿马莉娅有过敏症,而葡萄牙水犬是一种不易引起过敏的狗。它的卷毛与贵宾犬的毛相似,需要每隔数个月进行打理,尤其是眼睛附近的区域。葡萄牙水犬原产地为葡萄牙,是葡萄牙阿尔加维地区渔民饲养的品种,是优秀的游泳者和潜水者,具有特殊的才干和毅力。它常从事把鱼赶入渔网、在海中寻回失落的渔具、在小船间或小船与陆地间传递消息,是忠诚的伴侣和警惕的卫士。它是非常实用的工作犬,英勇无畏,兢兢业业,可以全天候工作。

米歇尔 2 月份在接受美国《人物》杂志采访时称,奥巴马一家已选定了葡萄牙水犬为"白宫第一狗"的种类,"第一狗"将于 4 月复活节后来到白宫。77 岁的肯尼迪参议员拥有 3 只葡萄牙水犬,他说服了奥巴马夫妇,葡萄牙水犬非常适合充当"白宫第一狗"。消息来源称:"参议员肯尼迪从同一家犬舍获得了他的狗,它们都很健康、强壮、心地善良。它们和儿童相处得非常好,但需要许多运动,这一点很好,因为奥巴马非常喜欢健身。"

美国西敏寺狗舍俱乐部名犬展的戴维·弗雷称:"人们对第一家庭的宠物抱着浓厚的兴趣,我对此并不感到奇怪。因为这能引发所有人的共鸣。"前白宫宠物都成为了小明星,前总统布什的爱犬"巴尼"是一只备受瞩目的苏格兰梗犬,它甚至拥有自己的网站。

(资料来源:中国网 2009 年 4 月 13 日;作者:周翔)

这条消息亲切又有情趣,而穿插在消息中的关于"白宫第一狗"的相关新闻背景资料写得更是生动活泼,趣味盎然。

第三节 消息的结尾

一、结尾是与受众告别的地方

消息是一种"虎头蛇尾"的文体,结尾并非是所有消息都必须具备的一个独立的组成部分。短消息结构极其单纯,特别是简讯有时只有一两句话,表述完新闻事实便就此收住,戛然而止,可以不必有结尾;在倒金字塔结构中,材料按其重要性依次排列,到结尾处就是最次要的了,也就无所谓结尾的问题了。

例如:

北约野蛮轰炸我驻南使馆

《人民日报》贝尔格莱德 1999 年 5 月 8 日电(记者吕岩松报道) 当地时间 7 日午夜(北京时间 8 日早 5 时 45 分),以美国为首的北约至少使用 3 枚导弹悍然袭击我驻南斯拉夫大使馆。到目前为止,至少造成 3 人死亡,1 人失踪,20 多人受伤,馆舍严重毁坏。

当地时间 7 日晚,北约对南斯拉夫首都贝尔格莱德市区,进行了空袭以来最为猛烈的一次轰炸。晚 9 时始,贝尔格莱德市区全部停电。子夜时分,至少 3 枚导弹从不同方位直接命中我使馆大楼。导弹从主楼五层楼顶一直穿入地下室,使馆内浓烟滚滚,主楼附近的大使官邸的房顶也被掀落。

当时,我大使馆内约有 30 名使馆工作人员和我驻南记者。新华社女记者邵云环、光明日报记者许杏虎和夫人朱颖不幸遇难。据悉,这是外国驻南外交机构第一次被炸。

爆炸发生后,中国驻南联盟大使潘占林一直在现场指挥抢救。许多华侨对使馆给予了极大帮助。潘大使在被炸毁的使馆废墟前,愤怒地指出:"这是对中华人民共和国的攻击。"

南联盟外长约万诺维奇说:"使馆是中华人民共和国的领土,北约炸弹是对外交的轰炸。"

当地时间 8 日下午,中国在贝尔格莱德的数百名华人举行抗议游行,数千南斯拉夫人参加了游行。

这条消息就是表述完新闻事实便就此收住,没有形式上的结尾。

没有结尾的短消息固然存在,但不是所有的消息都没有结尾。英国新闻学者安德鲁·博伊德认为:"任何一个节目或新闻给人的长期印象通常都是最开始或最后几个词留下的。"故而他建议:"像有力的开头一样,结尾应该加强语气,避免虎头蛇尾。新闻报道宁用砰然响声作结尾而不用低声鸣咽。有力、确定、语气强烈的结尾胜过软弱无力的结尾。"

结尾是与受众告别的地方,如果草草收束,不了了之,将会破坏文章的整体价值。

消息结尾是指为了深化新闻主题、强化新闻价值或扩大消息的信息容量,记者根据新闻内容写作的消息收结部分。它通常是消息的最后一段或最后一句话。

中国元代作家乔梦符,曾对写作提出"凤头、猪肚、豹尾"的要求,元末陶宗仪把它解释为"起要美丽,中要浩荡,结要响亮"(《南村辍耕录》)。明朝谢榛在《四溟诗话》中说:"凡起句当如爆竹,骤响易彻;结句当如撞钟,清音有余。"其中对结尾的要求同样适合于新闻的写作。写好新闻结尾,不仅可以使新闻在形式上更为完美,而且可以画龙点睛,使新闻主题得到进一步深化和升华,使得受众读来意犹未尽,回味悠长。

二、结尾的写作形式

(一)评论式

在消息收结的地方对新闻事实进行简要地评论,以突出新闻事实的意义,凝练和升华新闻主题,引领读者更深刻地感悟新闻事实中蕴含的主题思想。具体写作时,要尽量避免记者直接公开地发表议论,可以借别人之口进行评议,或者转述有关的评价。

例如,获第十五届中国新闻奖消息类一等奖的作品《中国国家主席与艾滋病人握手》,报道了在2004年"世界艾滋病日"前夕,时任国家主席胡锦涛走进北京一家医院与艾滋病人握手、交谈,用实际行动推进中国抗击艾滋病魔的斗争。报道的结尾是:

> 世界卫生组织中国艾滋病项目协调官赵鹏飞指出:"胡锦涛主席看望艾滋病人并和他们亲切握手,将使各级党委、政府一把手亲自抓艾滋病防治工作成为必然。"

通过这样的评论,受众可以进一步认识到胡锦涛主席作为最高国家领导人与艾滋病人握手这一事实,深刻地表明了中国政府在艾滋病这一过去高度敏感的问题上,有了历史性的态度转变。

(二)总结式

在新闻的结尾处对新闻主体交待的新闻事实或新闻事实所表达出的思想、道理进行总结归纳以给读者一个完整的印象。例如,获得第七届中国新闻奖消息类三等奖的作品《王封矿四千余职工实现"整体转移"》的结尾:

回首当初,王封矿面临的是矿井报废、4 200名职工安置的严峻现实,而今天他们已实现了"整体转移",产品有5大系列40多个种类,预计产值可达1.5亿元左右,且有很可观的利润。曾经培育了全国劳模丁百元的王封矿,现已改名为焦作王封集团有限公司,它们的总经理张少卿日前对我们感慨地说,企业要活得有滋有味,必须痛下决心,真正实现两个根本性转变。

总结式写法在概括整体面貌,明确新闻的意义和目的方面有着不可替代的作用。

(三)启发式

"启发式"是在新闻事实已表达清楚的基础上,再引导人们进一步联系现实,揭示某种社会现象,引导受众进行深层次思考的结尾写法。也有称这种写法是"希望式",即提出希望和要求,启发和激励人们的思考和想象。

例如,获第八届中国新闻奖消息类一等奖作品《别了,"不列颠尼亚"》,报道了1997年7月1日香港回归,接载查尔斯王子和末代总督彭定康回国的英国皇家游轮"不列颠尼亚"号驶离维多利亚港湾,消失在南海的夜幕中……它的结尾是:

从1841年1月26日英国远征军第一次将米字旗插上港岛,到1997年7月1日五星红旗在香港升起,一共过去了156年5个月零4天。大英帝国从海上来,又从海上去。

这个精彩的结尾是对历史趋势的总结,也是对历史规律的理性认识,成为整个报道的点睛之笔,激发了受众对于历史这一刻的民族自豪感。

(四)展望式

在新闻事实表达完毕之后,对其发展方向和结果作出预测。2008年11月6日《人民日报》刊登的消息《奥巴马担子不轻》,写了这样一个结尾:

美国民主党总统候选人巴拉克·奥巴马击败了共和党对手麦凯恩,成为美国历史上第一位黑人总统。作为非洲裔美国人,应该说这一胜利来之不易。但是,等待新总统的不只是支持者的热情,还有众多的棘手难题。

消息的结尾预测奥巴马将要走的路还很漫长。

当然,展望式结尾通常是描绘乐观的前景。例如,获得第五届中国新闻奖消息类二等奖作品《陆家嘴金贸区一派沸腾》的结尾:

再从天上看地面,南有盘旋的南浦大桥,北是弯曲的杨浦大桥,中间一颗闪闪发光的东方明珠,陆家嘴地区构成了一派"双龙戏珠"的沸腾景象。有位外国商人参观后预言:"这里将是21世纪的国际资本市场。"

（五）引用式

美国政治撰稿人巴尼·克雷布斯说："我总是把一条好的引语留到最后一段，奖给那些为数很少的一直读下来的忠实读者。"

在消息的结尾引用相关人物的话来作收束，也是消息常用的结尾方式之一。

例如，1991年，在入侵科威特一周年之际，伊拉克人都在悄悄地遮掩这场曾经搅得天翻地覆的事件。路透社记者在这条消息的结尾写道：

> 巴格达街头到处都是萨达姆·侯赛因各种着装的画像，有人戏称：这个400万人口的城市有800万张面孔。

借口传话，巧妙地暗示了巴格达市民的精神状态和萨达姆统治这个国家的办法，一针见血，堪称神来之笔。①

（六）补充式

在将要收结的时候，又对新闻事实作适当的补充。这些补充的内容，一般不是核心新闻事件，但必须与核心新闻事件有紧密联系。

例如，2005年9月23日《江门日报》刊发的新闻《污水"漂白"后可养鱼》报道了记者在市文昌沙水质净化厂目睹的生活污水的处理过程，在消息的结尾记者写道：

> 市物价部门也曾透露，目前市区污水处理厂处理1立方米污水的总成本达到1.46元，0.55元/立方米的污水处理费远远不能满足实际需要，年资金缺口约5 000万元，再加上计划中要兴建文昌沙二期、江海污水处理厂，目前还需要上亿元资金。

这样的补充常使消息宕开一笔，再起波澜。

美联社记者马利根说："一篇报道既要有好的导语，也要有一个有力的结尾。事实上，我常常在最后一段下的功夫比在第一段下的功夫大，因为我希望那真正动人的最后一行话将使编辑高抬贵手，不致砍杀我努力的整个成果……一条使人激动的引语、一段概括性的趣闻、一件将最后一次打动读者的情感，即引起读者悲伤或大笑的有趣材料，可以使一篇报道生辉。这样，这篇报道看起来就是一个统一体、一个完全的整体。"

消息的结尾方式也不仅仅这几种，要写好结尾，需要在实践中不断历练和创新，实际上整个消息的采访与写作何尝不是如此，需要实践、实践、再实践。

消息写到结尾就要和受众告别了，希望你采写的消息让受众依依不舍。

---

① 黄宏俊：《怎样写好新闻的结尾》，载《新闻三昧》，2006(6)。

练习

一、阅读一条消息(任课老师提供),对其主体的写作提出自己的意见。

二、病文分析:下面这条消息主要存在的问题有哪些?

首届中国特殊奥运会开幕

本报深圳 27 日专电 首届中国特殊奥运会今天在这里开始举行。

在隆重的开幕式后进行的田径比赛,今天已经产生了 37 个冠军。北京代表团获 10 项冠军、10 项第三名。获得冠军的运动员和项目是:×××获男子少年二组的 50 米和垒球投掷冠军,××获男子少年一组 50 米和垒球投掷冠军,××获女子少年二组铅球和垒球投掷冠军,×××获少年二组铅球冠军,××获少年一组 200 米冠军,×××获男子成年 1 500 米冠军,×××获男子成年组 400 米冠军。

三、压缩以下稿件的背景资料,将其改写为 600 字左右的消息。

老虎伍兹出山 90 名保镖严防情妇赛场捣乱

本报讯 本周四,高尔夫世界第一、"老虎"伍兹将参加美国名人赛,这是这位高尔夫传奇人物继去年年底爆出性丑闻以来第一次参加正式的高尔夫比赛。据美国媒体报道,由于担心比赛期间"情妇们"可能到赛场捣乱,"老虎"安排了大约 90 名保镖严防死守,90 人中还包括前 FBI 特工、前谍报人员和荷枪实弹的武装人员。

北京时间昨天,伍兹在美国名人赛的举办地乔治亚州奥古斯塔国家球场半公开露面,这是他在性丑闻事件爆发后首次在球场露面,也是他为参加即将到来的美国名人赛进行的一次热身。

据在球场上的人士表示,伍兹到达的时候非常低调,伍兹先是在练习场上和十多位球员一起练习,之后便和好朋友马克·欧米拉一起从后九洞出发打了九洞的练习轮,长期给他担任球童的史蒂夫·威廉姆斯在他身边。"老虎"穿着淡紫色的衬衫,戴着太阳镜,小肚子微微隆起,有些发胖的迹象。他的妻子艾琳不在身边。"老虎"现身,"虎嫂"不在身边,说明两人的关系已经到了十分危险的地步。自从性丑闻爆发以来,尽管伍兹公开在媒体面前表示,他最爱的就是妻子艾琳,但两人的婚姻看来已走到尽头。

他的太太艾琳早已经决定不会陪伴他打这场比赛,即便高尔夫巨星星期天有机会夺冠,她也不会出现。"她甚至没有对'老虎'说再见。"一个消息人士说。根据之前的报道说，艾琳相当生气，"老虎"伍兹不顾家庭，一意孤行要参加美国名人赛。或许是为了表明自己的立场，艾琳也出现在半公开的场合下，故意让狗仔队拍到照片。八卦网站TMZ曝光的一张新照片显示，她在"老虎"伍兹外出期间也有自己的活动。今天她带着儿子查理与网球天王费德勒见面。当然这种见面没有"私情"的含义在其中，因为照片显示他们见面的时候还有另外一个成年女性在场。这个女性经过TMZ的辨认，应该是费德勒的妻子。另一方面，艾琳与费德勒的距离隔得也很远，没有暧昧的成分。很显然，这张照片也再次显示艾琳与"老虎"伍兹的关系目前到底怎样了。

考虑到伍兹有可能遭到他众多情妇带来的麻烦，他组建了这个规模空前的保安团队，他甚至将他那些情妇的照片分发给保镖，以便他们严加注意。

现在折腾得最厉害的情妇是色情明星乔思琳·詹姆斯。乔思琳在自己的网站上发布了一张2009年4月28日美国航空公司机票存根的照片。那次旅行与在夏洛特惊恐山谷举行的美联银行锦标赛的日期一致，当时"老虎"在那一场比赛中获得第4名。那一周早些时候，"老虎"还参观了白宫并拜见了总统奥巴马。而且那次约会只是在"虎嫂"艾琳生下她们第二个孩子——儿子查理的两个月之后。据RadarOnline之前报道，"老虎"庆祝他们第一个孩子——女儿萨姆出生，也只是在艾琳生完孩子三周后便和乔思琳秘密约会。

乔思琳在网上发布这些私人电子邮件以及黄色短信的目的是为了让老虎丢脸，在那些短信中，高尔夫巨星多次提到要抽她的屁股，扇她的耳光，并且还玩过三人行。

"老虎"美国名人赛上复出势必是一次非常轰动的行为，乔思琳也不会放过这次机会，她已经表示，届时她将在一场脱衣舞会中表演艳舞。另外有消息说，她会带领一批朋友到场使用扩音器骚扰伍兹打球。"这些女人没有一个被允许在任何地方接近伍兹，"一位保安人员告诉《星期日邮报》的记者说，"如果有一张漂亮的女士接触伍兹的照片冒出来，那便是一场灾难。"届时将有8名保镖在伍兹附近"作为最后一道防线"。以往，美国名人赛通常会使用200名保安，随着伍兹的复出，这里又新增了82名保镖在球场上巡逻。

美国名人赛又称美国大师锦标赛，和英国公开赛、美国公开赛及PGA锦标赛并称高尔夫球界的四大满贯锦标赛。名人赛创办于1934年，每年都在奥古斯塔球场举办，赛程长达4天，冠军将穿上绿色外套。"老虎"伍兹曾经4次夺得该比赛的冠军。

政论家、报人普利策说:"如果人们想要和世界上的罪行、邪恶及灾难作斗争,他们必须知道这些罪行,因为这些罪行和灾难正是在揭秘的基础上才得以滋生的。"将隐蔽在秘密处的事实揭示出来,公布于公众面前,正是深度报道早期的主旨所在。19世纪末,深度报道正式进入美国报纸,并在"迅速"和"深刻"的轨道上迅跑。随着时代的发展,越来越多的媒体用深度报道的方式向人们展示人类社会生活中"新近发生的事实"。

第十六章 深度报道,让新闻走向深刻

第一节 什么是深度报道

一、深度报道的产生和发展

(一)西方深度报道的产生与发展

深度报道始于19世纪末的美国。19世纪末20世纪初在美国社会问题繁杂、社会矛盾尖锐的历史环境下,美国社会发生了一场声势浩大的黑幕揭发运动,一批正直无畏的新闻记者对美国社会生活的各个方面,比如,行政管理、食品卫生、金融保险、安全生产、劳动用工等诸多领域中的贪污腐败、行贿受贿、徇私枉法、弄虚作假、欺诈勒索等社会丑恶现象进行了深刻的揭露和批判。美国早期较为著名的深度报道有1870—1871年《纽约时报》《纽约导报》《纽约晚邮报》联合进行的对市政府塔曼尼集团的成功讨伐,1896年《世界报》揭露标准石油公司和贝尔电话公司的垄断行为,以及纽约市议员受贿协议同承包商谋取特许权,1898年《纽约时报》对布鲁克林电车、电灯特许权的揭露等。

第十六章 深度报道，让新闻走向深刻

1890年的美国正走出南北战争的阴霾，迎来经济腾飞的黎明。但是，血汗工厂、贪污受贿、尔虞我诈、假冒伪劣等问题也给这个"镀金时代"蒙上阴影，人们想要知道这些丑恶现象背后更深刻的原因，一个"为什么"变的与"是什么"同样重要的时代到来。美国著名记者林肯·斯蒂芬斯和同道们一起将美国新闻界的"黑幕揭发运动"推向高潮，也把阵痛中的美国推向了前行的道路。因此，林肯·斯蒂芬斯被誉为"揭开地狱盖子的美国新闻人"。

揭黑运动惹恼了美国时任总统西奥多·罗斯福。罗斯福贬斥揭黑幕记者为"扒粪者"，像苍蝇逐臭一样，只知在污秽不堪的粪堆上扒来扒去，寻找一鸣惊人的丑恶新闻。罗斯福的讽喻越发坚定了记者们揭露黑幕的信心，他们干脆以"扒粪者"自称，向一切社会丑恶现象宣战，担当起新闻记者崇高的社会责任和历史使命。

"扒粪者"这一说法来自班扬的小说《天路历程》。小说中的扒粪者手拿粪耙，目不旁视，只知道朝下看，而看不到任何美好的事物，满目都是地上的秽物。罗斯福总统给了黑幕揭发运动更为生动的名称：扒粪运动。在美国早期揭黑记者群体中的领军人物是林肯·斯蒂芬斯，其他著名记者包括艾达·塔贝尔、戴维·格雷厄姆·菲利普斯、厄普顿·辛克莱、雷·斯坦纳德·贝克，等等。这一时期产生的以调查报道为代表的深度报道名篇有林肯·斯蒂芬斯的《城市的耻辱》，依达·塔贝尔的《标准石油公司的历史》，托马斯·劳森的《疯狂的金融》，戴维·菲利普斯的《参议院的背叛》等。

深度报道在20世纪20年代末30年代初在美国蓬勃发展起来，到40年代趋向于成熟。而深度报道真正在美国建立其不可动摇的地位，则到了20世纪50年代，并与"麦卡锡事件"有关。

麦卡锡主义的代表人物美国参议员麦卡锡，在20世纪50年代掀起一股反共浪潮，诽谤和迫害疑似共产党人和民主进步人士。麦卡锡发表了大量言论，无中生有地指控大批美国人为共产党人或亲共者，成千上万的华裔和亚裔被怀疑为"间谍"。而媒体对麦卡锡众多的言论都作了有闻必录式的报道，致使以"麦卡锡主义"为代表的反共、排外运动很快席卷美国，引起社会的恐慌和人人自危。当时的媒体有闻必录式的报道源自其信奉的纯客观主义新闻原则，因此即使记者明明知道麦卡锡在撒谎，他们也要把这些谎言如实告诉公众，让公众自己去判断真伪。这些报道致使麦卡锡身败名裂的同时，也令美国的新闻界开始反思纯客观主义新闻原则存在的弊端。人们由"麦卡锡事件"深刻地认识到报纸如果像传声筒一样不加选择，不加判断地传播某些事实，就可能被人利用，就可能危及公众和国家的利益。于是以调查、揭示和解释为特点的深度报道逐渐被新闻界和受众接受和推崇。

这个时期最著名的深度报道是"水门事件"和"五角大楼事件"，在美国新闻史上产生了决定性意义。美国新闻学者认为深度报道是继党派新闻、客观新闻后的"新闻写作的第三次革命"。

深度报道在英国崛起于20世纪60年代,当时由于英国的报纸面临电视的竞争,报纸需要增加版面来吸引读者,特别是特稿和图片报道,再加上当时的社会风气偏向怀疑和玩世不恭,使调查性报道应运而生。

1963年,《世界新闻报》记者彼得厄尔对政府部长普罗富莫、一位俄国特工和一应召女郎之间的三角关系进行了调查和披露,从此,以调查报道为代表的深度报道在英国迅速发展。20世纪80年代初,约克郡电视台与罗布爱德华兹合著的《英国的核噩梦》从居住在核装置周边人群中癌症高发率问题着手,揭露了核动力的欺骗性与危险性。1983年节目播出后,撒切尔夫人承诺对该问题进行紧急调查。然而,至此英国的调查性报道开始受到政府严格审查,开始走下坡路。20世纪90年代,英国的调查性报道再一次崛起,据不完全统计,当时英国的电视中有300多个调查性报道栏目。其中20世纪90年代开办的纯调查性系列节目有:独立电视台《库克报道》(*The Cook Report*)、第4频道《乡村探秘》(*Countryside Undercover*)、BBC《冒昧》(*Taking Liberties*)、独立电视台《比姆和达·席尔瓦》(*Beam and Da Silva*)、独立电视台《伪装》(*Disguises*)、第4频道《英国探秘》(*Undercover Britain*)、BBC《此时此地》(*Here and Now*)、BBC《大致公平》(*Rough Justice*)、BBC《私人调查》(*Private Investigations*)。①

1975年,美国新闻界成立了全世界第一个"调查性报道记者与编辑协会",以协助全国各地从事调查性报道的记者与编辑的工作。目前瑞典、西班牙、德国、法国、印度等国家都成立有类似的协会。普利策奖从1985年开始设立解释性报道和调查性报道两个专项奖。

(二)中国深度报道的产生和发展

百余年以来,一大批报人通过手中的报纸传播知识、启迪民智、批判社会、探索前途、以言报国。

从19世纪60—70年代王韬、郑观应等中国最早的本土报人独立办报开始,就有了深度报道的雏形。一个多世纪以来,深度报道"围绕社会发展的现实问题,把新闻事件呈现在一种可以表现其真正意义的脉络中",对新闻事件进行揭示、解释和预测,在中国政治、经济的风云变幻中独具魅力,并留下了独特的发展轨迹。②

1874年2月4日,王韬在香港创办《循环日报》,并通过报纸设置政治议程,纵论中外形势,针砭时弊,已初见深度报道解释和揭露的功能。之后以《民呼日报》《民吁日报》为代表的革命派报纸,揭发贪腐、分析社会问题并提出建议,承载着深刻的忧国忧民的政治主题。

---

① [英]雨果·德·伯格:《英国调查性报道30年》,李青藜译,来源:中华传媒网。
② 韩永青、李芹燕:《中国深度报道百年发展轨迹探析》,载《新闻界》,2006(4)。

第十六章 深度报道,让新闻走向深刻

五四运动前后,马克思主义传入中国,报刊开始传播无产阶级革命思想。

20世纪30年代,在抗日救亡的时代背景下,中国深度报道的一种特殊形式"述评新闻"兴起。在强敌入侵、民族危亡的关键时刻,《申报》《大公报》等刊发"述评新闻",为振奋全民族抗战起了积极的作用。有研究者认为,这些报道"以叙述新闻事实为主,夹叙夹议,围绕新闻事实分析、议论、评价新闻事件的性质,或揭示新闻事件的发展趋势",与西方同时期的解释性报道极为相似,因此可以归为深度报道一类。①

改革开放后的20世纪80年代,历经"文革"的苦难,中国迎来了一个文化相对繁荣的时代。转型期的中国问题层出不穷,同时,这一时期中国新闻媒体获得了更多的自由与空间,于是针对当下的和历史的各种问题,劫后余生的新闻媒体开始有规模地进行解释与揭发报道。全国好新闻奖评选也首次设立了"深度报道奖",推动了深度报道的快速发展。

1987年被称为中国深度报道的崛起年。这一年,出现了《关广梅现象》(《经济日报》)、《鲁布格冲击》(《人民日报》)、《西部贫困探源》(《中国青年报》)、《中国农村经济变革大趋势》(《人民日报》)等一批有影响的深度报道作品。

1987年5月,大兴安岭发生特大火灾。100多名记者冲破重重阻挠,奔赴火灾现场采访,对火灾事件进行了全面的揭示。《中国青年报》先后发表了《红色的警告》《黑色的咏叹》《绿色的悲哀》三篇连续性报道,从引起火灾的表面原因到火灾背后的官僚主义弊端,进行了深层次的揭露。

从1992年中国建立社会主义市场经济体系开始,伴随着社会转型,在政治、经济、文化等各层面暴露出的问题,为深度报道提供了主题空间和素材。这个时期以《南方周末》为代表的纸媒,以蓬勃的新闻理想主义和直面社会时弊的勇气"围绕社会发展的现实问题,把新闻事件呈现在一种可以表现真正意义的脉络中"。1994年,中央电视台开办新闻纪实性栏目《焦点访谈》,随后《东方时空》和《新闻调查》等栏目先后创立,标志着深度报道已全面进入电子媒体领域,以《南方周末》和央视相关栏目为代表的中国媒体的舆论监督力量强大。这一时期的深度报道代表作有《南方周末》的《艾滋病在中国》《农民发誓告倒公安局》《昆明在呐喊:铲除恶霸》《张君案检讨——一个极端暴力集团的成长》;中央电视台《焦点访谈》的《巨额粮款化为水》《"罚"要依法》《河道里建起商品楼》;《中国青年报·冰点》的《北京最后的粪桶》《乔安山的故事》;中央电视台《新闻调查》的《大官村里选村官》《透视运城渗漏工程》《与神话较量的人》;《财经》杂志的《基金黑幕——关于基金行为的研究报告解析》等。

到了21世纪,自2003年"孙志刚事件"始大约10年时间,深度报道经历了一个繁荣期,优秀作品层出不穷。如《南方都市报》的《被收容者孙志刚之死》;《南方周末》的《"变

---

① 韩永青、李芹燕:《中国深度报道百年发展轨迹探析》,载《新闻界》,2006(4)。

态"邱兴华心理档案》《你不会懂得我伤悲——杨丽娟事件观察》;《财经》杂志的《非典型肺炎——危险来自何方?》系列报道、《矿难探源》《上海社保:危险的投资》;《中国经济时报》的《山西疫苗乱象调查报道》《北京出租车业垄断黑幕》;中央电视台《新闻调查》的《一只猫的非正常死亡》《征地破局》,等等。

中国各个时期的调查记者通过独立、深入、细致、全面的调查,揭露隐蔽在秘密处的罪恶,以捍卫公众利益与公民权利,唤起公众对社会腐败、阴暗罪恶的警醒和正视,净化社会政治、经济和文化环境,维系社会机制正常运行,促进国家健康发展。他们不仅是当下新闻信息的传播者,更是重大事件的见证者,也是历史真相的记录者。他们是了不起的一个群体,值得人们尊重,值得历史记忆。

然而近年来,随着中国新闻业生态环境的重构和变革,令深度报道面临诸多的挑战。新闻传播学者张志安等于2017年12月4日发布的《新媒体环境下调查记者行业生态变化报告》显示,当今中国调查记者的规模已大大缩减,传统媒体中仅有130名调查记者,分布在55家传统媒体机构,比珍稀动物大熊猫的数量还要少。

新媒体的快速发展对于传统媒体特别是报纸的冲击,势必影响以报纸为主战场的深度报道。有些报社撤销深度报道部,压缩用于调查报道的采访成本,优秀媒体人纷纷离职转型。同时,信息碎片化的社交媒体时代,看似以调查、解释、全面揭示事实的深度报道更加必要,但不可否认的是,碎片化传播却也培养了受众短阅读、浅阅读的习惯,致使读者对于深度报道的阅读失去热情。

对于深度报道式微的原因,《新媒体环境下调查记者行业生态变化报告》分析认为,"一是微博、微信等社交媒体的崛起,削弱了传统新闻业的文化权威,用户生产内容(UGC)、公民新闻、网络监督的活跃意味着传统媒体不再是事实真相的唯一提供者和舆论监督的主力践行者,由此导致组织化的调查报道和传统媒体雇用的调查记者面临着社会影响力衰落的严峻考验;二是伴随舆论环境的变化和新时期宣传报道力度的增强,媒体主管部门及各级政府为了维护社会稳定、塑造社会认同,对报道加强了行政监管;三是越来越多的传统媒体陷入发行下降、盈利亏损、人才流失等生存困境,不少市场化都市报裁减甚至撤销了深度报道部,且普遍压缩了用于调查报道的采访成本。"[①]

而资深调查记者叶铁桥在其论文《传统深度报道的终结和新型深度报道的开启》中对于深度报道的衰落作了更为具体的原因分析。他认为原因有四点。一是受报道空间的限制。中国的深度报道一直局限在某些领域内,从整体格局上看显得狭窄。媒体在面对常规深度报道题材时,也经常因考虑特定因素导致的成本问题而陷入"派不派记者"的困境中。二是选题的同质化现象严重。深度报道要取得良好的社会反响,非常依赖跟政府治理的良性互动。如媒体报道"孙志刚事件"后,国务院废止了原有的收容遣送办法,

---

① 张志安,曹艳辉:《新媒体环境下中国调查记者行业生态变化报告》,载《现代传播》,2017(11)。

媒体与政府的良性互动,引发了社会治理的深刻变化,凸显了报道的价值。但是这几年,深度报道着力很大的领域,如非法征地拆迁、环境污染问题等,治理进展则不大。频频报道的这类领域的同质事件,如果抽离血肉,骨架都是一样的。同质化报道使受众无感,媒体人也变得麻木,以至于事件若没有新奇的情节或是有特殊身份的人物,就被视为缺少"新闻价值"了。新闻报道如果不能实现跟政府治理的良性互动,很容易陷入困境。三是版权保护不力。传统媒体生产的深度报道,由于丧失渠道优势,影响力有限。但被新媒体无偿一键转走后,却给这些有渠道优势的平台增添了不少价值,传统媒体沦落到"为他人做嫁衣"的尴尬境地。近来财新传媒频频发出侵权公告或起诉侵权媒体,正是当前版权保护不力的佐证。四是受媒体转型环境影响被纸媒本身的困境拖累。从事深度报道的精英们因为失落感和低收入纷纷出走,导致整个行业的生产力下降。①

二、深度报道的概念

(一) 深度报道的定义

深度报道的定义繁多,并随着时代的发展和传播方式的变化不断重新定义。《新闻学大词典》对深度报道的定义是"运用解释、分析、预测的方法,从历史渊源、因果关系、矛盾演变、影响作用、发展趋势等方面报道新闻的形式"②。《宣传舆论学大词典》对深度报道的定义是"通过系统的科学材料和客观的解释、分析、全面深入地展开新闻内涵的报道形式"③。

"深度报道"一词源于西方,西方新闻界倾向于从新闻控制的角度理解深度报道,美国专栏作家朱豪德(Roscoe Drummond)将深度报道定义为"以今天的事态核对明天的背景,从而说出明天的意义。"④美国哈钦斯委员会在其著名的报告《自由而负责的新闻界》中关于深度报道的定义是:"所谓深度报道就是围绕社会发展的现实问题,把新闻事件呈现在一种可以表现真正意义的脉络中。"这一定义较为准确地揭示了深度报道的本质。

我们可以将深度报道定义为:用多种表达方法和传播方式,在社会大背景下将新闻事件和社会问题呈现在一种可以表现其真正意义的脉络中,深刻而全面地揭示其本质,探索其发展趋势的新闻报道形式。

---

① 叶铁桥:《传统深度报道的终结和新型深度报道的开启》,载《中国广播》,2015(7)。
② 甘惜分主编:《新闻学大词典》,153 页,郑州,河南人民出版社,1993。
③ 刘建明主编:《宣传舆论学大词典》,238 页,北京,经济日报出版社,1992。
④ 王亚红、武瑾:《全媒体时代"深度报道"含义新探》,载《今传媒》,2015(4)。

(二)深度报道的特点

1. 深度报道是综合性的新闻报道形式

有学者认为深度报道是一种以深度挖掘新闻为特点的新闻体裁,也有学者认为深度报道是一种新闻报道方式。事实上,深度报道牵涉采访、写作、编辑、思维、传播方式等各个方面,它可以兼容多种新闻体裁和报道方式进行综合表达。因此,深度报道绝不仅仅是一种新闻体裁或报道方式,而是综合性的新闻报道形式。

深度报道中体裁的运用和传播的方式具有相容性和兼容性。例如,《新京报》的"李易峰超跑车祸系列报道"(见图16-1)。2016年5月27日,演员李易峰凌晨时分驾驶一辆白色兰博基尼在北京大郊亭桥发生车祸,导致大郊亭桥梁泄水管损坏。李易峰将车辆留在原地后离开,他本人安全无恙,按照原定计划前往摩纳哥参加F1大奖赛活动。李易峰工作室在27日午间发出官方声明道歉,解释李易峰在撞车后先通知了保险公司,又安排工作人员处理相关事宜并报警,还表示会接受交管部门的一切处理结果。

《新京报》对于这个新闻事件的报道,不仅做到了独家、首发,还拥有最大的信息增量。系列报道包含五条快讯、一个版面以及一条微信稿件,不但有事故现场的还原,还独家与李易峰的经纪人对话并获得关于事故的第一份回应,以多篇多种体裁组合、多平台传播的形式完成关于"李易峰超跑车祸"的深度报道,成为《新京报》跨部门、多平台联动、全媒体融合报道的典范。全网客户端push,《新京报》官微微博话题3.4亿人次阅读,在全社会和业界引发对事件和报道形式的官方关注。

当然,深度报道也可以是单篇报道,一次性传播。

2. 深度报道以揭示解释社会问题为核心

深度报道"深"就深在以社会现实问题的揭示和解释为核心,通过系统搜集挖掘相关背景材料,全面而深入地展示事件的因果关系及相关问题发生发展的全过程,追踪、揭示和探索新闻真相和问题本质与发展趋势。在新闻的"六要素"When(何时)、Where(何地)、Who(何人)、What(何事)、Why(何因)、How(怎么样)中,深度报道的重点在于挖掘"为什么"和"怎么样",即深度报道采写的着力点在Why(何因)和How(怎么样)两个软要素上。

深度报道的理想和目标是通过揭示、解释社会问题的本质,理性地、建设性地影响社会的进步与制度的建构,推进社会的进步与文明。这也正是深度报道存在的社会基础。

正因为深度报道的揭示和解释的特点,所以人们常常认为深度报道就是解释性报道或深度报道就是调查性报道。事实上,解释和调查是深度报道的功能,解释性报道和调查性报道是深度报道的种类,从属于深度报道。

第十六章 深度报道,让新闻走向深刻

图 16-1 《新京报》2016 年 5 月 28 日 A11 版
(资料来源:京报网)

第二节 深度报道的写作

一、深度报道的类型

依据深度报道的功能、主题倾向及报道方式划分,包括调查性报道、解释性报道、预测性报道。

(一)调查性报道

调查性报道发端于美国新闻史上 19 世纪末 20 世纪初和 20 世纪六七十年代的两次

"揭丑浪潮"。"揭露丑闻"和"揭示真相"是调查性报道的基本品格。美国新闻学者杰克·海敦说:"调查性报道是暴露报道,它暴露政府和公共机构中的腐败行为和丑事。"

调查性报道就是记者通过独立进行的侦察式、访问式纵深调查,获取大量的关联证据与材料,以揭发被隐藏的真相和内幕的深度报道。在"六要素"中,调查型报道关注的是"Who""Where""What"和"When"四个要素,其中对"Who"(何人)要素更为重视。

调查性报道的着力点是追查和破解新闻事件内在的、隐蔽的关系,为公众还原真实、真相和真理,并分析其意义。在西方,调查性报道的职责是通过揭露社会阴暗面、政府的黑幕、大企业的罪恶勾当以及社会的内幕等进行舆论监督,行使所谓"第四种权力"。例如,"水门事件"报道,显示出大众传媒的巨大威力,成为新闻史上传媒抗衡权力、扫除腐败的经典案例,并为新闻界追求新闻自由和传媒独立树立了一个职业标准。

著名调查记者王克勤根据所报道问题的类型不同,将调查性报道分为突发事件类调查报道、专题问题类调查报道、历史真相类调查报道。①

1. 突发事件类调查报道是媒体针对新近发生的具有重大影响力的突发事件进行的深度挖掘和真相调查,是一种对动态问题的调查报道,是调查性报道的主要类型。例如,2001年的《南丹矿难调查》(《人民日报》)、2003年的《被收容者孙志刚之死》(《南方都市报》),2009年的《"灰色宾馆"强暴事件》(《南方周末》)、2005年的《河北"定州村民被袭事件"调查》(《中国经济时报》)等都是突发事件类调查报道。

2. 专题问题类调查报道是媒体针对某一专题问题(包括社会热点、难点、疑点、焦点问题)进行的深度调查性报道,是一种静态问题的调查报道,这类报道能够充分实现公众知情权。例如,1972年的《水门事件报道》(《华盛顿邮报》),1987年的《西部贫困探源》(《中国青年报》)、《透视运城渗灌工程》《温岭黑帮真相》《药品回扣内幕》《山阴的枪声》《命运的琴弦》(CCTV《新闻调查》),2000年的《基金黑幕》,2001年的《庄家吕梁》《谁在操纵亿安科技》《银广厦陷阱》(《财经》)、2001年的《兰州证券黑市狂洗"股民"》,2002年的《北京出租车业垄断黑幕》,2007年的《是山西煤窑真相调查》,2009年的《四川地震灾区的"王海清现象"》(《中国经济时报》)等都属于专题问题类调查报道。

3. 历史真相类调查报道是媒体对于重大的历史事件真相的再调查,揭示历史事件的真实原貌,也是一种静态问题的调查报道。这类报道在于告诉公众历史真相,大部分以报告文学方式出现。例如,俄罗斯索尔仁尼琴的《古拉格群岛》、日本《文艺春秋》1974年发表的《田中角荣研究——金脉和人脉》、钱钢全景表现唐山大地震惨状和内幕的《唐山大地震》等都属于历史真相类调查报道。

---

① "调查报道分类"内容参考中国著名调查记者王克勤在中国海洋大学开设的课程《深度报道研究》的教案。

（二）解释性报道

所谓解释性报道,就是通过大量使用背景材料,用各种事实要素对主体新闻进行多角度、多层面的说明,让人们从各种事实和事实间的相互作用中了解新闻全貌和意义的深度报道。

解释性报道是一种分析性报道。美国新闻学者卡尔·林兹特诺姆说,解释性"就是在报道新闻事件中补充新的事实,使正在发生的新闻事件更加明白易懂"。在新闻的"六要素"中,解释性报道最重视的是对"Why"(何因)的探寻。

解释性报道在美国媒体使用率很高,《纽约时报》《华盛顿邮报》《洛杉矶时报》等媒体的解释性报道几乎占了70%以上的版面。而西方其他国家如英国、法国、日本,解释性报道一般也占据50%左右的报纸版面。如《纽约时报》曾经策划的《各种族人在美国如何生活》的系列报道,连续刊发近两个月,介绍各种民族在美国的生活者的情况。美国《沙漠太阳报》曾经用4个月时间,由6篇报道完成的对于运动员不规则进食的报道也是解释性报道的成功案例。

解释性报道要对事实进行分析解释,就难免具有主观评论色彩,但作为新闻报道的解释性报道要严格遵循"用事实说话"的基本新闻写作原则,而不能和主观解释性的评论混为一谈。解释不是空论,是要运用事实解释,是挖掘新闻背后的新闻。

解释性报道与调查性报道的区别在于:调查性报道以监督、揭发为核心,解释性报道以研究、分析为核心,一般不具有揭发和监督功能。另外,解释性报道的材料来源一般依赖已经公开和已知的信息,调查性报道的核心事实是由记者独立挖掘的被隐蔽的信息。

（三）预测性报道

预测性报道是对未来可能发生的、受众关心的新闻事实进行科学预测的深度报道。其特点是具有前瞻性和探索性。在"六要素"中,预测性报道关注的是"How"(怎么办),即根据丰富的经验和科学手段对事物做出"怎么样"的回答。例如,两次海湾战争爆发、"9·11"事件和恐怖主义活动、世界经济盛衰走向……对这些有关人类生存、和平和发展的重大问题,新闻媒介都作过大量预测。

预测性报道主要应用于体育、科技、财经、生态环境等领域。

二、深度报道的写作特点

深度报道本身首先是新闻,因此,深度报道的采写技巧与其他新闻的采写一样要遵循同样的新闻采访与写作的基本原则、共同要求和技巧,没有特别之处。只是深度报道的采访与写作对新闻事实挖掘得更深入、展示得更全面、解释得更深刻、内容更加翔实。

从新闻的要素看,深度报道的写作要使得"五个W"得以充分延伸和拓展,全面、立体、深入地展示新闻事件,使其呈现在特定意义的脉络中,而不是像消息那样一事一报,以最简练的语言点明"五要素"就可以。

(一)何时(When)要素的延伸

深度报道不能仅仅停留于"此时",而往往是追溯历史、预示未来,也就是在时间要素上要向过去和未来延伸。

例如,《河南商报》的《一案两凶,谁是真凶?》"聂树斌案"系列报道。从回顾、进展、未来追溯历史,预示未来,在时间要素上向过去和未来延伸。2005年,强奸杀人案嫌疑人王书金在河南落网,由他交代的一名受害者,牵扯出1995年的另一个案件,而当年案件的嫌疑人20岁的河北青年聂树斌,已于事发后次年因强奸杀人罪名被处决。2005年,《河南商报》的总编辑马云龙、记者范友峰得知该案后迅速展开调查,率先发表报道《一案两凶,谁是真凶?》,揭露"聂树斌案"存在错判的可能,并同时将报道授权给全国上百家媒体同日转载,引起轰动。

在一批批记者接力式的持续报道及众律师、学者的积极奔走下,最高人民法院终于在2016年重审案件,改判聂树斌无罪。

《河南商报》的《一案两凶,谁是真凶?》近10年来的系列报道,引起全国轰动并被持续关注,推动了中国死刑制度的改革。

(二)何地(Where)要素的拓展

深度报道不仅要立足现场,还要求在地点要素上兼顾周边相关的其他地点。

例如,《山西疫苗乱象调查》(王克勤)2010年3月17日刊发于《中国经济时报》。记者王克勤在长达半年的调查采访中,从山西最北部到最南边纵横奔走各个县市,地毯式搜索,收集到了70多名患儿的病历及相关资料,并对其中36名患儿家属进行了面对面采访。通过调查,记者掌握了大量证明山西省疾控中心存在高温暴露疫苗、官商合谋垄断疫苗市场等问题的证据,包括人证、物证、录音、录像等。近两万字的调查性深度报道刊发后,230多家媒体进入山西,报道和评论全面升温,《南方都市报》连续刊发6篇社论,舆论热度达两月之久,全民高度关注疫苗安全(见图16-2)。

(三)何人(Who)要素的关联

深度报道的事件较为复杂,牵涉面较广,因此在人物(Who)要素上,不仅要着重抓住当事人,也要求连接关联人员、其他相关等次要人物,从有关人物中搜集资料,才能使报道全面、深刻和具体。

《千里追踪希望工程假信》(翟明磊、余刘文、周浩澜)2001年11月29日刊发于《南方周末》,报道了上海民营企业科洋公司总经理龚文辉在得知自己捐助的希望工程学生大部分没有收到钱后,自费去四川宣汉山区调查的经历。

图 16-2 《中国经济时报》2010 年 3 月 17 日头版
(来源：王克勤本人资料)

希望工程是中国最有影响的慈善工程,但其善款的使用却一直处于不公开、不透明的状态中。8 封假信,让人得以窥见希望工程善款的实际运作情况。《南方周末》记者据此分两批奔赴山区,不仅着重抓住当事人,也对关联人员、其他相关等次要人物进行采访调查,搜集资料,剥开层层假象,揭开了宣汉丰城区教办德育专干唐纯旭冒受捐助学生的名义写假信欺骗捐款人的事实,而这几位被冒名的学生由于没有收到善款而被迫辍学。然而,这只是希望工程善款被挪用问题的冰山一角。2002 年 3 月 21 日,《南方周末》再次推出关于希望工程善款被挪用的调查,这一次的调查对象直接指向了主管希望工程的中国青年基金会的相关领导。记者通过翔实的调查核实,揭露了青基会挪用善款非法投资的事实。《南方周末》的这一组报道,直接推动了中国慈善基金使用公开化、透明化、法制化的进程。

(四) 何事(What)要素的连接

深度报道是在大的社会背景下对新闻事件或人物的呈现,要求对事件(What)要素立足主体事实,搜集其他关联事实,报道细节,通过多种事实材料的连接,分析把握其本质特征。

例如,《新京报》"白银案"系列报道,报道了多年前的连环杀人强奸案,从 1988 年到 2002 年,甘肃白银工业学校经营小卖部的当地农民高承勇在甘肃和内蒙古等地犯下共 11 起命案,白银警方历时 28 年,最终通过指纹 DNA 证据确认高承勇的身份,2016 年

8月26日高承勇被捕。

《新京报》的系列报道立足主体事实,搜集其他关联事实,还原了警方侦破案件的过程与细节,勾勒出笼罩在案件阴影下、衰落的工业小城白银的面貌,并生动地描摹了高承勇隐匿近30年来的生活与心理状态。

该系列报道案件调查、事件脉络、人物描写相辅相成,报道专业、独到,有情怀。

(五)何因(Why)要素的深究

一般消息所涉新闻事件简单,事件原因也较为单一明显,记者常用揭示单一因果的方式报道。而深度报道面对的事实往往复杂隐秘,因此,在何因(Why)要素上,必须深究事物因果、链条及环节的关联,分析深层的多元复杂的原因。

例如,《北京出租车业垄断黑幕》(王克勤)2002年12月6日刊发于《中国经济时报》。2002年,记者王克勤用近半年时间,历尽艰辛,先后采访100多位出租车司机及众多出租公司和政府相关部门,以前所未有的深度、广度和力度披露了北京出租车业垄断黑幕。

面对北京出租车司机长期存在积怨,记者对此进行了长达半年之久的海量采访调查,发现北京出租车业存在一系列问题,并对这些问题的原因进行深入挖掘,从而揭示了引发出租车业问题的原因——垄断管制问题,以及相关的一系列问题,从而产生与影响了中国出租车行业的改革。

总之,深度报道相比于消息和其他新闻体裁的写作,要继续深化新闻"五要素"中的一个或多个要素,在社会大背景下将新闻事件和社会问题呈现在一种可以表现真正意义的脉络中,深刻而全面地揭示其本质,探索其发展趋势。

第三节　新媒体的深度报道

传播媒介格局的变化,一方面,影响了受众接收信息的方式;另一方面,也逐渐改变媒体对社会的解读方式。近几年,随着深度报道的新格局出现,腾讯、搜狐、网易等门户网站相继推出了深度报道栏目,如腾讯的《棱镜》、澎湃新闻的《界面》等新媒体都涉足深度报道,它们的深度报道并不逊色于传统纸媒。

由于媒介的不同,新媒体的深度报道更加重视报道形式的综合调动和集成创新,更加重视调动受众的互动参与,在内容结构、写作方式、呈现方式上表现出了一些新的特点。

一、深度报道本身的新特点

新媒体的深度报道同样要坚持深度报道共同的采访写作基本原则,在深入调查、分析、解释新闻的核心功能方面与传统媒体完全一致,但同时也呈现出自身的一些特点。对此,资深调查记者、"刺猬公社"创始人叶铁桥将新型深度报道的特点总结为以下几个方面。

(一)题材更挑剔

新型深度报道,会更注重选择有传播力的社会热点问题或能刺激到社会敏感点的事件,追求爆点。如上海法官招嫖事件的轰动性,《"国师"曹永正的朋友圈》背后直指周永康,《滞留香港四季酒店的大陆富豪们》则连着反腐,广州区伯涉嫌嫖娼事件内幕也有足够的爆点。

(二)长度限制

从文本呈现上来说,在 PC 端和报纸上阅读体验几乎没有太大区别。但在移动互联网时代,最直接的一点是深度报道长度有限制,字数一般在 2 500 字以内,太长就会影响受众的阅读感。

(三)报道以人为主

传统深度报道的报道主题以事件为主,但新型深度报道的报道对象以人为主,像腾讯《棱镜》发出的篇目中,很多聚焦于人,搜狐的原创栏目干脆直接叫《新闻当事人》。这也是根据移动互联网需求做出的调整。

(四)语言表达更为轻悦

在表达上,新型深度报道的语言更为轻悦,像《南方都市报》深度部运营的微信公号是"深℃",同样的题材,放在"深℃"上时就会进行重新改造,使其更加轻悦化。[①]

二、深度报道传播方式的新特点

不同于报纸只能配图,新媒体由于技术的支持,其深度报道有能力采取任何可使用的传播手段,包括文字报道、视频、HTML5、数据库、多媒体、互动演示或结合上述手段的任何形式的传播。

(一)新媒体深度报道的新技术传播

新媒体深度报道对视频、HTML5、无人机航拍、新闻可视化等技术的使用,达到呈现

---

① 叶铁桥:《传统深度报道的终结和新型深度报道的开启》,载《中国广播》,2015(7)。

形式上的丰富性、完整性,再配以和用户的实时互动以及社交功能、分享功能等,这一切对传统媒体深度报道的冲击是显而易见的。

为了让报道更有说服力,数据已成为新闻记者新媒体深度调查采访的重要工具。给新闻加上数据有助于厘清问题形成的原因,澄清事实,增添有用信息;数据还能帮助记者构建故事,像传统采访一样,增进事实的丰富性;同时,可以帮助新闻记者更好地做好把关人的角色,通过数据核实采访对象说的是否属实。通过分析数据,可以发掘一些趋势,以及其他人发掘不了的事实。[①]

美国"菲利普·迈耶奖"(Philip Meyer Award)是为纪念开创"精确新闻报道"(Precision Journalism)的前北卡罗来纳大学教授菲利普·迈耶所设,专门嘉奖以数据驱动、融合社会科学研究方法做出的深度调查报道。《亚特兰大宪法报》的深度报道《医生与性侵》(Doctors and Sex Abuse)凭借调查范围之广及挖掘之深获2016年"菲利普·迈耶奖"(Philip Meyer Award)一等奖。《医生与性侵》调查揭露了美国49个州都存在医生性侵病人的问题,而且即使涉事医生被捕,也能逃过法网,不受惩罚。由10位记者组成的《医生与性侵》调查团队编写了50个爬虫程序,从全国医疗系统中挖出10万余份医生纪律处分文件,并利用机器学习技术清理分析这批文件,检索涉及性侵行为的关键词,初步圈定案件范围。随后,团队对6 000多起案例进行通读、定性与筛选,再通过大量的实地调查与采访,用确凿的证据揪出了涉案医生,并完整地将他们的罪行公之于众。

可视化内容也成为新媒体呈现深度报道的手段,以吸引获得更多的分享和传播。例如,澎湃新闻的"东方之星沉船事件"深度报道。澎湃在2015年6月1日晚抓取第一条短消息后,便迅速启动文字直播和现场视频直播,与此同时,时事新闻中心部署以绿色新闻组为主,社会新闻组、人物新闻组共同参与报道。整个"东方之星沉船事件"报道小组近百人,除了文字生产部门的跨小组合作,还有文字和视觉部门的跨部门合作。一方面,不间断的文字和视频直播提供即时的资讯更新;另一方面,还原事发经过的特稿和从水文、气象、船舶、航道、应急机制等角度入手的调查,对事件进行了更深入细致的挖掘和呈现。[②]

(二)传统媒体深度报道的全媒体传播

深度报道起源于传统媒体,是传统纸媒的基本优势之一。但在深度报道传播方面,传统媒体单一的文字加照片的呈现方式无法与新媒体的多元传播方式竞争。因此,传统媒体在进行媒体融合的同时,不断探索深度报道的全媒体融合呈现方式。传统媒体将其内容生产优势与新媒体及时互动,多媒体表达优势结合,用微信公众号、APP、H5等各种媒体新技术呈现深度报道,实现深度报道的全新立体呈现,并通过视觉效果、交互体验,

---

① 黄芳:《澎湃新闻的深度报道探索》,载《青年记者》,2017(22)。
② 黄芳:《澎湃新闻的深度报道探索》,载《青年记者》,2017(22)。

使受众获得了全新的阅读、视听体验。

全媒体呈现形态的视觉化、交互式的多元性深刻地影响和改变了深度报道新闻的生产方式。但无论时代怎样变迁,深度报道所要坚守的基本原则和要求恒定不变;无论技术怎样发展,深度报道深刻揭示问题本质,推动社会发展的目标不可动摇。

延伸阅读

鹅厂融媒产品又刷屏了,新型深度报道是这样做出来的

原创 2017-01-13 香芋 刺猬公社

导读

1月10日,朋友圈被腾讯新闻出品的《远洋梦魇:中国船员的印度洋生死劫》融媒产品刷屏。腾讯新闻又一次尝试了融合性报道,讲述了中国船员被索马里海盗劫持1671天期间的所见所闻。专题的主创人员接受了刺猬君的访谈,分享这组融媒报道背后的故事。点击"阅读原文"查看该报道。

历时2个月

10人团队打造"人质归来"最全报道

C=刺猬公社

Z=邹怡(腾讯新闻《活着》栏目编辑,负责本专题统筹)

H=黄媛(腾讯新闻记者,负责本专题撰稿)

C:中国船员获救归来是去年10月26日,《远洋梦魇》的策划是什么时候开始的?专题的选题是谁决定的?为什么选取这一事件?

Z:人质归来的时候我们留意到了这个新闻,11月份的时候记者去找到了几个回归的船员开始采访。具体立项的日期已经不太可考,但最开始我们就有两个记者和3个后方编辑在讨论和作这个报道。我们最早在11月就发过一部分的采访内容,是针对回国船员的现状的,发在了《活着》栏目(文末相关链接1)。

在这里其实我也想强调,没有任何一个融合报道的专题是可以由一个人完成的,这当中必然有各个工种的合力,无论是记者、编辑、产品经理、设计师还是前端,在报道的不同时期中都非常重要。选取这个事件是因为这个事具有深度挖掘和报道的潜力,是一个好故事。

H:当时看到这个新闻我们就决定要做了,11月中旬的时候前期采访已经结束,上线时间比较晚主要是后期制作耗时较多。选题是由记者来定,但前期策划需要我们一起沟通。采访必须给出一定内容和核心思路,后方融媒团队的制作才能有依据地去构建框架。在这上面邹怡花了比较多的功夫。

中国人质被绑架不是第一次,对方是索马里海盗的也不是第一次,这点在长报道(文末相关链接2)的最后也有提到。相对而言,"Naham 3号"上的船员们被扣押的时间是最长的,他们经历了被船东公司抛弃,从船上转移到陆地等一系列极度艰难的生存状况。

* 据Ocean Beyond Piracy组织统计,2010年—2016年间,共有165名中国人质曾经被索马里海盗劫持。该组织警告,有观测到2016年索马里海盗袭击有死灰复燃的可能,国际社会不能掉以轻心。

长报道后记中对于此类事件的综述

C:专题制作前期的统筹工作包括哪些,对于上线时间、制作预算等有明确计划吗?

Z:前期主要还是看记者采访的进度,然后是看素材和制定故事主线。对上线时间肯定是会有预估的,产品、制作、上线都有一个工期预估。

C:整个专题的制作花费了多长时间?制作这一专题的哪些环节最为耗时或者说最艰难?哪里的效率还可以提高?

Z:花了两个月左右,最耗时的是产品制作完成之后,我们花了很多时间去重新修改一些页面逻辑和交互体验的部分。这个部分用了半个月左右。记者文本打磨也修改了一个多月,反复修改,最后发表的应该是第七个修改版本(见图16-3)。

图 16-3

H:文字比重太大(的报道)在手机端的阅读体验不佳,所以微信公众平台发布的篇幅不能超过2万字,而融媒报道的文字稿删改到5 000字以内。改稿由我和编辑分两遍完成。比较遗憾的是因此有些细节展开不够充分和细腻。

C:在整个策划中,与记者的沟通是处于策划的哪个阶段?相比长篇特稿,专题的重点是什么,基于此做了哪些取舍?

Z:与撰稿同事的沟通是长期的,首先,得知道采访进展,其次,得催她给内容、录音等素材,因为我们后方编辑没有去过现场采访,需要有一个粗略版本的报道才能了解这个事件。

融合报道为了适应移动端阅读,文字篇幅删减了2/3以上,并且加入了插画来诠释一些细节。

C:和长报道相比,H5专题为什么选用了"海猪牙""书""衣服""毛毯"作为串联起事件的线索?除了签满船员名字的"衣服"外,其他物件都是在长报道中没有提及的。

Z:这些物件在文章里都有出现,比如海猪牙的部分,我们写了他们捕鱼的时候与海猪的故事;书,我们写了这是海上关押期间宋江勋反复读的一本书;毛毯,则提到了沈瑞章把这个毛毯留作纪念。这些物件都与船员的4个时间点:被捕—海上关押—陆上关押—获救相对应。

H:还是长文章的篇幅限制。在有限的文字中,长报道只能突出推动事件核心与关键进展的主要线索。那些相对次要的事件只能舍弃了。

比如,现在的融媒专题和特稿中都没有发出来的,只存在我初稿中的一个关于海盗们的篇章,讲这些海盗们的个性、行事方法……比如,在长文章里一笔带过的老海盗,船员们差一点就被他放了。我之前有对他进行几百字的描述,他是怎么到船上的、他和船员们的初次相遇、他的胡子是怎样的……那是在船上的厨房,宋江勋去给其他人拿烟,看到"这个老头"穿得和其他海盗不同,就把烟也递给他,结果老海盗也掏出索马里当地的烟给他。后来这个老海盗也对他们非常好,不准其他海盗使唤人质,甚至不准他们走进船员活动区域,自己也会和船员们聊天安抚人心。还有一个一同被关的美国记者,会和大副范琼宽一起喝咖啡。我怕这个片段如果用了的话会有人以为他们过得很滋润……

这些东西其实都很有意思,但是篇幅受限,它们和主要情节的推动没有那么强的联系,我也只能忍痛割舍。

图 16-4

说点报道里没有的故事

C：为什么关于这一事件，此前并没有其他媒体的特稿出现？

H：他们的确会拒绝采访，但最后接受我们的采访要求时，船员的原话是："我认为你们掌握的事实比别人都多，你们真正了解发生了什么。"

C：对文中涉及的其他人，如史蒂德和爱德华兹的采访会轻松一些吗？

H：相比船员们，他们的态度比较开放。唯一的难点是他们的时间有限，并且只能通过远程的视频或者电话进行采访，因此你要问"对的问题"：在了解事件主干的前提下，尽最大努力去还原当时的场景。如果我能够像和船员们那样，面对面地与他们进行交流的话，也许就能挖出更多的细节。这也是一个遗憾。

C：经历了这一切后的船员们可能会出现情绪激动、表达能力下降的情况。但在最后呈现的稿件中，您把情境还原得十分细致，能否分享您调动和追问受访者的方法？

H：首先，自己要对这个事件有一定认知。你不知道当时会有怎样的情景、人的情绪走向可能会是什么样子的话，就没法提出相应的问题。没有问题引导，很多事情当事人没法自己想到然后说出来。

比如说，他们在异域遭到海盗绑架，戏剧冲突是非常足的，你能够知道当时的情绪会是非常强烈的。如果能够更突出对当时当刻的场景和人物内心的描写的话，写出来一定会更吸引人、更好看。

但作为船员，可能很多人的心态是"生活在当下"，他们其实不会像有些写文字的人、心思细腻的人那样会跳出来观察自己和周围的环境。我经常问他们"那片海是什么样子""天空是什么样子""云是什么样子""月亮是什么样子""船上吹来的海风是凉的还是热的"这种很细节的问题。设身处地地想象你就在那个海上，被海盗绑着，从你能想到的各个角度去触及那个点。所以在采访中，你可能要尝试用一个小时的时间去还原当时的一分钟，从不同的角度去尝试刺探出他的感觉。但有的时候就可能不会成功。

举一个例子，在讲到海盗即将登船的时候，宋江勋是第一个发现的人，他跑到船尾去查看。我非常想把他内心的感受和看到的景象表现出来，但我的尝试总是面临这样的回答："一片漆黑""什么都没有""不好说"……

> 宋江勋一路往外跑，又碰见厨师范小柯，两人差点撞上。范小柯在驾驶台当班，正返回厨房给船长拿点儿下酒菜。宋江勋让他赶紧去通知船长有海盗，自己则伏下身子，来到船尾，躲在一块铁板后向外张望。
>
> 海上一片漆黑，除了船尾螺旋桨搅起的哗哗水声，连个鬼影子都看不到，宋江勋大气都不敢喘一口，船尾的海风呼呼地刮在脸上。
>
> 蹲了差不多一分钟，宋江勋渐渐觉得汗毛立了起来。他开始往回撤，可没走几步，枪声再次响起，而且变得密集。
>
> 宋江勋逃命般奔回船舱，看到挤在过道上的船员们已经变得紧张，大副范琼宽叫人把库存的杀鱼刀具都抱了出来，每人发一把。船长让宋江勋赶紧去船尾的机舱，通知轮机长把船上外舷的大灯熄灭，并加大引擎马力。

长报道中的这一片段

C：离家1 671天的船员们归来后最不适应的是什么？

H：从记者的角度来说，我们很习惯把当事人的精神状态和现实生活拎出来，找一个"特别的点"。但在现实中，其实很多人的感受是"混沌"的，这是我们要认识到的现实。

对于船员们来说，他们刚刚回到家的时候，内心非常欣喜，接触到微信后将自己的昵称改为"幸运仔""真好运"等。但这种庆幸和幸福感也可以和很多其他情绪共存。

图 16-5　腾讯《活着》栏目 2016-11-02 日发布的《人质归途》

他们离开的时候用的手机现在看起来已经很老旧了，回来以后发现已经有了智能手机，有了微信，这对于他们来说都是陌生的。他们离开时家里的小孩子，已经长成大姑娘和大小伙子了。而自己除了添了一身病痛，什么都没有。

C：采访中印象最深刻的是什么？

H：他们中绝大多数人的家境属于我所见过的当中极度贫困的，很多人来自破碎的原生家庭，而且文化水平也不高。沿海地区的很多人可能不愿意去做这种艰辛而且风险大的工作，因此，很多为远洋输送劳力的服务公司偏好在内陆寻找这样的人力。除了轮机长李波海是舟山沿海的人，其他人都来自四川和河南。在这次出海之前，他们中的很多人连大江大河都没见过。这些内陆的年轻人在本身就业选择受限的情况下，接受了这份工作。很多人当时就想"挣钱买房娶媳妇"，过了这几年回来，发现当年的小伙伴们反而有房有车，自己却一无所有。我个人认为，这些船员就是弱势群体。船员们拿薪水不是像我们这样当月结算，他们在海上一漂就是一两年，只有进港的时候，船老板才会给他们结钱。这就导致会有很多拖欠的工资。现在，台湾船公司的处理是这些船员正常工期内的工资，只在船员签字同意放弃后续一切权益追诉的前提下，才同意支付。船公司不认为自己该为将船员们派到危险海域这一决定负责，并且拒绝对船员所遭受的近 5 年海盗羁押经历进行任何经济赔偿或补偿。

他们做着最艰辛的劳动，没有危害他人，还遭受了苦难，但现在连讨回自己的薪水都很艰难。渔船公司用着这样一群廉价的劳动力（大概每人 500～700 美元一个月，东南亚船员每月可能只有 200 美元），他们为你拿命去拼，出了事之后却是这样。当然船公司并不是一开始就选择了放弃，这中间经历了很多次谈判,海盗们也很贪婪和善变。拖到最后船和鱼都没了,船公司就只能表示"我只有50万美金,你们爱换不换吧"。而船员们被关押时算了账,其实船老板应该有五六百万美金的流动资金。我们也试图联络船公司,给他们一个发声的机会,但对方不接电话。

在现在比较发达的城市中,这一点工资可能不算什么。但我们采访时去过有的船员的老家,那里有超过45°的斜坡,旁边就是几千米的悬崖。这个年代了,他们还在住那种土坯的房子。很多人当时甚至没有签劳务合同,只有口头协议。我觉得他们的处境是很堪忧的。

借由我们采访的国际海员组织的话来说,他们获救回来当然很值得庆幸,但应该给予更多的关注。

信息量和多元呈现
两手都要抓的融媒产品

C:相比之前的融媒产品,这个专题的内容呈现和展示结构有什么创新或者改进?

Z:这个产品的交互逻辑是通过地图来分发和强化整个专题的结构。目录上那个地图本身就是一个图表,上面展示了这个事件中船员们被挟持、关押到释放的时间和行程。

另外我们这次做了3D动画来还原海盗登船的过程,并且用船员的音频来弥补现场已经距离现在太久的问题(见图16-6)。

C:从产品角度来说,《远洋梦魇》包含了文字、图片、动画、语音、视频,具备较大信息量。怎样让多媒体有机地融合在一起?做了哪些"减法"?

Z:文字首先做了减法,也放弃了大量船员现在的图片,语音从二十几条缩减到现在的篇幅,让每个部分发挥自己最大的作用。

H:文稿是为了呈现故事,融媒也是为了呈现故事,所有的工作都是为更好地呈现效果服务。如果数据很直观,我们就会使用信息

图16-6 海盗登船动画(gif动图)

图；如果图片最适合，就用图片；文字也要根据当时的需求调整。

这篇稿子中海盗登船的部分用动画来展示了，文字部分就减缩了，不要让它们的功能重复。而单独的文字稿要给读者一个最流畅的阅读体验。我们不是要从方法论上"一定要不同""一定要突出"，而是要对它进行不断的调试。

我们这次还用了很多音频，之前只用在小报道、突发报道里，但是在平时的操作中有了这种意识后，机会更成熟的时候，我们就可以把这样感染力强的语音更广泛地使用起来。

C：可以说这个专题是用视觉化要素和声音串起的一篇故事吗？做图片编辑的经验对您策划融媒专题起到了什么帮助？

Z：大概是对视觉有一定的判断力吧，然后就是可以跳脱文字本身去看问题。

C：《远洋梦魇》的创作团队来自多个栏目组，在专题制作上采用了怎样的合作方式？有没有一个具体的流程和机制？您认为有必要组建一个专门的融媒报道团队吗？

Z：我们拉了一个项目组，组建一个专门的融合报道团队挺有必要的，这样大家的工作可以更加聚焦，沟通起来肯定会比临时的项目要流畅。

好内容不怕晚
深度细致的报道值得良好反响

C：这一专题发布在哪些渠道？是否制定了推广策略？

Z：目前还是多平台分发，但有侧重，比如，长报道在微信公众号平台，侧重可以沉淀进行深度阅读的受众；融合报道在客户端，优化了篇幅和阅读体验，让更多人可以了解这个故事。

C：反响如何？可否透露转发率等数据？是否达到预期水平？

Z：目前我还没有看到具体数据，但是业内反映还不错。而且这个专题本身出发点就不是追求流量。

C：这一专题中最受好评的点是什么？您自己有最满意/觉得还可以改进的部分吗？

Z：目前比较多人好评的第一个是文本细致，第二个是已经过了热点，但是还是通过很精致的形式让大家重新关注到这个群体。觉得地图目录那个地方，还有动画方面可以更精致。

腾讯融媒报道频频刷屏
下一步棋走在哪？

C：这是腾讯新闻的第几个融媒报道产品？

Z：2014年年底有的第一个融合报道，去年差不多每2~3个月有一个。

C：腾讯新闻为什么坚持做时间成本高的产品？一个融媒产品的制作周期大概为多长？腾讯新闻发布融媒体产品的频率大概是怎样的？

Z：融媒产品为深度报道提供了另外一种呈现方式和可能性，腾讯新闻作为互联网媒体，更应该去利用我们技术上面的一些优势来去做这个事情。国外的融合媒体报道已经发展了很多年，虽然其中也有很多争议、争论的地方，但是融媒还是一个大趋势，不能断言说融合媒体报道将来一定会取代什么，毕竟一个产品制作到发布需要至少两个月以上的周期，但是我觉得这个形式一定程度上会慢慢改变人们对深度报道的看法和观看方式。

C：腾讯新闻今年有对融媒产品的战略规划吗？比如，对发稿数、流量等数据有没有目标？是否扩大创作团队人数、给予更大自由度等？

Z：会有更多选题针对性地在融合报道上展开，请大家期待。

相关链接：

1.《人质归途》http：//news.qq.com/original/living/l631.html.

2.《海盗梦魇：中国船员的印度洋生死劫｜鹅立方》

http：//mp.weixin.qq.com/s/YQ8PYAGQqvWTsvDccA1ahQ.

（资料来源：微信公众号 刺猬公社）

练习

一、确定选题，采写一篇深度报道并用多媒体形式呈现。

二、由任课教师选择一篇优秀深度报道作品，学生以小组为单位对该作品进行研究分析，并进行课堂讨论。

参考文献

艾丰:《新闻采访方法论》,北京,人民日报出版社,2007。
蔡铭泽:《新闻学概论新编》,广州,暨南大学出版社,2004。
蔡晓滨:《美国报人》,济南,山东画报出版社,2010。
陈龙、陈霖:《新闻作品评析概论》,长沙,中南大学出版社,2005。
樊凡:《中西新闻比较论》,武汉,武汉大学出版社,1994。
傅国涌:《笔底波澜》,桂林,广西师范大学出版社,2006。
甘惜分主编:《新闻学大词典》,郑州,河南人民出版社,1993。
高尔基:《高尔基论新闻和科学》,北京,新华出版社,1981。
哈克特、赵月枝:《维系民主？西方政治与新闻客观性》,北京,清华大学出版社。
何纯、徐新平:《百年新闻标题经典》,长沙,湖南大学出版社,2003。
胡志平:《新闻写作创新智慧》,北京,新华出版社,2003。
黄旦:《新闻传播学》,杭州,杭州大学出版社,1997。
黎信、蓝鸿问主编:《外国新闻通讯评选》,北京,长征出版社,1984。
李希光:《转型中的新闻学》,广州,南方日报出版社,2005。
李元授、白丁:《新闻语言学》,北京,新华出版社,2001。
列宁:《哲学笔记》,北京,人民出版社,1993。
刘保全:《中国新闻奖精品欣赏》,北京,新华出版社,2006。
刘建明:《当代新闻学原理》,北京,清华大学出版社,2005。
刘建明主编:《宣传舆论学大词典》,北京,经济日报出版社,1992。
刘明华、张征选编:《新闻作品选读》,北京,中国人民大学出版社,2003。
刘志宣:《新闻写作技艺》,上海,复旦大学出版社,2005。
穆青:《新闻散论》,北京,新华出版社,1996。
欧阳霞:《新闻编辑学》,北京,清华大学出版社,2014。
欧阳霞主编:《新闻采访与写作》,北京,清华大学出版社,2009。
彭家发:《新闻客观性原理》,台北,三民书局印行,1986。
戚鸣:《实用新闻采访》,北京,新华出版社,2004。
邱沛篁:《新闻采访论》,成都,四川大学出版社,2001。
申荷永主编:《社会心理学:原理与应用》,广州,暨南大学出版社,1999。
蜀刻本《经纬集》三卷,上海,上海古籍出版社,1979。
孙春旻编著:《新闻写作现用现查》,北京,中国盲文出版社,2002。
孙克文主编:《焦点外的时空》,北京,生活·读书·新知三联书店。
王春泉:《现代新闻写作》,西安,西安出版社,1999。
王蕾:《外国优秀新闻作品评析》,北京,中国广播电视出版社,2000。

王中义：《新闻写作技法》，合肥，合肥工业大学出版社，2006。
徐宝璜：《新闻学》，北京，北京大学出版社，1919。
余家宏：《新闻学词典》，杭州，浙江人民出版社，1988。
袁军、哈艳秋：《中国新闻事业史教程》，北京，中国广播电视出版社，2001。
张子让：《当代新闻编辑》，上海，复旦大学出版社，1999。
郑曦原：《帝国的回忆——纽约时报晚清观察记》，北京，生活·读书·新知三联书店，2001。
周克冰：《国外经典采访个案解读》，北京，北京广播学院出版社，2003。
周琪：《意识形态与美国外交政策》，上海，上海人民出版社，2006。
[美]埃弗利特·E. 丹尼斯，约翰.C.梅里尔：《媒介论争——19个重大问题的正反方辩》，王纬译，北京，北京广播学院出版社，2004。
[美]爱德华·W.萨义德：《知识分子论》，单德兴译，北京，生活·读者·新知三联书店，2002。
[英]乔治·奥威尔：《一九八四》，孙仲旭译，上海，上海三联书店，2009。
[美]布雷恩·S.布鲁克斯等：《新闻报道与写作》，范红主译，第7版，北京，新华出版社，2007。
[美]赫伯特·甘斯：《什么在决定新闻》，石琳、李红涛译，北京，北京大学出版社，2009。
[美]杰克·海敦：《怎样当好记者》，伍任译，北京，新华出版社，1980。
[美]杰里·施瓦茨：《如何成为顶级记者——美联社新闻报道手册》，曹俊、王蕊译，北京，中央编译出版社，2003。
[美]卡罗尔·里奇：《新闻写作与报道训练教程》，钟新主译，北京，中国人民大学出版社，2004。
[美]朱利安·哈瑞斯等：《全能记者必备》，宋晓男译，北京，中国新闻出版社，1988。
[美]肯·梅茨勒：《创造性的采访》，李丽颖译，北京，中国人民大学出版社，2004。
[美]麦尔文·曼切尔：《新闻报道与写作》，艾丰、张争等编译，北京，广播出版社，1981。
[美]特纳·卡特利奇：《我的一生与〈纽约时报〉》，俞立等译，北京，新华出版社，1985。
[美]威廉·梅茨：《怎样写新闻》，苏金琥、阮宁、洪天国译，北京，新华出版社，1983。
[意]奥里亚娜·法拉奇：《风云人物采访记》，阿珊译，全译本，北京，新华出版社，1983。